美学十六讲

Aesthetics

何林军 著

湖南师范大学出版社

图书在版编目（CIP）数据

美学十六讲 / 何林军著. —长沙：湖南师范大学出版社，2018. 1
ISBN 978 - 7 - 5648 - 3096 - 0

Ⅰ. ①美…　Ⅱ. ①何…　Ⅲ. ①美学　Ⅳ. ①B83

中国版本图书馆 CIP 数据核字（2017）第 326958 号

美学十六讲
MEIXUE SHILIU JIANG
何林军　著

◇责任编辑：刘苏华
◇责任校对：张晓芳
◇出版发行：湖南师范大学出版社
地址/长沙市岳麓区　邮编/410081
电话/0731 - 88873071　88873070　传真/0731 - 88872636
网址/www. hunnu. edu. cn/press
◇经销：湖南省新华书店
◇印刷：天津画中画印刷有限公司
◇开本：710mm × 1000mm　1/16
◇印张：27. 25
◇字数：460 千字
◇版次：2018 年 1 月第 1 版
◇印次：2024 年 8 月第 2 次印刷
◇书号：ISBN 978 - 7 - 5648 - 3096 - 0
◇定价：96. 00 元

目 录

第一讲　从无到有的美学学科

本讲基本内容是美学学科的诞生、研究对象和存在价值等问题。

一、美学学科的诞生：鲍姆嘉通的历史性补位 »»

美学就是思考美的学问。近似于一种同义反复，但面对美学这个极复杂的对象，这种极简主义式表述却最直截了当、通俗易懂。美学不思考美，那么应该思考什么呢？现在的关键问题是：美是什么？有人或许觉得这个问题过于简单，根本不值得回答，因为美到处都在，触目皆是，随手一指就可以发现美。

1. 苏格拉底与希庇阿斯的对话：重要的不在于结论而在于提问

据柏拉图《大希庇阿斯篇》记载，2400多年前古希腊的希庇阿斯就是从经验层面来认识“美”的。他与苏格拉底之间发生了美学史上一次影响深远的对话，对话的发起人是苏格拉底，焦点只有一个——美是什么？争论的实质是美的现象或美的事物背后的“美本身”。无疑，希庇阿斯只是一个平常人，没有多少思辨能力，他一味地采用摆事实、举例子的方式，来回答苏格拉底“美是什么”这个恼人的问题。在苏格拉底的步步紧逼、层层否定、循循善诱之下，希庇阿斯不得不逐次说出美是一个窈窕的女孩，美是一匹高大的骏马，美是一只漂亮的罐子。只要苏格拉底继续逼问，希庇阿斯就会继续这样举例。任由事情发展下去，这场对话到现在也不会结束，他们两人一定还会在某个地方“互喷”。你问我“美本身”或“美是什么”，我就告诉你“美的东西在哪里”。“美的东西”无所不在，将它们列举出来的话，一万年的时间也不够，同时永远也回答不了“美本身”的问题。面对榆木脑袋牛头不对马嘴的回答，苏格拉底灰心了。“美”之抽象共性的问题，全被化解为个别性的具体审美现象问题，或者说，“超验”之问、“本体”之问，得到的只是“经验”的“现象”的回答。希庇阿斯好像玩太极的武林高手，又仿佛不晓世事的愣头青，苏格拉底咄咄逼人的凌厉攻势，全部像打在了一堆软绵绵的棉花上。形而上的思考，浪费在希庇阿斯形而下的幼稚答案里。这场对话终止于苏格拉底的一声喟叹——“美是难的”。他本人——也捎带着希庇阿斯一起，这是苏格拉底好为人师的心理惯性——希望弄清楚“美是什么”的难题，结果他到最后也没有给出一个一锤定音的答案。希庇阿斯则还在原地晕晕乎乎，但他至少明白了一点：“美是什么”或“美本身”的问题，不是随手一指就可以作答的。不然苏格拉底不满意，其他人也不同意。希庇阿斯或者在想：如此古怪地提问，提出如此古怪的问题，远远超出经验和常识，有什么意义呢？

我们并不可惜于苏格拉底没有结论的对话，也不可惜于正确的问题被错误地回答，因为对话最大的意义在于——“提问”，正如有人所指出的：理论研究真正需要的不是对问题的解答，而是处理问题的对策。① 对话没有很好地解决问题，但却提出了很多好问题，诸如“美是什么?”“什么是美本身?”“美为什么不等于美的东西?”“美的东西之所以美的根据是什么?”苏格拉底的提问启示人们：就经验论经验，就物质论物质，那很可能是科学；从经验到超验，从物质到精神，那才是哲学；个别具体的经验世界中的“美的东西”之所以存在于世，一定有一个普遍抽象超验的最终根据。为“多”找到“一”，为“现象”找到“本体”，为“流动”找到“不动”或“永恒”，为现实世界和人类活动找到“最后根据”，是苏格拉底——同时也是古希腊哲人——“爱智慧”的理由和目标。他的提问开启了人们的哲学之旅，不断提问不断逼问，打破沙锅问到底，便使人趋近于哲学，趋近于对“大地”之上的“天空”的仰望，趋近于对“此岸”那边的“彼岸”的跋涉，趋近于对经验世界之超验根据、现象世界之普遍本性的思索，趋近于对“多”与“一”、“动”与“静”、“个别”与“普遍”、“暂时”与“永恒”、“偶然”与“必然”、“无序”与“有序”等等相对关系的思辨。从多样的世界抽取一个“一”出来，这是哲学上的本体论，或是宗教上的创世论，也是理性思维的基本方式。从逻辑上看，美学也是由“多”到“一”的哲学式求索，它生发于对世界的发问，萌芽于对美的第一声惊叹。

2. 原始审美活动：实用性与巫术性并存

对美的第一声惊叹出自人类历史的最开端——原始社会。在这个“蛮荒”的时代，关于美的创造开始了，关于美的思考也开始了。若要问“美的创造”在先还是“美的思考”在先，这也是没有结论、没有答案的问题。一个可知的结论是：由这两者所构成的人类审美活动，为后来美学学科的建立准备了最早的材料。据现有考古成果判断，原始审美活动主要体现在三个方面：其一是对劳动工具、生活用品和生存环境的美化，譬如从旧石器时代（距今约300万—约1万年）的打制石器到新石器时代（距今约1万—约4000年）的磨制石器，其中体现的不仅是制作能力的进步，也是审美水平的提高。旧石器时代中期的丁村文化遗址（今山西襄汾县城附近）出土过三棱尖状的定型

---

① ［美］帕尔玛. 西方哲学导论[M]. 杨洋，曹洪洋，译. 上海：上海社会科学院出版社，2009：6.

化石制工具，无论是工具材质的选择还是工具形态的创制，都可看出早期人类素朴审美意识的萌发。其二是对人本身的美化，分为固定装饰和不固定装饰两种类型。前者是指文身、穿耳、穿鼻等行为，后者是指珠子、坠子等的制作和使用。20 世纪 30 年代在北京人遗址顶部的山顶洞就发现了约 1 万 8000 年前山顶洞人使用过的装饰品，它们是用贝壳和动物骨头等材料制作而成，可以串起来做成类似于今天的项链。其三是各种艺术活动：绘画、雕塑、音乐、舞蹈、文学等。绘画既是人类文明最早的一种形式，也是人类早期文明得以留传的重要媒介。原始绘画多以岩画的形式出现，这在世界各个角落的文化遗址中几乎都有存在。1875 年在西班牙被发现的阿尔塔米拉洞窟，长约 300 米，里面岩石上画满了野牛、野马等动物形象，造型准确，色彩鲜艳，极具艺术的震撼力，因而被称为“史前西斯廷教堂”。1940 年在法国还发现了著名的拉斯科洞窟，这被称为“史前卢浮宫”。这是属于旧石器时代的最著名的两大洞窟，里面的作品都是描绘动物的岩画。迄今所发现的最早的雕塑是出土于奥地利的石灰石圆雕《维林朵夫的维纳斯》，距今约 3 万年，描绘的是一个胸部丰满、腰臀肥大的裸体女性形象。由于众所周知的原因，原始社会的音乐、舞蹈、文学等活动，其“真容”大多随风而逝了，我们现在只有通过绘画、雕塑、乐器和其他实物才能得以一睹其局部的形态。原始的乐器现在可见的有很多，诸如陶埙、陶鼓、陶铃、陶号角、骨笛等等。

不得不说的是：原始社会的审美活动——主要是后来所谓的艺术活动——在最开始的阶段并不是纯粹的审美行为或艺术行为，为艺术而艺术之类的意图对于人类先民来说显得浮夸而不切实际，因而不曾出现于他们的头脑当中。据学者们考证，人类最早要到旧石器时代中晚期，才有比较成熟的审美活动和艺术活动，人们的审美消遣或前述山顶洞人自我美化之类现象才开始涌现。由此开始，审美活动的独立性才日渐明显，直至出现后来完全独立的审美活动。这意味着在旧石器时代中晚期之前，即整个原始社会的绝大多数时期，人们的审美活动和艺术活动并不是独立的。不难想象，人类先民具有两个特点：其一是生存能力低下，其二是认识能力低下。因此当时人类的一切活动首先是围绕生存问题展开，生存问题是当时最大的现实问题，其他问题都不成其为问题，或没有资格进入问题领域，即或成为了问题，也一定是作为现实问题而出现。今天所谓的绘画、音乐、舞蹈等等，在当时没有资本自行独立存在，甚至连绘画、音乐、舞蹈这样的名称都不存在，它们搅混在一起，成为实用的生存工具的一部分。所以原始审美活动和艺术活动的第一个特点是实用性，譬如很多岩画描绘动物形象，这便有非常实际的作用，即有助于对动物习性的了解，从而提高人的捕猎能力。同时它们具有第二个特点——巫术性。所谓巫术，是人类生存能力低下和认识能力低下的结果，是渺小人类与强大外界之间存在巨大反差的精神产物。人对自我的不自信加上对外界力量的畏惧，便虚构了巫术之类的救命稻草，不过与此同时，原始巫术里面又寄寓了明知不可为而强为之的早期人类的梦想与坚韧。原始社会是巫术盛行并被普遍信以为真的历史阶段，当时巫术的威严依赖两方面的维持，一是内在精神上的观念认信，二是外在仪式上的虔诚操作。这两方面都强化了原始审美活动的开展，使原本的巫术活动孕育了艺术的最初因子，从而使之转变为“准艺术活动”。阿尔塔米拉洞窟的岩画极有可能是在巫术推动下产生的，因为它们不是位于洞窟出口光线明亮的地方，反而被画在洞窟黑暗的深处。很明显它们不同于今天的展示性作品，而极可能是发挥祷告膜拜功能的巫术性作品。青海大通上孙家寨曾经出土了约5000年前的一只舞蹈纹彩陶盆，上面描绘的是一群手拉着手的舞蹈者形象。后人猜测，他们可能是在以舞蹈的形式自我娱乐，而更有可能是在以舞蹈的形式“娱神”。诗、乐、舞三位一体，是存在于世界各地的原初艺术审美形态。为什么是“三位一体”而不是各自单独发展？秘密存在于原始社会的巫术仪式中。巫术仪式是为娱神而准备的，这一点决定了巫术活动的严肃虔诚、巫术形式的精炼完美和巫术情感的贯注投入，这与后来的审美活动和艺术活动非常类似，言下之意是巫术活动十分有利于审美情感和艺术情感的孕育，诗、乐、舞等艺术萌芽于巫术是极有可能的；同时，为了完成娱神这个最高任务，巫术仪式可以无所不包无所不用，因此诗、乐、舞三位一体从逻辑上来说是可能的，而事实正是如此：一边舞蹈一边吟唱一边合奏，舞蹈、器乐、声乐和诗歌都包含在其中。“三位一体”既是当时巫术仪式的形态呈现，也是当时巫术情感表达和实现巫术祈神目的之需要。

◀ 奥地利出土的远古雕塑《维林朵夫的维纳斯》

再看《维林朵夫的维纳斯》。现在人们评价一个女性的美，首先便是容貌，而这个雕像偏偏忽略了容貌，整个面部是模糊的，却对今天人们忌讳的肥胖予以突出，有过于饱满的乳房和臃肿难看的腰腹。其实，人类整体处于艰苦的草创年代，天下之大，摆不下一张梳妆台。那时人要与天斗，也要与人斗，结果便是人口的严重不足，所以彼时的当务之急是人的种族繁衍。在远古时代，种族生存与个体生存都处于岌岌可危的状态。话说到这里，我们便可理解这个雕像为什么要这样雕刻了。胸大腰粗的女性是当时最受欢迎的对象，因为这是繁衍能力强的表示，所以这个雕像突出的是女性的生殖特征。它在当时根本不是所谓的艺术品，而是很实用或被认为很实用的生存工具。同时人的生产在当时也不是想生产就生产的问题，何况生下来之后还有能否活下来的问题，所以人们还要向神跪拜祈祷人丁兴旺，于是雕塑的下部没有脚掌，被塑造成尖尖的形状，这样便有利于插进泥土而被当作祷告的对象。综上，这件雕塑便具备了明显的实用性和巫术性两方面的特点，体现了人类先民对女性的身份设想和社会功能划定，是当时女性崇拜和生殖崇拜的产物，这也是后人把它叫作“维纳斯”的根本原因。与它形象一致的还有出土于法国的旧石器时代的石灰石浮雕《劳塞尔的维纳斯》。

3. 美学学科的建立：给“美”安一个家

文字的出现，是人类文明发展的一个分水岭。文字产生前，被称为野蛮时期，文字产生后，则被称为文明时期了。其实，文明的历程开始于地球上第一个人的出现，野蛮时期也是有文明的，只是文明程度与后来不一样罢了。人类先民一定有许多的审美意识，仅仅由于没有文字，其具体的内容便随过往的历史一道湮没了。所以对于美学的发展来说，文字的第一个贡献是让人们的审美意识得以记录。第二个贡献是记录的同时也是一种整理，审美意识或许是零散的，而整理过的审美意识便可能成为某种有秩序有深度的美学思想或美学理论。历史的事实是：美学思想在文字产生之后的时代有了迅速的发展，亚洲、欧洲、美洲、非洲、大洋洲应该都是如此，但我们常常讨论的仅是欧洲和亚洲（主要是中国）——后来还有美国——的美学发展。本书也是如此。美学描述常常受到人的“精神域”——精神的宽度、深度和高度——的辖制，人类其他活动亦是如此，这是我们对待人类知识活动时不可不知的一点。

在世界历史上，中国美学思想最为辉煌的一个发展阶段是春秋战国时期或者说狭义上的先秦时期，西方美学思想最为辉煌的一个发展阶段则是古希腊时期。这两个阶段取得的成就，迄今为止，在各自的范围内都没有被超越。很神奇的是：这两个阶段皆属于德国哲学家雅斯贝尔斯（1883—1969）所谓的“轴心时代”——这是一个响彻整个思想界的词汇，出自他的历史学名著《历史的起源与目标》一书中。雅氏指出，在公元前500年前后（上下皆可延伸300年左右），古老的四大文明区域内的人类精神好像同时从沉睡中苏醒，尤其是其中的理性突然焕发，古代中国出现了老子和孔子，古代希腊出现了苏格拉底和柏拉图，古代印度出现了释迦牟尼，古代西亚则出现了犹太教。①更令人惊讶的是：这些古老的文明区域，当时几乎从无文化上的交集，地理上也相互隔绝或相距遥远。轴心时代不可或缺也不可被取代，因为此时的思想决定了各自区域内的文化模式和思维模式，有些甚至几千年未曾变换，随

① ［德］雅斯贝尔斯. 历史的起源与目标[M]. 魏楚雄，俞新天，译. 北京：华夏出版社，1989：8.

着文化交流的出现和扩大，这些思想还对其他文化区域发生过决定性影响。其中古希腊美学不仅是西方美学发展的源头活水，也是西方美学发展的最高峰之一。黑格尔因此视古希腊为欧洲人的精神故乡，遥望古希腊，便有一种家园感从内心深处涌现出来。古希腊为欧洲提供了一把精神标尺，筑起了一个精神高地。无可置疑，中国美学的渊源只能是春秋战国，这段从公元前770年一直延续到公元前221年的漫长时期——也是雅氏量身定做一般推算出来的轴心时代的时间范围——充满杀伐和苦难，却为中国思想界提供了至少50%以上的超级精神偶像。

美学思想发展的黄金时期降临了，但是，美学学科的建立却迟迟不见动静。即使在学科意识发达的西方，在18世纪50年代之前，美学依然处于散兵游勇的漂泊状态，或者以寄居身份长期隐伏于哲学的阴影之下。美学在寻求独立，它迫切需要一个属于自己的学科平台。历史的召唤最早传递到德国鲍姆嘉通（1714—1762）的耳边。1750年，他出版了一本名为《埃斯特惕卡》的书籍，这是历史上第一本专门的美学著作；不仅如此，他还在书中发布了建立美学学科的宣言，并发出美学学科事实上已经建立的通告，并且他提出了美学研究的对象就是感性、情感和艺术的独特主张。这个36岁的德国小伙，虽然美学素质和理论修养并不十分出众，但由于以上三个原因，他占住了历史的先机，因而被人们尊称为“美学之父”。这是历史对善于创新、善于把握机会之人的眷顾。鲍姆嘉通的成功对于人们来说是一个生活的启示。1750年也成为特殊的一年，标志着美学学科在这一年正式建立。但是，针对鲍姆嘉通“美学之父”的历史定位，知识界也存在异议，像意大利美学家克罗齐（1866—1952）在他的《美学史》里就说，“美学”这个名称虽然是鲍姆嘉通提出来的，并且得到很多人认可，但这个新名称在他那里却没有什么新内容。克罗齐提出他的前辈同胞维柯（1668—1744）的《新科学》才有资格被视为第一本独立的美学著作，相应地，维柯才是美学学科的最早创立者。克罗齐的这个观点并没有被众人广泛采纳。

“埃斯特惕卡”是德文Aesthetik的音译，等于英文中的Aesthetics。西方学者十分强调字源学分析，认为起源即本质，要了解对象的本质或本性，必须将思考推至事物的起始状态。西方字源学分析的源头必然是古希腊语。鲍姆嘉通也一样，他所采用的“埃斯特惕卡”源自古希腊语，原意是感性、感觉，由此可知“埃斯特惕卡”最初是“感性学”或“感觉学”的意思。日本学者19世纪末将“埃斯特惕卡”译为“美学”，① 20世纪初经王国维、蔡元培、朱光潜等人引介，这个词连同“哲学”等词汇一起，原封不动地进入中国话语体系。

在哲学立场上，鲍姆嘉通是一个理性主义者，理性主义者的一个基本观点是认为理性比感性重要，理性认识比感性认识可靠，因为感性认识是浅显而混乱的。由此出发，他给“美”和“丑”分别下了定义：美是指感性认识的完善；丑是指感性认识的不完善。这一定义虽可符合一定的审美常识和审美经验，却将对象与人强分彼此，放之于二元对立的位置，哲学视野上并不高明，因而并不十分出名。下面该说说他为什么要建立美学了。他指出，人的心理包括三个部分，即知、意、情。“知”即理性，指人在把握世界方面的认识能力与思辨能力，与之相关的学科是逻辑学，以及与逻辑学相关的科学门类。“意”即意志，指人在道德和行为方面的控制能力，与之相关的学科是伦理学。“情”即情感，指人对世界的感受与反应能力，与之相关的学科应该是美学。但在鲍姆嘉通之前，西方已有逻辑学和伦理学，以及与逻辑学相关的其他科学门类，却唯独没有美学。鲍姆嘉通敏锐地抓住了西方学科建设中的一个空白，并适时地予以弥补，提出美学是研究感性认识的科学。这便是鲍姆嘉通学术上最值得称道的一个方面。将人类心理分为知、意、情三个部分，对于18世纪欧洲知识分子来说，可能已是一种心理学常识。略晚于鲍姆嘉通的康德也指出：知、意、情是人类心理的三种基本功能，与之相应的活动是科学活动、道德活动和艺术活动，与之相应的知识体系则是认识论、伦理学和美学。② 据传后来马克思在撰写某百科全书“美学”词条时也说：“人类的天性可以分作认识、行为和情感，或是理智、意志和感受三种功能，与这三种功能相对应的是真、善、美的观念。……真是思想的最终目的，善是行为的最终目的，美则是感受的最终目的。”③ 这是接着鲍姆嘉通和康德来讲的。

---

① 汉语“美学”一词，有人考证最早出现于19世纪一个德国传教士笔下。

② [波]塔达基维奇(多译为塔塔科维奇).西方美学概念史[M].褚朔维，译.北京：学苑出版社，1990：2-3.

③ 此词条曾载《美学》丛刊第2辑第251页(上海文艺出版社1980年版)，由陈焜译自《新亚美利加百科全书》第1卷。关于此词条是否为马克思所写存在争议，具体情况可参见该刊所载的相关资料。

二、中国古代无“美学”：可以摇头晃脑者唯有中国文言文 »»»

美学学科这个宁馨儿的诞生，不单单是鲍姆嘉通一人的功绩，也有柏拉图、笛卡儿、维柯等前人的助推。纵使鲍姆嘉通不建立美学学科，也会有其他西方人去完成这个任务的。到 18 世纪的欧洲，美学学科的建立几成呼之欲出之势。我们将话题转移到古代中国。一方面，中国古代存在丰富的美学思想和相关著作，如音乐美学（如《荀子·乐论》）、文学美学［如曹丕（187—226）《典论·论文》、陆机（261—303）《文赋》和刘勰（约 465—520）《文心雕龙》］、艺术美学［如刘熙载（1813—1881）《艺概》］等，在序跋、书牍和诗文中也充满论“美”的文字。中国人从来不缺对美的思考。这只是问题的一方面。另一方面，一直到 20 世纪，在“美学”一词没有被贩卖进中国之前，中国从无“美学”这个词汇，也没有“美学”这门学科，同时也不见纯粹论“美”的理论著作，这也是事实。简言之，对一般的“美”而非具体艺术门类的思辨性理论非常少见。以上出现的部门艺术方面的美学著述，并不意味着“大美学”概念的形成和美学学科的建立。以西方学科意识为标准来评判的话，中国古代不仅没有独立的美学学科，也没有独立的哲学、历史学等其他学科。不仅如此，中国古代也没有独立的伦理学和政治学学科，即使中国古代思想主要是政治学性质和伦理学性质的。中国的美学思考具有自己的独特之处，这些独特之处与中国理论思考的整体特点是一致的。

1. 中国古代理论言说方式的特点：精悍与迷蒙同在

检读中国古代思想文献，不难发现其表述具有几个方面的鲜明特点：第一，语言形态上，用语节省，行文简略，具有诗歌化特点，甚至很多文本本身就采取诗歌的形式。如陆游《题庐陵萧彦毓秀才诗卷后》（其二）：“君诗妙处吾能识，正在山程水驿中。”又如元好问《论诗三十首》（其一）：“眼处心生句自神，暗中摸索总非真。画图临出秦川景，亲到长安有几人？”第二，意义表达上，内涵不明确，具有诗意性和模糊性的特点。如皎然《诗式》：“夫诗者，众妙之华实，六经之菁英。”另如《二十四诗品·含蓄》：“不著一字，尽得风流。语不涉己，若不堪忧。是有真宰，与之沉浮。如渌满酒，花时返秋。悠悠空尘，忽忽海沤。浅深聚散，万取一收。”这一特点之形成既有无意为之的文化传统上的原因，也有部分是人们有意追求的原因。当然，中国理论著述寥寥数语，一方面简略而不确定，另一方面却精悍而有力，极富阐释的空间。第三，论证方式上，多感性描述而少理性思辨。如严羽《沧浪诗话·诗辨》:“诗者，吟咏情性也。盛唐诗人惟在兴趣，羚羊挂角，无迹可求。故其妙处，莹彻玲珑，不可凑泊，如空中之音，相中之色，水中之月，镜中之象，言有尽而意无穷。”其意思是:诗歌是歌吟情志心性的。盛唐诗人追求诗的绵长的余味，有如夜宿的羚羊倒挂于树而无迹可求，所以盛唐诗歌的妙处在于澄澈玲珑，其意味不可直接把握，如空中之缥缈音响，形貌之抽象色彩，水中之虚幻月亮，镜中之空灵形象，言语之外有余味，篇章之外有余意。这里的中心句是“诗者，吟咏情性也”，但是严羽对这句话并没有展开理性的论证，而是采用感性描述的方式来说明。第四，论证过程上，强调结论，不强调过程性推论。梁元帝萧绎《金楼子·立言》:“吟咏风谣，流连哀思者，谓之文。”《南齐书·文学传论》:“文章者，盖性情之风标，神明之律吕也。”这些表述很精练而且很精彩，但是“之所以然”的问题被作者省略了。很多思想重要之处不在于给出结论，而恰恰在于给出导致结论的思辨过程，即“之所以然”比“所以然”会给予人们更多的启示。譬如“诗言志”这一问题中，“为什么诗要言志”“为什么诗只能言志”比起结论“诗言志”会让人们明白更多东西。另如老子讲“道可道，非常道”，而对于“道”之解说是简略而含混的，因而对它的理解，与佛家一样，要求接受者必须有较高的悟性。又如孔子讲“仁者爱人”，而对于何谓“爱人”、如何“爱人”、“爱”哪些人、“仁”为何等于“爱人”这些问题，孔子都没有向弟子明讲，或者其弟子在记录时忽略了，但是即使这种“忽略”不是也富有特殊的文化意味吗?第五，理论体系上，大多表述零散，缺乏系统性。从先秦诸子到朱熹王阳明，从司马迁嵇康到苏轼曹雪芹，都有内容多寡不一的美学思想，但如果要我们去把握他们的美学思想，则除了阅读其某些较集中的理论性文字外，还必须去翻检其书信、序跋、诗歌、散文甚至是奏疏，在此基础上，才能将其美学思想予以整合，替它们凑成一个系统。以上特点的存在，证明中国古人在理论表述方面缺乏逻辑训练和逻辑兴趣，从而其理论既给了后人较大的阐释空间，又为阐释设置了种种障碍。

2. 言说方式的文化溯源：总难两全其美

这些特点形成的原因，要到中国文化传统的内部去寻找。了解了这些原因，也就能理解古代中国为什么没有美学之类学科的建立。

第一，实用主义潮流。这就是徐复观所讲的："中国文化的主流，是人间的性格，是现世的性格。"① 受此影响或作为其体现，著述出发点不在于纯粹的理论思考，而在于解决实际问题。理论的独立发展一定和人的理论意识的自觉直接相关，而人的理论意识的自觉又与宽松的社会环境、自由的文化传统直接相关。受独特的文化传统和生存环境的影响，中国古人从小到大接受的都是集体主义的影响，"为他"的意识积淀为一个民族的无意识，渗透在为人处世、建功立业的几乎全部领域。小到家族面子，大到忠君报国，既构成中国古人生活的底线，又成为他们生活的高度。底线意味着不做与之相违背的事情，高度意味着用行动去实现它们，其至高点则是立德、立功、立言的"三不朽"。这是民族精神的崇高之处，却也有一定的后遗症，譬如中国古人"立言"的出发点于是并不在于"言"本身，而是在于解决政治和道德方面所存在的社会现实问题。这样一来，这种集体主义的生活模式和文化规范，又曲折地转化为一种实用主义——有人称之为"实用理性主义"——传统。实用主义不是儒家的独创，而是在儒家产生之前，就已存在于民族中的一种生活观念，儒家——也要加上法家、墨家等——只是进一步强化了这种观念，以致后来汇聚为中国传统中的一股强大潮流。从消极的一面看，实用主义重视的是"现实"和"眼前"，所以看不到"诗"，也看不到"远方"。在这种潮流中，大凡对某一问题或对象展开理论的思辨和本体论的追问，都难免有被轻视、被驱逐的命运。中国历史上有过思辨的火花和形而上思考的智慧，但传统是无形而有力的规训力量，它将这点小小的火花和稀罕的智性活动掐灭在摇篮状态，喜爱思辨的人便成了古代文化中的游魂。

第二，语言悲观主义。中国古代文化有语言崇拜的迹象，尤其在民间，这种崇拜更显强烈。在我们看来，民间文艺——譬如戏曲、说唱、小说——

① 徐复观. 中国艺术精神[M]. 上海：华东师范大学出版社，2001："自叙"1.

中充斥着的书生形象，便是语言崇拜——同时也是书籍崇拜、知识崇拜、权力崇拜等等——的一个例子。语言崇拜的另一面则是对语言不信任因而漠视语言的悲观主义倾向，这一点在儒道两家中都有所体现，其中道家表现得更明显，譬如《庄子·秋水》就说过："可以言传者，物之粗也；可以意致者，物之精也。"《庄子·外物》亦云："终生言，未尝言；终生不言，未尝不言。"所以在庄子那里，对于语言是可以"过河拆桥"的。流风所及，以致南宋黄升（生卒年不详）《鹧鸪天·张园作》写道："风流不在谈锋胜，袖手无言味最长。"中国诗学崇尚的"言不尽意"，追溯其源头，也包含了漠视语言的意思在内。

第三，诗歌作为文学正宗及其影响。中国书面文学开始于诗歌——"诗三百"。很荣幸的是："诗三百"还进入了"五经"的行列，成为了《诗经》，上升为文化教育方面最为重要的教科书之一。这一步跨越在中国文化史上非同凡响，对诗歌的地位提升——尤其是使之成为中国文学正宗——也至关重要。从文学濡染、文学习得，到文学创作、文学欣赏，再到文化著述、思维活动，诗歌的影子无处不在。人们甚至将诗歌独立起来，使之与"词"与"曲"相区分，企图保持诗歌的严肃性和庄重性，以致后来有了"诗庄、词媚、曲俗"的评价。在这种背景下，理论表述便具有了诗歌化和诗意化特点。披读《文心雕龙》《沧浪诗话》等著作，我们会觉得既是在阅读理论，又像在品味诗歌。又如陆机《文赋》：

> 伫中区以玄览，颐情志于典坟。遵四时以叹逝，瞻万物而思纷。悲落叶于劲秋，喜柔条于芳春……其始也，皆收视反听，耽思傍讯，精骛八极，心游万仞。其致也，情曈昽而弥鲜，物昭晰而互进。倾群言之沥液，漱六艺之芳润。……收百世之阙文，采千载之遗韵。谢朝华于已披，启夕秀于未振。观古今于须臾，抚四海于一瞬。

这里面既是对文学思维的一种理论性描述，又充满文采和诗歌般的美感。

第四，重视体悟与经验思维，缺乏抽象分析的思辨传统。这种中国特色与西方形成鲜明对比。受长期的科学训练和形而上学熏陶，西方理论著述擅长抽丝剥茧、条分缕析，篇幅也往往特别长，这里面存在一种因果关系。有人说，走近黑格尔，要准备处理两个难题：第一是把他的著作从图书馆搬出来，很费力；第二是搬出来之后阅读，更费力。搬出来费力是因为他的书写得太厚，数目也很多；阅读更费力是因为他采用的是典型的德国式理论言说方式：容易懂的东西他不说，他说的东西不容易懂；或者是懂的东西也被他说得不懂了。对于一般人来说，黑格尔确实太艰深了；而对于思想界来说，黑格尔却是一座高峰，他把他能思的和已思的几乎思考到极致，并融入他精致的客观主义图式。他若是生长于古代的中国，后果可能会不太妙，要么像墨子一样被慢慢遗忘，要么像公孙龙一样，被毫不留情地扫进垃圾堆。

西方理论的言说模式和思辨思维在中国古代并不发达，不仅不发达，甚至极其少见。中国古人讲究的是体悟。这种重视体悟的做法，在中国文化的源头处，至少在甲骨文的年代，就已经注定了。受道家尤其是后来佛家的影响，它显得越来越流行，思想的接受如此，思想的表达也如此。因为讲究体悟，所以思想表达简短而有时难免零散。于是思想接受方面也必然强调体悟，因为文本本身过于简略，譬如理解《周易》《论语》等文献典籍，体悟不但是重要途径，甚至还是必要的途径。中国思想的创作史和传播史进入“体悟的循环”。

经验思维与体悟相伴而行，体悟起步于经验。同时二者又存在巨大区别：前者是注重外在和表象的思维，后者是注重内在和深层的思维。经验思维是人类整体也是每一个个体最初的思维形式，人类思维总是起始于自身，再扩展至身边，然后才逐渐外推。先民不自觉的拟人思维便是经验思维的原初形式。西方人曾经跳出了这种思维，而中国古人则将经验思维发扬光大。譬如中国诗文创作中的比兴，从思维角度看，是典型的经验思维的产物。经验思维常常开始于常识、眼前或表象，体现于理论著述便是高深的观点往往出之于浅易的生活事例，打比方、举例子成为其中体现经验思维的重要形式。经验思维——加上汉字本身的书写排列——也使理论著述充满直观性的画面美和生活的气息，摆脱一般理论干枯和晦涩的缺憾。钟嵘《诗品序》：“若乃春风春鸟，秋月秋蝉，夏云暑雨，冬月祁寒，斯四候之感诸诗者也。嘉会寄诗以亲，离群托诗以怨。至于楚臣去境，汉妾辞宫。或骨横朔野，魂逐飞蓬。或负戈外戍，杀气雄边。塞客衣单，孀闺泪尽。或士有解佩出朝，一去忘返。女有扬蛾入宠，再盼倾国。凡斯种种，感荡心灵，非陈诗何以展其义？非长歌何以骋其情？”这哪里是理论，完全是文采斐然的文学描述。这就是用生活事例来说明道理的经验思维的一种体现。

第五，文言文作为特殊文字形态的存在。中国著述简略节约，中国文化重视体悟，以及诗歌成为中国文学的正宗，这中间还应该看到文言文的影响。语言是生活的现实，同时也是思维的现实；有什么样的语言，就反映有什么样的生活；同理，有什么样的语言，就反映有什么样的思维。独特的文字形态和书写工具，还加上社会发展水平等复杂原因，使中国人将汉字发展为一种极为特殊的语言组织形式——文言文，并让文言文独霸中国文化舞台近4000年之久。中国古代文化选中文言文作为自己的传达媒介，也就是选中了一种经济含蓄的思维方式和审美方式。不管是作为表达还是思维，文言文都坚持少之又少的减法原则。尽可能的少，尽可能的节约，然后它留下尽可能多的阐释空间、想象空间和审美空间；因为文言文里的美，文言文里的思想，凝练紧凑，精悍如点睛，仿佛压缩饼干，更近似于炸弹，被人们打开之后，不仅产生不断膨胀的持久冲击波，更拓宽思维，引发无穷的想象。中国古代文化诚然有许多不足，同时却有许多令人迷恋之处，文言文本身也具有这种两重性。从其令人迷恋的方面而言，文言文就是中国诗歌的母胎，是中国诗歌产生的必要条件，也是意境之美、含蓄之美等中国审美风貌兴起的沃土，也使中国艺术传统中减法原则得以强化并被完美实施。中国文言文，以极其经济的方式，即以舍弃文字的方式，突出了文字的魅力。儒道两家尤其是道家可能没有想到，自己对语言的某种忽视，反倒引得后辈们将汉字运用为世界上最含蓄最经济的文字。可以摇头晃脑的，属于文言文，属于中国诗歌，它们精短而又有节奏，齐整又可高低抑扬。在歌吟和陶醉里，一个民族的书香，即使在偏僻的民间也如水一般，流淌于中国人的血脉之中。

三、美学的问题域：人类审美活动

这里主要解释美学研究的对象问题，即美学问题域的设定。

1. 美学研究问题域的设定：观念决定取舍

美学以什么问题作为研究对象，或者说如何设定美学研究的问题域，常常取决于研究者独特的审美观念。

其一，认为美学研究对象是艺术。这方面的代表是黑格尔。中国的朱光潜和宗白华也主要持的是这种观念，这可能与他们深受“西学”——譬如其中黑格尔等人——的影响有关；他们两人对美的定义——无论是朱光潜所讲的情趣的意象化还是宗白华所讲的为丰富生命寻找一个和谐形式——与其看作是对一切审美现象的概括，不如更准确地用作对艺术的解释。法国的丹纳(1828—1893)也被有些人看作是这方面的代表。他在《艺术哲学》中提出了影响艺术的三因素说：时代、种族、环境。他这本书是在美术学院授课的讲稿。面对艺术生上课，当然只能讲艺术，所以他对艺术之外的美未曾论及。但丹纳是否认为美学的研究对象只能是艺术，却不能由这一点得到确定。他未曾研究艺术之外的美，可能是出于以上所讲的特殊教学对象的限制，也可能是由于没有兴趣或觉得根本无需研究。所以把丹纳视为这方面的代表，我们认为证据是不充分的。

但是黑格尔不同，他在其巨著《美学》中（主要是在四大本中第一本的开始部分）虽然论及了自然美，但论及的目的却是为了解释他为什么不想研究自然美。他认为自然美这种直接个别的对象缺乏精神的质素，因而可以排除在美学研究的范围之外。他在《美学》中开宗明义地说：“这些演讲是讨论美学的；它的对象就是广大的美的领域，说得更精确一点，它的范围就是艺术，或则毋宁说，就是美的艺术”，并进一步指出美学研究对象“并非一般的美，而只是艺术的美”。[①] 他因此认为鲍姆嘉通用“埃斯特惕卡”来命名美学“实在是不完全恰当的”，因为“埃斯特惕卡”的“比较精确的意义是研究感觉和情感的科学”，这与黑格尔的主张不相符合，只是“埃斯特惕卡”这个名称已经约定俗成，故而“无妨保留”。[②] 黑格尔的很多观点总是出人意料，譬如他的悲剧理论，又如这里他主张将自然美剔除出美学研究的范围，难怪他说：世界上只有一个人理解我，但他最后还是没有理解我。

从实际情况来看，艺术确实是人类从精神上掌握世界的一种独特方式，在很多方面的影响都远远超过自然美和社会美。艺术美是一种更高级的美，它是人类审美理想的集中体现，因此也是美学最为重要的研究对象。但是像

---

① [德]黑格尔．美学(第1卷)[M]．朱光潜，译．北京：商务印书馆，1979：3.

② [德]黑格尔．美学(第1卷)[M]．朱光潜，译．北京：商务印书馆，1979：3.

黑格尔这样仅以艺术为对象，却会出现以下问题：第一，自然美、社会美应该放在什么问题域中。第二，把美学研究对象仅仅限定在艺术的圈子里，而把广泛的其他形态的美排除在外，这无疑会影响美学研究的深广度。第三，美学与艺术理论如何区别。在美学研究中片面地聚焦于艺术，会使美学收缩为一种专门的艺术理论，从而既缩小了美学研究的应有范围，又使艺术理论研究丧失其特殊性和必要性。

其二，认为美学研究对象是人主观方面的审美心理经验。这方面的代表是近代以来各种心理学性质的美学流派。比如弗洛伊德精神分析学美学、里普斯移情说美学、阿恩海姆格式塔心理学美学等，都是从人的审美心理经验入手来研究美，在研究方法上主要采用自下而上的从经验事实到观念的归纳法，这是对过去流行的自上而下的哲学思辨方法的反拨，也促进了人们对自身内在心理世界的了解。譬如精神分析学美学研究的是人的心理中的欲望和本能，把人还原到动物的层次，将被西方理性主义遮蔽的人的非理性部分开掘出来凸显出来，使之大白于天下，延续了西方自从叔本华以来关注人的欲望的哲学传统和美学传统，不仅在美学和艺术理论方面，也在整个思想文化领域，激起了振聋发聩的冲击波。移情说美学着重关注人的心理中的情感和想象部分，对人的情感与想象之机制、功能以及二者与艺术的关系作出了细致的阐释。格式塔心理学美学则重点研究人类心理中的知觉问题，对视觉与艺术形式之间的关系进行了深入研究，强调感知的有机性，认为“整体大于部分之和”，并引入自然科学比如物理学知识，提出“异质同构”这一著名的审美原理。但是美学研究中的心理学路径，依然有令人不满意的地方：一是相对忽视了审美客体的研究；二是其研究主要采用心理学方法而相对忽视其他方法，因此研究结论的适用性、客观性和科学性让人存疑。

其三，认为美学研究对象是人与现实的审美关系。这方面代表是车尔尼雪夫斯基（1828—1889）。他提出“美是生活”的看法，认为美学研究对象是现实生活，或者说，是人与现实的审美关系。将人与现实的审美关系当做美学的研究对象，使美学研究具有广泛而具有活力的根基，今天把这种行为叫作接地气。车氏最初的路子走对了。但他有些观点不对，于是走着走着就有点走偏了。他认为生活高于艺术，如果说生活是黄金的话，艺术不过是纸币罢了，所以他认为美学去研究生活就够了，这样就相对忽视了对艺术的研究。

他和黑格尔都跑偏了道，走上了不同的极端之路，黑格尔往右走了，车氏则往左走了，都没有走在“正道”上。如果说黑格尔忽略了对自然美和现实美的研究的话，车氏则忽略了对艺术美的研究，两者都是不全面的。

2. 美学的研究对象：以艺术活动为重点的人类审美活动

综合各家观点，我们认为美学研究对象是人类审美活动，准确地说，是以艺术活动为重点的人类审美活动。即如叶秀山先生所讲：“‘美学’也可以理解成研究‘艺术’和‘审美’现象的‘根’和‘底’，称作‘原（元）艺术学’或‘原（元）审美学’。”[①] 审美活动这个概念，我们还将在后面详谈，这里只拟简单提出：审美活动就是指人类发现美、创造美、欣赏美、评价美的一切活动。以审美活动作为美学的研究对象，是出于以下的考虑：

首先，从逻辑层面来说。何谓逻辑？直接意思是不问经验事实，只运用纯形式的理性推导，典型方式是三段论，前提具备、条件具备，结论就是“必然”和“应该”的。逻辑是思想的力量，是理性层面、概念层面的“思维游戏”，是“将事物置于理性的语境中，并以纯粹的思想力量来解释它们”。[②] 从逻辑层面思考，就是要弄清楚“美学”是什么、“审美活动”又是什么；如果条件符合，则两者间将发生必然如此、不得不如此的关系。美学是思考美的学问，是研究人类精神现象——具体说是其中的审美现象——的知识门类。而何为美？按照我们的理解，美虽然可从静态的角度来分析，但更宜从动态的角度去观照，就此，我们的认识是：美不是一个名词而是一个动词，简言之，美不等于某一种物性或实体而等于审美或审美活动。而且即使从静态方面看待美，它也是审美活动的产物，是审美活动的物化（物质存在如石雕）或物态化（依托物质而存在的符号如石雕的线条）。所以美学以审美活动为研究对象，这在逻辑上是必然的。

其次，从事实层面来说。一方面，以审美活动为对象，为美学研究准备了最为丰富的材料。人类正面的活动，从其最终追求来看，不外乎三种：认识活动（求真的活动）、道德活动（求善的活动）和审美活动（求美的活动）。

---

① 叶秀山. 美的哲学(修订本)[M]. 北京：北京联合出版公司，2016：3

② [美]帕尔默. 看，这是哲学：哲学史里的快乐智慧[M]. 郑华，译. 北京：北京联合出版公司，2016：2.

审美活动的对象化，便是人们所谓的自然美、社会美和艺术美，这为美学研究提供了取之不尽的资料储备库。另一方面，以它为对象亦契合人类的精神需求，指引人类踏入自由的精神世界。审美活动内含真与善的因素，既具有合规律性，又具有合目的性，譬如不管是文学创作还是文学欣赏，需要我们首先懂得文学，然后才有创作或欣赏之时的精神快感；审美活动既使人拥有自由感，即心无拘束的精神感受，又使对象自由地存在，即葆有其“自性”。有人用“谋生”“荣生”“乐生”三个词精确地概括了人类生存的三种基本方式。所谓“谋生”是指动物式的自然人生；所谓“荣生”是指大我式的道德人生；所谓“乐生”是指自由欢畅的审美人生。人类的许多活动都是他律性的，即受到外在目的的束缚；审美活动则是自律性的，即不受外在目的的束缚，自身就是它的目的，人类精神因此达到自由放松的状态，对象亦因此得以维持“自性”。所以审美是人类的一种本真生存方式，在这里，人与对象或人与世界之间保持一种原初如此本该如此的融洽状态。

最后，从研究层面来看。不管是以上黑格尔式，还是车尔尼雪夫斯基式，或是各类心理学美学，其对于研究问题域的设定，皆有一定的研究空白或研究盲区，都在理论聚焦之同时留下了范围不同的暗影。黑格尔只研究艺术，车氏只研究生活，弗洛伊德只研究潜意识，极大地制约了其研究视域。而以审美活动为研究对象，却能避免这些研究方式的片面性，因为审美活动涵括一切审美现象，既指涉审美客体（审美对象）方面，又指涉审美主体（审美的人）方面，所以以审美活动为对象，既可以研究主体的审美心理，又可以研究客体的审美性质。

同时，我们也应该对黑格尔和弗洛伊德等人的做法予以理解。因为人的精力有限，可思考的东西却无可尽数，因此必须有所为有所不为；同时，人的能力也有高低，选择会的东西，暂时放弃不会的东西，这是生活的艺术也是做学问的一种诀窍；再者，任何问题域中并非所有的问题都同样重要，分清主次先后，这也是必要的。这是我们理解同情他们的几个理由。我们甚至还要尊重他们，首先不用说的一点是，他们已是顶级思想大师；其次，他们之所以成为顶级思想大师，是他们即使在片面的领域，也做到了最精最深，此之谓“片面的真理”。甚至可说正因为他们做到了最精最深，才留下了片面的深刻和片面的遗憾。这里面有可供我们深深思考的地方。

再来说研究对象的问题。审美活动也是一个问题域，其中的问题也有轻重深浅之分。我们认为，在审美活动的问题域中，艺术活动处于最重要的位置，即美学研究的重点对象是艺术活动。我们与黑格尔不同的一点是：在研究艺术活动的同时，也不废对自然审美和社会审美的思考。

首先，从逻辑根据层面来看。审美活动作为人与世界（对象）之间的一种特殊对话活动和对话形式，对其中的人和对象皆有特殊的要求，而归根结底对象的特殊性又有待于人去发现。毫无疑问，如果没有例外情况，艺术家与艺术爱好者是最富有审美可能性的群体，他们中大部分是专业化职业化的审美实践者，譬如文艺复兴时期出现的一大批的艺术通才——达·芬奇、米开朗琪罗、拉斐尔、提香等，相应地，艺术活动是审美属性体现得最为明显最为集中的审美活动，艺术产品随之也成为最具有审美潜能的对象，逻辑上——同样也是事实上——最易与人发生审美关系。

其次，从现实存在层面来看。徐复观指出："道德、艺术、科学，是人类文化中的三大支柱。"① 确实，艺术活动是人类文化和人类精神活动的重要组成部分，是审美活动中最普遍、要求最高同时审美特性体现得最充分的形式，人的主体精神在其中得到了生动完美的表达，因而艺术产品成为人类文明中的精华，成为美的形态中最精粹的方面。与之不同，自然美和现实生活中的美却难免存在粗糙、零散的方面，而艺术活动的一个使命则是去粗存精，化零为整，"模山范水"之间，"粗头乱服"蜕变成"国色天香"，骨感的现实披上了梦想的彩衣，散文的时代亦可以面朝大海春暖花开。

再次，从研究的理论目的层面来看。以艺术活动为研究对象，对于实现美学研究的目的或是完成美学研究的任务来说，是最为快捷最有力量的途径。美学研究的理论目的或任务是弄清美的真相，即发现和总结美的特性与规律，而一个明显的事实是：艺术产品比其他审美形态少了一分粗砺而多了一种提炼，所以具有更大的感染力，更有利于人们走进美的世界，把握美的奥秘。譬如俄罗斯彼得堡复活大教堂，作为世界建筑艺术之林中的杰出代表，它独特的屋顶形状和缤纷的色彩，体现了独属于俄罗斯的美学风格。又如唐代兽首玛瑙杯是极为罕见的流传至今的国宝级工艺品，不仅材质精美，工艺也极

① 徐复观. 中国艺术精神[M]. 上海：华东师范大学出版社，2001："自叙"1.

其高超，体现了当时所可达到的令人惊叹的技术水平和审美水准。这些作品在审美上极具辨识度和冲击力，因而最容易与人发生审美关联，使人更快地进入审美感知中。

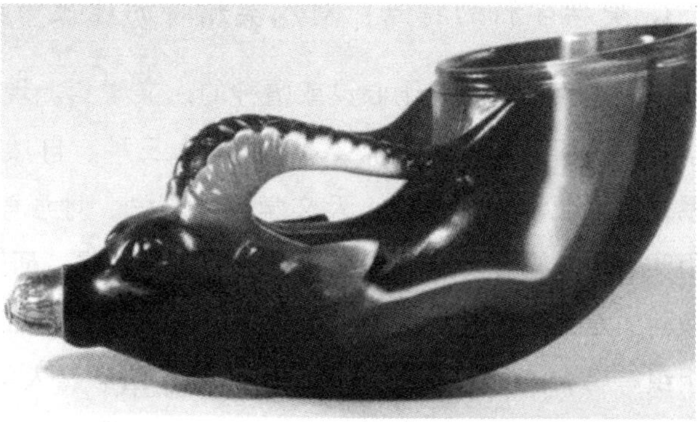

唐代国宝级文物兽首玛瑙杯 ▶

复次，从研究的现实目的层面来看。美学研究的现实目的或任务是提高人们在审美实践中的鉴赏力和创造力，而艺术活动作为一种高级的精神活动和典范的审美活动，其“魅力指数”远远高于粗放型的原生态的审美现象，因而能让人们在其中领略到更充分的精神内涵和审美属性，进而使人的精神世界和审美潜能被充分激活，更快更强地转化为实践中的审美能力。

最后，从研究的方法论层面来看。通过艺术活动来把握审美活动，了解其中审美观念、审美行为和审美环境的历史变迁，不失为一种行之有效且事半功倍的方式和手段。有人指出：“艺术是一个时期的集体的‘梦’；如果我们有眼力，我们便能从这梦幻里最清楚地追溯出这个时代的特征。……现今时代的精神特征不是空洞抽象的理论，而是一出活生生的人的戏剧，这是一出我们全都深深卷入的戏剧，而艺术家则由于其具有最犀利的眼力而把这出戏看得最为明白。”① 艺术因此是进入历史的快速通道。艺术是艺术家的产物，也是历史的产物；从后者而言，艺术因此也是历史的符号，雨果(1802—1885) 将巴黎圣母院称为石头的史书，说明的就是这一点。人们常提起一个词——“环肥燕瘦”，这其中所包含的不同时代的审美癖好，在绘画、雕塑和文学描绘中有着具体生动的体现。艺术是认识美、认识社会的便捷而有效的途径。

① ［美］巴雷特. 非理性的人［M］. 段德智，译. 上海：上海译文出版社，1992：42.

四、美学的学科性质及其意义：心灵的事业 »»

1. 美学学科的特点：对人类精神的理性审察

首先，美学是从事于心灵或精神的人文学科。现在一般将科学分为自然科学、社会科学和人文科学（人文学科）三种。自然科学是关于自然的知识体系，包括数学、物理学、天文学、地理学、地质学、生物学、生理学等，采用实验方法，追求量化和精确，目的在于求真，研究结论要求证实或证伪。社会科学是关于人类社会的知识体系，研究对象是社会制度、社会机构、社会组织等等，一般包括经济学、社会学、法学、人类学、心理学、管理学、新闻学、传播学等。社会科学被“夹”在自然科学和人文学科中间，一边与自然科学“藕断丝连”，一边又对人文学科“暗送秋波”。它多数时候采用实验方法，有时也强调量化，结论中部分可证实或证伪。人文学科是关于人本身——具体说是人类精神现象——的知识体系，很难量化，也很难证实或证伪。美学——与哲学、文艺学、历史学等一样——是一门人文学科，是从事人类精神现象研究的学问，致力于对人类心灵世界的审视与开发。

其次，美学是感悟和思辨相结合的学科。没有感悟力，美学研究就没有灵性的光晕；没有思辨力，美学研究则没有智性的利刃。美学研究始于感性终于理性，它的对象是感性的美的世界，它的目的是对感性的美的世界作出理性说明。它是糅形象于抽象并尽可能不失形象的理性操演。只有干巴巴的理性，美学研究将缺乏神韵，缺乏过程推演中的感性风姿和细节性感染，最后只有无生气的结论。美本身是感性的，美学的原意在鲍姆嘉通那里也是感性学的意思，这意味着研究的第一步是善于面对感性，美学首先应审美地应对。以美的方式对待美，以感性的方式对待感性，有感而悟，会感而悟，接下去的思维才会具有颜色，才可能真正抓住美的魂魄。如果一个人将优美的唐诗解读成干燥的公文模样，很令人怀疑还有没有继续研究美学的必要。可是，感悟只是美学研究的必要能力而非全部能力。只有感悟，研究则可能停留于凌乱的印象式描述，并且不可能具有希望达到的广度和深度，所以作为理论研究，美学又需要很强的理性思辨能力。理性思辨重点在于挖掘和整理，因此历来美学研究都强调要有扎实的哲学修养。在历史上，美学长期是哲学的一个分支，大多数美学家也都是哲学家，譬如孔子、孟子、老子、庄子、柏拉图、亚里士多德、康德、黑格尔等大师级人物都是如此。即使在 18 世纪美学独立出来之后，它依然被视为哲学的一部分，哲学仍然被视为是美学的基本“批判的武器”。哲学是美学研究的基础，有哲学的训练和修养，更易于获得美学成就，古代如此，现在也是如此，譬如海德格尔（1889—1976）是 20 世纪最有影响的哲学家之一，于是几乎顺理成章地成为了这个世纪最有成就的美学家中的一个，其代表作《存在与时间》，既被看作哲学巨著，也被供奉为美学经典。

再次，美学是交叉性的学科。美学除了紧密地依赖哲学，也与心理学、语言学、人类学、社会学、文化学、神话学、民俗学以及文学艺术等有密切联系，因此出现美学与其他学科交叉发展的情况，也有了心理学美学、人类学美学等众多研究方向。其中哲学、文学艺术与美学的关系更显亲密，一个为美学提供理论高度，一个为美学提供研究素材，所以美学在大学建制中常常成为哲学专业、文学专业和艺术专业的主要课程。美学与伦理学之间的关系也很密切，因此高尔基曾经指出，美学就是未来的伦理学，这是就美学的特性和功能而言的，也是美的概念内涵的推演。美包含真与善的因素，从善的方面来谈美，在中西方都形成了一个源远流长的传统。可见，美学是一门交叉学科，其研究具有跨学科的特点。美学研究者是一个“杂家”，他需要横跨多个学科，吸取多种学科资源，来丰富美学研究的内容和方法。

最后，美学是尚在发展的学科。美在不断涌现，美学也必然随之发展。美学的对象不仅包含历史的静态的部分，也包含现实的动态的部分。在今天，人们的审美活动不是减少了，而是空前地增加了，审美渗透于各个行业，分布于各个阶层，令人匪夷所思者，还出现了上下混同的“便所主题餐厅”。“便所”者，“厕所”也。其中桌椅、餐具、食品皆依据厕所内的情形来制作，菜名竟然是马桶 1 号、马桶 2 号之类，还有的我们不想再列举了。恶心与开心携手同行。新潮的后现代，或后现代的新潮，在“牛 A”和“牛 C”之间的道路上狂奔。“美”在蔓延，“美学”在蔓延，步子之快，转换之速，超过人类心理可以想象的边界。这一切被学界称之为“日常生活的审美化”和“审美的日常生活化”，并在学界引发意见纷纭甚至针锋相对的争论。美学永远在发展，甚至超乎人们的预料。

2. 美学学科的存在价值：让生命踏上意义追问的旅途

“活着”是个很实用的问题：吸收必要的物质，让生理机能维持正常状态。显然，美学无法解决这种实用问题，换言之，“活着”根本不需要美学。它不仅无法解决“活着”的问题，也很难解决其他的物质问题和现实问题。就此而言，美学基本上是“无用”的。在实用的年代里，一门不太实用的学科，其存在的价值和意义在哪里呢?

第一，知识传授、能力培养与全面的人的养成。

美学首先是可以传授的知识类型。它作为一门学问或学科，是对人类审美精神和审美文化的总结与评价，涉及无数的人物、著作、观点和审美产品，它们是美学的基本知识，也是走进美学世界的桥梁和敲门砖，需要我们记住和理解。但是，我们认为大学教育的基本任务有两个方面：培养有知识的人（知识教育）和培养有能力的人（能力提升）。有知识并不代表有能力。有知识意味着知道某种东西，却并不意味着知道运用某种东西；有能力才意味着知道运用某种东西，能力即运用知识去独立地创造性地发现问题和解决问题。知识传授只是能力提升的前提和手段。古人说：心中书不可少，案头书不可多。这说的是看书不在于数量，而在于善于运用。死记硬背没有用，有用的是将死记硬背的东西转化为识见和能力。同时，大学也致力于全面的人的养成。全面的人即具有各种必要能力的人，从而心性健康完整的人。美学从感知、想象、思辨、实践等方面进入问题域，无疑也将在这些方面推进人的能力的培养，虽然未必是完全实用的能力，从而对于全面的人的养成发挥重要作用。但是全面的人的养成需要各学科通力合作，非任何一门单一的学科——包括美学——可以完成的。

第二，美学是心灵的事业，传播、培育人文关怀的种子。

美学虽然与其他人文学科一样，其社会效应不是立竿见影的，但可以在人们长期的修“心”养“性”当中体现出来。换言之，美学虽然不具有物质方面的实际作用，但具有精神方面的作用，进而具有社会方面的作用。美学一方面很难解决现实问题，具有超物质功利性，另一方面却具有精神功利性和社会功利性。这便是美学的“无用之用”。美学不可能像会计学专业或计算机专业那样，给人某种具体的技能，但美学所做的事情又至关重要：面对

“精神”、提炼“精神”、领悟“精神”，简言之四个字——修“心”养“性”，从而使人更好地思考和谋划自己的生活。美学是心灵的事业，是心灵开拓和开拓心灵的事业，不着眼于“眼前”而着眼于“长远”，不着眼于“表面”而着眼于“内在”。没有美学之类的人文知识和审美之类的人文活动，人诚然仍旧可以活下去，但是，是否活得有色彩，是否活得有滋味，却是不可肯定的事情。卡西尔（1874—1945）、波德里亚（1929—2007）等西方世界的思想大师都讲到一个意思：人不仅在“存活”，还在“生活”。“存活”是动物式的，“生活”却专属于人类；“存活”是物质的、自在的，“生活”却是精神的、自为的。简言之，人是需要一点精神的。走向人文的东西，便表示人们在为心灵或精神寻找某种进路，这也就逻辑地决定了人文学科所存在的意义。给心灵或精神开一张处方，参透它的神秘与微妙，既是美学之类人文学科的夙愿，也是它们过去和现在的劳绩。

前面说过，苏格拉底对美的问题不能作出确切的结论。不单他不能，其他人也不能。没有结论的问题是思想领域的兴奋点。唯其没有结论，才激发不断做出结论的理性冲动，同时，美的东西、美的现象是明明白白存在于世的历史性经验事实，经验事实的存在怎么会没有原因没有根据没有一定的合法性呢？美学的建立于是有了坚定的逻辑前提和显见的历史前提。但是疑问依然存在。一个没有结论的问题，以及以它为核心建立起来的学问，譬如美学，我们还有必要去面对它们、研究它们吗？我们的疑问也曾经是大思想家维特根斯坦（1889—1951，英籍奥地利人）的疑问。受自然科学思维方式的影响，他指出，关于做学问、关于以思维或思想为职志的一个重要原则，便是“可以说的就说清楚，不可说的就保持沉默”。根据这一原则，他认为应该取消美学、哲学之类形而上学性质的学科，因为它们不能获得确切的结论，其中充满了意义模糊的胡言乱语。很反讽的是：他自己却被看作是20世纪最伟大的哲学家之一，也是最具争议的美学家之一。很侥幸的则是：维特根斯坦只是发表了一种意见而已，而不是在法庭上宣布严肃的判词。美学中充满了重重的迷雾或困惑，也挟带着无数的争论和误解，而且迷雾可能永远难以散尽，争论和误解也会依旧延续，但美学曾经存在，现在存在，将来还会存在。其存在的依据至少有两点：其一是美伴随着人类的始终；其二是对美的思考伴随着人类的始终。前者令美学充满感性的魅力，后者令美学充满理性的智慧。美学应该有趣，因为它从美的感性世界起步；美学也可能深刻，因为它终于人的理性思辨。苏格拉底认为人有两种活法：一种是“痛苦的人”的活法，一种是“快乐的猪”的活法。前者痛苦的原因之一是人有理性，后者快乐的原因之一——甚至是唯一的原因——则是无需理性。苏格拉底倾向很明显，他指出未经理性审视的生活根本是没有意义的。以某种痛苦交换生活的“意义”，这便是“意义”的“价格”。划不划算，相信不同的人会有不同的思考。美学思辨是理性的活动，极有可能伴随痛苦。但是即使美学思辨得不出一个结论，单是思辨本身提问本身也足以见证思辨者提问者的智性，从而引发与丰富后来者的悟性，促进知识视野的良性互动。人的生活并非必然是一种螺旋式上升，其中有些甚至是螺旋式下降。不断提问，并随之付出正确的行动，生活才处于上升的轨道。王国维《论哲学家与美术家之天职》中曾经说过：“天下有最神圣最尊贵而无与于当世之用者，哲学与美术是已。天下之人嚣然谓之曰‘无用’，无损于哲学、美术之价值也。”① 这里的“美术”即是“美”，即是“艺术”。大师之论断并非玄虚的专业自慰，而是出于对人类心灵之确认。美学让人领略别人提问的智慧，也给自己创造理性提问的空间，心灵的开拓于是在思想对话中不断深入。所以即使伴随痛苦，很多人也乐意追随它。在心灵的相互呼应与启发的循环过程中，美学的价值和意义得以澄明和敞开。常人都乐意活着，但一般不想如何活着，而美学可以为我们的“如何活着”，开一扇卡夫卡式“临街的窗”，给心灵一次快乐出走的机会，让生命踏上发现意义、创造意义的旅途。

---

① 童庆炳主编. 二十世纪中国文论经典[M]. 北京：北京师范大学出版社，2004：7.

第二讲　中国古代美学：子学到朴学的流风余韵

本讲基本内容是中国古代美学的历史发展以及儒道两家的美学思想。

中国古代的审美创造开始于远古的史前社会，但中国古代的美学思想则晚至春秋战国（狭义上的先秦）才开始（当然也许早就开始了，但历史没有记录下来），但有一点很有意思，与古希腊一样，表现在它的起始就是它的高峰。春秋战国是中国美学的光辉起点，也是思想史上注定被仰望的顶峰。而在这顶峰之上，两个亮点渐次清晰，群星闪烁逐渐在历史长河中演变成双星并耀，这便是儒家和道家。两者一刚一柔，一阳一阴，一进一退，一外一内，一有为一无为，一沉重一潇洒，一社会一自然，

一群体一个体，从两个维度，两种层面，指引并决定中国知识生产的基本轨道，中国文化创建的基本底色，中国美学发展的基本风貌。西汉已降，西来的佛家也流布开来，进入中国文明的历史进程。这样一来，儒道佛便构成中国文化也是中国美学的“三原色”。

一、中国古代美学的历史：横看成岭侧成峰

在古代，中国美学思想没有一条属于自己的单独的发展线索，它被包容在哲学思想、史学思想、文学思想、伦理学思想等等之中，反之，其他思想也被另外的思想所包容所挟带，呈现为互相说明、互相体现的发展状态。所以描述中国美学思想的发展线索，也就是描述整个中国思想史的发展线索。这条线索异常清晰：先秦子学，汉代经学，魏晋玄学，唐代禅学，宋代理学，明代心学，清代朴学。

春秋战国是一段长达550年左右的乱世。乱世是“英雄”的世界，也是“思想”的世界。所以在这个乱世，有两类人很醒目：一类是各路豪强，他们血拼火并，搞乱了这个世界，用物质手段使世界充满问题，这就是春秋五霸、战国七雄；一类是知识精英，他们思虑奔走，“朝秦暮楚”，忙于推荐，希望把乱了的世界治理好，用精神手段解决世界存在的问题，胸襟各一，观点各一，于是便出现儒墨道法名等诸子百家。思想史进入子学时代。乱世是诸子百家产生的背景，也是其思想诊断的对象，所以子学绝大多数是救世的，具有明显的实用色彩，即使富有形而上学气质的老子学说亦不例外。有人称春秋战国为中国文明的头颅，这是有道理的。① 中国历史上最大牌的思想家几乎可以说全部出自这一阶段，他们中许多人以原创性的思想，让后人只做一件事：不断地阐释他们，偶尔做一点缝缝补补的工作。他们在古代画了一个圈，结果一直到20世纪初，后人都未能走出这个圈。

儒道我们下面再说，此处先说墨家。墨家是先秦的显学，墨家弟子多为身处社会下层的游侠和手艺人，在三个方面很突出：发明、打仗、辩论。创始人是墨子（墨翟，前468—前376），春秋末战国初期鲁国人，是一个以百

① 可参看黄摩崖的《头颅中国》（石家庄：花山文艺出版社2013年版）。

姓疾苦为理论出发点的思想大师，他常常在担心“饥者不得食，寒者不得衣，劳者不得息”，所以他的思想总体上有两个特点：一是民本主义立场，一是功利主义色彩。墨子的民本思想绝然是值得肯定的，但可惜的是：以此为思考核心，他的功利主义便具有了一定的狭隘性。这方面有代表性的例子是他的“非乐”说。他承认世界上有美味、美音、美色，但假使“不中圣王之事”“不中万民之利”，所谓“目之所美”“耳之所乐”“口之所甘”（《墨子·非乐》）便全都可以取消。他反对音乐最主要的理由是：当时的音乐往往要使用钟鼓等大型乐器，而且还出现了编钟编磬，同时仪式复杂、规矩繁多，因此制造音乐和演奏音乐产生了巨大的社会危害：劳民伤财。就此而言，其“非乐说”有很大的合理性。但是，出于维护民众的崇高动机而对音乐之类文艺采取决绝否定的立场，却属于好心办坏事，将洗澡水和小孩一起倒掉了，没有考虑到音乐这样的东西，不仅仅是贵族的专利品，也是一般民众精神上的需求。《荀子·解蔽》云：“墨子蔽于用而不知文”，这可算是说到了点子上。

墨子思想有十大项目：尚贤、尚同、兼爱、非攻、节用、节葬、天志、明鬼、非乐、非命。它们都体现了墨子对民众的关怀，其中也包含墨子据此而提出的社会发展方案，不少地方脱离了中国传统的政治设计和文化观念，富有理想性和乌托邦色彩。总之，墨子是“原始”的，又是“现代”的；是“务实”的，又是“浪漫”的；是“死板”的，又是“明朗”的；其思想存在“盲区”又充满“洞见”。墨子与一般的中国人走的不是同一条道，仿佛是“非我族类，其心必异”。墨学之衰落是必然的，但却是可悲伤的。墨子的很多“远见”或发展蓝图，对患了“近视眼”的人来说，显得过于陌生。对待墨子之类不和自己说同一套话的人，人们的做法常常是：懒得理他。他不像孔子从“传统”中而来，又引领着“传统”而去。他简直不是中国人，因为他不依循传统。这样的结果是他也进不了传统。墨学就是这样逐渐没落的。

归属于法家的人物有春秋时期的管仲（约前 723—前 645）、子产（？—前 522）和战国时期的商鞅（约前 395—前 338）、慎到（前 390—前 315）、申不害（前 385 或前 420—前 337）、韩非（约前 280—前 233）、李斯（约前 284—前 208）等。其中最有影响的人物应是商鞅、韩非、李斯等人。理智上评判，法家诚然糟粕与精华并存；情感上评判，法家却难于让人亲近。很多法家人物未尝没有爱国为民的思想和其他优秀之处，但思想史的一个事实是：

好的理论未必得到好的实践。所以后世人们对法家保持距离，未必全是理论本身的错，而极可能主要是理论实践的恶果。这是我们走近法家之前应保持的一个认识。墨子的功利主义虽然狭隘却并不令人厌恶，因为墨子动机至少是淳朴而高尚的。比较起来，很多法家人物，譬如李斯之类，却缺乏了这种动机。

在现实生活中，法家思想往往被运用到极端，客观上成为打着民众旗号却损害民众利益的统治机器。政治实践中，法家常常不是为人民服务的，反之，它把人想得很坏，而且是把人民想得很坏，像李斯等人坚信人之初性本恶。他们想的只是：如何运用一切手段把统治工作做好，哪怕这种手段很卑劣。对付“刁民”，手段是无所谓好坏的，有效果就行。所以法家是极端甚至恶劣的功利主义。它尚质轻文，主张“以吏为师”，无视读书人，对儒家欲置之死地而后快，对文艺采取的是毫不留情的取消主义立场。如果片面施行法家主张，其社会形态很可能是暴政肆虐，酷吏横行，文化凋零，上面的仇视下面的，下面的也仇视上面的。这样的王朝不可能持久。秦朝的短命与采用法家主张是有必然关系的。这一点我们坚信不移。

当然，韩非等人的法家主张，也有进步和积极的地方，显著者便是将法治观念带入中国传统，但它的另外两个臭名昭著的遗产——苛政、酷吏——对传统的影响也甚为强大。法家中既有富国强兵、推动历史发展等合理的一面，但又有“阴暗”“刻薄”“歹毒”的另一面，它是中国古代黑幕文化、阴谋文化的重要源头，譬如韩非、李斯都是重视权谋或阴谋的。吊诡的是，重视阴谋的韩非最后竟然死于李斯的阴谋。法家的很多东西上不了台面，但它们常常以隐性的形式，成为中国古代政治生态中的重要成分。法家将一种冷酷而非温情带入政治场域甚至文化场域和日常生活，从审美的角度来讲，它是非审美或反审美的，因为审美的反面正好是冷酷。冷酷者将一切，毋论有机者无机者，皆视为物的存在，其眼中不可能有值得珍惜的美的存在。

再说一下名家。名家是诸子百家中较为另类的派别，它受当时推销自己的时代风气的影响，将兴趣集中于辩论，与思考救世讲究实用的其他派别判然有别，在中国思想史上写下了别致而沧桑的一笔。它即使与同样重视论辩的墨家也有较大区别，因为墨家虽然重视论辩，但总体上依然是着眼于救世的，而名家的思想史印象是喜欢理论的思辨，却不重视思考现实的救世问题。

名家的代表是公孙龙（前320—前250），他在思想史的名声来自于其思辨癖好，他现在可见的五篇文章——白马论、指物论、通变论、坚白论、名实论——全是关于逻辑思辨的。古希腊的芝诺（前490—前425）是他的同道。如墨家一样，名家中尽是不受中国古人欢迎的人，他们也与一般中国人不在同一条道上。他们一不小心，就走岔了道。公孙龙与芝诺，一个在思考“白马非马”之类的问题，一个在思考“飞矢不动”之类的问题。他们在不同的空间，却在大致同样的时间（都属于轴心时代范围），思考同样的问题，犯下的也是同样性质的错误（将问题绝对化），最后得到的却又是完全不同的待遇。我们现在已经可以明白：实际上公孙龙提出的“白马非马论”是中国古代哲学中最值得重视的逻辑悖论。但是，由于中国古代文化一直关心的主要是眼前的现实生活，对于哲学玄思和逻辑悖论缺乏兴趣，因此，当芝诺在西方世界被尊称为“科学家”的时候，公孙龙却被我们中国人扫进了“诡辩家”的历史垃圾堆。他于公元前250年逝世，这几乎是一个隐喻：在中国古人眼里，他就是一个无用的二百五。但是，可惋惜的是，中华民族与逻辑思辨、科学思维的传统就这样擦肩而过了，可能通往科学的道路被无情阻断了，到1840年，这种“擦肩而过”酿成的苦果才真切地被中国人所品尝。

汉代，儒家迎来了自己的第一个春天，这得要感谢两个人：一个是小人物董仲舒，一个是大人物汉武帝。公元前134年（汉武帝元光元年），董仲舒（前179—前104）在《举贤良对策》中向皇帝提出了著名的八字意见——罢黜百家，独尊儒术（《汉书·董仲舒传》），而汉武帝则龙颜大悦，二话不说地接受了这个意见。这两个人对于儒家的发达都太重要了，君臣二人一拍即合，然后推行儒家的号令便风行天下。思想史进入了经学时代，标志着儒家思想被确立为官方主流意识形态。经学就是儒学的官方化和正统化，儒家著作被抬高为思想典范和必读书籍，儒家五经（《诗》《书》《礼》《易》《春秋》）正式定名，并且它们从学术著作变为了统治武器。在民间，儒学也得到了拔高，出现了与经学相对同时相互配合的纬学。纬学即儒学的方术化和神秘化，或者说是方术的儒学化和合法化。纬学准确地讲是谶纬神学，以董仲舒的天人感应观念为基础，将占星术、阴阳学等与儒学思想相混合，常常假借神意或孔子之名来预言时事，其中充斥着对儒家经典穿凿附会式的解释。在此背景下，孔子被神化为“素王”。“经学”与“纬学”，从官方和民间，从正式和非正式等不同的途径，提高了儒家思想的权威。诸子百家中，儒家第一个被挑选出来，置身于历史的聚光灯下。

延续近380年的魏晋南北朝与春秋战国一样是个漫长的乱世。而且比之于春秋战国，这个阶段纲常更无序，道德更堕落，战乱更频仍，灾祸更深重，杀伐更无常，横死的知识分子简直不计其数，譬如何晏、嵇康、二陆、潘岳全都是死于非命。一群武夫有恃无恐，全体读书人便落落寡欢。刘大杰指出："中国文人生命的危险和心灵的苦闷，无过于魏晋。"① 于是魏晋的读书人几乎集体转身，弃孔孟而入庄老，从"社会"转向"自然"，从"有为"转向"无为"，尽力在外在的自然世界和内在的心灵世界，去发现和建构生命的意义，从"三玄"——《周易》《老子》《庄子》——中寻找话题，争论"无"与"有"的问题，出现了王弼（226—249）的"贵无派"和郭象（252—312）的"崇有派"，再争论"言"与"意"的问题，不经意中就从本体论思考走到了工具论思考。于是，思想史进入玄学时代。

这个时代还塑造了一个令后人无限向往的美学词汇——魏晋风度。冯友兰《论风流》一文提出魏晋风度之精髓在于八个字：玄心、洞见、妙赏、深情。这种概括诚然不错，魏晋风度的确是当时所谓的名士主动的审美创造，但看不到其中的被动和无奈，便不足以全面了解魏晋风度。魏晋风度是悲剧时代的喜剧性表达，是因为过于"悲剧"因而不得不"喜剧"。譬如清谈，这是玄学建构的主要形式，是当时思辨水平的集中展示。同时需知道的是，这种高度智力活动往往开始于搞笑的形式，比如抵足而谈，或者是谈到吐血，可以想见当时脸红脖子粗的滑稽形象。清谈意味着当时读书人的无奈：手上功夫被荒废，嘴上功夫便发达起来。又如吃药。当时人吃药主要是两个目的：养生与养颜。养生是出于对时间也是对生命的恐惧，养颜则是出于对容貌的恐惧。魏晋南北朝可能是唯一大量地用"丽""玉"之类词来形容男子的时代。男子看重自己是不是皮肤白，相貌是不是"小鲜肉"，出门该不该抹点粉，更重要的是，如果人数呈现为复数形式，那么，这多半不是人自己出了问题，便是社会存在问题。当时的药是有毒的五石散，吃了之后全身会发热，所以容易脸红身燥心发狂，还得着宽衣甚至不着衣。魏晋很多怪现象可以联

---

① 刘大杰. 魏晋思想论[M]. 上海：上海古籍出版社，1998：1.

系吃药来理解。后人以为放达浪漫的举动，很多可能是吃药产生的副作用。后人会错意的地方，在魏晋风度中不止这一点。再如饮酒。似乎不喝酒不足以构成魏晋风度，似乎不喝醉也不足以构成魏晋风度，究其实魏晋人爱的不是喝酒，而是喝醉。喝酒不是忘世，喝醉则真正忘世了。魏晋人的痛苦埋在深处，心中块垒，须以酒浇之，所以天下没有配得上魏晋所需的酒量。饮酒最喜剧的表达是“刘伶恒纵酒放达，或脱衣裸形在屋中。人见讥之，伶曰：‘我以天地为栋宇，屋室为裈衣，诸君何为入我裈中！’”（《世说新语·任诞》）刘伶以一个“天”大的比喻，让自己成为了喜剧的主角，丑态就这样被他演绎成了潇洒。另外，这种喜剧形式也在吟啸、游山玩水中体现出来。魏晋南北朝的人为什么爱“啸”，甚至特喜欢“驴鸣”？其原因已不可详知，很可能要么太无聊，要么太悲伤。想到这一点，我们的一种悲伤感不由得也泛上来。游山玩水其实也是对付悲剧时代的喜剧形式，以轻松逍遥的姿态从社会抽身而退，聊聊天，喝喝酒，写写诗，画画画。痛苦的转身，却得到审美的报偿，也算是历史的厚道之处。总之，魏晋风度是一笔美丽得有点糊涂的糊涂账。如果可以穿越，笔者也坚决不会到魏晋，例外情况有二：有很多的钱，或者有很大的权。有很多钱，就可以当名士，尽情放荡或故作潇洒，抱着酒壶，顺便扯些闲篇，心情好时便围着竹子，打一些高雅的比方；有很大的权，就可以当军阀，南北东西胡作非为，看名士不顺眼，就把他咔嚓掉，反正乱世生命如草芥。魏晋风度，是名士的风度，但在军阀的屠刀之下，所谓名士，所谓风度，全都是浮云。

隋唐时期对于思想史的独特贡献，是将儒道思想引入佛教当中，完成了对佛教的中国化改造，其成果主要是禅宗，思想史进入佛教本土化的“禅学”时代。佛教传入时间，迄今观点不一。民间可能在西汉末年就已有传播，官方正式传入时间有人考证为西汉哀帝時期（公元前 2 年），也有人认为是东汉初年的明帝时期，总之是在西汉末东汉初。从佛教传入到出现佛教的本土化，其间经过了大约 600 年的时光。佛教本土化的主要类型是禅宗。禅宗开创者为达摩，其间经五祖弘忍，再经弘忍弟子神秀，最后到六祖惠能（常被讹为慧能），禅宗这才真正兴旺，并完成了中国本土化的过程。神秀（606—706）为北宗禅代表，主张渐悟；惠能（638—713）是南宗禅的开山，主张顿悟，即推崇“不立文字”，“见性成佛”。关于为什么惠能而不是神秀成为六祖，有一段著名的公案，公案里有两段偈语。其中神秀的偈语是："身是菩提树，心如明镜台。时时勤拂拭，勿使惹尘埃"；惠能的偈语是（《菩提偈》）："菩提本非树，明镜亦非台。本来无一物，何处惹尘埃。"慧根之高下在这里显示出来，五祖弘忍于是将衣钵传于惠能，是为禅宗第六祖。禅宗对唐代以后的中国文人和中国艺术的影响是非常大的。由佛教的中国本土化，可以看出我们中国人是很聪明的，其聪明的一个方面便是能把别人的东西（佛教），巧妙地混在自己的东西里面（儒道），然后作为自己的东西（禅宗），让它永世流传。一个可思考的地方是：伟大的唐朝，为什么就不像前面的魏晋或后面的宋朝，出现伟大的思想家呢？

宋代是儒家发展的第二个春天，儒家思想处于和统治理念配合默契的蜜月时期，居于国家意识形态的主流位置，思想史进入"理学"时代。理学产生的背景是：内外逢源的唐朝远去之后，宋朝却只剩下"有'内'无'外'"，即宋代外辱不断，便只有在内部发展文化、提炼思想、重视管理。它以孔孟思想为最高的"理"，使儒家在体系化方面达到最高潮，并借助官方力量，将朱熹提出的"存天理，灭人欲"和"饿死事小，失节事大"之类观点，强化为人们的思想规范和行为原则。理学分为狭义的程朱理学与广义的宋明理学。理学鼻祖是周敦颐（1017—1073，湖南道县），理学领衔者则是北宋的二程和南宋的朱熹。二程即程颢（明道先生，1032—1085）与程颐（伊川先生，1033—1107）两兄弟，他们的观点人们可能不太了解，他们的印象却在民间很深刻，大半是迂腐古板的老夫子形象。最大的代表无疑是朱熹（1130—1200），可称为理学泰斗、文化巨擘，在很大程度上亦可称之为人间"妖孽"。他的很多观点或许是不无合理性的，却在使用过程中难免被人断章取义地理解和执行。其学术思想在元明清三代一直是官方哲学；他确定了"四书"之名，其《四书集注》大多数时候成为科举的指定教材；创办或振兴书院 27 所，如白鹿洞书院、岳麓书院，门生数千人，是后世唯一可与先秦诸子比肩的思想大师，海内外影响非常深远。先秦之后，被中国人公开称"子"者，唯朱子一人而已。

理学在现实生活层面常常成为束缚人们的外在绳索，本身也强调人与外部世界之关系的处理。这在朱熹所处的南宋时期，就引起了陆九渊（1139—1193）等人的反对。陆九渊基本观念是"心即理""吾心即是宇宙"，指出天理、人理、物理皆在吾心当中，完全改变了致思对象和致思路径，将思考从外在天理、外在世界转移至内在心灵、内在宇宙，成为明代心学的奠基人。至明代，“心学”在思想界一枝独秀，出现了心学最大代表王守仁（1472—1529），世称王阳明，主要作品为《传习录》，思想转折点是“龙场悟道”。宋代以来的儒学界，影响最大者当然是朱熹，而紧随其后者，非王阳明莫属。他将陆九渊的衣钵接过来，沿着陆氏开拓的主“内”的道路前行，因此人们把他们的思想合称为陆王心学。王阳明的理论宗旨是三个字：“致良知”。“致”者，一为“至极”，推至极处，推至终点，二为“推行”“践行”“实行”。这两方面都是心本体的效应。“良知”即真知、本体之知、内心之确知。“致良知”是本体认知与道德践行的合一，简言之是知行合一。在此需特别注意的是王阳明对心体或心本体的重视，正如其“四句教”指出的“无善无恶心之体，有善有恶意之动，知善知恶是良知，为善去恶是格物”。心本体的功夫体现于对人之德性和世界本体要做到心知肚明，把握真知一定是用心地将知识对象推至极处。心本体所得到的“知”才是良知、真知。我们也可以这样去理解王阳明早期所说的“心外无物”，他讲“物者意之用”，也是这个意思，强调的都是心本体的主动性和建构作用。心本体是一个功能性的概念。内心真正把握了世界，世界才属于你；你不知道的世界，它诚然客观地存在，但对你来说却等于不存在。总之，“心”是最关键的。这与笛卡儿以来的西方主体论哲学有相似的思维旨趣。

将王阳明思想广泛传播到民间的是他的弟子王艮（1483—1541）和王艮众多的穷学生。王艮是心学世俗化旅程中的重要一环。明代心学中不可不说的一个人是李贽，他是王艮的再传弟子，却也是古代儒学发展史上的第一个“叛徒”。李贽（1527—1602），字卓吾，福建泉州人，主要著作是《焚书》与《藏书》，后来自刎于狱中。台湾地区著名文人李敖认为李氏在他之前只有三个伟人：李耳、李贽、李宗吾，加上他自己，就是李门四杰。作为儒学“逆子”，李贽要“颠倒千万世之是非”，大胆质疑和声讨孔孟思想，认为儒家经典是“道学之口实，假人之渊薮”。出于对虚伪的厌恶，他在艺术方面倡导“童心说”：“天下之至文，未有不出于童心焉者也。”（《焚书》卷三）“童心说”的精髓就在于“真”这一个字。

王阳明和李贽的心学，对明朝的思想启蒙和浪漫主义文学运动发挥了历史性的推动作用。如果说王阳明是立“心”，即创建心学，突出心本体，到李贽则是心“思”，即突出心的反思力量。心之打开即为启蒙，如同揭开一个盖子，启蒙就是人的蒙昧被揭开。心之打开是极其危险的事情，李贽的“叛徒”之心就是王阳明、王艮等人逐渐打开的。李贽——也有其他许多人——首先解放自己，然后解放别人，启蒙运动和浪漫文艺因此蔚为晚明的一道风景。阴冷而小肚鸡肠的明朝，因为有王阳明、李贽之类的人，才让人觉得有了亮色。

清代，鉴于满汉的对立、接连不断的文字狱等复杂原因，除了它的最开头和最后头，中间这一大段时间，知识分子集体沉默，“死”学问取代了“活”思想。思想史进入朴学时代。清代文字狱达到历史最高点，捕风捉影，网罗株连，令人闻风丧胆。文字狱是自卑、胆怯、恐惧和淫威的一面镜子。康熙时期，“清风不识字，何必乱翻书”被认为是污蔑当朝，诗人于是被杀了头。雍正时期，查嗣庭主考于江西，用《诗经》“维民所止”做考题，“维止”两字却被诬告为是对“雍正”的斩头，阴暗世界的想象力也无比丰富。于是查嗣庭全家被杀，其亲属则被流放。还是雍正时期，吕留良著作中涉及华夷之分，吕留良及其学生严鸿逵竟被开棺戮尸，吕严两家直系亲族十六岁以上男丁全部被斩首，而学生中凡有吕氏遗书遗稿者则一律处死。这有点类似于侧室被扶正之后的疯狂报复。乾隆时期，文字狱更成了家常便饭，在他一生中，他几乎一年要弄出一次文字狱（共计 70 多次）。清代文人过着危机重重、战战兢兢的生活。这就是朴学诞生的背景。

朴学，又叫考据学，主要代表是乾嘉学派，即乾隆、嘉庆的一批学人群体和他们的学术活动，主要内容是对文献典籍进行版本校勘、文句注疏和名物考订等整理工作。学者们钻入历史故纸堆，不闻人间烟火气，让主体精神沉埋在客观材料当中，此之谓“死”学问。他们不求“活”的思想，即不让主体精神出场，不对历史问题和现实问题展开质疑和尖锐的发问。与尘世隔绝，便能免除尘世导致的荼毒，这样的想法让故纸堆拥有了前所未有的“蛊惑力”。诚然，朴学本身在文化整理方面取得了很大的成就，如《康熙字典》《四库全书》就是朴学对后人的贡献。但一个时代只有朴学，读书人只能或只敢钻故纸堆，却是时代的残缺与悲剧。少数凌虐多数，野蛮征服文明，手段只能是残酷无情的，宁可错杀不可放过变成这类人的固定思维。少数人杯弓蛇影，致使多数人噤若寒蝉，最后便只有思想史上的凋敝。龚自珍《己亥杂诗》不得已才写道："九州生气恃风雷，万马齐喑究可哀。我劝天公重抖擞，不拘一格降人才。"集体不发声，清代人过上了苟延残喘的日子，却也是一个王朝最快走向死地的征兆。因为过于恐惧过于失望，清代的消亡覆灭，汉族读书人中，竟没有一个殉国者，他们的心，其实在清代从未真正被折服。

二、论儒道佛：中国美学"三原色"

近3000年的中国思想史，被我们风卷残云一般，顷刻之间拂过了眼帘，但历史流云中的风韵，时而漫漶，时而清晰，时而叫人抚额，时而让人顿足，以不同的力量敲击着我们的神经。显然，在这条思想史的线索中，儒家的地位是最为强势的，在许多朝代，其实它都享受着与汉宋两朝相似的站在前台的荣耀。它是中国思想史的绝对主角。可是细细审察，我们却发现道家实际上串起了中国思想史的另一条线，只是它站在暗处，很少有官家来为它"站台"。道家的逍遥精神和审美精神，已浸于中国文人的血液里，对于艺术风貌发生了不亚于儒家的影响。从唐朝开始，大量知识分子被吸引到禅宗的队伍中，以居士的形式扩大禅宗的影响，进而使禅宗等佛学思想参与审美的创造。中国美学源头众多，但到最后，主要的源头缩小为儒道佛三个方面。中国美学思想的历史地图，从宏观看，好似三条射线，又好似三条河流。

针对儒道佛三家，南怀瑾则把它们比喻成三个店子。他在《论语别裁》一书中指出，唐宋以后，在对于文化发展的影响方面，必须注意到禅宗的作用，所以唐宋以后的中国文化中，儒道佛三家，好像变成了三个店子。道家像药店，不生病可以不去，生了病则非去不可，个人是如此，整个社会也是如此。佛家像百货店或现在的超市，里面百货杂陈，样样俱全，有钱有时间，就可去逛逛。逛了买东西也可，不买东西也可，根本不去逛也可。儒家与这些店子都不同，它好比粮食店，是必须天天要去的。

确实，除非特别倒霉，否则一个人不可能经常生病；到超市买条毛巾或买个牙刷也可，不买毛巾和牙刷也可，因为不洗脸不刷牙，顶多关乎清爽和气味，却不关乎生命；但是，人必须天天进食，俗话说，一天不吃饿得慌，不吃饭却是关乎生命的。南怀瑾在此是为了说明儒家对于中国文化的影响，在三家中处于最为重要的位置。情况的确如此，不管是在官方还是在民间，也不管是在明处还是在暗处，儒家决定了中国的基本治国理念、日常生活的基本行为规范和艺术创作内容的基本范围。儒家思想具有三个最基本的向度：伦理学性质、政治学性质和社会学性质，重视人的德性修养和伦理实践，追求对政治的参与权和解释权，最后实现整个社会的和谐乃至大同。出于这些目的，其文艺理论不是独立的，而是工具论的。

儒家是典型的入世学说，它的砥砺个人也是为了担当家族、国家和天下赋予的责任，对此最精彩的表述莫过于张载所说的“为天地立心，为生民立命，为往圣继绝学，为万世开太平”。儒家的道德自律和责任自觉（担当意识），使自己的理想确立在“圣人”的无限高度，先在地具有了一种积极性与艰难性，从而具备了一种崇高的气质。在现实层面，儒家令无数中国人摩拳擦掌、血脉偾张。不可不知的是：儒家确实是实用的，但也是理想的、浪漫的，具有明显的乌托邦情怀。儒家扩大了中国的实用主义传统，其理想也是在实用的实际的层面去实践和实现，所以使人不免遗忘它的理想主义气质。

儒家思想简而言之就是四个字：内圣外王。具体言之，它的主要内容是：第一，个人德性的修养和自觉。儒家坚信，正心才能正世，自正才能正人。孟子直到王阳明，都看重“良知”一词。他们眼里的“良知”，不仅仅是我们所理解的公德心，更主要地是指对“知”的“知”，是谓真知、确知。他们的见解，既指向伦理学，也指向知识论。从知行论角度说，知道自己所知道的，才能去践行。拿道德来说，知道道德是什么，才可能做出符合道德的事，道德自觉是道德实践的必要前提。正像有人所讲的：在制定契约之前，必须懂得什么是契约。这与苏格拉底、康德等西方哲人的见解完全一致，不一样的只是我们的前辈说得简略，西方哲人则展开了严密的哲学演绎。第二，现实的伦理建构。以“情”为出发点，从家推至国，为兄弟、父子到君臣之间的关系确立等级、秩序和规范。在中国文化中，家扩大即为国，家庭而非个人是中国古人的一种思维单位。一群人可仿照家的模式来相处，所以叫“大家”；一个国也可仿照家的模式来治理，所以叫“国家”；别人的家庭也如自己家庭一样，所以叫“人家”；臣子有如自己家庭的成员，所以叫“卿家”。理论上中国文化是温暖的，因为大家都是一家人。第三，以经世为目标。所以民本主义、救世情怀是儒家的基本特色。学而优则仕，这句话大家很熟悉，却未必真正理解。在儒家看来，学只是起点，仕只是桥梁，治国平天下才是目的，而家族荣誉只是奖励。儒家不仅为“国”，也为“天下”。儒家的“天下”是否指全地球，这不可确知，但可确知的是，儒家知道自己的国家之外确有一个更大的天下。儒家是有远见的，如果人们具备必要的逻辑推理能力和由此而来的思维发散性，中国文化应该会减少很多近视眼，会少很多庸俗的实用观念。

南怀瑾把道家仅仅比作药店，既合理又不合理。说他合理，是因为他从社会功能这个实用的显见的方面把准了道家的脉搏。在个人生存上，中国文人常喜欢把道家用作疗伤之地。儒家的生活方式注定是个人对社会的硬仗，可能豪气干云、拔寨攻城，也可能头破血流、片甲无存。壮烈与悲感相互之间一触即发。此时道家就为失意者、失败者、旁观者、高蹈者提供一个收留所。中国人常常“进”即为儒家，“退”即为道家。华丽的转身，或是凄凉的转身，总归有一个去处。在国家政治上，朝廷也常常拿道家当武器，免除老百姓一些压力，也便给国家一些活力，从而形成一个纾解社会矛盾的缓冲地带。

说他不合理，是因为道家绝不仅仅只是个实用功能上的药店，还在隐性的深层次方面提供生存论的最终根据和审美论艺术论的最高规范。道家之“道”，原本意思是道路。道路有来处也有归处，还有来处与归处之间的轨迹，这适合作为世界的比喻。老子大概考虑了很久，终于选定“道”来建立他的世界图式和本体论哲学。世界的来处是“道”，归处也是“道”，中间的轨迹也是“道”，即“道”是世界万物发生的本源，也是世界万物发展的规律——这就是道家之“道”两种最基本的涵义。“道”作为世界万物的本源，既是逻辑意义上的，也是实体意义上的（按传统常理解为唯心与唯物的合一，但这两个词令人误解，所以我们一般不用）。所谓逻辑意义是指世界万物的存在，必有一起始必有一源头，世界万物不可能就这样不明不白地存在于世，而且此源头绝不可能是任一具体的某物（具体的有），而只能是最具概括性的抽象的有（“大有”），抽象之有便是“无”。老子把这个“无”命名为“道”。如果你是老聃，你也可以命名为“气”或“风”或其他什么都可以，反正自圆其说并且别人觉得还深奥就行，那么现在就没有道家，而只有气家或风家之类。这就是逻辑的设定。所谓实体意义是指：在老子眼里，“道”既然为万物之根据，便不可能是个彻底的真正的“无”，它一定有所寄寓有所体现，因而又是一种特殊形式的“有”。“道”是“无”与“有”的合一，“无”为道之根本，“有”为道之象征，因此“道”超出经验又不离经验。我们没有办法经验世界万物之所出的抽象的“道”，但可以经验世界万物，可以经验各式各样的具体的“有”，而具体的“有”由“道”所出。所以“道”＝“无”＝“大有”＝抽象的“有”。“道”唯其为“无”，为“大有”，才可以成为此物与彼物共同的源头，此之谓“无中生有”。

发生论之后，便是世界的发展论问题。万物发展皆应“合道”或者叫“合乎自然”。道家眼里的自然有两个基本涵义：一是指实际存在的大自然，二是指像大自然一样。在这两个意思里，都包含着本色、本真、原初、纯朴的意思。合乎自然即是指以大自然为典范，自然而然、本色纯真。事物发展论的基本原则，也成为先人自觉的人生方向和审美规范，譬如它极为明显地影响了中国的建筑（如寺庙建筑）、中国的诗歌和中国的绘画。当人生的某扇门关闭的时候，道家为人们生存打开了另一扇门。与儒家比较，道家是出世的，它为人类生活设计的理想境界是“仙”。它把一种“退”的智慧布施于人间，引导人们减少欲望、保持开阔的胸怀和平静超脱的心灵，让生命和审美回到世界之初回到人的本真的干净的状态。

佛家也是一种出世的学说，但与道家不太一样的是，佛家不对本体论问题作过多解说，而主要在结论上指出世界和人生之“空”的本相。佛家主要是生存论的学说，由“空”入“空”是祂的基本启示。明代悟空《万空歌》“天也空，地也空，人生渺渺在其中；日也空，月也空，东升西坠为谁功？金也空，银也空，死后何曾在手中；妻也空，子也空，黄泉路上不相逢；权也空，名也空，转眼荒郊土一封。”这就是佛家关于空的思想的形象描述。所以“佛”所具有的空诸所有的涅槃境界是佛家对于生命的最高设想。理解这种境界的基本方法是“悟”或“觉悟”，达到这种境界的基本方法则是“断舍离”。抛弃对于红尘的一切欲望，斩断来自尘世的一切诱惑，在修行中参悟，在参悟中觉醒，尘根散尽，心如古井，这就是佛家开辟的一条心路。佛家对于审美理论，诸如审美心理学、艺术心理学、艺术创造论、艺术本体论等，产生了直接而显著的影响。由佛教的“悟”，尤其是禅宗的“顿悟”，产生了唐宋之后艺术理论中的妙悟说。妙悟即审美直觉，强调的是理解时的非理性、非概念、非逻辑，切中了审美活动的独特本性，妙悟是瞬间与永恒、现象与本体的思维关联。另外，佛家的境界，是中国艺术本体论中的意境理论的重要来源。境界是指人之心灵觉悟出来的一个空灵世界，受此影响，人们认为艺术的意境就是艺术家构造出来的一个虚实结合的美的世界，而且虚的部分重于实的部分。从佛家的境界理论和中国的意境理论中，我们可以领悟到：艺术应该善于“打哑谜”；话不可不说，但不可说尽；完全不“说”，根本没有艺术，完全“说”透，艺术则极可能无趣。

最后，在比较的意义上总结三家美学，可以说：儒家主要处理人与社会的关系，认为美在善，美在道德，美在社会的和谐；道家主要处理人与自然的关系，认为美在真，美在自然，美在本色；佛家主要处理人与人心或人与自己的关系，认为美在空，美在觉悟，美在境界。与此同时它们又有相近旨趣：一是禁欲，皆对欲望之过分之有无有所规定，儒道推崇少欲净欲，佛家则干脆提出灭欲无欲；二是有情，情感充盈于三家思想当中，它们在各自的领域内以不同的方式倡导对人对全体要保持有情。它们皆是有人情味的哲学，是不同的爱的哲学。

三、儒家美学：骨子里就是崇高 »»

儒家的历史发展，牟宗三、杜维明等人总结为“儒学三期说”：孔孟是第一期；宋明理学是第二期；熊十力至牟宗三、唐君毅等“现代新儒家”，为儒学第三期。李泽厚认为这种历史观忽略了荀子和董仲舒为代表的汉儒，进而提出“儒学四期说”：孔孟荀为第一期，汉儒为第二期，宋明理学为第三期，谁为第四期，李泽厚则没有给予明确回答，语焉不详地说现在正在出现，或许要到未来才会存在。① 这实际上是对“现代新儒家”的一种否定。

1. 孔子：中国人的“精神领袖”

儒家美学的创立者是孔子（前551—前479），名丘，字仲尼，春秋鲁国人，是儒家思想的最大代表和“化身”，有“至圣先师”“孔圣人”“素王”之

① 李泽厚. 说儒学四期[M]//己卯五说. 北京：中国电影出版社，1999：13.

类称号。其代表作是《论语》，这是一部关于人如何成为一个正人、好人等方面的学生听课记录，对心性、行为、语言等常识性问题进行了解答，也富含政治的智慧，所以后世有“半部论语治天下”之说。孔子思想面对现实来设问，常给人没有多少哲学智慧又过于实用的印象，但是，孔子给好人制订了许多要求，也给整个人类指定了发展蓝图，做一个孔子眼里的好人是很多人难以做到的。我们想说的是，孔子思想不仅是实用性的，也是理想性的，他不单单在制定现实规范，也在更高的层面描绘理想生活。唯其如此，孔子才成了“圣人”。一个只是与现实平行的人，即海德格尔所说的“常人”，是绝不可能成为圣人的。圣人之为圣人，一方面是他坚定地站立于红尘俗世，悲悯地看着尘俗里的人们，另一方面清醒地拨开尘俗的遮蔽，净化尘俗的污染，确立尺度，制定规范，让人们看到高处或走向远方。所以朱熹《朱子语类》卷九十三引用“天不生仲尼，万古长如夜”来赞美孔子无可取代的历史地位。当然作为中国人的“精神领袖”，孔子身上保守与高尚兼而有之，一方面他是现实的，另一方面又在为未来描绘蓝图。

对孔子不太感冒的人，中国存在，西方也存在。譬如黑格尔认为，孔子只是一个“实际的世间智者”，他的学问只是一种“道德哲学”，哲学的思辨是一点也没有的，《论语》里面所讲的不过是一些毫无出色之处的“常识道德”，这种常识道德每一个民族都存在，一些民族可能表述得还要好一些。所以他说：“为了保持孔子的名声，假使他的书从来不曾有过翻译，那倒是更好的事。”① 黑格尔是较为明显的西方中心主义者，也有很强的德国民粹主义色彩，历来对东方思想和东方艺术保持偏见。他出于自己对思辨的强烈兴趣，用西方标准对待孔子，因而难以进入孔子的现场和中国历史的现场，对孔子的评价是极不全面的。相反，黑格尔的后辈雅斯贝尔斯，却在他的巨著《大哲学家》中将孔子与苏格拉底、佛陀、耶稣并列，将这四个人置于思想史的最高级别——“人类思想范式的创造者”；第二等级上有柏拉图、奥古斯丁、康德这三个“思想的集大成者”；老子、龙树②、普洛丁、巴门尼德、斯宾诺莎、安瑟尔谟、阿那克西曼德、赫拉克利特并列，被誉为第三等级上的“原

---

① [德]黑格尔. 哲学史讲演录(第1卷)[M]. 贺麟，王太庆，译. 北京：商务印书馆，1959：120.

② 龙树菩萨为印度大般若宗的代表，大乘中观派创始人，对印度佛教贡献极大。生卒年不详，可能是公元1世纪人。与中国颇有渊源的著名印度佛徒鸠摩罗什是最先将龙树学说介绍到中国的人。

创的形而上学家”。[①] 哲学史家杜兰特（1885—1981）来自具有强大实用主义哲学传统的美国，因而他对孔子更为尊崇，认为在人类历史上最伟大的10位思想家中，孔子排在第一位（其他9位依次是柏拉图、亚里士多德、托马斯·阿奎那、哥白尼、培根、牛顿、狄尔泰、康德、达尔文）。他之所以选择孔子而不是释迦牟尼或耶稣，“这是因为孔子是道德哲学家而不是宗教信仰的传播者。他对于高尚生活的追求都是基于世俗的动机而不是源于超自然的思考。他其实更接近苏格拉底，而非耶稣”。[②] 杜兰特认为这些伟大的思想家“给予了这个世界别样的美丽，也带给了这个世界更温和的人性”。[③]

理解孔子学说要把握“仁”“礼”“乐”“诗”“和”等关键字眼。“仁”是孔子思想最重要的一个字，他的全部思想都是建立于这个字之上，所以他的思想被人叫作“仁学”。仁学即爱之学。“礼”是外在的规范，是无情的，“乐”“诗”是内在情感的陶冶，所以孔子以有情的“乐”“诗”来调和无情的“礼”。礼乐诗是成人的重要工具，所以孔子“礼教”“乐教”“诗教”三教并举。“和”是孔子思想的目的，它体现于理想的社会形态，便为《礼记·礼运》所描述的“大同”世界：

> 子曰：“大道之行也，天下为公，选贤与能，讲信修睦。故人不独亲其亲，不独子其子，使老有所终，壮有所用，幼有所长，鳏寡孤独废疾者皆有所养。男有分，女有归。货恶其弃于地也，不必藏于己；力恶其不出于身也，不必为己。是故谋闭而不兴，盗窃乱贼而不作，故外户而不闭。是谓大同。”

孔子美学主要见于《论语》，基本的方面是：第一，内容。美的内核在于“善”。譬如《论语·里仁》的“里仁为美”，《论语·八佾》的“人而不仁，如乐何?”可见他的美学基本上可说是一种“内容美学”，即特别强调善的内容。第二，尺度。在为人处事方面孔子主张“中庸”，如《礼记·中庸》所云“君子尊德性而道问学，极广大而尽精微，极高明而道中庸”；在审美上他相

① ［德］卡尔·雅斯贝尔斯.大哲学家［M］.李雪涛，译.北京：社会科学文献出版社，2005.

② ［美］杜兰特.历史上最伟大的思想［M］.王琴，译.北京：中信出版社，2009：13.

③ ［美］杜兰特.历史上最伟大的思想［M］.王琴，译.北京：中信出版社，2009：31.

应地提出“中和”的标准，如《论语·八佾》的“乐而不淫，哀而不伤”。第三，自然审美。在孔子那里出现了自然审美方面“比德说”的萌芽，如《论语·雍也》的“知者乐水，仁者乐山”。比德说是由后来的荀子正式提出来的，是指将自然与人的德性相比附，这是自然审美与道德评判的混合，是自然审美未能独立的体现。第四，君子之美。君子第一要有内在的美，如《论语·卫灵公》的“无求生以害仁，有杀生以成仁”；第二要有外在的美，如《论语·子路》的“言必信，行必果”；第三是内在美与外在美的相得益彰，如《论语·雍也》“文质彬彬，然后君子”。第五，饮食美。如《论语·乡党》的“食不厌精，脍不厌细。……色恶，不食；臭恶，不食；失饪，不食；不时，不食；割不正，不食；不得其酱，不食”。当然孔子所谈的饮食美又是与礼教联系在一起的。第六，艺术美。他主要是从艺术功能方面来谈艺术美的，譬如《论语·阳货》的“诗可以兴，可以观，可以群，可以怨”和《论语·泰伯》的“兴于诗，立于礼，成于乐”。

2. 孟子：人要有一种浩然之气

儒家的第二个重要代表是孟子（前390—前305），名轲，战国时期鲁国邹人，有“亚圣”之称。孟子思想中充满智慧，细读细品将带给人们很多启示，如《孟子·公孙丑上》“非其友，不友。”意思是说，不是自己心目中的朋友，就不去与他交朋友。又如《孟子·尽心上》“反身而诚，乐莫大焉。”意思是说真诚是出自内心的，因此也令自己感觉最快乐，言外之意是，做一个真诚的人，会自己感动自己，因而这才是真快乐，进而意味着真正的快乐最主要地取决于自己内心的认知，简言之，快乐主要取决于人的内心。

孟子思想的主要方面有：第一，人性论上的性善论。孟子进而提出：“恻隐之心，仁之端也；羞恶之心，义之端也；辞让之心，礼之端也；是非之心，智之端也。”（《孟子·公孙丑上）第二，民本思想。孟子是历史上重要的民本主义思想家，其独乐乐不如众乐乐的表述就是这方面很有名的例子。第三，政治上主张“仁政”。他认为只有具备“不忍人之心”，才能“行不忍人之政”。这是将性善论与仁政主张相互结合，也说明孟子思想的特色是在强调心性问题。孔子思想总体上是“内圣外王”，这为后世思想家阐发孔学暗示了两条路径：偏于内的心性方面与偏于外的规范与事功方面。大体而言，孟子的贡献是在内在心性方面细化了儒学，比孟子晚了50年的荀子则从外在规范和事功方面进入儒学。

在美学上，孟子认为爱美是人之本性，《孟子·尽心下》可证："口之于味也，目之于色也，耳之于声也，鼻之于臭也，四肢之于安佚也，性也，有命焉，君子不谓性也。"后面一些文字很有意味。孟子在这里指出：爱美诚然是人的本能天性，但人的本能天性能否得到满足，却是命运的事情，所以君子之为君子就在于他知道，人的某些本能天性是并不必然会得到满足的，因而君子并不会强求。《孟子·尽心下》在解释"善""信""美"等概念时也提出了美的不同层次："可欲之为善，有诸己之谓信，充实之谓美，充实而有光辉之谓大，大而化之之谓圣，圣而不可知之之谓神。"这里孟子是说：值得喜爱符合需要就叫善，自己确实具有善就叫信，善充实于自身就叫美，既充实又有耀眼光辉就叫大，既大又能感化万物就叫圣，圣到妙不可知就叫神。

孟子所讲的"知人论世""以意逆志"，是他艺术美学中最为知名的观点，对后来的文学艺术接受理论具有明显的指导作用。在孟子的人格美学中，最为知名的则是孟子提出的"浩然之气"，这出自《孟子·公孙丑上》：公孙丑问："敢问何为浩然之气?"孟子回答道："难言也！其为气也，至大至刚，以直养而无害，则塞于天地之间。其为气也，配义与道，无是，馁也。是集义所生者，非义袭而取之也。"这里的意思是：浩然之气要用正直正义去培养它而不妨害它，它才会充塞于天地之间。浩然之气必须有正义与大道的配合；没有正义和大道做保障，它就会萎缩凋敝。正义的不断积淀以至成为心性的一部分，这才有浩然之气的养成。浩然之气并非偶然地有过正义的举动就能取得的。这其实是对主体精神的强调，出自心灵本性的正气才是真正的浩然之气，也才是最强大最刚强的。孟子这一思想影响深远，无数仁人志士忠臣良将，莫不受到孟子思想的激励。

3. 荀子：因为丑陋所以努力

荀子是先秦儒家三大代表之一，名况，字卿，当时人们尊称他为荀卿，生卒年为前340—前245年，战国赵人，韩非和李斯皆为其入室弟子。荀子思想的关键词中有一个是"礼"，"法"却尚未列入其中，当然"法"已零散地出现在他的思考中，譬如《荀子·君道》云："隆礼重法，则国有常；尚贤使能，则民知方。”而韩非、李斯之所以成为战国法家的主要代表，则在于他们后来忽略了老师的“礼”，而重点阐释“法”的问题，并将它运用于政治实践中。这是他们对老师思想的继承，又是对老师思想的偏离。再就荀子和孟子来说，总体而言，如果说孟子主要发展孔子思想中“内圣”的一面，那么荀子主要发展的则是其中“外王”的一面。他谈得较多的是“礼”“王霸”“议兵”“强国”之类外在规范与事功问题。在人性论上，他也和孟子相反，主张性恶论。《荀子·性恶》指出：

> 今人之性，生而有好利焉，顺是，故争夺生而辞让亡焉；生而有疾（嫉）恶焉，顺是，故残贼生而忠信亡焉；生而有耳目之欲，有好声色焉，顺是，故淫乱生而礼仪文理亡焉。然则从（纵）人之性，顺人之性，必生于争夺，合于犯分乱理而归于暴。故必将有师法之化，礼义之道（导），然后出于辞让，合于文理，而归于治。用此观之，然则人之性恶明矣，其善者伪也。

因此荀子特别强调“伪”，就是改变的意思。学习也是一种“伪”，为此他写出了著名的《劝学》。总之，他认为人之本性虽然丑陋，但后天经过学习改变，人也便可以走上正道。人的后天努力至关重要且效果显著，这方面有名的一句话是《荀子·天论》中的“制天命而用之”。荀子不过是在强调人有无限的可能，但客观上却在后世孕育了人的狂妄自大的心理。

荀子重要的美学观点和成就有：第一，自然审美方面“比德说”的正式提出者，此即《荀子·法行》所说的“夫玉者，君子比德焉”。第二，审美心理方面的“虚壹而静”说。这见于《荀子·解蔽》：“人何以知道？曰：心。心何以知？曰：虚壹而静。”这四个字，比他早了近400年的管子学派就已提出，他只是再一次提出来罢了。他认为，认知和审美的基本心理条件是：虚心、专心、静心。第三，审美创造或审美实践方面的“无伪则性不能自美”（《荀子·礼论》）。这是他从性恶论推衍而来的观点。第四，审美理想方面的“不全不粹之不足以为美”。这见于《荀子·劝学》，与西方亚里士多德等人的美等于完满的观点是类似的。第五，音乐美学方面观点众多，成就显著，影响深远。他的音乐美学主要包含在《荀子·乐论》中，基本观点有：首先，“夫乐者乐也，人情之所必不免也”，这主要是论述音乐的本性和发生的。其次，“乐合同，礼别异”，这主要是论述音乐的特性和功能的。最后，音乐能“移风易俗，天下皆宁，莫善于乐（美善相乐）”。这主要是论述音乐的功能的。《荀子·乐论》中还有一段话，谈的也是这方面的问题：“乐者，圣王之所乐也，而可以善民心，其感人深，其移风易俗易。……故齐衰之服，哭泣之声，使人之心悲；带甲婴胄，歌于行伍，使人之心伤；姚冶之容，郑卫之音，使人之心淫；绅端章甫，舞韶歌武，使人之心庄。故君子耳不听淫声，目不视女色，口不出恶言。此三者，君子慎之。”此处，荀子首先总论音乐的功能，然后从情感反应的角度，具体论述了不同类型的音乐所具有的不同心理效果。

四、道家美学：站立于天地的尽头或高处

与儒家思想总体上具有伦理学、政治学和社会学的性质相比，道家思想更具有哲学的底蕴（尤其是其中的老子思想）和艺术的气质（主要是指庄子思想）。正如徐复观所讲：“庄子之所谓道，落实于人生之上，乃是崇高的艺术精神；而他由心斋的工夫所把握到的心，实际乃是艺术精神的主体”。[①] 中国艺术领域中“飘逸”“含蓄”“神韵”“淡远”等审美范畴的形成，除了有儒家和佛家的渗透，主要源自于道家的影响。

道家在先秦的发展，按照冯友兰《中国哲学简史》的说法，分为三个阶段：第一阶段是杨朱，第二阶段是老子，第三阶段是庄子。杨朱之类的早期隐士一方面是对社会持悲观主义者的人生失意者，另一方面又是主张避世全生的个人主义者。为了给自己的行为提供一套说辞，于是出现了最早的道家。《孟子·尽心上》中说杨朱“拔一毛而利天下不为也”，有人认为这不仅仅表明杨朱的吝啬，也是与他的全生观点分不开的。杨朱之类人认为，人生在世首先要为自己，保全自身是人活在世上的首要目的。冯友兰因此说，道家哲学的出发点是全生避害。这用来解释杨朱的观点是准确的，但用来解释后来老庄的思想则需要辩证对待。老庄超越了单纯的全生避害的考虑，也超越了杨朱之类人狭隘的个人主义视野，其视域扩大到了整个人类甚至整个宇宙。

---

① 徐复观. 中国艺术精神[M]. 沈阳：春风文艺出版社，1987：“自叙”3.

所以杨朱不足以成为道家真正的起点。

1. 老子：从“无”到“有”的大智慧

老子是楚国人，其生地在今天河南的南部，生卒年迄今难以确定，一般认为比孔子稍为年长，孔子可能聆听过他的教诲。老子的著作《老子》又名《道德经》，“在中国两千多年的历史上，至少在士人阶层，它的影响不在《论语》之下”。① 老子将杨朱纯然实用的单薄的生存论拓展为融生存论、政治学、军事学、艺术学和本体论等等于一体的思想王国，道家至此才显示出王者气象。所以老子才是道家真正的第一人。老子思想中包含有生存策略和社会政治诉求，更有玄秘的形而上学追问，对中国思想史来说，后者显得十分稀罕因而弥足珍贵。因为有老子之类人，形而上学在中西方之间才不至于彻底失衡，现代西方的很多思想巨匠，譬如海德格尔，不得不将头一次次转向东方，沉迷于这古老却仍焕发活力的思想高原。老子思想是哲学和美学的合一，是生存论与政治学的合一，虽只短短 5000 言，却是自然哲学、人生哲学、政治哲学、艺术哲学的集合。

第一方面是自然哲学，也可叫宇宙哲学。这是老子思想最难解却也是最重要的方面。它是中国思想史上少有的哲学玄思，也是老子思想自身的基座和王冠。在自然哲学方面，他完全是形而上学的，对着天地和宇宙在发问。他问天地万物从何处来，又如何去向他方。这便是他的自然哲学或宇宙哲学的缘起和内容。这是对世界万物的一种本体论追问。在我们看来，他选择了最合适的一个词——道——来传达他关于世界之本体的思索，但老子觉得天地之最深最高的秘密，无论用哪个词来描绘，都会显得蹩脚而无力，无论哪个人来述说，也都会显得稚嫩和笨拙。天地之奥秘，语言之苍白，智力之局限，三者交织，所以老子难免又迟疑了，最后只能是勉为其难地还是选择了“道”。《老子·一章》的“道可道，非常道；名可名，非常名”便有这种关于“道”之命名的语言焦虑在内。这个犹豫再三拈来的“道”，在本体论层面，有两个最基本的涵义：一为万物生发之本源，一为万物发展之规律。细论之，从发生论上说，“道”是万物的源头；从存在论上说，“道”是万物的本体；

---

① 韦政通. 中国思想史（上）[M]. 上海：上海书店出版社，2003：94.

从发展论上说，“道”是万物的规律。哲学上看，源头即本体，所以发生论与存在论可以合一。

最明显地论述万物生发之本源的文字是《老子·四十二章》的“道生一，一生二，二生三，三生万物。”这段话说明的是世界的发生和衍生。世界的发生源于“道”，而由“道”至“一”至“二”至“三”至“万物”，组成了世界的衍生图式。由老子对世界衍生的描绘来说，这里的“道”必是一个“无”，是一种先验的存在，因为它连“一”都不是。何谓“一”“二”“三”？有人根据中国哲学，认为“一”指浑融的天地，“二”指阴阳，“三”指物质之多；但究竟为何，老子根本没有解释。或许老子只是想说：世界的发展是一个从无到有、从抽象到具象的过程。根据老子的表述，他有时又认为道并非纯先验的存在，而是先验与经验的合一，抽象与具象的合一，此即《老子·二十五章》所讲的“有物混成，先天地生”，《老子·二十一章》“道之为物，惟恍惟惚”亦是如此。但根本上道家强调的是“无”中生“有”。道首先是个“无”，然后体现于“有”，如《老子·四十章》所云“天下万物生于有，有生于无”。或者说，道就是“无”与“有”的统一，如《老子·一章》所讲“无，名天地之始；有，名万物之母。故常无，欲以观其妙；常有，欲以观其徼”。道因为是“无”，所以才是世界万物的总的起始；道因为是“有”，所以才是世界万物的真正的母亲。由前者我们发现世界万物的神奇，由后者我们发现世界万物的界限。

最明显地论述万物发展之规律的文字是《老子·二十五章》“人法地，地法天，天法道，道法自然”。这里的“道法自然”不是讲“自然”反而是比“道”更高级的一种存在，而是讲符合道的规律就是符合大自然的规律，符合大自然的规律就是指像大自然一样地自然而然，不虚伪，不做作，不贪婪，保持素朴本真的形式。这就是老子认同的事物发展的规律和原则。从这里出发，道家美学确立了自己最高的审美标准，那就是合乎自然。合乎自然就是合道，合乎自然也就是美。所以自然本身，以及合乎自然，都是最美的。合乎自然就是真，就是素朴，就是淡然，就是清新。于是，中国美学史，中国艺术史，到处可见到道家的身影。

综上，老子认为道是源头、本体、规律的合一。道最根本的特性是“无”，“道”就是“无”，因为人经验不到“道”。从经验上看，道是一个

“无”，但从逻辑上看，道又是一个“有”，但它不是任何一个“具体的有”，却又是所有“具体的有”的根据，所以道只能是“抽象的有”，或者叫“大有”。简言之，道＝无＝大有。老子的意义不在于他用道来解释世界，而是在于他竟然用道来如此解释世界，即从形上的层面来解释世界。把一种思路带给后人，这是老子在思想史上最重要的价值所在。

第二方面是人生哲学。老子思想富含人生的哲理和生存的智慧。譬如《老子·三十三章》："胜人者有力，自胜者强。……死而不亡者，寿。”这里的意思是：胜过别人，不过叫“有力”而已；胜过自己，才是真正的强大。他还说肉体已死而精神不死才是真正的长寿。《老子·七十一章》亦云：“知不知，尚矣；不知知，病矣。圣人不病，以其病病。夫唯病病，是以不病。”知道自己无知，这是真知；不知自己无知，这是缺点。有道之人无缺点，因为他能把缺点当作缺点。只有以缺点为缺点，才能远离缺点。可见老子非常强调生命的辩证，这归根结底又因为道本身就是辩证的，此即他所说的“反者道之动”（《老子·四十章》）。但总体来看，老子更偏于退的生活方式，崇尚阴、柔、弱、雌，喜欢以山谷、溪水来比喻道比喻生活。老子思想具有女性崇拜的气质，所以国外有学者认为老子是“世界历史上的第一位女权主义者”①。

第三方面是政治哲学。老子思想中也有很多军事、治国方面的主张和谋略，与他的本体论、生存论等混合在一起，这部分常被称为“帝王南面之术”，主要是指无为而治的统治理念和方法。在老子关于现实政治的考虑中，“无为”不是真正不作为，而是以它为起点为手段，最后达到一种比儒家的“有为”更好的“有为”，此即《老子·四十八章》的“无为而不为”。他常常提到“圣人”，这种圣人不是孔子意义上的，而是指有道之人，包括他眼里高明的统治者。他认为高明的统治者应该善于以退为进，以无为促有为，譬如《老子·六十六章》：“江海之所以能为百谷王者，以其善下之，故能为百谷王。是以圣人欲上民，必以言下之；欲先民，必以身后之。是以圣人处上而民不重，处前而民不害。是以天下乐推而不厌。以其不争，故天下莫能与之争。”

---

① ［德］约尔格·齐特劳. 自从有了哲学家［M］. 王泰智，沈惠珠，译. 北京：同心出版社，2006：19.

他的“无为而治”的政治理论，有些也常常引起后人的争论，譬如《老子·三章》所云：“不尚贤，使民不争。不贵难得之货，使民不为盗。不见可欲，使民心不乱。是以圣人之治，虚其心，实其腹，弱其志，强其骨；常使民无知、无欲，使夫智者不敢为也。为无为，则无不治。”这段话常常被认为是老子愚民思想和反智主义的证明。诚然，老子思想与墨子思想一样，有因噎废食的方面。但将这一段话仅理解为老子愚民思想和反智立场的流露，却可能忽略老子思想的积极之处。基于此种考虑，我们将这一段话译为：不推举贤才，故民不起争贤之心；不看重稀有之物，故民不起偷盗稀有之物的念头；不夸耀显现可起贪欲之念的东西，则民心不乱；高明的统治，关键在于对民众弱其世俗之心、功利之念，开阔其心胸，使其肚子得以填饱，其体魄得以强健，双管齐下，乃是无为的辩证手法；使民众减少小聪明和世俗欲念，使自作聪明之人不敢妄为。照此无为原则去统治，则社会必将安定。

第四方面是艺术哲学或美学。与他的整体思想一致，老子对美和艺术的思考，源出于对“道”“无”“自然”等范畴的哲学思考。第一，反对过度的形式美，这样的形式美其实是不美的，譬如《老子·十二章》的“五色令人目盲，五音令人耳聋”。他反对“五色”“五音”，根本上是因为它们不是合乎自然的产物，而是人的欲望过度的产物。老子不是反对一切欲望，却对人的过度欲望大加挞伐，因为这将损害自然真朴的道的法则。《老子·八十一章》的“信言不美，美言不信”，也是对过度形式美的反对。老子认为，真话无需花言巧语来装饰，而装饰过的花言巧语多半不真实。第二，美与丑相互呈现，譬如《老子·二章》的“天下皆知美之为美，斯恶已；皆知善之为善，斯不善已”。第三，审美标准：无味。他在六十三章提出“味无味”，就是说，“无味”是最好的味道。无味是至淡的味道，也是最为神妙的味道。后来中国美学中，“味”“淡”“妙”成为重要的审美评判标准，这都发源于老子的“味无味”之说。第四，审美心理：虚静。这主要见于《老子·十六章》“致虚极守静笃。万物并作，吾以观复。夫物芸芸，各复归其根。归根曰静，静曰复命。”即是说，要发现事物的本相，只有排除欲念和先见，保持内心的虚静；虚静之至，乃为根本，乃为事物之本然状态，即万物“复归其根”。这本是说明道的体悟的，却也成为中国美学史经常引用的一段话，因为审美活动最为需要的心理条件也是“虚静”二字。

总的来看，老子追问天地之道，既是为了满足人类了解世界之惊奇的心理要求，也是面对乱世而开出的救世处方和生存秘方。魏源因此认为《老子》是一部“救世之书”。[①] 老子既对天地作形而上的思考，又对现实作形而下的关注。老子不是一个纯粹的隐士。老子的智慧告诉我们，有时跳出世界，只是为了更好地进入世界。

2. 庄子：为自由跳一支舞

庄子生于公元前约 369 年，死于公元前约 286 年，战国时期宋国蒙地（今山东与河南交界处）人。冯友兰称他为先秦最大的道家。我们认为这主要是从接受史角度来讲的，庄子是先秦超一流大师中最受后人欢迎的一个。而在当时，没有多少人认识庄子，也没有多少人愿意认识庄子。韦政通指出：庄子和老子一样，不能适应当时那个社会。[②] 所以庄子是当时的一个大孤独者，他以隐士的身份，远离人间，驱驰自己的想象，虚构各式的寓言，从而成了一个大沉思者。他尽力打开两个世界——外在的自然世界和内在的心灵世界。他在大自然中为人们建构精神的家园，又在人类心灵中为人们建构自由的天地，且以立于宇宙的高度，为一切生灵的平等发出世人很难听懂的呼吁。开拓人类精神无限的可能性与最终归宿，甚至不惜以最极端的方式、最丑陋的形象，来突出精神的可贵和精彩，正如有人所指出的：“庄子学说的要旨，便是把人推到极限的状态，以求实现自由的愿望。”[③] 不仅如此，他还以奇伟瑰丽诗意盎然的想象将这一切转换为美丽的图画。李泽厚因此说：“庄子的哲学是美学。”[④] 闻一多也说：庄子是一个“最真实的诗人”，“他的思想的本身就是一首绝妙的诗”。[⑤] 诚哉斯言！庄子实现了哲学和美学最完美的联姻，哲人与诗人最默契的合作。这也是后人无限追慕他的原因之一。

老子诚然是一个深刻的哲学大师，但他同时又具有若干的红尘气息，仿佛一个狡黠的人间智者，暗中为政治风云运筹帷幄。他的《道德经》乃是形

---

① 汪涌豪. 文明的垂顾：汪涌豪人文演讲录[M]. 上海：中西书局，2014：55.

② 韦政通. 中国思想史（上）[M]. 上海：上海书店出版社，2003：99，135.

③ 罗龙治. 哲学的天籁——庄子[M]. 北京：中国友谊出版公司，2013：41.

④ 李泽厚. 中国古代思想史论[M]. 天津：天津社会科学院出版社，2003：168.

⑤ 转引自叶朗. 中国美学史大纲[M]. 上海：上海人民出版社，1985：106.

上之“道”加形下之“德”的集合，或者说是“无为”之方式加“有为”之效果的结合。老子没有忘记他的身边还有个人间社会，而且时刻准备着再次踏入这个社会。庄子与之不同，他接过老子的形上之“道”，却对老子的形下之“德”无甚兴趣。老子对社会建构有独到的方案，对社会的态度有“立”的一面，庄子却对社会只有“破”的一面，他从人间社会里扭头而去，完全神游于既高且远的大自然和人的心灵世界。比之于老子，庄子对社会持一种更深切的悲观主义，却对人本身持一种饱满的乐观主义，因此如果说老子有现实主义关怀的话，庄子则主要是浪漫主义的。与孔子和墨子相比，庄子也有极大的不同。如果不怕冒犯的话，我们想说在某些方面，庄子甚至比他们有更高远的眼界和更广阔的胸怀。其一，孔子和墨子不像庄子，很少对人间之外的世界予以真正的关注，牛马之类很少进入他们的视域。其二，因此对于爱的理解，他们缺乏庄子的眼光。孔子确立自己的仁学，历史上第一次将“爱”置于思想的根基位置，但是，孔子将“爱”主要设定在人间，且有一个从亲人、族人到他人的外推过程。可见，“爱”在孔子看来是有远近有条件因而不平等的。墨子提出的“兼爱”，也将“爱”主要设定于人间，不过已将孔子现实性的爱升华为完全平等的理想性的爱。庄子却将“爱”推广至人间之外，推广至包括人在内的一切他者。庄子仿佛立于高空，看到人好似蚂蚁，所以提出不仅要爱人，也要爱蚂蚁。从对人的不平等的爱到对人的平等的爱再到对人间之外的他者的爱，这就是三人对爱的不同认识。就此而言，庄子相当的前卫。庄子在人间之外，却有一分对于生命的独特热忱，诚如宋人吴文英说庄子是一个眼极冷而心肠极热之人。下面我们将从三个关键词——自然、平等、自由——来感受庄子的热忱。这三个词转换为庄子的原话，分别近似于“以天为宗”“齐物”“逍遥游”。这是庄子思想和庄子美学的基本内容。

第一，自然。我们以为“自然”是概括庄子美学的第一个关键词。庄子那里的“自然”主要是两个意思：一是指客观存在的本真的自然界，即庄子的“天”本身；二是指运动、行为和主观心态方面的合乎自然、像自然一样，以自然为宗，与自然为友，做到自然而然，素朴本真，飘逸潇洒，即《天下》篇的“以天为宗”、《大宗师》里的“与天为徒”或《山木》里的“人与天一”。庄子指出，自然是真的终极、美的终极，即《知北游》说的“天地有大美而不言”。自然虽朴拙却至真，即自然的状态一方面“大巧若拙”（《胠箧》），另一方面却“精诚之至”（《渔父》）。所以自然是人可效仿的根本。由此，庄子在《渔父》中提出了影响深远的行为原则和审美原则：“法天贵真”。所谓“法天贵真”者，即以自然为师，保持真朴的形态和心态。美就是自然，或者说，美就是符合自然。

自然是人的肉体的家园，正如《大宗师》所云“大块载我以形，劳我以生，佚我以老，息我以死”。不唯如此，自然更应该是人的精神的家园。庄子《至乐》篇写了一个寓言，叫“鼓盆而歌”，讲他妻子死了，他却敲着盆子，全无悲伤。好友惠施很气愤，他于是解释说，人来于自然，最后归于自然，“偃然寝于巨室”，人之结局应是结束短暂的流浪，而回到宁静的自然这一永恒的家。心若没有一个“家”，到哪里都是在漂泊，而为人类心灵找到一条回家的路，这就是庄子美学的精髓和魅力。自然之所以可成人最终的家园，因为自然无偏私，“天无私覆，地无私载”（《大宗师》），乃是一个大包容，宽广博大，予人恣意遨游的空间。诺瓦利斯《哲学文集》写道：“哲学实际上就是一种乡愁，一种何时何地都有归家感的渴求。”① 庄子也是在带领我们“回家”。闻一多《古典新义·庄子》写道：庄子的作品是在“眺望故乡”，是“客中思家的哀呼”，是“神圣的客愁”。庄子哲学和美学的基本主题就是——还乡。庄子苦苦追问的只有一个问题：哪里才是我们精神上的家园？他的答案是：回到自然，回到本真，回到人之初。《荀子·解蔽》认为“庄子蔽于天而不知人”，荀子囿于实用的思谋，根本进入不了庄子的世界。以真朴之自然为心灵的归宿，因此人在存在论意义的层面，就应该心系自然、以自然为宗、顺万物之自然本性。简言之，顺其自然或自然而然是庄子美学的一条重要原则。

庄子的深刻之处在于：不仅人这个主体应该顺其自然，一切的客体、一切的他者也应该让它任其自然。他者能否顺其自然，是建立于人这个主体有无自觉意识的基础之上。有意识地让他者自然而然，就是保持他者之“自性”或顺万物之性，不强求，不委曲；就是让老虎成为老虎，让牛马成为牛马，

① 原文为：“Philosophy Is Actually Homesickness—the Urge to Be Everywhere at Home”，参见 Novalis. *Philosophical Writings*[M]. New York：State University of New York Press，1997：135.

而不是让它们成为笼中物、盘中肉、手中玩物。人类爱护万物的最好做法就是让万物成为万物自身，这是对万物最大的爱，也是自然界和谐发展的原理和前提，因而最终也是对人自己最大的爱。《人间世》云："虎之与人异类，而媚养己者，顺也。故其杀者，逆也。"老虎与人不同类，但它可能亲近某个人，如果这个人能顺其天性；也可能吃掉某个人，如果这个人拂其天性。《秋水》亦云："牛马四足，是谓天；落马首，穿牛鼻，是谓人。"即是说，让牛马成为牛马本身，这就叫顺应自然；笼马牵牛，则是对牛马本性的剥夺，是人对牛马的摧残和戕害。庄子提醒我们对待万物皆应"循其本"，即依循万物之"自性"，依循天地自然之原理，而千万不可"以人灭天"。

由此而来，庄子必然反对人为、拒斥"人道"。《在宥》云："无为而尊者，天道也；有为而累者，人道也。"所谓"天道"即自然之道或合乎自然之道，同时也是后面将谈到的自由之道。天道无为而由自，人皆应仿效；人道有为而他律，名如缰利如锁。以此之故，人道应从于天道。"顺其自然"的一个潜台词就是减少欲望，维持真朴，即《马蹄》所云"同乎无欲，是谓素朴。"顺其自然，维持素朴，即《胠箧》所云"恬淡无为"。人类的"无为"有利于自身，即《在宥》讲"无为也，而后安其性命之情"；也有利于天下万物，《天地》故云"无欲而天下足，无为而万物化"。人类不妄为、不贪求，则万物可以独立自足、自我运化。总之，庄子提倡恬淡无为的自然观，最大的特点在于反对虚伪，突出本真。除掉人为和矫饰，减少欺诈和做作，让天地万物本真地存在，让人本真地存在，让艺术本真地存在，这样的天地、这样的人、这样的艺术，就走向了美的境界。

第二，平等。庄子的平等观，思想史上少有提及，而我们以为，它在环境污染日趋严重的今天，已成为庄子美学中极富当代意义的见解之一。现在人们经常提到"宇宙伦理""自然伦理""生态伦理"等词，其实质就是在提醒世人：去掉狭隘的自私的人类中心主义，则可发现地球上的一切、宇宙中的一切，都是平等的存在者。唯其是平等的存在，一切才能合乎自然地发展，一切才能和谐地共存，而对于人类自身而言，也才能有长久存在的可能。所以，以为一切皆可为我所用，一切皆可被我剥夺的人类中心主义，最终不仅不能造福人类，反而有损于人类的存在。如果我们为地球想一想，所谓擎天的高楼、纵横的路面，不是类似于地球的毒瘤和伤痕吗？思及此，我们当可对庄子的宇宙论情怀产生情感上的深深激荡。

庄子不是谈人与人的平等，而是谈人与世界的平等，人与一切他者的平等，当然，人与人的平等也就逻辑地包含在内。在庄子的自然观中，他主张维护万物的自性，把鱼当作鱼来看，把麋鹿当作麋鹿来看，把人也只当作人来看，站在宇宙论的高度，这就走向万物平等的立场。以人类自私的立场和万物为我的偏见，则必然剥夺事物的自性，看不到鱼和麋鹿的快乐，也不可能与蝴蝶互化。可以说，"庄周化蝶"等寓言彰显出来的"物化"思想，其寓意之一就是万物的平等以及由此出现的物我融合。《庄子》平等思想表露最明显的篇章无疑是《齐物论》，最有名的一句话是其中的"天地与我并生，而万物与我为一。"所谓"并生""为一"，都是"平等"的意思。其中还有一段话："毛嫱丽姬，人之所美也；鱼见之深入，鸟见之高飞，麋鹿见之决骤，四者孰知天下之正色哉?"这段话历来颇遭批判，被认为是庄子坚持相对主义的证据。针对人们的偏见，美国学者爱莲心提出了自己的质疑："《庄子》一书绝对不是一个相对主义的演练"，相对主义只不过是"特别用来打破其他观点的一种策略"。[①] 我们也以为将庄子归属于相对主义阵营，其实是阅读者所持人类中心主义立场所导致的误解。有了此立场，我们便会觉得庄子是在信口雌黄，是在取消美的固定标准。其实这里庄子的重点并不是在谈美的标准问题，也不是说人类的美高于他者的美，而是在讲万物平等的问题。方东美指出："庄子在《齐物论》里，要把真正的自由精神，变成广大性的平等，普遍的精神平等。……所以庄子继承老子的精神，第一步讲精神平等就是要'丧我'，也就是要丧小我，忘小我，而成就大我。"[②] 方东美这里的评价是非常准确的，指明了庄子从根本上脱离了狭隘的个人立场甚至人类立场，飞跃到众人难及的"大我"的高度。

万物之所以平等，在于它们在"道"的高度是同一的。美的丑的、新的旧的、大的小的、有生命的无生命的，莫不如是。这就是《齐物论》所说的"莛与楹，厉与西施，恢诡憰怪，道通为一。"《秋水》篇也说："以道观之，物无贵贱"。过去有很多人认为庄子以上这些话是在混淆是非、抹除界限，属

---

① [美]爱莲心. 向往心灵转化的庄子[M]. 周炽成，译. 南京：江苏人民出版社，2004：11.

② 陈鼓应注译. 庄子今注今译(最新修订版)[M]. 北京：商务印书馆，2007：46"注十".

于捣糨糊的做法，殊不知庄子这里所坚持的精义只在于两个字——平等，而且不仅是人间的平等，也是人与万物的平等。因为人类的“小智”，人与物之间、人与人之间才有了区分，而在大自然公正无私、清明透亮的眼里，物我、生死、是非之间真的泾渭分明吗？人和猴子真的不同吗？人和屎尿不同是一“物”吗？这就是《秋水》所讲的“万物一齐，孰短孰长?”也是《马蹄》所讲的“夫至德之世，同与禽兽居，族与万物并”。

第三，自由。庄子对精神自由的强调，是庄子思想中最令人神往的地方，也是《庄子》文本描述得最为充分的部分。范曾《老庄心解》说：“庄子学说给人的首先是心灵的大解脱、大自由。”① 陈鼓应《老子评传》也说：“追求主体精神的绝对自由，正是庄子哲学的最终目的。”② 就此而言，庄子美学是一种主体的美学和心灵的美学。它的内在言路是步步推进环环相扣的。庄子提出自然而然的生存方式，这绝不是要人消极地臣服于自然，而是唤醒人积极地超脱于社会，这便是人之主体精神的拓展。庄子所极力阐扬的精神自由就是康德意义上的自律，即精神上“由自己做主”，自己选择，自己构建。庄子的自由不是消极的无为与忘世，因为要超脱于“常人”汹涌的社会和名利欲念对人的诱惑，尤需人付出大勇气和大智慧，进行艰难痛苦的自我蜕化。在庄子那里，与“自由”相关联的词有“无待”“游乎尘垢之外”（《齐物论》)、“独与天地精神往来”(《天下》）等。“无待”的反面是庄子提出的“有所待”，即对现实有所打算、有所要求，因此必然有所牵绊、有所束缚，精神自由因此不可能实现。徐复观《中国人性论史》指出，人生之不自由，乃在于受到外力的牵连。此种牵连即庄子所谓的“有所待”。③ 庄子自由思想最集中的表达在于《逍遥游》，最著名的象征是那只“抟扶摇而上者九万里”的“逍遥游”的鲲鹏。何为“逍遥游”？就是九天之上的鲲鹏，以及它的展翅飞翔。方东美指出，《逍遥游》一篇乃庄子于生活中求得精神之彻底解脱的人生哲学之精义所在，而庄子对“自由”最贴切的指谓就是“逍遥游”。陈鼓应也指出：“逍遥游，是指的明道者——从必然王国进入自由王国以后所具有的最

① 范曾.老庄心解[M].上海：华东师范大学出版社，2005：145.

② 陈鼓应，白奚.老子评传[M].南京：南京大学出版社，2001：277.

③ 陈鼓应注译.庄子今注今译(最新修订版)[M].北京：商务印书馆，2007：22“注十”.

高精神境界。”① 成玄英总结了前人关于“逍遥游”的几种见解：第一，顾桐柏云：“逍者，销也。遥者，远也。销尽有为累，远见无为理。”以斯而游，故曰逍遥游。第二，支道林云：“物物而不物于物，故逍遥不我待。”以斯而游，故曰逍遥游。②

达到精神自由的一个基本途径，用现在的词汇来表达就是“超越”，也就是庄子所讲的“内求于己”之际的“心斋”“坐忘”。“心斋”即“忘”的修炼。“忘”是一种“艺术”，一种修为。有所“忘”，方可有所“不忘”。什么都想得到，结果什么也得不到。幸福的重要秘诀就是——生活的减法。减掉一些欲望，相应地就得到更多的幸福，正如陶铸说：“如烟往事俱忘却，心底无私天地宽。”学习庄子，有利于我们领悟“布利丹的驴子”，一个法国经院神学家布利丹（1300—1358）的比喻，是指一头毛驴饥渴难耐，被等距离置于一捆甘草与一桶水之间，不知选择哪一个，最后饥渴而死的故事。“忘”是取舍的艺术。朱光潜说：艺术的能事不仅见于知所取，尤其见于知所舍；艺术化的人生也是如此，不但能认真，而且能摆脱；在认真时见出他的严肃，在摆脱时见出他的豁达；伟大的人生和伟大的艺术都要同时具备严肃与豁达之胜；晋代清流大半只知豁达而不知道严肃，宋朝理学又大半只知道严肃而不知道豁达，只有陶渊明和杜子美庶几算得恰到好处。这里是将老庄和儒家合在一起来谈的艺术智慧和生活智慧。庄子对“忘”的描述，后世引用得最多的莫过于以下这段话：“堕肢体，黜聪明，离形去知，同于大通，此谓坐忘。”（《大宗师》）庄子告诉我们，超越于物质的、肉体的、习俗的、人为的东西，人才会有合于自然的人生状态和精神上的至高自由境界。德国大文豪歌德说过，我们要为了生存而忘却生存，这与庄子所讲的有一定的相似之处，即为了一种更高的生存，应该从“常人”生存状态中超脱出来。在庄子这里，“忘”与“自由”具有因果关系——不想占有因而不被占有。“不想占有”是忘的功夫是去欲的功夫，“不被占有”则是——因为忘所以自由。

但是细析庄子的自由观，我们发现自由在庄子那里的涵义除了精神自由这主要的一面之外，至少还包括另一个层面，这就是所谓的“实践自由”。如

---

① 陈鼓应注译. 庄子今注今译（最新修订版）[M]. 北京：商务印书馆，2007：13“注一”.

② 郭象注，成玄英疏. 南华真经注疏[M]. 北京：中华书局，1998：1－2.

果说精神自由说一种内在的自由，实践自由则是一种外在的自由，亦即行动的自由。实践自由建立在知识论的基础上，它以掌握客观必然规律为前提。这是庄子的全面和辩证之处。《养生主》中著名的寓言“庖丁解牛”，一方面说明自由乃是实践自由与精神自由的合一，另一方面又说明实践自由是精神自由的必不可少的前提。同时，庄子还非常准确地指出，在艺术创造中，要达到自由境界，尚需心理方面的主观条件，譬如要做到心态上的“无私”。这方面最典型的例子是《达生》中“佝偻者承蜩”和“梓庆削木为鐻”的故事。“佝偻丈人”捕蝉如探囊取物，这是因为他“用志不分，乃凝于神”，故“虽天地之大，万物之多，而唯蜩翼之知”；梓庆制造出来的钟鼓，其声音之所以能惊天地泣鬼神，庄子认为重要的原因在于制作者能摒弃私欲从而内心平静专一。

总之，庄子美学博大精深，在艺术史上的影响与儒家是不相上下的。如果说儒家主要影响了艺术的内容，那么道家主要影响的是艺术的技法、艺术的风格和艺术的理想等。譬如王维《山水诀》就反映了庄子美学对艺术技法和艺术风貌的影响：“夫画道之中，水墨最为上。肇自然之性，成造化之功。”水墨技法的采用和水墨画朴淡风格之形成不是来自别的流派而正是老庄道家浸染的结果。李白《古风》：“圣代复元古，垂衣贵清真。”此处的“清真”风格是庄子法天贵真思想的体现。当然庄子美学也影响到艺术的内容，譬如大量山水诗田园诗对自然随性生活的描绘，便受到了庄子直接的启发。庄子美学也对中国古人的人生观发挥了多重而深远的影响。庄子遗风万古不绝，如苏东坡一定是仰慕庄子的。苏东坡不怨不怒，不贪不执，忙里偷闲，急流勇退，将“退”的艺术运用得出神入化。他主动申请从朝堂退往地方，从官场退往乡野，从社会退往自然，最后从世内退往世外，从有人处退往无人处。他经历过何种心理的苦痛，我们已不可详知了，但他最后展现出来的潇洒的风姿和“庄学”的神韵，迷倒了一代又一代的中国后人。

在人类的生活世界中，精神世界的建构是人类永恒的困惑和需求，而庄子美学“最重要、最精彩的天地”，便是对于“心灵世界的开发”。① 与儒家的“社会的美学”和“外向的美学”不同，它是一种“自然的美学”与“内

① 韦政通. 中国思想史(上)[M]. 上海：上海书店出版社，2003：121.

向的美学”，恰恰站在全宇宙的高度，以凸现心灵之自由、精神之主体自觉性为最显著的特色，所以引起后世人们无尽的向往。中国文人的骨子里充满了庄子的情怀。而且可以预见，在人与世界、人与他人、人与自身之间增加了新的张力和危机的情况下，庄子美学会越来越具有警示性和启迪性的现实意义；不管是在思想领域，还是在生活领域，它所具有的神韵风采不仅不会减少，反而会越来越多，如不断逼近人的光点，越来越清晰，越来越明亮。庄子是深刻而又浪漫的，深刻出自理性，浪漫出自情感。他以哲学的和诗意的眼睛打量人，打量世界，打量全宇宙。既如此深刻又如此浪漫，既如此理性又如此深情，在先秦诸子中，除了庄子，还会有谁呢?

第三讲　西方美学：希腊三贤及其他

本讲基本内容是西方美学的历史发展及主要的代表性人物。

一、西方美学的历史发展：三个阶段与两次转向 »»

西方美学包含在西方哲学中，也体现于西方的艺术领域。我们这里主要介绍思想史领域中美学的发展。宏观地回望历史，历史是有“形状”有“线索”的。将 3000 年的西方美学纳入眼帘，它的形状和线索异常清晰。按照很多人的认识，从古希腊至 20 世纪，西方思想和西方美学总体上经过了本体论、认识论、语言论三个发展阶段：从古希腊至中世纪，大体属

于本体论阶段；从文艺复兴到19世纪，大体属于认识论阶段；从19世纪末到20世纪，大体属于语言论阶段。从本体论阶段到认识论阶段的转型，是思想史上所谓的“认识论转向”，标志性人物是笛卡儿（也译为笛卡尔）。从认识论阶段到语言论阶段的转型，是思想史上所谓的“语言论转向”，标志性人物是罗素（1872—1970）、维特根斯坦和海德格尔等人。可见，西方思想的发展轨迹很清晰：三个阶段，两次转向。本体论阶段，思想焦点是——世界是什么；认识论阶段，思想焦点是——人如何认识世界；语言论阶段，思想焦点是——人如何用语言准确表达对于世界的认识，以及如何经由语言理解这个世界。这种阶段性分明的发展轨迹，仿佛经过人们事先的集体商量。

1. 本体论美学阶段：为审美现象寻找最终根据

本体论是一个哲学范畴，甚至是哲学的代名词，是指以“存在”与“存在者”为问题域的学说，其中“存在”而不是“存在者”成为其思维目标。在古希腊的水平上，本体论等于形而上学，是追问现象世界的源头、抽象本性和最终根据的学问；形而上学等于“原（元）物理学”，是“研究广义的物理学（即自然科学）的‘根’和‘底’”。[①] 从古希腊到中世纪，学人们的思维兴趣集中于世界的本体（哲学上也常常叫做“始基”“本源”），形成本体论哲学，相应地就有了本体论美学。在古希腊，第一种关于世界本体的观点出现于泰勒斯（约前624—约前546）所提出的“水”，这应该是经验观察与思维抽象的合一；此后赫拉克利特（约前530—前470）认为世界的本体是“火”，这依然未能摆脱经验论；不久留基伯（约前500—约前440）和德谟克利特（约前460—约前370或前356）提出原子论，抽象程度和思辨色彩明显提高，认为世界本体是原子；古希腊本体论哲学和本体论美学发展的最高峰是柏拉图思想，他提出世界的本体是“理式”。理式作为最真实的精神性实体，决定一切现象的存在，是一切现象的最终根据。可见，本体论在古希腊经历了一个从经验到超验、从具体到抽象、从形而下到形而上、从归纳到演绎的思维过程，体现了人类思维阶梯式上升的步履。

柏拉图的理式类似于最高的神，类似于中世纪的上帝，所以柏拉图在古

① 叶秀山. 美的哲学(修订本)[M]. 北京：北京联合出版公司，2016：3.

罗马和中世纪的门徒众多，形成思想上所谓的新柏拉图主义者，其中包括古罗马的普洛丁（又译为普罗提诺，204—270）。在思想史上，普洛丁是古希腊到中世纪的桥梁，他将一种告诫散布于人间：做一个有精神的人。罗素因而很崇拜他，说他像荷兰的斯宾诺莎（1632—1677）一样具有道德上的纯洁性和崇高性。普洛丁是一个神学家，提出世界的本体是神性的“太一”。“太一”不仅是现象世界的根据，也是一切现实美的根据，太一往外“流溢”，才有现实世界的存在和具体的美的存在，各种不同的美都是太一所流溢的结果，离太一越远，美的可能性就越小，甚至还可能出现丑。这就是普洛丁著名的“太一说”与“流溢说”。

中世纪一般是指476年西罗马帝国覆灭到1453年东罗马帝国覆灭这1000年左右的时间，基督教占据统治地位，史称“黑暗的中世纪”，这一叫法现已受到反思。这一阶段，神学家将柏拉图的理式概念予以提炼，从哲学本体论来到神学本体论，提出世界的本体是上帝，上帝是所有现象和所有美的最终决定者。这一阶段的两大神学家是前期主要受柏拉图影响的奥古斯丁（354—430）和后期主要受亚里士多德影响的托马斯·阿奎那（约1225—1274）。中世纪虽处于神学本体论的笼罩之下，但哲学思想和审美创造依然有很大发展，虽然是以一种很特殊的方式在发展。

2. 认识论美学阶段：理性主义与经验主义的双水分流

14至17世纪，西方文化和科学进入复苏并趋于繁荣的文艺复兴时期，从神的时代再一次回到了人的时代，思维从天国回到人间，从宗教领域回到现实领域，文化上追步古希腊的辉煌，重新有了世界的发现和人的发现。这是一个美学领域群星璀璨的时代，也是一个知识通才层出不穷的时代。文化和科学进入生机勃勃的新时代，“人”本身成为现实生活的主角，也成为思想领域的焦点。在此背景下，西方思想史步入认识论和知识论大发展的新阶段。但是这丝毫不意味着此前的本体论问题已经淡出人类的视野，也不意味着个别思想家不将本体论问题作为自己的思考焦点，只是从总体上看，认识论而非本体论，占据了当时思想界问题域的核心位置。

所谓认识论，即关于知识的理论，是指以人的认识能力和人的知识形成等为问题域的学说，主要讨论认识何以可能、知识何以可能、先天理性和后天经验何者为先等话题。认识论哲学的形成，意味着人类思维的目标的转变，这便是所谓的认识论转向，也意味着西方哲学发展进入近代时期。这一转向的标志性人物是笛卡儿，因而他被视为西方近代哲学的开门人。人类知识形成，从主体条件来说，是先天理性能力和后天感性经验的合一。但是这两者何者为先，却在西方近代的思想界产生了针锋相对的意见，进而形成认识论哲学中的两种趋势或流派：大陆理性主义和英美经验主义。大陆理想主义主要以德国和法国的思想家为代表，认为人的理性能力对于人类知识形成具有决定性作用，人类知识主要是人的理性的产物。理性能力是人的一种先天禀赋，它先于经验而存在因而是经验的根据，即理性能力是先天的或先验的。先验决定经验影响经验，没有理性，人类甚至连经验都不可能有，或者是即使有经验也是无用的。相反，英国哲学传统重视经验的作用，因而认为人的后天的感性经验在人类知识形成中占据最重要的地位，一个有影响的比喻是洛克（1632—1704）的“心灵如白板”，意即人在不具有某种对象的知识之前，心里便不存在关于此对象的任何印象，像一块空空如也的白板，只有人的后天的经验，才第一次在心里打下关于此对象的印象，经验越多，印象越深，然后才能具有关于某对象的知识。因此，人的后天的感性经验在知识形成中发挥首要的作用，正如洛克所讲：“我们的全部知识是建立在经验上面的；知识归根到底都是导源于经验的。”① 这便反驳了理性主义的观点。英国经验主义传统为后来的美国思想界继承下来，所以人们常常将两者合称为英美经验主义。理性主义和经验主义之间几乎是水火不容的，其分歧涉及先验与经验、理性与感性等一系列相对的基本哲学范畴。但是，不管是理性主义还是经验主义，其实都没有绝对地肯定某一方面从而绝对地否定另一方面，只是对于理性和经验两者在认识中的作用之先后和大小存在争议。

3. 语言论美学阶段：表达与理解都存在“问题”

19 世纪后期到 20 世纪前半段，语言占据了哲学的中心位置，思想界出现了所谓的“语言的转向”或“语言论转向”，很多哲学成为广义的语言哲

① 北京大学哲学系外国哲学教研室编. 十六—十八世纪西欧各国哲学[M]. 北京：商务印书馆，1975：255.

学，即成为研究哲学前提的“元哲学”。所以20世纪著名哲学家伽达默尔（1900—2002）总结说：毫无疑问，语言问题已经在本世纪的哲学中获得了一种中心地位。法国的保罗·利科（1913—2005）也说：“这种对语言的兴趣，是今日哲学最主要的特征之一。”① 在此背景下，也便有了语言论美学。

语言论美学的问题域是语言与表达、语言与结构、语言与符号、语言与理解等。追溯语言论美学的直接源头，要回到19世纪末至20世纪初的“分析哲学”和据此产生的“分析哲学美学”，这是语言论转向的开始。分析哲学分为英国罗素为代表的人工语言学派和德国石里克（1882—1936）为代表的日常语言学派，著名的维特根斯坦则横跨两派。这些人都是具有自然科学功底的哲学家，认为哲学问题的产生主要是语言误用的结果，因而“全部哲学都是一种‘语言批判’”，② 应该致力于分析语言表达的准确性以及语言命题的意义问题。在这一思想的指导下，维特根斯坦后期在《哲学研究》中提出了影响颇远的“意义即用法”的观点。同时，追溯语言论美学的源头，也要回到瑞士语言学家索绪尔（1857—1913）以及他的《普通语言学教程》。他在书中提出的语言和言语、能指和所指、共时性和历时性等对立范畴，是20世纪西方美学发展最为重要的契机之一。他将一种结构意识带给美学，是后来结构主义、符号学、叙事学等之所以诞生的一个理论前提；他又将一种意义的不确定性意识带给美学，启发了后来的解构主义、哲学诠释学、接受美学等，因而甚至成为后现代主义的理论先驱之一。很明显，20世纪前半期先后兴起的结构主义、符号学、存在主义、哲学诠释学等，都是重要的语言论美学的一支，受到语言论哲学明显的“思想殖民”。在从分析哲学美学到结构主义再到哲学诠释学的发展过程中，语言论美学整体发展态势是从自然科学性质逐渐过渡到人文性质，研究主题逐渐从表达之可能过渡到理解之可能，其中意义理论逐渐从确定性寻求过渡到不确定性认可，语言地位从工具过渡到关乎存在本体。语言论美学强调语言、符号、结构等的研究，带有明显的形式主义色彩，其中很多学派存在与社会现实和文化脱节的弊病。总之，语言论美学中，语言的地位得到了前所未有的提升，譬如维特根斯坦讲，语言的

① ［法］利科尔主编．哲学的主要趋向［M］．李幼蒸，徐奕春，译．北京：商务印书馆，1988：337．

② ［奥］维特根斯坦．逻辑哲学论［M］．贺绍甲，译．北京：商务印书馆，1999：48．

界限就是人的世界的界限，语言甚至从工具论被提高到本体论，这主要是存在主义和哲学诠释学等思想流派的功劳。

海德格尔作为存在主义最主要的代表，其思想出发点显而易见是“存在”一词，这一点在《存在与时间》这本名著的开篇就指出来了。他认为哲学研究对象只能是“存在”而非“存在者”。这看起来与柏拉图之类的古希腊哲学家并无不同，其实思维方式上是截然相反的，海德格尔将一种动态的观照而非柏拉图式的静态的观照带入哲学视野，也就将一种可能性开放性而非现实性固定性带入对人与世界的思考。只是海德格尔从“存在”起步，却似乎逐渐忘记了纯粹的“存在”，转而重点研究“此在”问题，准确说是“此在”之“存在”问题。“此在”即人。人之为“此在”，意味着人此刻存在于此，具有可能性和不确定性，而不存在于此的人，一切可能性终结，这当然不能叫人了，所以人即是“此在”。“此在”意味着人与世界“共在”，因为存在于此的人不可能是虚空的存在。人与世界共在，也便意味着人与世界要发生关联。这是一种价值论上的意义关联，这种关联唯在语言中发生。在语言中，作为意义之居所的世界得以呈现，人得以聆听和理解世界。唯有“此在”可以聆听和理解，这是人之所以被称为“此在”的一个重要原因，也是人这一存在者不同于一般存在者的地方。

海德格尔哲学有一个前后期的变化，前期重点研究此在之存在，后期过渡到语言、诗、思与艺术，相对而言，他从哲学的深邃来到了美学的诗意，当然这种诗意依然是以哲学为底蕴的。同时，这种过渡或转变的内在逻辑却是连贯的，始终围绕“存在”“此在”“语言”“理解”等几个关键词。与一般语言学美学多谈技术层面的语言表达、语言结构不同，他谈得最多的则是哲学层面的语言与理解问题，具有明显的形而上和理想化特质。在前期他指出，人的存在——诸如领会、筹划——就是语言的事件，也是理解的事件，由此人与世界相连，也与自身的可能性相连。在后期他也指出，存在在思之中形成语言，语言之本性是存在本身既澄明又遮蔽地出场（有澄明就意味着有遮蔽），语言因此是诗意的，也是真理性的。语言在敞开也在救赎，我们因此得以诗意地栖居于大地之上。不管是他的前期还是后期，他对语言的看法其实是未变的，即语言绝不仅仅只是工具，必须从本体论高度对待语言。不可不指出的是，他眼中的语言其实是纯化的或原初的语言。所以海德格尔指出：

语言是存在的家园。对于无家可归的现代人来说，唯有语言，唯有诗歌，可以在正确的时候，出现在正确的地方。

他的学生伽达默尔接着老师的意思说："语言观就是世界观。"① 谁拥有语言，谁就拥有世界。伽达默尔的哲学诠释学探究的是"人的世界经验和生活实践的问题"，并认为理解不属于主体的行为方式，而是此在本身的存在方式，即从认识论来到存在论。理解不单单是从前所谓的人去认识一个摆在那里的对象，而是你理解了才有一个世界，你有一个世界，或你存在于世，源出于你的理解。理解才有主体，不断地理解就有了主体成长的历史。人根本上是理解性的。同时，世界只有在语言中才被理解为世界，这一点尚好理解，然后逻辑地外推，人的世界经验因此根本上是语言的，经验的语言性因此是绝对的。理解只能是语言事件，能被理解的存在就是语言，"整个理解过程乃是一种语言过程"。② 世界的存在即世界经验的语言性，这是语言的逻辑先在，但并不意味着世界仅仅成为语言的对象，即语言绝不仅仅是认识工具。总体看，伽氏依然主要从理解的层面谈论语言问题，依然将语言置于本体论位置，但是，海德格尔那份对于生命的关怀，那种直面人生的忧思，因而读者可能涌起的阅读的激动，在伽氏这里却逐渐隐没。伽氏的兴趣更多固定于文本之内的理解和解释事件。比之于他的老师，伽氏更像一个书斋学者。

至此，到 20 世纪前期的西方美学我们已对它有了一个大致印象。现在还有学者认为，到 20 世纪后期，西方思想和西方美学又出现了一个新的阶段——文化论阶段，相应地，出现了思想史上的第三个转向——文化论转向。这种最新的转向，源于人们对语言论思潮中形式主义的不满。其中很多学派——譬如俄国形式主义、法国结构主义、英美新批评——过于关注语言形式及其结构问题，而对社会文化的现实问题有所忽视，因此学者们纷纷开始改弦易辙，调整思想方向和研究视域，运用新的视角和方法，转到对社会文化的重新思考，这便是 20 世纪后期发生的文化论转向。在此背景下，女性主义、后殖民主义、新历史主义等具有后现代主义性质的文化新潮不断涌现了出来。

---

① [德]伽达默尔. 真理与方法[M]，洪汉鼎，译. 上海：上海译文出版社，1999：566.

② [德]伽达默尔. 真理与方法[M]，洪汉鼎，译. 上海：上海译文出版社，1999：490.

二、苏格拉底之前：从自然哲学起步

古希腊与其说是一个地理概念，不如说是一个文化概念。它远远大于今天的希腊，包括今天的希腊本土和地中海沿岸的众多地区。从时间上看，古希腊文明从公元前2000多年就开始了，鼎盛期从公元前9世纪的荷马开始，延续6个多世纪，这一鼎盛期除了有诗歌、戏剧和雕塑的成就，也包括哲学和美学的繁荣，出现了一大批光耀千古的思想大师，分布于从公元前7世纪到公元前4世纪之内300多年的时间之内，形成了一条漫长而清晰的思想路线图：米利都学派（泰勒斯→阿那克西曼德→阿那克西米尼）→毕达哥拉斯学派→赫拉克里特→爱利亚学派（巴门尼德→芝诺）→智者学派（普罗泰哥拉等）→留基伯→德谟克里特→苏格拉底→小苏格拉底各学派（如犬儒学派的第欧根尼）→柏拉图→亚里士多德→希腊化时期（皮浪怀疑主义、伊壁鸠鲁学派与斯多嘎学派）。

1. 泰勒斯：思辨从天文学和数学开始

西方美学开始于古希腊美学，而古希腊美学肇始于米利都人对自然的哲学思考。米利都人生活在古代希腊的偏远地带，属于今天的土耳其境内，却在其中形成了西方最早的哲学流派——米利都学派，他们揭开了西方哲学的帷幕。泰勒斯是这个学派的代表，现在人们对他知之甚少，只留下一些轶事和思想的片段。譬如他开了西方哲学家独身的先河，当他可以结婚时，他说没有时间做这事，当他年老时，他则说做这事的时间已经过了。有人说泰勒斯或许本来就追求述而不著和言论节俭，“是一个善于给予简短而机智答案的大师”，不像后来的柏拉图和亚里士多德，留下海量的著述，使我们在对他们保持敬意的同时又不免忧心：“谁又能把它们读完呢?”① 确实，关于世界到底是什么，或者说，关于自然的始基是什么，泰勒斯的答案十分简洁——水。现在我们觉得万物起源于水的结论无疑是荒唐的，但今天看来错误的结论却在当时具有积极的意义，率先引领古希腊人走上对自然进行本体论追问的旅

---

① [德]约尔格·齐特劳.自从有了哲学家[M].王泰智，沈惠珠，译.北京：同心出版社，2006：5.

途，这也是“多”中取“一”的形上思维的第一个示范，是哲学的第一步因而也是美学的第一步，因为“美”的思考，根本上需要采用“多”中取“一”的思维形式。他的理性的自然本体论“问出了人所能问出的最好的问题”，①因此被视为西方历史上第一个哲学家和米利都学派的代言人。

形上思维是科学的基础，也是哲学的基础。泰勒斯能够第一个具有这种思维，是他经常喜欢仰望天空和钻研数学尤其是几何学的结果。有人指出："最早的希腊哲学家同时也是自然科学家"。② 这一判断很准确，除了泰勒斯，其他人譬如毕达哥拉斯也很有自然科学的兴趣和知识。如果大家仔细阅读西方思想，将发现这是西方哲学家——譬如柏拉图、笛卡儿、莱布尼茨、康德、罗素、维特根斯坦——一个有趣的共同点。天文学和数学都是抽象思维和非实用思维的训练，而这恰恰是真正的科学研究和哲学思考所必须具备的。天文学将人的思维从此地引向彼处，数学则将人的思维从具体引向抽象，思维方式和思维路径上具有一致之处，即都是思路的延伸和想象力的巨大跳跃，是由此至彼、由近至远、由经验至超验、由可见至不可见的跨界式思维。向远处向高处向深处，终有一天，思维将奔向形而上学。这样的思维多半是不实用而且普通人较难理解的，所以有一次泰勒斯看天时摔进了坑里，女仆嘲笑说，我们尊敬的泰勒斯知道天上有什么，但脚下有什么，他却看不清。2000多年后，黑格尔还为泰勒斯愤愤不平，反过来嘲笑：只有永远躺在坑里从不仰望高空的人，才永远不会掉进坑里。鉴于泰勒斯对天文学的钻研精神，人们在他的墓碑上留下了一句话：在日月星辰的王国里，他顶天立地，万古流芳。③ 为西方思想开辟了许多传统的泰勒斯，有此一句话，也当高兴地瞑目了。西方历史上真正第一个提出具体的美学观点的，是他之后的毕达哥拉斯。毕达哥拉斯同样喜欢天文学和几何学，他提出的“美在数”是现在可见的最早的西方美学理论，所以现在一般将毕达哥拉斯看作是西方第一个真正的美学家。但我们学习西方美学，应该首先走近泰勒斯。他虽然在具体的美学观点上，没有什么东西留下来，但他为美学打下了一个基础，那就是将一

---

① [美]吉姆·霍尔特. 世界为何存在？——探索万物之谜的奇妙旅程[M]. 高天羽，译. 北京：北京大学出版社，2015：36.

② 恩格斯. 自然辩证法[M]. 于光远，等，译编. 北京：人民出版社 1984：35.

③ [德]约尔格·齐特劳. 自从有了哲学家[M]. 王泰智，沈惠珠，译. 北京：同心出版社，2006：1.

种本体论的致思方式带入美学，所以他是西方美学的奠基人。

2. 赫拉克利特：逻各斯的提出者

赫拉克利特提出世界本体是“火”，这一观点与泰勒斯一样是经验归纳和理性抽象的共同产物，今天看来同样是可笑的结论。但思想史在很多时候都是开始于错误的回答，也有许多结论我们今天看来不过是最简单不过的常识。可是，这些常识或错误，在古人那里却可能是艰苦卓绝的产物，是石破天惊的发现，是振聋发聩的惊奇。既是错误或常识却还要谈论它们，理由便在于他们为西方人确立了第一个思维框架，同时我们想发现错误或常识何以发生，以及古人在热爱智慧和建构智慧的过程中走少了哪一步，走多了哪一步，或者走偏了哪一步。错误与真理常常只有一步之隔。

赫拉克利特生于古希腊殖民城邦爱菲斯，哲学上爱菲斯派的创始人。如中国的荀子一样，他也是性恶论的倡导者。因此他藐视人类，但自己也没有好结局。他的死源于三个方面：得了水肿病；为了治好水肿病爬进了一堆牛粪；一群野狗看见了埋在牛粪中的他，然后把他吃掉了。他写的书，据说苏格拉底都没有看懂，故称“晦涩的哲学家”。因此，除了认为世界的始基是火的著名观点之外，他的其他哲学遗产留下来的很少：第一，万物皆是流动变化因而易逝的。于是有了他一句很有名的话：人不能两次踏进同一条河流。面对一去不复返的河水，赫氏感触颇深，且感触延伸为悲感，于是他成了古希腊哲学家中有名的悲观论者。第二，提出了“逻各斯”的概念，这个词的基本意思是指：语言、理性、规律。这个词是他由宇宙发展论的层面提炼出来的，他认为，火是运动的，事物运动及相互转化的规律就叫“逻各斯”。逻各斯这个概念的提出，为后来西方盛行理性主义打下了一定基础，也是亚里士多德关于人的基本定义——人是理性的动物——的重要理论来源。凭这一个词，就可说对于西方美学的发展，赫氏做出了基础性的工作。他在美学方面直接的观点是接过毕达哥拉斯的和谐说，以弓和琴的相反相应为例子，提出对立产生和谐，同时和谐等于美的观点。他是一个强调“对立”和“斗争”的思想家。

3. 德谟克利特：乐观的原子论者

他是始基学说方面原子论的提出者，留基伯的学生，认为事物一定会消灭，而原子则将永存。古希腊著名的乐天派，喜欢幽默和制造幽默，老百姓很喜欢他，知识界却不太欢迎他，称之为来自白痴故乡的白痴，连柏拉图也很讨厌他。原因据说是他过于快乐了，触怒了柏拉图之类人古板悲怆的神经。但这种解释有点草率，更详细的原因，千疮百孔的古希腊历史并没有记录，或者记录之后又遗失了。缺东少西，是古希腊思想文献留给后人的印象。还据说喜爱感官快乐的他到了晚年，自己用一束强光，弄瞎了自己的眼睛，原因同样不确定，传说有两种：可能是为了促进理性，于是不惜牺牲感性；也可能是因为年老，喜欢美女而不能爱上美女，于是干脆眼不见为净。想必第二种多半是嘲讽他而杜撰出来的，没有好人缘的他，未能得到别人的尊重。一个不被人尊重的人，人们便肆意践踏他。其实，嘲笑他的人，很多都不见了，而德谟克利特留了下来，因为他不仅是有修为的哲学家，也是有见解的美学家。

他的美学成就主要有：第一，提出模仿论。他指出，人模仿动物，是人类文化发展的一种重要途径，于是，美学上的“模仿论”常常要提到德谟克利特。他喜欢用蜘蛛网、燕窝、黄莺鸣叫打比方，说明人类文化创造包括文艺创作，诸如织布、建房、歌唱等，都是来自于人对于动物的模仿。对于文艺来讲，他的模仿论既是起源意义上的，也是内容意义上的。第二，提出美在于合适的尺度，超过尺度，令人愉快的东西也会变得令人讨厌。第三，审美和艺术的产生源出于“奢侈”。譬如他说音乐不是为了满足生活需要而是为了满足奢侈的需要才诞生的。饱读书籍的亚里士多德受到他的影响，后来提出审美出于闲暇的观点。他的很多观点现在已经是常识，却在古希腊时代寓示着对人对世界的认识水平的提高。“我们现在觉得理所当然的东西，当年是需要天才来揭示的。”① 美国斯特龙伯格《西方现代思想史》如是说。

① ［美］斯特龙伯格. 西方现代思想史［M］. 刘北成，赵国新，译. 北京：金城出版社，2012：63.

4. 智者派：别把职业仅仅当作职业

智者派在古希腊思想史上是一种负面形象，骂名常常淹没了他们的功劳，因为他们的兴趣不在于知识本身，而在于知识的“出售”。让我们从头说起。“智者”，原本泛指有智有识有才之士，其中包括雅典最早的改革家梭伦和哲学始祖泰勒斯。但是到了公元前5世纪时，“智者”一词则专指一批收费授徒、重点教授修辞学和论辩术并以此为职业的教师，这便是以普罗泰戈拉（约前490—约前420）、高尔吉亚（约前483—前375）为代表的智者派。智者派在思想史上是有独特贡献的：第一，将思考方向开始从自然界转向人类社会。这大约发生于公元前450年前后，这种思维转型的具体内容是人类社会的伦理—政治问题成为思考的中心。这种转型是由智者派引起的，却到苏格拉底和柏拉图手里才得以完成。其转型的历史背景是古希腊殖民地的开拓以及与异族人日渐增多的接触。于是，人的问题或人间社会的问题取代此前自然的问题而成为知识界的核心问题。第二，对修辞学和逻辑学贡献很大，促进了古希腊人思辨能力的提高。公元前5世纪，古希腊进入最辉煌的发展时期，社会上自由民主氛围浓厚，这种氛围的一个直接结果便是人们十分喜好论辩，于是论辩术或修辞术成为当时智者派的重要教学内容。他们对论辩技巧和语言运用进行了理论的总结，这客观上促进了修辞学和思辨水平在古希腊的发展。第三，研究了很多具体的美学问题，譬如普罗泰戈拉关于美的相对性问题和高尔吉亚关于艺术幻觉问题。普罗泰戈拉是智者派最有名的代表，他的名言是“人是万物的尺度”。这一观点突出的就是美的相对性，同时也突出了真与善的相对性。智者派的《论辩集》曾提到：如果让人们在一块地毯上取走他们认为美的东西、留下他们认为丑的东西，那么最后地毯上会什么也不剩，因为所有的人的看法都不会相同。这也是对美的相对性的强调。美诚然是相对的，但智者派在这个问题上却走了极端，走上了相对主义的死胡同。相对主义意味着视相对为绝对，即美是绝对的相对，这样美便失去了绝对的共同的标准。美应该是相对与绝对的统一，智者派看到了相对的一面，却忽略了绝对的一面。

智者派的恶名主要传播于当时的知识界，一般民众对他们还是尊敬的，因为人们在他们那里学会了论辩的技巧。智者派之所以在知识界长期遭人恶评，最关键的原因是智者派被认为是属于玩弄辞令而非真正向往智慧的诡辩派。我们却以为，不管当时知识界如何瞧不起他们，对他们的贡献还是不可予以一笔抹杀的。同时，智者派留下的深刻教训也是我们后人可以吸取的，即不要像智者派一样，把手段当做目的，将职业仅仅当作职业去进行。可行的做法或许是：像苏格拉底一样，把职业尽量经营为事业，因为“职业”里，人是一个“仆人”；“事业”里，人才是一个“主人”。

三、希腊“三贤”：最靓丽的思想史链条

我们这里所谓的“三贤”是指苏格拉底、柏拉图和亚里士多德，他们是古希腊哲学——也是古希腊美学——最重要的代表。其中柏拉图是苏格拉底的得意门生，而亚里士多德则是柏拉图的出色弟子，三人之间形成西方思想史上最为紧凑最为靓丽的链条。

1. 苏格拉底：扭转思想风向的关键人物

柏拉图说过：“我感谢神明，使我生逢苏格拉底时代。”① 这是他对自己老师和那个时代的由衷敬意。苏格拉底（前469—前399）被人称为西方的孔子，相应地柏拉图被称为西方的孟子。但关于这一评价，很多人并不认同，反过来更多地认为柏拉图才是古希腊最伟大的哲学家。长期以来，两人的历史地位是学界争论不已的问题。苏格拉底是述而不作的人，他的思想都是由他的弟子们——主要是柏拉图和色诺芬——记录下来的。色诺芬的记录相对简略却较为可靠，柏拉图的记录很详细却很不可靠，因为柏拉图著作喜欢以老师的名义来发言，但是里面思想的归属，到底是柏拉图本人还是苏格拉底，谁也分不清楚。于是两人中到底谁应该坐古希腊哲学的第一把交椅，学界也就聚讼纷纭。其实苏格拉底和柏拉图是一体的，具体的冠名权现在是一笔糊涂账了，如要弄清楚，除非让他们两人穿越过来，面对面地陈述。

但苏格拉底在人们心目中显得鲜活可爱，因为他虽已经不在江湖，江湖却充满他的传说。这是一个轶事比史实丰富、传说比真相有趣的人。人们尊

① ［美］杜兰特. 哲学简史[M]. 梁春，译. 北京：中国友谊出版公司，2004：9.

敬柏拉图却可能不太愿意亲近他，因为他这个贵族老爷过于古板严肃，而苏格拉底在传说里却很幽默，深入生活，喜笑颜开。善于笑的人，连带他的周围都是笑意，哪怕他在解释严肃高深的哲理的时候，可能也让人觉得他脸上带着捉摸不定的谜一样的微笑。他是公元前 5 世纪雅典街头最活跃的人，喜欢用他睿智无比的脑袋，口若悬河的大嘴，以智力摧残的形式，逼着年轻人进入他螺旋形的对话怪圈。在苏格拉底面前，所有人都可能成为傻瓜。这种对话的逼问的方式，就是后来无比有名的辩证法的最初形态。辩证法（dialektike）的本来意思就是“对（dia—）话（logos）”。思想就产生于这种辩证法当中，或者说，这种辩证法催生了思想的产生，苏格拉底自己把它称作助产术。助产术所采用的方式是问答法，即通过发问与回答的形式，运用比喻、启发等手段，使对方对所讨论之问题的认识从具体到抽象，从特殊到普遍，一步步深入，最后得出正确认识。这种方法，一般被总结为四个环节：反问、归纳、诱导和结论。辩证法或助产术是他对于思想史的突出贡献之一。

如此热衷于街头辩论的苏格拉底确然不可能成为顾家的男人，留下愤怒的妻子赞提帕在家中苦苦支撑，所以吵架是常有的事情。据说他吵不过妻子，也许是不愿吵或不好意思吵，结局便是，妻子大骂之后会淋他一头的水，苏格拉底的幽默在此体现：打雷之后便会下雨，这是谁都知道的。历史上则留下“苏格拉底的妻子”这一专有词汇，类似于中国的“河东狮吼”。但又有传说讲，其实她是很爱他的。视死如归的苏格拉底在临死之时，他妻子大喊：他是我的！这一声惊天动地，所有曾经的愤怒在这一刻，全部烟消云散。苏格拉底常常笑谈婚姻——当然也仅是传说，但在这个时候，也该会收起所有的玩笑，与妻子作最后的深情诀别。

苏格拉底对思想史的另一个贡献是成为了扭转古希腊哲学风向的关键人物，此前，人们热衷探讨自然的问题，而他和智者派一起，把思考中心转向人类社会和人的内心。与智者派不同的是：一方面，这种转向到他这里才得以完成；另一方面，以“普遍性”为思想目标，从而否定了智者派的极端的感觉主义和相对主义。所以吉尔伯特和库恩合著的《美学史》认为苏格拉底既是当时最大的智者，又是智者派的天敌。苏格拉底将刻于古希腊德尔斐神庙上的名言——认识你自己——拿来作为自己的思想宣言。他认为哲学的真正对象不是自然，而是人自己。人自己是最难认识的，因为要认识的不是人的表面，而是人的本性，“本性”也叫做“德性”。德性即一事物之为该事物的本性，人之为人的本性。譬如马的本性是奔跑，鸟的本性是飞翔。德性这个词有道德的属性，但更是一个哲学词汇。德性或本性是事物的根据，也是事物的内在目的或最后目的，譬如马不会奔跑还叫马吗？从小马到骏马，就是“奔跑”本性的不断丰富，就是实现“奔跑”这一内在目的或最后目的。实现目的、符合目的就是圆满，就是善，善因此就等于本性（德性），等于目的，或者叫合乎本性（德性）、合乎目的。公式便是：善＝本性（德性）＝目的（合目的）。骏马是最像马的马，即本性或内在目的在此彻底达成，这还不是完满不是善吗？苏格拉底同时认为人的本性并非现实地拥有，而只是潜在地拥有，所以人需要去认识人自己。认识自己便是认识人的“本性”或“德性”，同时也是对“善”本身的认识。这实际上是说人的致思目的不在于表象，而在于本体或普遍性。这是“认识你自己”的基本内涵，也是“认识你自己”的深刻之处。

与“认识你自己”意思相近的是苏格拉底提出的“知识即德性，无知即罪过”以及“自知自己无知”。知识即德性也就是知识即本性，即知识目标在于把握事物之本体。了解本性便不可能犯错，对本性无知，便可能犯错甚至犯罪。每个人在他有知的事情上是善的，因为这意味着其本性为人所知；在他无知的事情上则是恶的，因为这意味着人对其本性一无所知。有所知便会明利害，明利害便不会乱来；反之，无所知便无所畏，无所畏便可能乱来。人不可能在有知的方面做错事，做错了的事一定是对它无知，哪怕是高级知识分子，犯错也表示在这方面是无知的。趋善避恶是人的本性，没有人自愿作恶。很明显，苏格拉底是将伦理学建立在知识论的基础上。所以，自知自己无知就显得很重要。在苏格拉底看来，自知自己无知，是真正哲学思考开始的时刻。他知道自己比其他人聪明，因为其他人一无所知却认为自己有所知，而他尽管一无所知，却知道自己一无所知，所以，他比其他人多知道一点：知道自己无知。在他看来，只有自知无知，才可能真正有知。“自知自己无知”与“认识你自己”一样，说明知识的目的是对于确定性普遍性的寻求。哲学家的责任就是去寻找确定的真理和真正的智慧，发现一种被智者派所排斥的“普遍性”。这种思路很重要，柏拉图的“理式”概念，是直接来自苏格拉底对“普遍性”的强调。

由于资料的缺乏，苏格拉底的美学观点已经难以知晓全貌，其中较有影响的是他提出的美就是有用的观点。他说，美是有用，丑是无用。这一观点可以作哲学的分析。上面已经简略提到，在苏格拉底看来，善即目的或合目的，所谓合目的也就是有用，所以“美是有用”等于说“美是善”。但需注意的是，这与孔子的美是善的看法是不一样的。在孔子那里，“美是善”是纯伦理学命题，“善，德之建也”(《国语・晋语》)。而在苏格拉底这里，“美是善”主要是哲学命题，当然又通向伦理学。他认为“美是有用”这一观点在经验领域到处可得到验证。他自己举例说，即使是一只粪筐，只要有用也是美的，而即使是金盾，如果无用，便也是丑的。关于苏格拉底的外貌，美国的杜兰特有过介绍和评论："秃顶，大扁脸，深陷的眼眶里目光凝滞，宽阔的酒糟鼻子是多次宴会的生动写照——单从这副尊容来看，与其说这就是最负盛名的哲学家，倒不如说是个跑堂的。"① 还有人说他矮墩墩胖乎乎，脖子很短，更有一双铲子般的大手。甚至有人把他比作丑陋的森林之神。人们在描述他的外貌时，几乎无一例外对他进行丑化之能事，唯一不同的是，丑的细节不太一致。但是，他却勇敢地跑去参加男子选美，其理论依据是他的美等于有用的观点，现实依据则是他认为自己的五官最有用：嘴大有利于饮食，塌鼻子大鼻孔既可多闻美味亦不遮挡视线，眼睛突出似铜铃，不用低头即可俯视。但是他的理解与大家的理解之间隔着一条几乎无法弥补的鸿沟。苏格拉底选美失败了，这也可说是喜欢幽默的苏格拉底为世人留下的另一件逸事。他就是这么可爱。

2. 柏拉图：古希腊真正的天王巨星

柏拉图（前 427—前 347）却不太可爱，他过于严肃。他和他的老师在很多方面太不相同了。苏格拉底是贫二代，他却是贵族二代。苏格拉底很丑，他却是帅哥，长得天庭饱满体格丰美，他的体育老师便给他取了一个绰号——柏拉图，大致类似于美男子的意思，他的较长的真名——阿里斯托克勒（Aristocles）——从此被人遗忘，估计专业人士也不一定知道。苏格拉底爱笑，他却据说一生从未对人笑过。因为失望的事情太多了。他希望苏格拉

---

① ［美］威尔・杜兰特. 哲学简史[M]. 梁春，译. 北京：中国友谊出版公司，2004：3.

底活着，结果苏格拉底愿意自赴死地；他希望荷马之类的诗人被礼送出境，结果荷马万古流芳；他想用理性——他所谓的哲学王——来建立一个理想国，结果没有建成。虽然人们从他思想中提炼出一个美好的词——柏拉图式的爱情，里面认为男性与女性在前世灵魂紧紧相依，但现实生活中他却藐视女性，严重程度达到终身不婚，以此实践这种藐视，直到 81 岁孤零零地倒在别人的结婚典礼上。面对如此无趣的柏拉图，有人不禁慨叹：一个不懂得生活的人，居然在后世被人顶礼膜拜。

◀ 拉斐尔的名画《雅典学院》，湿壁画。此画汇集了古希腊不同历史时期的思想和艺术方面的巨星，但位居正中的是柏拉图和亚里士多德

原因其实很简单，他把所有的心思，从世俗生活里收回来，全部放到了精神的事情上，并构筑出古希腊最为精致的二元论世界图式，达到了当时可能达到的最高思维水平。无可争议，柏拉图成为了古希腊真正的天皇巨星，而且是唯一的。面对这位古希腊影响最大的哲学家，后人激动得有时语无伦次，将一切赞美用到英语中最高级的层次，如果最高级之上还有层次，一定也会用在柏拉图的身上，譬如有人讲一切西方哲学不过是对柏拉图思想的注解。美国 19 世纪的埃默森评说：“柏拉图就是哲学，哲学就是柏拉图”；“烧掉所有的图书馆吧，因为它们的全部价值都在这本书（《理想国》）里了。"[1] 20世纪的大学者波普尔（波普）则说：柏拉图的影响不可估量，西方思想或者是柏拉图的，或者是反柏拉图的，但任何时候都不是非柏拉图的。柏拉图构筑的哲学大厦虽然总体上晦涩难懂，但他运用的对话体式和表达方面的杰出文采，又使他的著作被视为有史以来最优美的希腊散文，"柏拉图向我们展示的是一种严谨的逻辑与太阳神附体后产生的盎然诗意和澎湃激情的珠联璧合。它（柏拉图著作）把那个时代的辉煌与和谐融为一体，汇集成一股滔滔不绝、娓娓动听的感受的洪流，携带着他那些富有说服力的论点一泻千里"。[2]

复杂的思想可作简单的理解，这是走近柏拉图康德之类晦涩者的便捷方式。走近柏拉图的思想世界，便捷方式或关键之处是要理解其"理式"（又译为"理念""理型""相"等）概念，这是柏拉图哲学最重要的构件。抓住"理式"，柏拉图思想便纲举目张，就像抓住"自由"就抓住了康德，抓住"绝对理念"就抓住了黑格尔，抓住"存在"就抓住了海德格尔，抓住"超越"就抓住了雅思贝尔斯。每一位思想家都有一间自己的房子，而最重要的钥匙常常只有一把。找到这把钥匙，再晦涩的思想家，我们也能大致把住他的脉搏。柏拉图整个哲学大厦和其中的美学思想，都由"理式"这个词所生发，因而亦可由这个词来解释。"理式"是指凌驾于一切现象之上的外在于人的精神性实体，它决定一切现象，却不是任一现象，从逻辑意义上看，"理式"在柏拉图那里兼有Idea（大写的观念）和Form（大写的形式）的双重涵义，是指事物的共相、普遍本质或抽象形式。说到这里，大家可能会想到老子的"道"了。但老子的"道"是动与静的合一，是流动与不动的合一，是经验与超验的合一；柏拉图的"理式"却剥除掉一切的时间性和具体性，因而是永恒（不动）的、超验的、抽象的。理解这一概念，还得注意两点：第一，它不仅仅是人类精神构造出的纯主观性的观念，简言之，理式不能简单理解为人类观念，所以它是Idea（大写）而非idea（小写）。第二，柏拉图时代，宗教的影响还存在，所以他的理式概念具有早期宗教（而非基督教）的痕迹。正如美国的塔纳斯指出：

---

① ［美］威尔·杜兰特. 哲学简史[M]. 梁春，译. 北京：中国友谊出版公司，2004：11.

② ［美］威尔·杜兰特. 哲学简史[M]. 梁春，译. 北京：中国友谊出版公司，2004：1.

> 柏拉图对“Idea”［相］（它在希腊语中表示形式、模式、本质属性即某事物的性质）这一词语的用法显然不同于我们当代的用法。在现代通常的理解中，“ideas”［思想］乃个人头脑中独有的主观的思维产物。相比之下，柏拉图是指不仅存在于人的意识中而且还存在于人的意识之外的某种东西。柏拉图的相是客观的。①

他的二元论世界图式便是由此出发来建造的。这个二元论世界就是超验性的理式世界和经验性的现象世界。理式就是真本身，是最高真实，它是永恒的静止的，现象则易于流逝，是虚幻而不真实的。所以理式世界是不变的本体世界，决定着易变的现象世界。从比较的意义上，理式世界是真实的世界，是本源的世界；现象世界是影子的世界，是第二性的世界。总体上说，这两个世界的关系是：首先从源头来看，理式世界是现象世界的本源；其次从根据来看，理式世界是现象世界的最终根据；最后从发展来看，理式世界是现象世界发展变化的规律。如果还不理解“理式”，想想后来的“上帝”就可能明白了。“理式”就是类似于“上帝”的一种客观实体，确实，“上帝”观念除了来自基督教，另一来源就是“理式”。这也是柏拉图之所以在中世纪受到崇拜的原因。有人批评柏拉图，说他脱离现实，脱离经验，因为一般人只能看见具体的马，却看不见抽象的马或马的理式，柏拉图反唇相讥，那是因为一般人只有视力而没有智力。有人指出：“希腊人给了我们科学和哲学，希伯来人则给了我们《旧约圣经》。不是任何一个别的民族，不是中华民族，也不是印度民族，产生出‘理论’科学，而这种科学通过希腊人的发现或发明，已经成为我们区别西方文明与地球上其他文明的界石。”② 如果说古希腊的科学主要是泰勒斯、亚里士多德等人带给后人的，那么哲学则主要是巴门尼德、苏格拉底尤其是柏拉图带给后人的。受巴门尼德、苏格拉底等人的影响，柏拉图指出哲学要研究的是不变的本体世界，而不是易变的现象世界，将古希腊思辨水平发展到最高最严密也最抽象的高度，为西方哲学研究指明了方向和目标。

---

① ［美］理查德·塔纳斯．西方思想史［M］．吴象婴，晏可佳，张广勇，译．上海：上海社会科学院出版社，2011：8－9．

② ［美］巴雷特．非理性的人［M］．段德智，译，上海：上海译文出版社，1992：75．

若要问谁是古希腊最重要的美学家，当然也是柏拉图了，如果要加上另一个人，那就是他的学生亚里士多德。柏拉图的美学贡献是巨大的。首先是他哲学上的理式论为美学提供基本致思路径和目标，其次便是他一般的美学观点和具体的艺术观点，包括艺术创作方面的模仿论、灵感论和艺术教育理论。同时，了解他的美学还必须把握几个特点：第一是他的美学都是哲学的演绎，因而从属于其整体哲学思想当中。第二是他在政治上的贵族立场、理性治国主张以及理想国目标，使他的很多艺术观点都是为他的政治理论服务的。第三是他在文艺上的精英主义思路。他的文艺发展路线是小众的而非大众化的。思想史上的巨人在这方面成为了大众的敌人。

下面首先简单介绍其美学上的理式说。从其哲学观出发，他指出，美的理式决定美的现象，美本身就是美的理式，这便有了他著名的“美在理式”的观点。这等于说“美在美本身”，属于典型的同义反复，所以这是一种没有结论的结论，并没有具体回答我们对美的疑问，却是思维路径和思维方式的规定，是他本体论哲学自然而然的演绎。

其次解释一下他的“影子的影子”说。这可以从了解他的“三种床”的比喻开始。他说，最真实的床是“床的理式”或“理式的床”，还有比床的理式、床的概念更完美的床吗？最真最美最绝对的床是理式的床、概念的床。第二种床是依据床的理式而制作的个别的“现实的床”，它是理式的床的影子或模仿。现实的床不可能绝对完美，仅因为它是现实的床，这种绕口令式的说法其实是想讲现实的床是人的产品，所以要受人的能力制约。它只是真实的床的概念的模仿，所以距离真实或真理有了一定的距离，已经不太真实或不太完美了。第三种床是“艺术的床”，即根据现实的床创作的艺术作品，它距离理式的床更远了，即距离真实更远了。它只能是“影子的影子”“模仿的模仿”。现实的床至少还具有一定的真实性，艺术的床却连这点真实性也可能失去，所以艺术或文艺是虚幻的，是不真实的。

在此基础上，他对现实生活中很多艺术采取反对的立场，著名的一个口号是“让诗人走出理想国”，提出要把荷马之类的文学家以及其他艺术家礼送出境，只留下他心目中适合理想国统治需要的“理想的艺术”。具体来说，他之所以反对一般文艺的存在，原因有三：第一，文艺距离真理有三层（理式世界—现实世界—艺术世界），所以文艺是不真实的，无助于认识真理。这在他的“影子的影子说”中已有体现。他认为文艺最严重的毛病是说谎，而且谎还说得不好。第二，文艺具有渎神的缺点，因为古希腊艺术譬如《荷马史诗》通常采用“神人同形同性”的写法，神被写得如人一般有各种缺点，这种写法是柏拉图所明确反对的。第三，文艺挑逗人的感性，使人的卑劣部分得以发展，从而不利于人的理性的发育。正如阿恩海姆所讲：在柏拉图那里，“艺术之所以受到忽视，是因为它的基础被认为是感知；感知之所以受到鄙薄，则是因为它在一般人的心目中与思维是两回事。”① 很明显，柏拉图很有艺术辨识力，但结果不是肯定它们而是否定它们，原因只有一个，这样的文艺不利于理想国的需要。需要说明的是，柏拉图并非反对所有的艺术，音乐之类的艺术恰恰是他认为应该保留并发展的，因为音乐在感性形式上最不明显，也无关乎视觉，所以他觉得音乐教育是最重要的艺术教育形式，有利于发育人的理性从而符合理想国的要求。无疑柏拉图的看法是片面的，同时又确立了一种精英主义的文艺发展路线。他说，真正的文艺应该敌视一切迎合观众趣味的勾当。这对于后人来讲又是具有启发的。

3. 亚里士多德：以否定形式向老师致敬

亚里士多德（公元前 384—前 322），柏拉图的得意弟子，在他这里，古希腊最华丽最煊赫的思想链条得以最后炼成。出生于希腊北部的马其顿，17 岁时来到雅典的柏拉图学园，在此学习达 20 年之久，直到柏拉图去世才离开。后来担任马其顿王子亚历山大的家庭教师。这是他教育生涯中最为重要的一件事情，一是他培养了声名显赫的亚历山大大帝，可算是亚氏最知名的学生了，二是亚历山大在南征北战途中，遵嘱为老师收罗了大量书籍，一定程度上成全了亚氏这个古希腊“最博学的人”（恩格斯评语）。公元前 335 年，他再度来到雅典，创办吕克昂学园，一边散步一边讲授，史称逍遥学派或散步学派。这是一种教师喜欢学生也喜欢的教学方法，现在基本绝迹，因为一般社会不允许。亚氏知识极为全面，当时一切该有的知识他几乎全都懂，没有的知识他则想办法使它有，譬如没有“形而上学”，他便写了《形而上学》。其著述包括伦理学、政治学、逻辑学、哲学、美学等，也包括物理学、生物

① ［美］阿恩海姆．视觉思维，腾守尧，译．北京：光明日报出版社，1987：43－44．

学等自然科学。如此有墨水的人，只怕 1000 年才会有一个。当然现在看来，他的很多看法都是错的甚至可笑的，以致有人说，他说错的地方比说对的地方还要多。① 但是，著述如此之多，即使说错很多也无妨，因为同时也说对了很多，而且后人很多说对的东西，恰恰来自亚氏说错了的地方。哪怕他说错了，他也是最先将思维触角延伸到这个地方的人。这便为后人打开了思维和想象的大门。譬如今天我们知道他对灵魂的解说很多方面很浅薄甚至是错误的，但后来的灵魂理论谁不从他这里起步呢？西方有人讲："思想史上有许多无聊的真理和有益的谬误。"② 亚氏的错误便属于有益的谬误。像他的老师一样，亚氏的文采很好文笔流畅；比他老师做得更好的是，喜欢观察生活的他还将很多日常发现写入书中，而且他善于融会贯通，譬如他的《政治学》千万不要以为只是谈政治的，里面有许多艺术的感受和论述，所以他的书读起来有一种混合的快感。他说过，做学问的人应该——像平常人一样说话，像聪明人一样思考。这一点贯穿在他的写作当中。

亚氏的一句名言是：我爱我师，但我更爱真理。这是不盲从权威的宣示，也表明他与老师之间诸多的差异性，甚至很多方面凡是老师提倡的他就反对，凡是老师反对的他就提倡。第一，在思维工具方面，柏拉图运用的是数学尤其是几何学。众所周知，柏拉图学园有一个标语：不懂几何者不得入内。几何学这种抽象工具被柏拉图运用得游刃有余。与之相反，亚氏运用的是生物学。第二，这导致了思维方法的差异。柏拉图主要采用理性主义性质的演绎法，超验而抽象，从观念到个别，用观念阐释现象，最大的观念是他的“理式”。亚氏主要采用的是经验主义性质的归纳法，具体而强调实证，所以反对柏拉图将理式与现象相断裂的做法。柏拉图认为理式决定现象而不是来自现象，一般是个别的根据却不是个别的归纳，理式是最高的实体，个别现象仅是理式的显现而并不是实体。亚氏认为一般概念只是个别现象的归纳总结，个别现象才是真正的实体，个别现象之上并无实体。普通人对于亚氏会觉得更亲近，因为他更“常识”，更“经验”，显得通俗易懂，后人谓之唯物主义。可为什么柏拉图对于思想世界的影响更大呢？个中奥妙需要个人去细细参悟。

---

① [美]斯特龙伯格. 西方现代思想史[M]. 刘北成，赵国新，译. 北京：金城出版社，2012：8.

② [美]威尔・杜兰特. 哲学简史[M]. 梁春，译. 北京：中国友谊出版公司，2004：1.

第三，理论贡献方面，柏拉图的贡献主要是哲学方面的，相比较而言，亚氏在哲学方面未能超越自己的老师，主要的独特贡献是自然科学方面。所以有人讲，苏格拉底和柏拉图为人们带来哲学，而亚里士多德为人们带来科学。在对无穷隐秘的心灵、理性、思维世界的探索方面来说，柏拉图比亚里士多德走得更深更远因而可能让人觉得更有意义。第四，美学和艺术理论方面。柏拉图认为文艺模仿是不真实因而有害的，所以反对艺术的存在，亚氏则认为文艺模仿是真实因而有益的，因为它是人类求知的重要途径，所以肯定了艺术的存在。

亚里士多德与柏拉图一样，在美学方面成就显著，把他们两人看作古希腊最重要的美学家，应该是没有多少疑问的。他不仅提出过美在于完整、秩序和适当大小的美学观点，也提出了西方最早的悲剧理论，同时对许多具体的文艺问题譬如模仿论发表过重要的看法。了解其美学思想，应首先了解其“四因说”，这是亚氏美学的哲学基础。第一因是“质料因”，具体指材料，它具有向其目的和性质发展的“潜能”。如房子的质料因是砖头木料等，它具有成为房子的可能性，却还不是房子本身。可能性要成为现实性，需要许多中介。亚氏还说过一句意味深长的话，大意是，生活就是不断开发人的可能性的过程。这个意思令我们想起海德格尔的“筹划”与“向死而生”诸多命题。“可能”与“现实”这一组词，得到了后人很多阐释。第二因是“形式因”，即一个事物是其所是的基本结构和属性，此处形式不是指可见的具体形式，而是大写的形式，类似于本体。如房子的形式因是房子之所以为房子的基本属性，如结构、框架、空间等。第三因是动力因，即一事物得以生成的条件，如房子动力因是建筑师和建筑技巧。人和技巧成为房子得以建成的外部推动力。建筑师要建筑房子，心内必须要有房子的概念或形式，所以亚氏认为这一因亦可归属于形式因。第四因是目的因，即事物存在之目的、性质和功能，如房子的目的是住人。这也是形式因的应有之义，所以也可归纳于形式因当中，四因于是可简化为两因：质料因与形式因。

另外谈谈他对文学与历史的比较，这主要见于他的名著《诗学》当中。亚氏总的看法是文学高于历史，因为，其一，历史只是“叙述已经发生的事情”，而文学（亚氏用的是“诗”这个字）则按照或然律与必然律来“叙述可能发生的事情”。其二，历史偏重于叙述个别，文学则偏重于叙述一般。所以文学比历史更富有哲学意味。在这里亚氏突出了文学的普遍性、可能性和理想性方面的特质。他说，在艺术领域，“不可能发生而可信”比“可能发生而不可信”更为可取。这个判断是说对于艺术来讲“情感真实”比“生活真实”更重要更关键。在这里，所谓“不可能发生”是指相对“生活真实”来讲它是不真实的。但是“不可能发生”却令人觉得“可信”，这说明它是一种与“生活真实”不同却比“生活真实”更为重要的东西，这就是“情感真实”。艺术之动人可能在于“生活真实”，但更在于“情感真实”。王国维在中国词人中最佩服李煜，最大的原因是李煜的词有一种真情或情感真实。我们认为，仔细理解“情感真实”问题，对于深化对艺术本性的认识、提高创作和鉴赏水平具有极为重要的意义。具有情感真实的文艺，必然也符合接受者的情感要求，产生“合情合理”或合乎情理的神奇魅力。所以朱光潜指出：在艺术虚构的世界里，人物情境的合情合理，“使人看到不觉其为虚构”，这就是艺术的真理。① 值得说明一下，艺术中的“理”很多时候是指“情理”，常常是因为“合情”便觉得“合理”，譬如《牡丹亭》。在艺术欣赏中，我们常常“希望如此”，而最后竟然“真的如此”，这便是“合情”与“合理”的圆满关系。合乎情理，即使不可能发生也显得可信。可信即接受上认同，即可接受性，这源于文艺虽是谎言却又是运用恰当的方法编织的谎言，也就是《脂砚斋重评石头记》评语所云：“事之所无，理之必有”。此处的“理”主要是指情理。事之所无，指现实中没有；理之必有，指情理上希望有应当有。

再附带介绍一下犬儒学派和希腊化时期的一些思想流派。犬儒学派是亚里士多德之前小苏格拉底学派的一支，主要特点是追求自由、蔑视习俗、推崇简单生活。犬儒学派的得名有多种说法，其中有代表性的一种是他们过着禁欲式的粗陋生活，被讥为可怜狗。“犬儒”一词现在是贬义词，意指玩世不恭甚至卑微懦弱的生活态度。这一派一个有名的代表是第欧根尼（前404—前323)。他的全部财产是一根橄榄树棍子，一件褴褛衣裳，白天穿，晚上盖，另有一只水杯外加一个讨米袋。他每天睡在一只木桶内，这就是著名的“第欧根尼的大桶”。他以特殊的方式标榜独立和自由的重要性，骄傲地声称要以四海为家，做一个自由世界的公民，以至傲慢地对前来慰问他的亚历山

① 朱光潜.朱光潜美学文集(第1卷)[M].上海：上海文艺出版社，1982：149.

大大帝说：请不要挡住我的阳光。这种自由主义一部分是建立在悲观主义的世界观的基础之上，所以他另一个怪异行为是喜欢白天点灯，不断喃喃自语好人都到哪里去了。

亚里士多德时期，古希腊进入希腊化时期。这一时期以公元前 4 世纪亚历山大征服古希腊为开端，到公元前 1 世纪罗马帝国征服埃及托勒密王朝为终点，前后大约 300 年时间。古希腊作为政治实体虽不存在，但对周边地区文化影响依然巨大，故史称希腊化。这一时期的思想在走下坡路，笼罩在柏拉图与亚里士多德的巨大阴影之下，主要思想流派有以皮浪（前 365—前 275）为代表的否定知识、否定科学的怀疑主义学派，有主张享乐的伊壁鸠鲁学派，还有具备禁欲色彩和宗教神秘色彩的斯多噶学派（也译为斯多亚学派）。伊壁鸠鲁学派的创始人无疑是伊壁鸠鲁（约前 341—270），思想核心是"快乐"一词，提出一切快乐从肚子开始，鼓励人们享受和享乐，但不提倡放纵欲望，认为要确保最大的快乐，只应该享受自己可以支配的快乐，所以宁要安稳的草屋一间，也不要遭人眼红的黄金百两。对待死亡，他们也是乐观的，认为死亡不值一谈，因为当人存在时，死亡对于自己还没有来，而真的死了，人已经不存在了。牛顿、伽利略、霍布斯、卢梭等人，都对这一派赞赏有加，马克思博士论文写的就是伊壁鸠鲁，① 但也有很多的人对他们抱以偏见。斯多嘎学派得名于他们的第一次讲学是在雅典的某圆柱大厅（希腊语发音为斯多嘎），所以这一派其实也可叫圆柱大厅派，与主张感性快乐的伊壁鸠鲁学派几乎是对立的，他们主张理性的禁欲的生活，思想核心是"幸福"一词，是伦理学色彩强烈的思想流派。

四、以笛卡儿为开端：理性与经验的博弈 »»

此处主要介绍 17—18 世纪前期认识论美学的主要代表。

1. 笛卡儿：认识论转向的标志性人物

笛卡儿（1596—1650），著名哲学家，同时也是数学家和物理学家，解析

① ［德］约尔格·齐特劳. 自从有了哲学家[M]. 王泰智，沈惠珠，译. 北京：同心出版社，2006：62.

几何的重要奠基人。出生于法国图伦一个贵族家庭，思想上认识论转向的标志性人物，西方近代哲学的开门人。身体虚弱，一生都喜欢赖床，所以很多著作完成于床上。他有很多称号，诸如理性之父、近代哲学之父、近代科学之父。他的科学名言是：给我物质和运动，我将造出这个世界。这令我们想起古希腊那句有名的话：给我一个支点，我将撬起整个地球。笛卡儿之所以被称为西方近代哲学第一人，是因为他第一个完成认识论转向，最先将理性能力确立于知识论的先天条件，从而成为“理性法庭”的首倡者。西方从古希腊开始就存在——从其思维传统看也必然具有——注重理性的传统，但笛卡儿却在继承泰勒斯、柏拉图等希腊传统的同时，将理性和感性绝对化二元化，亦将认识主体和认识对象二元化，将理性史无前例地确立为主体认识论第一原则。这就是笛卡儿独特的历史地位，所以是他，而不是比他大了35岁的培根，成为西方近代哲学的开端。如果说培根奠定了西方近代经验主义的认识路线，笛卡儿则奠定了西方近代理性主义的认识路线。

笛卡儿认识论哲学的第一原理是“我思故我在”，这几乎已经成为笛卡儿的哲学名片。这张名片上印着一条最为基本的认识论原则——怀疑一切。“怀疑一切”的涵义是：第一，决不把自己没有明确认知为真的任何东西当做真的加以接受，首先思考，首先怀疑，首先决断是认识的必要前提。第二，一切皆可怀疑，唯有“我在怀疑”本身无可怀疑，因为怀疑一定有一怀疑者存在，否定“我在怀疑”便取消了怀疑本身，而这在逻辑上是绝不可能的。第三，思考的能力，怀疑的能力，是人之理性的确证，也是人之真正存在的见证。这意味着人之为人的根据只能是理性，而不可能是感性。只有人可怀疑，而怀疑只能是理性的，所以人之本性在理性。同时，由于感性能力或感觉器官的不可靠，而决定感性经验与感性对象亦不可靠，人们甚至无法断定感性对象是否虚幻。所以人之本性不在感性。从某一层面而言，笛卡儿思想也是西方科学发展的产物，反过来又是西方科技战车滚滚前行的理论基础。他是西方近代主体论哲学最早最明确的建立者，他从柏拉图而来，却将柏拉图客体论哲学改造为主体论哲学。

笛卡儿在美学上直接的建树不多。他曾经表达过两个看法：其一是：美是“一种恰到好处的协调和适中，没有一部分突出到压倒其他部分，以致失去其余部分的比例，损害全体结构的完美”①。这种看法算不上新颖，只是对希腊思想中很多观点的杂糅。其二，提出“所谓美和愉快都不过是我们的判断和对象之间的一种关系”②，这是从认识论的角度把美视为一种特殊的认识关系，即理性认识的关系，而不是后来鲍姆嘉通的感性认识的关系。其实无论从哪种认识论出发，都不可能很好地解释美的问题，因为审美不是简单的认识关系，而主要是一种情感的融合关系。笛卡儿这种典型的认识论美学，不可能完美解释美的问题。

2. 布瓦洛与莱布尼茨：大陆理性主义

笛卡儿之后，理性主义在法国流行，美学方面的代表是布瓦洛（1636—1711），他是笛卡儿的信徒，在他的文艺美学名作《诗的艺术》中，他就是把笛卡儿理性主义当做自己的理论出发点，并由此来确定自己的艺术审美规则，认为理性不仅是文艺判断的最高标准，也是文艺表现的基本内容，从而为17世纪古典主义文艺运动制定了发展原则。他有名的表述是：“只有真才美，只有真才可爱”。③ 这里的“真”指的就是理性，同时这句话主要说的是文艺创作和文艺批评的问题。总体看，布瓦洛是一个较为纯正的文艺美学家，却不是一个富有哲学修养的人，他的任务主要是负责将理性主义哲学实践于文艺当中，而就这一点来说，他起到了嫁接哲学和文艺的很好的桥梁作用。

德国哲学家莱布尼兹（1646—1716），他与无数同行一样，具有数学方面的天分和素养，与牛顿一起成为微积分的创始人。我们以为，这种数学功底，尤其是微积分方面的知识，譬如极限、微分等概念，与他的单子论和上帝学说具有必然的联系。在他这里，科学和哲学之间频繁互动，亲如一家，实现了令双方都满意的联姻。作为德国17—18世纪之交最有成就的理性主义者，他认为人是具有“天然花纹的大理石”，这是一个关于先天理性的绝佳比喻。他的世界观体现在两个方面：单子论和预定和谐论。这是他哲学上的主要观点，也是美学上的基本看法。同时，他又将神学渗入哲学和美学。单子论侧重于对世界作出存在论解释，认为世界是由单子构成。想想2000多年前留基

---

① 北京大学哲学系美学教研室编．西方美学家论美和美感[M]．北京：商务印书馆 1980：80.

② 北京大学哲学系美学教研室编．西方美学家论美和美感[M]．北京：商务印书馆 1980：79.

③ 北京大学哲学系美学教研室编．西方美学家论美和美感[M]．北京：商务印书馆，1980：81.

伯和德谟克利特的原子论，可知莱布尼茨也是善于学习善于消化的人。只是留基伯和德谟克利特指出原子是最小的物质微粒，这是客观的物质论，莱布尼茨却向宗教神学妥协，认为单子是最小的精神性实体，这是客观的精神论。预定和谐说侧重于对世界作出构成论或发展论解释，这也是一种神学的解释，认为单子组成的世界是和谐的，而和谐的最终原因来自上帝的预先决定。因为是上帝预先决定的，所以必定和谐。上帝预先决定的和谐世界必定也是美的，这就是莱布尼茨的“美在于预定和谐”说的基本意思。他将美的根据置于上帝，将美的形态定于和谐，又将和谐理解为理性秩序，这是基督教神学和希腊美学的混合物，可算是“双希文化”的美学果实，也是他哲学上作为一个理性主义者的美学推演。

理性主义是逻辑上的乐观主义，很多也是事实上的乐观主义，譬如莱布尼茨。他认为现实世界是所有可能世界中最好的世界，根本原因当然还是上帝预定。从神学上解释，上帝为我们选择的世界而且呈现在我们面前，当然是最好的世界——这是神学的认信；从哲学上解释，现实世界是理性发展的结果也是理性秩序的展示（因为不合理性便不可存在）——当然是最好的世界——这是逻辑的自信。从这里，我们可以听到后来黑格尔《小逻辑》所讲的“凡是现实的都是合理的”的先声。这是由神学和理性出发而对世界所持的一种先验式乐观主义。这种乐观主义最后终止于理性主义的集大成者——黑格尔。之所以说理性主义是逻辑上的乐观主义，是因为从理性的希腊词源逻各斯来看，它与规律、秩序等是同义的。随着科学的发展和科学思维的影响，理性也同进步、光明等具有了本质性联系。所以以理性作为世界规律——机械论、有机论等是这种理性世界观的不同形式——逻辑上决定了世界的秩序性、进步性，表现出来就是乐观主义。

3. 培根到夏夫兹博里：英国经验主义

经验主义认识论的大本营在英国，随后才扩展到美国。思想传统上，英美是一致的。在英国经验主义认识论的发展史上，它的最早代表是培根，然后有霍布斯、洛克、夏夫兹博里、哈奇生等人，他们不断将经验主义推向深入，最后出现休谟之类的怀疑主义倾向。经验主义繁荣于英国，既是科学传统在英国特别强大的结果，同时也促进了英国科技的发展，以致后来出现了

18 世纪英国工业革命。

培根（1561—1626）出生于英国的一个贵族家庭，父母都很有名望，童年教育直接来自富有文化教养的母亲，身处伊丽莎白一世统治下的黄金时代，是他那个时代整个英国最有成就的哲学家，也留下很多散文作品，深刻的思想和优美文笔相得益彰，令他获得文学家的美名。他是英国经验主义的奠基者，重视科学，被认为是实验科学的始祖，但重视哲学更强于重视科学。在哲学认识论方面，认识内容上他强调经验，认识方法上他强调归纳，不提倡理性主义的演绎方法，与笛卡儿针锋相对，认为人的知识的获得，有一个从个别的感性经验上升到理性的科学知识的漫长过程。《新工具》就是他在认识论方面对归纳法的总结之作，所谓新工具，就是指归纳法，加一个“新”字，为的是突出归纳法在新时代的独特性和重要性。归纳法古已有之，但对于处在文艺复兴时期的培根来讲，面对刚刚从神学时代走出来的知识界，他赋予传统归纳法一个崭新名词——新工具，既有利于更快地推广这一认识工具，也使之在唤醒人们反抗神学、面对现实时发挥更直接更强烈的作用。有人说，一个人的缺点来自他所属的时代，一个人的优点却属于他自己，这对于培根来说是恰如其分的评价。① 的确，他的身上带有一个贵族子弟很多毛病譬如奢侈，但他对科学、逻辑学、哲学和文学的浓厚的爱，并由此做出了出色成就，却是他自己发自内心并付出汗水的结果。他应该对自己的一生是颇为得意的，所以他在自己的遗嘱中写道：我将我的灵魂赠与上帝，将我的躯体献给土地，而我的名字将会留给后代和全世界的人们。② 他果真做到了。在美学上，培根揭开了英国经验主义美学的序幕，并提供了重要的理论基础；同时他也对很多美学问题进行过研究。总体来看，他的美学也主要是经验主义性质的，比较注重研究具体的美学问题，譬如艺术创作、建筑和园林等。

霍布斯（1588—1679）是站立于人间为人们出谋划策的人，他身上的烟火色很明显。思想史上常视之为无神论者和客观论者（即一般所谓的唯物论者）。他最为有名的著作是政治学方面的《利维坦》，但这本书的影响却在后世远远超过政治学领域。“利维坦”是《圣经》中一种具有铜头铁臂类似于鳄

---

① ［美］杜兰特．哲学的故事［M］．刘彬，译．北京：时事出版社，2016：102.

② ［美］杜兰特．哲学的故事［M］．刘彬，译．北京：时事出版社，2016：103.

鱼的怪兽，霍布斯在此用来比喻国家的强大。他在历史上也是一位有名的性恶论者，认为人都是利己主义者，人性之“恶”体现于三个方面：为利益而导致的互相斗争，为安全而导致的彼此猜疑，为名誉而导致的虚荣攀比。三“恶”的存在，使人与人间的关系，就像狼一样。正是如此，才需要他为人们指点迷津。他为专制制度呼吁过，却也为民众的和平生活热情谋划，总体上他便又成为一位乐观的入世者。在哲学认识论上，他和一般经验主义者不同，一方面认同经验主义的某些主张，另一方面又热爱数学，对理性主义同样抱有兴趣，所以有人说他是“经验主义与理性主义的机械混合”。[①] 霍布斯不仅具有很高的哲学成就，也对美学和文艺充满兴趣，是英国经验主义美学在早期阶段做出了突出贡献的人，对《荷马史诗》、喜剧理论（尤其是“笑”的范畴）、艺术想象、文艺发展等问题有较多的论述。

夏夫兹博里（1671—1713）是17—18世纪最有名气的英国美学家之一，生于伦敦，是英国辉格党领袖夏夫兹博里伯爵一世的孙子，所以他就是夏夫兹博里伯爵三世。他的美学是经验主义和理性主义的混合。在哲学上他并不出名，他的名气主要来自美学方面，具体讲就是他提出的“内在感官说”。要理解这个观点，首先需联系他对真善美这些基本美学范畴的认识。他认为真善美三者是一体的，美就是真与善的统一。所谓真，他认为是指世界或事物的内在结构。这与很久以前的苏格拉底柏拉图的理解并无本质不同，反而是他们观点的一种转述。所谓善，他认为是指人与世界之间一种最纯洁的和谐。人们要达到真与善，必须以美为中介。要发现真，不能靠一般生理感官的感觉，而必须依赖内在的直觉或觉悟，这主要是一种特殊的内在感官的作用。在此基础上，夏夫兹博里提出了自己的“美在于内在感官”说。其门徒哈奇生（1694—1747）进一步为“内在感官”说作了论述。他们师徒二人便成了这一观点的两个代表。但是什么是“内在感官”，到今天科学也没有定论。夏夫兹博里对“真”“善”等的理解，其实走的还是柏拉图的路子，却添加了一件不太可靠的心理学武器。

---

① 陈修斋主编.欧洲哲学史上的经验主义和理性主义[M].北京：人民出版社，1986：64.

五、德国古典美学：开头与结尾都精彩 »»

18—19世纪的德国哲学在西方哲学史上有一个属于自己的专有词汇——“德国古典哲学”，这不是指称德国整个古代哲学，而是特指18世纪末康德开始到19世纪黑格尔为止的这一段哲学。相应地，学界也有了“德国古典美学”的称呼。近代认识论美学在德国古典美学那里达到光辉的顶峰。后世唯一能与古希腊美学相媲美者，便只有德国古典美学，主要代表是康德（1724—1804）、歌德（1749—1832）、席勒（1759—1805）、费希特（1762—1814）、谢林（1775—1854）和黑格尔（1770—1831）六位大师。其中歌德席勒还属于杰出的文学大师，而其他四位则主攻哲学。歌德和席勒是18世纪德国文坛的双子星座，同为德国1870—1880年代摧枯拉朽式的狂飙突进运动领袖。歌德除了有《少年维特之烦恼》《浮士德》等文学名著外，也留下了文艺美学名著《歌德谈话录》。席勒在文学上的代表作是《强盗》和《阴谋与爱情》。前者是德国版水浒传，写的是贵族后裔卡尔·莫尔带着一群平民打家劫舍的“强盗”生活；后者是写平民女子路易丝与宰相之子费迪南的“爱情”遭到宰相的“阴谋”拆散，是一个罗密欧与朱丽叶式的故事。席勒的文学成就不如歌德，而美学成就却高于歌德，这方面有理论名著《美育书简》，在世界上第一次提出了“美育”一词。费希特是康德的忠实门徒，哲学中心概念是受康德明显影响而形成的“自我”一词。与之相反，谢林将哲学思考从费希特的“主观”扭转到“客观”，从“自我”转向“绝对”或“同一”，成为从费希特到黑格尔的过渡。

1. 康德：我“古板”所以我“伟大”

康德是德国古典美学的开山。古板一定是无趣的，但康德的有趣恰在于古板，隔着200年的时间回头看他，不禁叫人会心一笑。康德适于景仰，而不适于走近。你若请他散步，他只在下午三点半钟出门，而且天天如此；你若邀他旅行，据说他一辈子也只出过一次门，而且离家不过几十里；你若有幸被他回请，到他房内参观，你将发现所有的用具都朝着一个方向，而所有的桌椅都待在固定的位置。关于这一点，海涅对自己的同胞也做过精彩的描述：

康德的生活史是难于描述的，因为他既没有生活，也没有历史。他住在德国东北边境一个古老城市哥尼斯堡的一条僻静的小巷里，过着一种机械般有秩序的、单调乏味的独身生活。我相信，就连城里教堂的大时钟也不能像它的同乡伊曼努尔·康德那样无动于衷地、机械地完成它每日的表面工作。起床，喝咖啡，写作，讲学，吃饭，散步，一切都有规定的时间。邻居们清楚地知道，当伊曼努尔·康德穿着灰色外衣，拿着藤手杖，从家门口出来，漫步走向菩提树小林荫道的时候，就是下午三点半钟，由于这种关系，人们现在还把这条路叫做哲学家之路。一年四季他每天总是在这条路上往返八次，每逢天气阴晦或乌云预示着一场暴雨的时候，他的仆人老兰培，便挟着一把长柄伞作为天意的象征，忧心忡忡地跟在后面侍候他。

但是康德偶尔也会展颜一笑，说一些俏皮话：知道的不宜说，适宜说的不知道；没有勇气说出自己确信的许多事情，但也绝不说自己不相信的任何事情。他在幽默地表达自己内心的小苦闷和面对苦闷之时的坚持。对于自己的终身不婚，他也开过玩笑：想要女人时，却养不起她；当养得起女人时，却不再需要她了。在这一点上，康德比柏拉图要有意思，柏拉图是连任何玩笑也不开的。

像康德一样古板的德国人很多，而我们只提到康德，原因很简单，仅仅因为他是康德。这个出生于小镇哥尼斯堡的德国小子，可能未曾想到日后他会成为德国古典哲学的开山，同时成为德国古典美学的开山。他有一个伟大人物所必备的品质：用常人所没有的意志，专心干好一件事；而且他比其他伟大人物做得还好：用一生的坚韧，专心去干好一件事。这件事便是哲学。所以在1999年英国BBC电台举行的一次评选中，他进入了中世纪中期以来西方千年内十大思想家的行列。他自己也足够自信，说自己的哲学是思想史上的哥白尼式革命，因为他不仅化解经验主义和理性主义之间的宿怨，还大张旗鼓地把人当做哲学研究的最后目的，赋予主体性绝对优先的地位，用李泽厚的话来说是第一次全面提出了主体性问题，由此不仅确立知识的普遍必然性，也确立人的自由存在。海涅也充满敬意地说：刽子手的刀只能砍下人头，而康德却能在思想领域摧毁一切。所以有人认为，一个人想要成为哲学家，首先便应成为一个康德学者。

据康德自己讲，给他最大影响的有三个人：牛顿、休谟和卢梭。就各自影响的侧重点而言，牛顿主要给予他科学的视野，休谟主要给予他怀疑的眼光，而卢梭主要给予他自由的信念。在此基础上，康德提出了自己的“三大批判”：《纯粹理性批判》《实践理性批判》和《判断力批判》。这三部著作对应于康德哲学三个最基本的组成部分：认识论、伦理学和美学。《纯粹理性批判》被叔本华称为德语文献中最重要的著作，其中的“纯粹理性”一词是指认知理性，其目的是求“真”。认知理性的对象是大自然，是现象界，换言之，现象背后的“物自体”是不可认识的，这既说明科学有其边界又为宗教信仰留下地盘。《纯粹理性批判》的中心是“认识何以可能”，探讨知识形成问题，试图调和理性主义和经验主义，指出知识是先天（先验）形式放诸感性经验，知识就是先天形式加后天经验，认识的发生源于人的先天形式，即人为自己的认识确立根据，其结论便是——人为自然立法。康德的“实践理性”是指道德意志，其目的是求“善”。《实践理性批判》的中心是“道德何以可能”，指出真正的道德是“自律”，即根据道德律令，自己给自己下命令，这便是人的自由的表现，伦理学的最后目的是人的自由，其结论便是——人为道德立法。《实践理性批判》中有一句话经常被引用：有两样东西，人们越是经常持久地对之凝神思索，它们越是使内心充满常新而日增的惊奇和敬畏：我头上的星空和我心中的道德律令。这句话中的“道德律令”的涵义便是强调人的道德自觉，道德出于自律而非他律。道德根本上是自由。“判断力”分为审美的判断力和目的的判断力，其中审美的判断力康德谓之反思判断力，其目的是求“美”。《判断力批判》分为两部分，一是关于审美的判断力批判，二是关于目的的判断力批判。前者是主观的合目的性的分析，主要讨论表象形式的主观合目的性问题，即表象形式产生的审美愉悦问题。后者是客观的合目的性或质料的合目的性的分析，如食物（质料）满足的是人的生存。《判断力批判》中“审美判断力批判”的中心是“审美何以可能”，认为审美是主观的合目的性，是无关功利的精神上的快感与自由，所以康德自己讲，审美的规定根据“只能是主观的，不可能是别的”,① 其结论是——人为审美立法。综上，康德主体性哲学的三个基本内容全部出来了：认识论的智力结构、伦理学的自由意志和审美的心理结构。②

康德认为，自然界的必然王国与道德界的自由王国之间隔着鸿沟，这一点好理解，因为一个是物质世界一个是精神世界，其间当然是有距离的，但是审美却能在两者之间架设桥梁。这是因为审美的判断力是一种从个别形象发现一般的能力；审美一方面与自然界的感性事物（表象形式）发生关系，一方面又与自由的精神世界发生关系，所以审美既是合规律（真），又是合目的（善），审美因此是科学（求真）与道德（求善）的桥梁，是客体自然与主体自由的桥梁。由此可知，美学内在地与伦理学相通，这就有了他的名言：“美是道德的象征”。

康德美学思想主要表现为三个方面，对美的分析、对崇高的分析以及对艺术的分析。此处我们主要介绍康德对美的分析。第一，质（有与无）。从有无利害关系出发，从客体来看，美是无关功利的对象，“无关功利”即与现实没有利害关系；从主体来看，审美快感不是动物性的官能愉快（生理快感）也不出自概念性的理智认识，而只是一种精神快感或精神愉悦，即康德所讲的“自由的愉快”。这是因为审美判断力是“通过不带任何利害的愉悦”而对一个对象的表象形式作出评判的能力。③ 可见，审美能否发生取决于两点：一是主体的审美态度，即无利害关系的考虑。不过需指出的是，康德所谈的“无功利”主要是指审美效果其次才是指审美态度。二是客观的表象形式，即审美不指向实际内容，而指向外在形式。第二，量（普遍与个别）。从是否具有普遍可传达性方面出发，美是无关概念（概念判断或逻辑判断）而普遍令人喜爱的东西。这种普遍性也取决于两点：第一是人的心理“共通感”，第二还是表象形式。第三，关系（目的、需要）。从对象与人的需要之间的关系出发，美是无目的的合目的性。所谓无目的，即没有客观的、实际的或实用的目的；所谓合目的，即合于人的主观目的，合于人的精神需要；所以准确地说：美是没有（客观）目的的合（主观）目的性。美的东西无法满足人的客

---

① ［德］康德.判断力批判(上卷)［M］.宗白华，译.北京：商务印书馆，1964：39.
② 李泽厚.李泽厚哲学美学文选［M］.长沙：湖南人民出版社，1985：161.
③ ［德］康德.判断力批判［M］.邓晓芒，译.北京：人民出版社，2002：45.

观的外在的实际需要，而只能满足人的主观的内在的精神需要，因为美不取决于内容的存在而取决于形式的存在。美不以内容满足于人的客观目的，只以形式满足于人的主观目的。美是通过与实际利害无关的纯粹形式来达到主体精神愉悦，即康德自己所讲的：美是一个对象的合目的性形式。第四，模态或方式（必然与偶然）。从审美快感的发生方式或概率来讲，美是无关概念（判断）而必然令人愉悦的东西。“必然”不是个别性的必然而是普遍性的必然，即美的东西必然使你愉悦，也必然使我愉悦，因为凡是人皆有特殊而普遍的心理结构，至于这种心理结构具体是怎么回事，康德却语焉不详。在对美的如上看法里，康德有两点表现得异常清楚：一是主体性（主体态度与合主体目的），二是形式性（表象形式）。这两点体现了康德美学的基本特色是主体论和形式论，突出审美的无功利性，指出审美无关对象的内容而只关乎对象的形式，这在今天依然广泛决定着人们对美的认识。

2. 黑格尔：西方古代最后的乐观主义者

黑格尔（1770—1831）是德国古典美学最后的代表，也是西方理性主义哲学的关门人。德国古典美学在康德之后，经过歌德、席勒、费希特、谢林等人的丰富，终于迎来了黑格尔集大成式的总结。黑格尔所在的时期，被认为是欧洲文化的不平凡时代，贝多芬、歌德、拿破仑以及黑格尔，成为这个不凡时代的主角。与柏拉图、康德等人一样，黑格尔首先是哲学家，然后才是美学家。黑格尔思想的核心范畴是“绝对理念”，这是对前人尤其是柏拉图思想的总结。黑格尔对柏拉图的重要推进是将柏拉图静止的“理式”或“理念”发展为运动的“绝对理念”，进而提炼出黑格尔式“辩证法”范畴。在黑格尔这里，理念的发展路径是概念（正），概念所代表的实在（反）以及二者的合一（合）。正—反—合，这便是辩证法的过程，这一过程主要是思维的演绎过程，而非现实的实践的过程。换言之，黑格尔辩证法主要是概念辩证法。辩证法成为黑格尔百试不爽的思维方式和运用自如的逻辑工具，以致到最后使人觉得辩证法在他那里都显得有些僵硬而不太辩证了。

除掉柏拉图那里的原始宗教色彩和绝对静止这两点，柏拉图的理念（或理式）几近于黑格尔的绝对理念，只是黑格尔的逻辑色彩更为明显。在黑格尔这里，绝对理念即最大概念、世界精神，逻辑上有而事实上无。它最空又最满，先验又经验，它是一切经验的先验根据，又在一切经验中显现。这与老子很类似，了解过东方文化的黑格尔，或许在这里就受到过老子的启发。在此基础上，黑格尔提出了19世纪以来最为知名的美学定义——美是理念的感性显现。这一定义的简单理解，就是指真理的形象化、概念的具体化、理性的感性化、精神的物质化，因为绝对理念就是真理本身，是最大的概念、最高的理性，是最完美也最客观的精神性存在，是逻辑的起点和终点。

黑格尔在美学方面著述宏富，范围广泛，观点众多，不仅涉及一般的美学原理，也包罗具体的艺术问题。一个总体特点是，黑格尔美学是其哲学体系的一部分，也是他概念式辩证法施展的舞台。譬如对于艺术的发展，他依据辩证法认为可分为三个发展阶段：象征型艺术——古典型艺术——浪漫型艺术。最初的艺术类型是象征型艺术。在这里，形式大于内容，即形式压倒内在观念，夸张的形式往往没有多少内容，因而象征型艺术具有可怖的崇高性，这方面的代表是东方古代艺术。然后是古典型艺术。在这里，内容和形式达到了完美的统一，这方面的代表是古希腊艺术。最后是浪漫型艺术。在这里，理念的“自由的精神性的内容意蕴所要求的超过了用外在形体的表达方式所能提供的”，[①] 简单说，内容大于形式。在浪漫型艺术里，内容与形式走向了新的分裂。如果说，在象征型艺术里，形式的因素超出了内容的，而在浪漫型艺术里，则是内容的因素超出了形式的因素，精神性过于强烈，以致似乎没有什么形式可以承载。黑格尔以他严谨的辩证法，给予艺术发展一种脱离现实的思维演绎或概念演绎，认为艺术在浪漫型艺术这里终结了，然后逐渐过渡到宗教和哲学。黑格尔在这里提出的艺术终结论后来经常被提起，人们对它的理解也完全不同。在我们看来，这种艺术终结论主要是逻辑上、理论上而不是现实层面的。

黑格尔哲学体系是西方古代理性主义、乐观主义最后的辉煌，他用自己无比精致的逻辑关上西方古代哲学的大门，理性主义哲学在他这里达到顶峰，却也在他这里戛然而止。几乎在他关上大门的同时，有一个人打开了另一扇大门，这就是叔本华（1788—1860），他的大学同事，也是他思想上的死敌。这另一扇大门，就是现代非理性主义哲学。就这样，叔本华成为20世纪现代

① ［德］黑格尔. 美学(第二卷)［M］. 朱光潜，译. 北京：商务印书馆，1979：6.

西方哲学的开门人，也成为20世纪现代西方美学的开门人。黑格尔和叔本华两个人塑造出来的思想图景造型清晰，意味深长，效果有趣，因为他们背靠背互相对骂，一个面对着过去，一个脸朝向未来，都是指点江山的英雄模样。不经意之中，小小的柏林大学里，思想史出现了一个大拐点。历史在他们两人这里呈现出线条凌厉的分水岭形状。乐观的时代过去了，悲观的时代正在来临。如果说理性主义逻辑上是一种乐观主义，那么非理性主义逻辑上则是一种悲观主义，因为非理性意味着原始、冲动、欲望、混乱、无序。有人指出：17世纪，数学统治了哲学，于是有了笛卡儿、霍布斯、斯宾诺莎、莱布尼茨等；18世纪，心理学统治了哲学，于是有了贝克莱、休谟和康德；19世纪，生物学成为哲学的背景，于是有了叔本华、尼采和柏格森。① 当叔本华在以生理性的“欲望”为中心建构自己的思想时，便预示着悲观主义在他那里同时形成。经过后来具有疯狂气质的尼采（1844—1900）的深化，这种悲观主义还凸显出叛逆的另一面。从此，悲观与叛逆首先在思想界然后在艺术界逐渐蔓延开来，成为西方审美领域中现代主义的两种基本内涵。

① ［美］杜兰特. 哲学简史［M］. 梁春，译. 北京：中国友谊出版公司，2004：208.

第四讲　美的历史性澄明

本讲基本内容是中西方各种不同的美的定义或最基本的美学观点。

在现实生活中，关于美的判断复杂而艰难，正像奥古斯丁讲，你不问我，我还清楚，你若问我，我倒茫然了。[①] 譬如一朵花摆在人们面前让大家去做审美评判，答案可能千差万别。“这朵花是美的”与“这朵花是红的”是完全不同的两种判断。“这朵花是红的”，这属于事实判断，因为红花中确实含有一种客观的“花红素”，这是可以证实的。“这朵花是美的”，却是属于价值判断而不是事实判断，因为花里面没

① 朱光潜.朱光潜美学文集(第1卷)[M].上海:上海文艺出版社,1982:145.

有可以证实的“美元素”。所谓价值判断是指从对象与人的关系出发而做出的判断。美的判断就属于价值判断：离开人，花无所谓美丑；同时，对于同样一种美，不同的人也会作出不同的评价。① 在思想领域，对于美的思考同样复杂而艰难。“美是什么”的问题，迄今尚无一个完全令人满意的回答。美国的 H. G. 布洛克也指出：一个地质学家能在两分钟之内向我们说清楚什么是地质学，但究竟什么是美学，至今众说纷纭，莫衷一是。② 维特根斯坦曾说“哲学问题具有这样的形式：‘我找不着北’”，其实美学问题同样是如此。

给美下定义是美学研究最基础的工作，因为没有对美的基本认识就无法保证后续研究的正确性。但是，给美下定义又十分不容易。第一，主体的思辨能力问题。下定义是一种智力的高度思辨。本体（本质）之问乃是共性之问，美的定义根本上讲是对“美本身”的回答，即对美的本质属性或最终根据作出回答，虽然事实上有很多定义停留于现象描述和经验总结的层面。它的基本思维和理论目标是“多”中取“一”，即从丰富的审美现象中抓住美的本性。这需要高度的理论概括能力。思辨水平不到位，现象摆在我们面前，我们也无法抓住它们的普遍属性。第二，客体或定义对象的问题。定义是对现象的普遍属性的抽象概括。而审美现象有两个方面需注意：第一在空间上它是无限多样的，第二在时间上它是永恒流动的。故此全部把握这些现象是不可能的，因为它们是“无限”的，而人自身的水平和经验是“有限”的。第三，定义本身的要求。定义之为定义，理论上应对一切现象一切经验具有解释力，哪怕只有一个现象不符合定义，这个定义也是“伪命题”。换言之，定义必须经得起“证实”也经得起“证伪”。很明显，没有任何一个定义敢绝对保证这一点。综上，定义只能是相对的，它只代表某一阶段某一领域某一人对某一对象的认识。

如果我们认为某一定义已彻底解释了某一对象，大多数时候这不是狂妄便是幼稚。因此如果要我们来给美下定义，只能保持谦卑的心态和多元开放的立场，“多”中取“一”的“一”，不应再当作泰勒斯柏拉图之类人所认为

---

① 宗白华先生却认为：“我们说，‘这朵花是美的’，这句话的含义是肯定了这朵花具有美的特性和价值，和它具有红的颜色一样。这里对于一个客观事物的判断，并不是对我的主观感觉或主观感情的判断。这判断表白了一个客观存在的事实。”（美学问题讨论集（第 2 集）[C]. 北京：作家出版社，1957：159.）

② [美]布洛克. 美学新解：现代艺术哲学[M]. 滕守尧，译. 沈阳：辽宁人民出版社，1987：1.

的“唯一”“单一”“绝对”“永恒”，而应该如列宁所讲的，理解为多元本质或本体。如果要我们来评价某一美的定义，也不应视之为唯一确定唯一正确的解答，不应看作绝对真理或绝对权威，而应该回到思想家的现场和历史的具体语境，了解过去的人们如何提问、为什么提问，简言之即问题何以可能，从而领悟他们的智慧和激发自己的智慧。有人说：“哲学首先就是反思，要求我们后退一步，倾听别人和自己的声音。”① 美学同样如此。所以我们首先走近历史。

一、西方关于美的定义：三种思路

从毕达哥拉斯第一个美的定义开始，西方历史上关于美的定义可以说成千上万，几乎各有各的角度，也各有各的发现和体会，但总体来看，思路不外乎三种：第一种是客体思路，第二种是主体思路，第三种是综合思路。某一种思路的选择，往往取决于下定义的人对美所抱的基本立场。采取客体思路者，往往认为美偏于客观或属于纯客观，与人关系不大或根本没有关系；采取主体思路者，则往往认为美主要与主体相关或绝对地与主体相关，反之，与客体关联不大或完全没有关联；采取综合思路者，认为美与主客体皆有关联，应多角度多层次地思考。历史上绝对的客体论者和绝对的主体论者相对来说较为少见，而抱着绝对立场者，其定义也多半有失偏颇，所以在思想史上其影响和意义也不可能显著。但是，判断一个定义是否绝对，不能仅仅看它说了什么，有时它没说不代表它就是否定，或许是它觉得不必说或不值得说，因而可以予以悬搁。譬如叔本华不谈世界是什么，只谈我的世界是什么，认为显见的常识的世界因为显见、常识而可以不讨论，人生苦短，该讨论的问题太多，无意义的问题便可以抛出思维。所以理解叔本华之类人的美学观点便应该小心仔细，看出他们的意义之所在而不被各种定论所蒙蔽。

1. 客体思路：超验与经验之间

从客体方面为美下定义，又可分为两种形态：第一种认为美的本体或根

---

① ［美］R·C. 所罗门. 大哲学：简明哲学导论［M］. 张卜天，译. 桂林：广西师范大学出版社 2008：14.

据在于客观的精神实体，如柏拉图的“美在理式”、普洛丁的“美在太一”、中世纪的“美在上帝”、莱布尼茨的“美在预定和谐”。第二种认为美的本体或根据在于客观的物质属性方面，如客观形式或客观的社会功能，譬如毕达哥拉斯的“美在数”、达·芬奇的“美在神圣的比例”、荷加兹的“蛇形线最美”。亚里士多德的“美在完整、秩序和适当的大小”也属于这一类。他认为完整的东西才是美的，因为一方面，完整的东西意味着它能被人的视觉完全感知，这就说明美也在于适当的大小，太大或太小的东西无法为视觉完全把握，因而谈不上美；另一方面，完整的东西才能让人看见它的秩序，所以美也在于秩序。这是他经验主义性质的一种美的定义。

首先了解毕达哥拉斯学派的“美在数”。毕达哥拉斯学派是古希腊一个具有宗教神秘主义的学派①，又具有天文学和数学（包括几何学）方面的爱好，譬如毕达哥拉斯提出了所谓的“毕达哥拉斯定理”，也就是几何中的勾股定理。这对于他们的哲学思考和美学思考都有影响。他们认为世界的本体在于“数”。亚里士多德在《形而上学》中指出，毕达哥拉斯学派“显然是把数目看作本原，把它既看作存在物的质料因，又拿来描写存在物的性质和状态”。② 即是说，在他们眼里，数对于现象世界来说既是本体性的又是功能性或规律性的。他们的这种观点是宗教、哲学和数学的混合。由他们的数本体论哲学观出发，他们提出了“美在数”。怀疑主义学派的塞克斯都·恩披里柯详细记载了毕达哥拉斯学派所持有的这种美的观念：“没有一门艺术的产生不与比例有关，而比例正是存在于数之中。所以，一切艺术都产生于数……因此，雕塑和绘画中存在着某种比例。由于这种比例，他们达到了完满的和谐。”③ 这段话体现了毕达哥拉斯学派对美的众多看法之间具有清晰的内在逻辑性。美之为美，根据在于“数”，数的关系就是比例的关系，所以由此推出“美在比例”。比例是一种数量关系也是一种形式关系，这无疑也便意味着

---

① 毕达哥拉斯派的成员都是素食主义者，但他们却必须发誓不食用豆子，因为吃豆子就是吃同类。每颗豆子里都含有一个很小的、未发育好的小人。参见[美]唐纳德·帕尔玛. 西方哲学导论：中心保持不变吗？[M]. 杨洋，曹洪洋，译. 上海：上海社会科学院出版社 2009：15.

② 北京大学哲学系外国哲学史教研室编译. 西方哲学原著选读（上卷）[M]. 北京：商务印书馆，1981：19.

③ [古希腊]塞克斯都·恩披里柯. 驳数理学家[M]//范明生. 西方美学通史（第一卷）. 上海：上海文艺出版社，1999：65.

"美在形式"。一个形式上符合比例的东西就是和谐，也给人带来和谐感。所以"美在和谐"。"数"是最智慧的，"和谐"则是最美的。① 将这一推论过程简单展示便是：美在数→美在比例→美在形式→美在和谐。他们进而提出"最美的立体是球形，最美的平面是圆形"的看法。他们对美的认识具有明显形式主义色彩。

他们也把自己的美学观点运用于分析音乐。结合他们的天文学想象，如庄子一样，他们也对天体音乐很感兴趣，并从天体音乐谈到人间音乐，认为不管是音乐的哪种形式，其基本性质是一样的，即音乐的美在于比例的和谐。和谐不是雷同，一定是从"异"走向"和"。和谐的前提是差异或参差，和谐的呈现是差异或参差的有序安排。音乐的美便是这样，首先有高音低音尖音细音，然后是它们被置于适当的音阶。音乐是声音富有节奏因而富有比例的安排，从而才有抑扬宛转之美。所以，音乐美在于数，在于比例，在于和谐。不仅如此，他们还从数量关系或者说比例关系方面，认为建筑、雕刻、绘画之所以美也是出于同样的原因。

诚然他们的观点只是一家之言，但在美学史和艺术史上具有显著的影响，尤其是他们对于比例的重视。正是经过他们的阐释，在后来，比例才逐渐成为人们审美批评和艺术创造的基本规范。在此基础上并结合对生活现象譬如雏菊、鹦鹉螺、五角星的观察，人们还提炼出"黄金点""黄金长方形""黄金螺旋形"等词汇，并视之为最美比例的代名词。首先是在地中海沿岸，然后是在全世界，黄金比在审美领域得到了广泛的运用，譬如胡夫金字塔、帕特农神庙、阿波罗神像、《断臂维纳斯》《最后的晚餐》《蒙娜丽莎》甚至高跟鞋、芭蕾舞等，都有对黄金比例的运用。值得一提的是，毕达哥拉斯学派的和谐论与中国的和谐论性质不同。中国和谐论强调的是社会的和谐、身心的和谐，反映在艺术领域，便是要求艺术所表达的内容与情感符合社会政治规范和伦理规范，因此花间派、柳永词之类在中国文化中历来不受推重。毕达哥拉斯学派的和谐论则强调比例的和谐、感官的和谐，强调色彩、光线等形式因素在视觉上的和谐效果。所以相比较而言，中国和谐论是内容的和谐、

---

① [法]莱昂·罗斑.希腊思想和科学精神的起源[M].陈修斋，译.桂林：广西师范大学出版社，2003：57.

内在的和谐，而西方和谐论是形式的和谐、外在的和谐。

其次了解达·芬奇的“美在神圣的比例”。文艺复兴时期，自然科学开始发达起来，那是一个需要巨人而且产生了巨人的时代。当时的巨人多数既通晓科学又通晓文艺，属于难得的通才。这是现代人也是现代教育值得思考的问题。诞生于意大利佛罗伦萨的达·芬奇（1452—1519）就是这样一个巨人和通才。他是生理学、解剖学、几何学、光学等方面的理论家，也是热衷于发明创造的实干家，据说发明过飞机、军舰等，20 世纪还有人根据他的图纸去组装机器，竟然真的成功了。但是他的科学手稿全部藏在抽屉里，后来有科学史家遗憾地说，如果他的理论发表出来的话，西方科学的水平将提前至少一百年。可惜他没有现代人的那种版权意识。无疑，他更为世人所知的是他作为一个画家的名声。他与稍后的米开朗琪罗和拉斐尔，合称为文艺复兴时期的“画坛三杰”。在他所有的艺术创作里，壁画《最后的晚餐》、祭坛画《岩间圣母》和肖像画《蒙娜丽莎》三大杰作被认为是艺术珍品中的珍品，是欧洲艺术的“拱顶石”。其中，《蒙娜丽莎》更是几乎妇孺皆知，仿佛《蒙娜丽莎》就是西方绘画，西方绘画就是《蒙娜丽莎》。如果西方绘画要弄一个排行榜，它应该稳居第一名。他最后自己在遗嘱中说：“一日充实，可以安睡；一生充实，可以无憾。”哪怕没有《蒙娜丽莎》，他也有足够的自信这样说。

基于一个卓有成就的画家的专业素养和认知，在美的定义上，他继承了毕达哥拉斯等人的观点，在《芬奇论绘画》中提出“美是神圣的比例”，在“比例”之前加了“神圣”这样一个形容词，这表明他对比例的高度重视。他在下这个定义的时候，心里想得最多的可能就是绘画的比例问题。我们也应该联系他的绘画理论和绘画实践，才能较好地理解他的这一定义。绘画是一种视觉的艺术，也是一种造型的艺术，无论从观看还是从构型来说，绘画都特别强调事物的比例。他曾经说过，因为绘画只关乎眼睛而不关乎其他感官，而眼睛又是最高贵的审美感觉，所以绘画就是最高级的艺术。这一说法要音乐家或文学家或其他艺术家来评判，肯定会不屑一顾，而达·芬奇由此出发，认真钻研过事物的结构和比例问题。在实践方面，他则娴熟地将自己对于比例的认知贯彻于绘画作品中。他特别重视素描和写实技巧，原因就在于他高度重视结构与比例的准确性与完美性。他画蛋的故事就说明了他对于精确构型的自我要求。他的所有绘画都是几何学知识的精心运用，体现了对比例的高度重视，把比例不仅当成美的原则，而且当成了神圣的原则，换言之，比例是他所认为的最重要的审美标准，他觉得对于艺术创作和艺术欣赏来说，都应该坚持这一点。总之，这一定义与其说是他对美的认识，不如说是他对绘画的认识，或者说是他对绘画创作原则和欣赏原则的认识。

▲ 达·芬奇油画《最后的晚餐》

他的以上三大名作，都有他对比例的不同运用，其构图要么是金字塔形（如《岩间圣母》《蒙娜丽莎》，要么是黄金螺旋形（如《蒙娜丽莎》），要么是黄金长方形（如《最后的晚餐》）。《最后的晚餐》作于 1495 年—1498 年，被认为是西方同类题材的绘画中最出色的一幅。画中一共描绘了 13 个人，耶稣居中，耶稣背后是三个透光的窗户，这有利于突出耶稣的形象。12 个学生 3 个一组分为四组来构造，这样便杂而不乱。这幅画的出色之处就在于他对光学和几何学的精妙运用，以及对人物不同神态的精细刻画。其中对比例的掌控是他精妙运用几何学知识的体现，既在整体布局上采用黄金长方形的比例，又在形象和背景的局部设计上注意远近大小的比例运用。

最后了解荷加兹的“蛇形线最美”。英国的荷加兹（又译为荷加斯，1697—1764）生于伦敦。在他的美学专著《美的分析》中，他提出“蛇形线最美”的美学观点。他的理由是：一方面，它们充满变化，令人产生审美快感；另一方面，它们灵活生动，朝着不同的方向旋绕，能使眼睛得到满足，引导眼睛追逐其无限的多样性。[①] 他曾经提出审美的 6 项原则：适宜；变化；

① ［英］威廉·荷加斯. 美的分析[M]. 杨成寅，译. 北京：人民美术出版社，1984：45.

一致或对称；单纯；错杂；量（体量与数量）。[①] 他经过认真分析，觉得蛇形线最符合这 6 个原则。与蛇形线类似的波状线也具有大致相同的审美快感。迂回的小径、蜿蜒的河流，之所以使人产生审美快感，他认为都是因为它们弯曲的形状。荷加兹是一个有成就的画家，他这个观点我们也应该联系他的画家身份来认识。同时，他也是从视觉欣赏方面来下这个定义的。他认为视觉器官是美的重要入口，因此视觉对象的形式对于审美快感的获取就变得很关键。什么样的形式最容易产生审美快感呢？在他看来无疑是蛇形线。

粗略看来，荷加兹实际上是认为凡是曲线，原则上都比直线美，也原则上更易产生审美快感，所以可以认为“曲线美”的概念，实际上最早是由荷加兹提出来的，他认为美最大限度地蕴藏在曲线之中。后来美国美学家威廉提出过美在于 S 形曲线，与荷加兹的意思是一致的。荷加兹认为，一般来说，女子比男子美，维纳斯比阿波罗美，因为女子有曲线，而男子只有直线。记得朱德庸漫画上有一句话：拥有曲线美的女子，会令男子直线地走过来。这是在替荷加兹的思想做宣传。但是荷加兹又认为，曲线并非必然是美的。决定曲线美不美，取决于曲线的对象属性。这一看法是很高明的。所以他说，人体曲线美高于自然事物的曲线美。美在曲线，但并非一切曲线必然是美的。

曲线美的概念对于艺术创造来说，具有特别重要的启发性。艺术创造就是要讲究曲线美问题。说句俗话，艺术就是“勾引”，而“勾引”的技巧就在“曲线”。直线型艺术不是不存在，但大多是拙劣的艺术。艺术的发展史就是艺术追求“曲线”的历史。每一种新的艺术类型的出现，每一个新的艺术技巧的使用，都代表艺术拐了一个弯，而且都在转弯处抛下了一个艺术的“媚眼”。譬如床前明月光，疑是地上霜。举头望明月［直线→（转）幽默出来了］我是郭德纲。又如一个叫卡洛伊的人写的《无题》：一天，我去吃晚饭。/我看到你的座位空着，并注意到你没有来。/我开始吃第一盘菜，并想要相信这仅仅是一次耽搁。/吃第二盘菜时我开始想你不会到了。/用饭后点心时我确信你不会来了。/当喝到咖啡时我仍不肯认为你不在这里，于是我坐到你的座位上。［流水账式的独白→（转）意味出来了］/我感到那么孤独。/因为现在连我自己的座位也空了。——读到最后一句话，心仿佛都被抽了一

---

① 范明生．西方美学通史(第 3 卷)[M]．上海：上海文艺出版社，1999：264．

下。诗人首先在那里看来看去，最后一句却突然说连自己的座位都空了，让人霎时感到一种很大的孤独感像面纱一样罩过来，好像一个人来到了深夜的丛林里。这不仅仅是诗意的虚构，也是哲学式的人生体会的表达。转了这个弯，全诗都被提起来了。

上面这些例子各有各的风采，原因却全在于最后的“曲线制造”。“文似看山不喜平”，这说的就是艺术的曲线问题。因为过于熟悉或过于直白，人们的审美感觉便极可能停留在僵硬的平淡当中，而有了一个转弯，所有的平淡便全都救活了。据说唐伯虎写过这样一首诗：“一上一上又一上，一上上到高山上。举头红日向云低，万里江山都在望。”同样的有郑板桥《咏雪》：“一片二片三四片，五六七八九十片，千片万片无数片，飞入芦花都不见。”这都是属于“曲线救国”，精彩全靠后面一句话，于是前面的平淡也就可以原谅了。其实神奇之处还在于，甚至连平淡也有了意义，原来所有的平淡都在为柳暗花明做准备。艺术不可能处处精彩，偶尔地从艺术中“出走”，为的只是更好地留住艺术。

2. 主体思路：让心理做主

笛卡儿认识论哲学兴起之后，尤其是随之而来的心理学的发展，人们更多地开始从主体心理的角度来为美下定义，从人的主观心理方面确立美的根据或规定美的属性，19 世纪以来的各种心理学美学大多都是这种思路。这一思路中的各种美学定义，虽然存在种种不足，譬如对于审美客体之审美属性或多或少有所忽视，但深化了人们对主体审美心理的了解，从而极大地丰富了美学思想，为美学发展作出了独特的历史贡献。譬如美国阿德勒（1870—1937）的“美在于对自卑的超越”，将美之为美的根据落实在主体心理上。他在老师弗洛伊德的基础上建立了个体心理学，认为自卑心理是每一个人都具有的，它形成于弱小无助的幼年时期，自卑心理如果不能消除，便会发展为自卑情结。自卑情结并不是每一个人都具有的，没有自卑情结的人源于他已经超越了自卑心理，从而使自己获得了生活的意义或生活的美。所以他认为美就在于超越自卑。这种论述非常精彩，能够给人们启发。德国谷鲁斯（1861—1946）的“内模仿说”也是如此。他认为美在于人的“内模仿”，这种模仿只是人的一种心领神会的心理活动，而不是现实中真正的模仿，譬如欣赏电影时，我们只能在内心模仿、体会其中人物的各种活动，并从中得到审美快感。这也是将美的原因归结为人的心理方面。仔细思考他的这个观点，会发觉他说出了审美经验的很多奥秘，未尝不可以发现他与里普斯移情说相近的并且合理的内涵。德国闵特斯堡（1863—1916）的“孤立说”作为心理学美学的一支同样如此。他认为美在于心理的孤立，具体意思是：审美之时将对象与他者之间的一切关系，包括实用关系、因果关系等全部切断，只欣赏对象的形象，这便有审美快感产生。这受到康德美在于无功利的快感这一观点的直接影响，它符合审美的事实，缺憾在于只突出了主观心理这一方面的原因，而对客观对象在审美中的作用重视不够，这是大多数心理学美学的通病。此外还有俄国别里嘉耶夫（1874—1948）的“美是自由的呼吸”。他指出，客体化的世界只有与美对立的机械化，美不可能属于这个机械的专横的决定的世界，因为美是“对此世的突破”，“美是对决定的摆脱，是自由的呼吸”。① 这里别尔嘉耶夫以浪漫主义的方式，指出美在于自由，赋予这个定义强烈的抗争性，强调了主体精神对于审美创造的重要性，属于主体论色彩十分明显的一个美的定义。下面再对一些美的定义作稍微详细的介绍。

其一，休谟的“美在人心”和“美在快乐”。英国休谟（1711—1776）认为美不是物体自身的性质，它只存在于观照事物的人心当中，简言之，美在人心。美之为美的原因和根据取决于主观方面，所以同一个对象，一个人觉得丑，另一个人却可能觉得美，所以审美问题贵在保持自己的感觉，不必附和屈从别人的看法，由此他提出“趣味无争论”的观点，这等于取消了美的普遍标准。在另一处，休谟认为美就是令人快乐的事物，简言之，美在快乐或愉悦。用他的原话来讲就是：“任何一个对象……如果足以达成任何令人愉悦的目的，它自然就给我们以一种快乐，并且被认为是美的”。② 美国的马歇尔（1852—1927）与休谟的看法一致，也认为美在快乐，快乐源于外界刺激与人的反应大小的关系，仅当人的反应力量大于外界刺激时，人才感觉快乐。马歇尔的看法是生理学和心理学相结合而产生的美学观点。

其二，里普斯的“移情说”。里普斯（1851—1914）提出的“美在移情”

---

① ［俄］别尔嘉耶夫．美是自由的呼吸［M］．方珊，等，选编．济南：山东友谊出版社，2005：70－71．

② ［英］休谟．人性论（下册）［M］．关文运，译．北京：商务印书馆，1980：627．

(empathy)使他在美学领域获得极大声望，有人甚至因此称他为美学上的达尔文。移情说在西方也有其他人提出和论述过，但里普斯是这方面最有名的代表，且有了他的阐发，移情说才真正发生影响。所以人们一般把他视为移情说的真正提出者。移情说的主要意思是：美在于移情，即美是人的情感的外化；美不取决于对象的特点，而是取决于人的情感的完全投入和由此而来的想象的全面开放。这是冲破理性束缚主张情感和想象的浪漫主义运动在美学领域的回响。西方有强大的理性主义传统，而里普斯移情说却是对这一传统的颠覆，力主感性、情感和想象的独立存在，凸显它们的独特功能和价值，因而具有特别重要的历史意义和地位。这一观点非常深刻地说出了审美的一个事实，即审美确实需要人的情感的专注投入。审美实际上就是一个主体移情的过程。心理学和教育学上有一个词，即所谓“皮格马利翁效应”①，它与移情说在内在涵义上是相通的。它原来是指心神贯注于自己雕刻出来的女子雕像，越看越爱，越爱越看，结果雕像好似具有了生命，后来成为人只要对他者有着执着投入两者便会发生感应的代名词。但是移情说在正确地突出主体情感的重要性的同时，却相对忽略了对审美客体或审美对象的考察，没有把审美客体提高到应有的位置。审美不可能是主体单方面的事情，审美经验和审美事实告诉我们，审美是主体和客体的“合作”问题，强调任一方面而忽视另一方面都是不妥当的。同时需说明的是，其实中国古时候有许多说法是类似于里普斯移情说的，譬如“庄周梦蝶”“迁想妙得”等，只是缺乏里普斯式详细的理论阐释。

---

① 皮格马利翁是希腊神话中地中海岛国塞浦路斯(地理上为亚洲，文化上属欧洲)国王，善雕刻，不喜欢凡间女子。他雕了一座美丽的少女象牙雕，在夜以继日的工作中，皮格马利翁把全部的精力、热情与爱恋都赋予雕像。他像对待自己的妻子那样钟爱她，为她起名加拉泰亚，并向神乞求让她成为自己的妻子。阿芙洛狄忒被他所打动，赐予雕像生命，并让他们结为夫妻。

◀ 希腊神话中擅长雕刻的塞浦路斯国王皮格马利翁与他雕刻的加拉泰亚

其三，弗洛伊德的“美是性本能的转移与升华”。弗洛伊德（1856—1939）首先是一个医生，然后成了一个心理学家，建立了他的精神分析学，最后又让他的精神分析学深入文艺和文化领域，于是与马克思、爱因斯坦一起成了20世纪最有影响的三个思想家。有人说过：“人类的高贵性遭受过三次致命的打击：第一次，哥白尼发现人类不是宇宙的中心；第二次，达尔文发现人类是一种动物；第三次，弗洛伊德发现这种动物有病。”① 弗洛伊德的发现震古烁今，他扯掉了人类的遮羞布，人的涌动于底层的原始本能，第一次从被理性传统长期遮蔽的状态下走了出来。从医生跃至思想家，弗洛伊德比别的医生只多做了一件事——思考。一般医生只治病，而他却治了病之后进一步“思考”——人“为什么”会得病，然后是艺术家“为什么”会得病，再然后是整个人类和文化“为什么”会得病。他在看了病之后“思考”，其他医生在看了病之后回家，于是他成为了思想家，而别的医生依然只是医生。

① ［美］唐纳德·帕尔默.看，这是哲学2:永恒不变的哲学大问题[M].何小娜，译.北京:北京联合出版公司，2016:54.

弗洛伊德的全部思想工作开始于他对梦的分析。他在从医的最初阶段，用催眠法治疗精神病，然后就思考梦到底是怎么一回事，理论产物就是“梦的分析”。由梦到潜意识再到潜意识中的本能欲望，他一步步扩大自己的思想帝国。这个帝国的主要支柱有潜意识理论。他认为人的心理分为三个部分，上层是意识层，最下层是潜意识层，界于这两者之间的是所谓的前意识，而决定人类行为的最基本部分是潜意识，准确说是潜意识中的性本能（音译为“力比多”或“里比多”）。性本能不能简单地理解为男女之间的性欲，为了避免误解，不如宽泛地视为本能或欲望。还有人的三重人格结构理论：超我、本我和自我，相对应的行为原则分别是：理想原则（道德原则）、快乐原则和现实原则。另外是他的梦理论。人之所以会得精神病，是因为本能欲望郁积而不得发泄。为了避免精神病，就要将郁积的本能欲望发泄出来，这种发泄会采用两种做梦的形式：一种是晚上做梦，本能欲望借梦里的形象得到发泄；一种是白天做梦，本能欲望以光明正大的形式——譬如绘画、舞蹈、文学创作等艺术活动——实现转移和提升，并在这一过程中得以发泄，所以艺术不过是“白日梦”，是性本能的特殊载体罢了。如果说梦是本能欲望赤裸裸的宣泄，艺术则是本能欲望“化妆式”宣泄，不正常以正常的形式出现在人前，本能欲望改头换面，提升为一种高雅的存在。至此，结论便是：美或艺术是本能欲望的替代品，是被压抑的性本能的转移和升华。

弗洛伊德是莎士比亚的忠实粉丝，他总是喜欢拿莎氏的作品来阐释自己的医学发现，日子久了，他竟觉得自己也是一个资深文艺批评家了。他具体举例说，《哈姆雷特》之所以美，原因在于表现了哈姆雷特潜意识中的“俄狄浦斯情结（恋母情结）”；同样，哈姆雷特迟迟不能下手杀死仇人克劳蒂斯，同样是因为哈姆雷特潜意识中有“俄狄浦斯情结”。此外，他还用同样的原因对达·芬奇《蒙娜丽莎》进行了分析。作为文艺批评家，弗洛伊德影响巨大却频频“尬舞”，以至走上泛性主义的荒唐境地。他喜欢越界篡权，越心理学之界篡文学艺术之权，试图用他的精神分析学来阐释一切。确实在文艺批评方面，他的新颖分析方式有时给我们意想不到的惊喜，但留下的笑话也是很多的。伟大的人物不可能所有的方面都伟大，弗洛伊德偶尔也会忘记这一点。

但他终归属于时代的“光辉而又片面的产物”。①

其四，布洛的“心理距离说”。距离产生美，这是现在地球人都懂的一个常识，而从理论上给予解释的人并不是很多，但伽达默尔曾经对它有过解释，他认为时间距离是产生美的原因。这种观点是有一定道理的，譬如中国历史上对陶渊明、杜甫等人的评价，就可以运用这种时间距离说来解释。但是伽达默尔在这方面缺乏深入的阐释。西汉末东汉初桓谭说过一句话：“凡人贱近而贵远”，这也可以用来说明审美中的距离问题。对距离和审美之间的关系，解释得最详细最有名的无疑是瑞士的布洛（1880—1934）。他提出的“心理距离说”是20世纪最有名的美学定义之一。这一说法认为心理距离（而非物理距离）是审美的基本原理，美在于心理距离，详细一点说，美是人与对象之间保持一定的心理距离而产生的结果；当对象对人无实际危害，同时人对对象保持无关现实功利的超脱态度，此刻对象才被认为是美的，人也才能获得审美快感。这一定义将美的根据也是放在主体心理方面。

布洛认为，心理距离的具体涵义主要包括：第一，“距离设置”，即心理距离如何形成。这取决于两方面：一是对象对人无妨害，二是人保持超脱心态。第二，“距离的极限”，即丧失心理距离则丧失美。第三，“距离过度”，即“超距”，意思是心理距离过远过大无审美快感。第四，“距离不足”，即“差距”，心理距离过近或过小亦无审美快感。第五，“距离的尺度”，即心理距离应恰当有分寸，应保持“切身而又有距离”或“有距离的切身”。第六，“距离的变化”，即心理距离是可能转变的。

我们可以看看清代女诗人郭六芳的《舟还长沙》：“侬家家住两湖东，十二珠帘夕照红，今日忽从江上望，始知家在画图中。”作者想表达的是：某一次坐船回来，忽然发现自己的家是那么美丽。作者采取了“内”“外”两种视角：当“我”住在美景之“内”的时候，夕阳映照着珠帘，应该是很美丽的，而“我”竟无觉察；当“我”坐船归来，身处美景之“外”，抽身而退，才发现自己的家、居住的小楼、小楼上的珠帘以及泼洒在珠帘上的夕阳，是一幅非常美丽的图画。这说的就是“距离”产生美。

---

① ［奥］希尔. 欧洲思想史. 赵复三，译. 桂林：广西师范大学出版社，2007：484.

3. 综合思路：尽量不再“走钢丝”

除了以上的客体思路和主体思路之外，历史上也有从综合的角度来给美下定义的。综合的角度主要是指主体与客体相结合，但也有其他的形式，譬如黑格尔的客观精神与感性形式的综合。黑格尔著名的“美是理念的感性显现”，偏于客观精神，但同时也联系了感性形式，在《美学》中他对感性形式的审美属性还谈得比较充分，故此他的定义应属于一种特殊的综合的思路。这种综合思路甚至可以包括狄德罗根据事物与事物之间的关系来对美所展开的分析。前面讲过，定义中的绝对论者比较少见，细细考察，很多定义其实都是从主客体两个方面来讨论的。譬如康德对美的定义：美是给人带来无关功利的精神快感的表象形式，这便是从主客体两方面来讲的，只是偏于主观方面，对事物本身（表象形式）的审美属性未能多加讨论。

其一，狄德罗的“美在关系”。狄德罗（1713—1784）是 18 世纪启蒙主义时期法国“百科全书派”的主将。他对美的定义就是“美在关系”，认为美之为美的原因就在于关系。他指出：“美总是由关系构成的”。[①] 所谓“关系”是指人的一种特殊的悟性活动，即对于事物之间的关系的假定。狄德罗所讲的关系可以是人与事物（主体与客体）之间，也可以是事物与事物之间，或者是事物自身内部各成分之间。他认为人的悟性有一个特点，即在考虑某一事物时往往会假定存在另一事物，进而指出关系虽只存在于悟性里，但它的基础却在客观事物里。关系有三种不同的性质：第一是真实的关系，即存在于事物本身的关系；第二是见到的关系，即人与事物打交道时认识到的关系；第三是虚构的关系或智力的关系，即“似乎由人的悟性放进事物里去的关系”，[②] 而另外两种关系是人的悟性凭借感官可以觉察到的关系，因而不是虚构的关系。

“美在关系”的定义包含了狄德罗对美的根源、美的特性、美的类型等一系列问题的看法。首先，关系是美的根源。他说，关系存在，美便存在或者说事物就是美的，这即是说，关系是美产生的源头。其次，美具有客观性，

---

① ［法］狄德罗. 狄德罗美学论文选［M］. 北京：人民文学出版社，1984：31.

② ［法］狄德罗. 狄德罗美学论文选［M］. 北京：人民文学出版社，1984：30.

美的这一特性或本性是由关系决定的。因为决定美的关系是客观的，所以美也是客观的。他认为，凯旋门永远都是美的，与人存不存在没有关系，因为凯旋门自身内部的关系决定它的美具有客观性和永恒性。再次，美体现于秩序、和谐、对称、比例等等方面，而这些特性也是由关系决定的。这是因为事物的客观属性——譬如秩序、和谐、对称、比例等是关系的反映或关系的属性。又次，美是变化的，因为关系是变化的。这就是他自己所讲的："美总是随着关系而产生，而增长，而变化，而衰退，而消失。"① 复次，美的类型分为外在于我的美和关系到我的美两种，前者是事物本身的关系决定的，后者是主体与客体发生关系决定的。"关系到我的美"即事物（客体）在主体那里唤起了关系概念，从而主体认为有意义才觉察到的美。很明显，狄德罗从复杂的关系出发，对美的多样性、发展性进行了考察，同时他对关系的解释又有些模糊不清，导致内部包含一些自相矛盾的方面，譬如对美的客观性和相对性的问题，没有予以很好的解答。

其二，车尔尼雪夫斯基的"美是生活"。俄国的车尔尼雪夫斯基（1828—1889）是从人与现实的关系这样一种综合思路来思考美的问题，提出了著名的"美是生活"的观点。这一观点是他放弃黑格尔转而从费尔巴哈起步的成果，出现在1853年他为谋职而写的硕士论文《艺术对现实的审美关系》（又译为《生活与美学》）中。他指出："美是生活；任何事物，凡是我们在那里面看得见依照我们的理解应当如此的生活，那就是美的；任何东西，凡是显示出生活或使我们想起生活的，那就是美的。"② 这是"美是生活"涵义的集中表述。这段话有三个意思：首先，美是生活，这是他对美的看法的总纲。美就在生活中。这是车氏反对黑格尔等人脱离现实的理论作风而发出的一种暗中针砭，体现他关注现实生活的学术立场，也预示他重视生活实践的生命方式。其次，美不等于一切生活，只有"应当如此的生活"才是美的。这是对"美是生活"的内容上的进一步规定，也与他基本的生活判断联系在一起。在他心目中，生活有丑的一面，有不太美的一面，也有真正美的一面。生活是有层次的。贵族小姐诚然皮肤很白，腰肢苗条，但他觉得她们的生活似乎

① ［法］狄德罗. 狄德罗美学论文选［M］. 北京：人民文学出版社，1984：29.

② ［俄］车尔尼雪夫斯基. 艺术对现实的审美关系［M］. 周扬，译. 北京：人民文学出版社，1979：6.

并不是真正的美，反而是一种病态的美。相比之下，乡下姑娘膀大腰粗，肤色暗红粗糙，但在车氏看来，这是更可珍惜的生活造成的美，是健康的美因而是真正的美。很明显，行文至此，大家应该知道车氏的立场了，那就是具有 19 世纪俄国知识分子普遍具有的人道主义。对于车氏来讲，这种人道主义，有很多方面是来自费尔巴哈人道主义的启示。最后，不属于“生活”中的事物但只要与“生活”发生特殊关系者也是美的。这是车氏对“美是生活”的补充性说明。这种特殊关系是“显示出生活”或“使我们想起生活”。这指的是自然美和艺术美。他认为自然界虽不属于生活范围，但只要具有这种特殊关系，其中的事物也是美的。这与中国古代自然审美方面的比德说倒是有几分相似。他对艺术美的存在意义也是从这个角度来考虑的。他认为艺术美的存在主要是为了反映生活、说明生活、解释生活，所以在等级上，艺术美低于生活美，如果说生活美是黄金，艺术美只是纸币而已。这与传统观点完全颠倒了过来，合乎车氏自己的理论逻辑，却不太符合一般人对艺术实质的理解，与大众审美经验及其认知似乎亦有扞格之处，可算是车氏理论系统中一个显眼的痛处。不过如果依照他的思路去想，这种认识也不无几分道理。在他那里，生活类似于主人，艺术因而类似于仆人。所以生活与艺术到底谁高谁低，这完全取决于评判者对两者之性质和关系的理解。

其三，席勒的“美是活的形象”和“美是自由的形象或形式”。席勒对于美的定义也是综合的思路，是从客体与主体、物质与精神、感性与理性、内容与形式等多角度来思考美的问题。为了很好地解释“美是活的形象”，他首先解释了人的三种冲动。他认为人生在世的第一种冲动是感性冲动，这种冲动出自于人的肉体存在和人的感性本性，即人之为人，首先有感性需要，要求满足物质生存方面的基本条件。席勒因此说感性冲动提出“条件”，人之生存的最低要求就是满足生存的感性条件。第二种冲动是形式冲动或理性冲动，这种冲动出自于人的精神存在和人的理性本性，即人之为人，还有理性要求，就是在面对混乱无序的世界时希望整理这个世界。这是知识和道德的双重冲动，席勒更突出后者。这就是席勒所说的理性冲动提出形式性的“法则”或“规则”，法则的提出不是感性的任务而是理性的任务。但是，不管是感性冲动还是理性冲动，都是他律性的，非自由的，因为它们既受到外在世界的约束，也受到人自身的约束。而且这种约束是必然存在的，换言之，感性冲动和理性冲动中的人，必然是不自由的。在此基础上，人产生第三种冲动——游戏冲动。此处的游戏不是简单地指人们平常的“做游戏”，而毋宁说是审美意义上的游戏，主要是指人摆脱感性束缚和理性束缚之后的自由活动。席勒眼里的游戏，其实质就在于两个字——自由。所以游戏冲动就是人摆脱束缚、超越负累、追求自由的精神吁求。

席勒在《美育书简》中指出：“感性冲动从自己的主体中排除了一切主动性和自由，形式冲动从自己的主体中排除了一切依赖性和受动。但是自由的排除是自然的必然性（即受自然的控制），受动的排除是道德的必然性（即受道德的控制）。因此，两种冲动都强制精神。前者通过自然规律，后者通过理性的法则。游戏冲动则把二者结合起来，其结果是扬弃了一切偶然性，又扬弃了一切强制，使人既在自然（物质）的方面，又在道德的方面获得了自由。”① 在席勒那里，这样的游戏冲动，就是审美冲动；这样的游戏活动，也便是审美活动。感性冲动的对象是生活，理性冲动的对象是形式（形式化规则或法则），游戏冲动的对象则是感性与理性相统一的“活的形象”。这个“活的形象”是对感性冲动和理性冲动两者之局限性的突破与调和，是物质与形式、感觉与法则、内容与形式、有限与无限、必然与自由的谐和，“表示人由受限制的单纯的感性状态或理性状态上升到自由的审美状态”。② 这样席勒的美的定义就出来了——“美是活的形象”。“活”的实质意味着游戏或审美消除了一切对立，由此而来便有了自由。于是，美是活的形象便等于美是自由的形象或形式。这里的基本意思是指美是一种给人带来自由的感性形式，是感性与理性相互融合的具体存在。他的这一观点向上联系着康德，是对康德主观合目的性或形式合目的性之观点的发展，向下联系着黑格尔，与黑格尔的美是理念的感性现象有着相似的理论内涵。③ 同时，席勒的美的定义服务于他的审美教育理论的建构，是他之所以重视审美教育的理论起点。审美教育的目的就是培养自由的人，而这一核心认识，早就蕴含于他的美的定义当中。

---

① [德]席勒. 美育书简[M]. 徐恒醇，译. 北京：中国文联出版公司，1984：85(译文有改动).

② 邱明正，朱立元主编. 美学小辞典(增订本)[M]. 上海：上海辞书出版社，2007：228.

③ 李鹏程，王柯平，周国平. 西方美学史(第3卷)[M]. 北京：中国社会科学出版社，2008：441.

二、中国当代对美的定义：美学四派

在了解中国当代美学家对美所下的定义之前，浏览中国古代的一些美学观点，既有利于全盘把握中国美学的概况，也可以促进对中国当代美学建设之前提之基础之特点的认识。

1. 中国当代之前的美的定义：有“味”的内涵

中国历史上最早一个关于美的定义来自《国语·楚语上·伍举论台美而楚殆》：

> 灵王为章华之台，与伍举升焉，曰：“台美夫！”对曰：“臣闻国君服宠以为美，安民以为乐，听德以为聪，致远以为明。不闻其以土木之崇高、彤镂为美，而以金石匏竹之昌大、嚣庶为乐；不闻其以观大、视侈、淫色以为明，而以察清浊为聪。……夫美也者，上下、内外、小大、远近（远迩）皆无害焉，故曰美。若于目观则美，缩于财用则匮，是聚民利以自封而瘠民也，胡美之为？……其有美名也，唯其施令德于远近，而小大安之也。若敛民利以成其私欲，使民蒿焉望其安乐，而有远心，其为恶也甚矣，安用目观？……若君谓此台美而为之正，楚其殆矣！

公元前535年，楚灵王举全国之力耗时数年，在今湖北潜江建了一座离宫，名字应该叫章华宫，雕梁画栋，高大气派，并造了一个名叫章华台的观景之处。他感觉很好，邀伍子胥的爷爷伍举一起登上高台，对伍举说了三个字：台美夫?! 语气是问号加感叹号。问号表示征询，感叹号则表示相当满意。很显然，忠臣的爷爷也是一位忠臣，伍举发表了义正词严的劝谏，顺便（注意“顺便”这个词）提出了中国历史上第一个美的定义，浓缩起来就是四个字：美在无害。在这里，美的出发点和根据是：强国利民，这是中国古代官场对君对臣设定的理想目标。强国利民便是“善”和“德”。“善”针对社会功用，“德”针对个人品性。因此“美在无害”也可以换成“美在善”或

“美在德”。这种定义的具体内涵是：第一，强调社会功用，是后世实用主义美学的滥觞。第二，突出伦理学内涵，重视德行。中国古代美学多是伦理学性质的美学。第三，暗含民本思想。这种民本的思维，是中国古代知识界的一个优秀传统。三个内涵中，第一个内涵是最主要的，它涵盖了另外的两个方面。后来的儒家美学不是独创而是继承和推广了这种实用主义的传统。

因为这一实用的立场，中国古代美学忽视甚至否定美的形式或形式的美，形式从未独立地成为美的根据，而必须配合内容才可能成为美的根据，譬如对齐梁文风的批判以及关于文道关系的思考，都可以看出这一点。在上面所引用的这段话里，伍举也认为形式不是美的根据，功用或内容才是美的根据，“土木之崇高彤镂”“金石匏竹之昌大嚣庶”之类的“观大”“视侈”“淫色”皆是有害的，因而这些形式美实际上都不是真正的美。就此而言，中国又建立了一种“反美”的传统，甚至对形式美（比如外形美）患上民族的集体恐惧症。譬如大凡长得漂亮的女子，即使与你没有任何关联，也有可能被称为狐狸精。这种美的恐惧症其实包含着对美的形式的强烈认定。知道形式美的存在却又害怕形式美，最后便是否定形式美。人人都暗中觊觎女色，却人人都不公开赞美女色，这不是很有趣吗？这种民族的集体无意识是深有意味的。我们不禁可以思考：像妩媚的杨贵妃诚然是“红颜”，但一定是“祸水”吗？“红颜祸水”，这是一个颇有讲究的词语，表明中国历史在对“美”怀着奇怪的仇视心理之同时，很多时候又将“责任”就这样“不负责任”地推卸掉了。“长恨歌”里的华清池，装满了一个女性（杨贵妃）的苦与乐，却装不满整个帝国的咒骂。将国家的治乱兴衰系于一个女人，只能反衬中国文化的某种暧昧与小气。妹喜、妲己、褒姒、赵飞燕、貂蝉、陈圆圆，这些被损害被侮辱被践踏者竟然被视为害人者，这是典型的“倒打一耙”。

所以中国古代美学较少有成熟的形式美学，反之受儒道佛的影响，建立的是一种源远流长的重视内涵的美学，中国美学的精髓在于一个字——味。从中国古代审美领域中，我们可以提炼出许多关于美的定义，诸如钟嵘的美在“滋味”、刘禹锡的美在“象外”、司空图的美在“味外之旨”或“韵外之致”，王昌龄的美在“意境”、严羽的美在“兴趣”、李贽的美在“童心”、王士祯的美在“神韵”、袁枚的美在“性灵”、梁启超的美在“趣味”等，它们无不是从内涵方面的有“味”来对美和艺术作出规定，体现了中国古代美学鲜明而独特的民族特色。

再说到中国古代的美学建设，在这方面可以说取得了丰硕的成就。在诗论、词论、曲论、乐论、文论、书论、画论、工艺论、园林论等众多方面，对美展开了深入而富有见地的思考，在世界美学之林中占有重要而独特的地位。中国古代的文人，多的是文艺方面的多面手，他们很多——譬如曹丕、嵇康、陆机、顾恺之、王维、韩愈、苏轼、郭熙、赵孟頫、李贽、汤显祖、董其昌、石涛、梁启超、王国维——既是美学实践方面卓有成效的创作者，又是美学理论方面影响深远的思索者。当然他们的理论思考之思辨性不如西方明显，大多也不是直接针对“美”这个字而是针对具体艺术问题来展开的，脑海中也没有西方那种关于“美学”的学科自觉意识。1840 年以来，随着丧权辱国的外交条约的不断签订，中国人空前地陷入对传统的反思、怀疑和否定当中，与此同时，西方文化以加速度形式渗入中国，西方人的西方中心论也成为很多中国人的思维模式，在美学界这一点也表现得很明显，譬如以为西方的美学才是美学，中国的美学总是显得不地道、不纯粹。对于这一认识我们是持保留态度的。我们以为，中国古代美学虽有缺点却有独特韵味，研究很广泛，触角很深入，成就也很显著。因为研究的对象不同，研究的方法不同，研究的进路不同，所以与西方的美学研究比较起来，两者应该是各有千秋，各具特色，可以优势互补，共同发展。不同的问题和不同的方式，包含不同的思维和不同的智慧，因此相互学习是极其必要的。我们一方面应该破除西方中心论的迷障，另一方面又要抛弃夜郎自大的幻想，走进传统的同时又要面向西方。

就美学建设而言，面向西方的第一步开始于清末（譬如梁启超王国维等人）至民国时期。这一时期，很多学人开始有了西方那种学科意识，也较为自觉地采用西方的术语，撰写了多部美学史和美学概论方面的著作，对专门的美的问题和美学问题进行研究，譬如黄忏华的《美学略史》和《美学概论》、范寿康的《美学概论》、陈望道的《美学概论》、朱光潜的《谈美》《文艺心理学》等，对于后来中国当代美学的开展打下了非常重要的前期基础。而按照西方学科模式来发展美学研究美学，使中国专门性美学学科建设迈入成熟快速的阶段，是在中华人民共和国成立之后。从那时起一直到现在，中国美学的发展出现过两次热潮或高潮，这也是美学争论非常热烈的两个阶段。

第一次是在1950—60年代，第二次是在1980年代。在这两次热潮中，美学不仅在学界流行，也广泛地影响到民间，尤其是在1980年代，甚至兴起全民学习美学的奇观，这是中国美学界的梦幻时期。自此以后到今天，美学发展趋于平静而正常。在这些热潮和争论中，美学界形成了四派比较有代表性的见解，对美所持的定义各不相同甚至针锋相对。第一派是主观派，代表是吕荧和高尔太；第二派是客观派，代表是蔡仪；第三派是主客观统一派，代表是朱光潜；第四派是客观社会派，也就是实践派，代表是李泽厚。这就是中国当代著名的美学四大派。

2. 主观派：自己说了算

主观派的两位代表是吕荧和高尔太，其基本美学定义是——美在主观，即美之原因与根据在于人的主观方面，与客观事物没有关系，正如高尔太自己讲："有没有客观的美呢？我的回答是否定的：客观的美并不存在。"① 主观派对美与人的关系尤其是与人之心理的关系，作出过很多精辟的解释，但在全面性和深刻性上未能超越西方此类理论。另外，由于忽视了客体在审美中的存在，被人认为观点具有明显偏颇，又处在中国五六十年代反对唯心论的特殊历史背景当中，因而这一派常被批评为典型的唯心主义，于是它的影响颇为微妙，跟随者甚少。但是，"其实，说美是一种观念也未必就是唯心主义，唯心主义与唯物主义的分野只能用在解释存在与意识的关系上，是存在决定意识，还是意识决定存在。凡认为存在决定意识的，属于唯物主义（意识的产生问题）；凡认为意识决定存在的（存在对于人的意义问题），则属于唯心主义。唯物主义与唯心主义通常只是在本体论意义上使用。不是讲一切都说成是物质的就是唯物主义，像情感、感觉、思维这些东西，它们本就是精神性的，难道非得把它们说成是物质才是唯物主义的吗？"② 这说得很有见地。我们甚至认为存在决定意识诚然是对的，这说的是意识产生问题，但意识决定存在也是有一定道理的，当说到存在对于人的可能意义时，一定是意识到的存在（被意识决定的存在）才使人具有意义的自觉。

---

① 高尔太. 论美[M]. 兰州：甘肃人民出版社，1982：1.

② 陈望衡. 20世纪中国美学本体论问题[M]. 长沙：湖南教育出版社，2000：238.

吕荧（1915—1969），安徽天长人。他明确指出美是人的一种观念："美，这是人人都知道的，但是对于美的看法，并不是所有的人都相同的。同是一个东西，有的人会认为美，有的人却认为不美；甚至于同一个人，他对美的看法在生活过程中也会发生变化，原先认为美的，后来会认为不美；原先认为不美的，后来会认为美。所以美是物在人的主观中的反映，是一种观念。"① 提炼其美的定义便是："美在观念。"美的根据在主观方面而不是在客观方面，这与17世纪荷兰斯宾诺莎的看法如出一辙。斯宾诺莎认为观念乃心灵与对象之符合，人应该是有思想的，而人的心灵中的观念决定人的思想样式。在此基础上他对美的定义发表了自己的看法，提炼其美的定义也是"美在观念"。斯宾诺莎还提出美是一种圆满性的看法，但是圆满这个词也是观念的产物。斯宾诺莎的美学观点有自然神论的痕迹，而吕荧的美学观点受到过胡风等人的影响。

主观派中影响更久的代表是高尔太（高尔泰，1936— ），江苏高淳人。他成名于1950年代的美学大讨论中，其时刚刚21岁，还是一个在校本科生。他前期的美学定义可提炼为"美在感受"："美，只要人感受到它，它就存在，不被人感受到，它就不存在"。② 大自然给予蛤蟆的，比之给予黄莺和蝴蝶的并不缺少什么，但是蛤蟆没有黄莺和蝴蝶所具有的美，个中原因只在于人觉得它是不美的。他认为此例充分显示美是主观的，美和美感其实是一回事，所以美并不是客观物质属性。他指出："如果一定要把美说成是物的属性，得加上一段解释：这属性是欣赏者暂时附加给对象的。有人会驳道，一个农民有可能不懂得最美的戏剧，难道这戏剧就不美吗？既然美是一种感受，那么对于那个农民来说，那戏剧确实是不美的。"③ 高尔太指出，美的事物不能分析出美的元素来，因此美只能是主观的。高尔太对理论过程的分析很精彩，却得出了不免片面的结论。

到了20世纪80年代，高尔太吸收了新的理论资源，譬如马克思的实践哲学，也从马克思《1844年经济学—哲学手稿》出发，但基本美学立场保持着与前期的连贯性，依然侧重于从人的主观角度来思考美的问题。他认为美

---

① 吕荧.美学问题[M]//吕荧文艺与美学论集.上海：上海文艺出版社 1984：416.

② 高尔太.论美[M].兰州：甘肃人民出版社，1984：4.

③ 高尔太.论美[M].兰州：甘肃人民出版社，1982：4.

学就是人学，提出“美是自由的象征”。这一定义产生的大前提是——“人的本质是自由”，小前提是——“美是人的本质的对象化”，结论便是——“美是自由的象征”。从静态说，自由“首先是一种认识，一种意向，一种包含着目的、意识、趋向在内的主体性心理结构”，① 同时自由是认识和把握了的必然性。所谓必然性，即客观的规律性。必然性不是自由的对立面，而是包含在自由之中。从动态说，自由既是目的又是手段，贯通于人类实践之中。故此高尔太认为，自由是规律性与目的性的统一，统一的中介就是人类的实践。他认为自由意识必须在形式上表征，形式因此成为“有意味的形式”，不过这里的“意味”不是贝尔意义上。英国人贝尔的美的定义是美或艺术是“有意味的形式”，其中的“意味”只关乎由形式引发的纯粹审美情感，而在高尔太这里，“意味”的源头则是人的自由。形式表征也就是“符号”或“象征”，因此高尔太最后的结论便是美是自由的象征。② 李泽厚认为高尔太仍然归属于主观派阵营，对他的“美是自由的象征”这一命题多次进行过否定，因为在李泽厚看来，此命题的要害还是在于主观性的意识观念方面。但无可否认，这一观点表明了高尔太在新形势下对自己的理论试图作出修正和跨越的努力，并且确实发展深化也部分纠正了自己的前期认识。

3. 客观派：有没有人都没有关系

客观派的最早和最大代表是蔡仪（1906—1992），湖南攸县人，中国著名美学家。客观派的基本美学立场是“美在客观”，美的根据决定于客观的物质属性而绝非人的主观心理。与客观派截然相反的是主观派，但客观派与主客观统一派和实践派之间同样保持水火不容的关系。蔡仪坚持认为美在客观，从本体和内容上确认美的客观属性，这一立场坚定无比无可动摇，表现了非常可敬的一种学术姿态。在其美学名著《新美学》中，他认为美是一种客观的物质属性，与人没有任何关系，不以人的意志为转移，用他自己的话说，就是“美的事物之所以美，是在这事物本身，不在于我们的意识作用。”③ 因此，真正美的东西永远都是美的，譬如云冈石窟一直都是美的，这与人无关，

---

① 高尔太. 论美[M]. 兰州：甘肃人民出版社，1982：34.

② 高尔太. 美是自由的象征[M]. 北京：人民文学出版社，1986：44，46.

③ 蔡仪. 新美学[M]. 上海：群益出版社，1948：68.

无需人的承认。与整体美学立场一致，蔡仪认为自然美也是亘古就存在的，在人类社会出现以前，就已经有了自然美，可证自然美与人一点关系也没有，自然美是自然的事件，而不是人类历史实践的事件。此类观点其实古已有之，常人中想必坚持者也众多，如叶燮《滋园记》："凡物之生而美者。美本乎天者也，本乎天自有之美也。然孤芳独美，不如集众劳以为美。"

为了具体化"美在客观"的观点，蔡仪进而提出"美是典型"。所谓典型，简言之就是"一般"或"种类的一般"，就是出类拔萃的事物。车尔尼雪夫斯基在《艺术对现实的审美关系》中说过一句很有影响的话："一切美的东西都是出类拔萃的东西。但并非所有出类拔萃的东西都是美的"。它用来解释蔡仪的美的定义颇为恰当。在蔡仪这里，"一般"有几个基本的理解：一是普遍性，二是标准性，三是真理性。他指出："美的东西就是典型的东西，就是个别之中显现着一般的东西。美的本质就是事物的典型性，就是个别中显现着种类的一般。"① 这里明确提出美是典型，常引用的一个例子是宋玉《登徒子好色赋》中的"东家之子"。她增之一分则太长，减之一分则太短，着粉则太白，施朱则太赤，所以她是美人的典型，是最美的美人。总体看，他的基本美学定义是两个：美在客观和美是典型。前者肯定美是一种客观存在，是对美的一般性规定；后者是对美的具体性说明，由他对典型的解释，可知在他看来，美就是真或真理，或者说美是真理的形象。李泽厚同样认为美是真理的形象，但两者的内涵很不相同。诚然，蔡仪在美本体问题上对于人的特点和作用重视不够或几乎完全忽视，因而导致其美学存在某些理论空白，但他对美的客体属性进行了非常详细深入的解释，而且是从哲学的高度来进行的，对于我们进一步的思考具有开拓作用，属于中国当代美学中非常重要的理论成果。

在中国当代美学界，还存在一种特殊的客观论美学，这就是冯友兰（1895—1990）提出的美在于"美之理"，从中可看出宋明理学、柏拉图和黑格尔的影子。所谓"美之理"，就是"真"，进而他认为艺术的本质在于它的"本然的样子"，这是美的定义在艺术上的落实。

---

① 蔡仪. 新美学[M]. 上海：群益出版社，1948：68.

4. 主客观统一派：还是折中吧

主客观统一派的代表是朱光潜（1897—1986），安徽桐城人，留学英法八年，他从民国以来撰写了许多美学著作，除了上面提到的，还有在美学界很有影响的《西方美学史》，这是中国第一部介绍西方美学历史的学术著作。他被称为中国现代美学泰斗，对中国现代美学建设做出了最重要的贡献。① 其学术兴趣有一个从文学到心理学到哲学再到美学的变化，最后专事美学思考。理论著述在他那里不仅充满思想的睿智，也具有宛而有致的优美文风，是哲学与诗学结合的典范例子。他提出“三此主义”②（此身、此时、此地）和“以出世的精神做入世的事业”的座右铭，是我们为人处世可以借鉴的。

他对美的基本认识是主观与客观的统一，他以苏轼的《琴诗》“若言琴上有琴声，放在匣中何不鸣？若言声在指头上，何不于君指上听”为例指出：说琴声就在指头上的就是主观唯心论，说琴声就在琴上的就是机械唯物论，要有琴声，就既要有琴，又要有弹琴的手指，总而言之，美要主观与客观的统一。这一认识贯穿于他一生的美学思考中，在此基础上，他提出了自己的关于美的定义——“美是情趣的意象化”。这一定义用来解释艺术美是非常妥帖的，他自己也说过“我们的学说肯定美是艺术的特点”，他一生也在致力于艺术美的研究，并从这一角度伸展至一般美学问题的考察。他也将这一定义更详细地表述为“美就是情趣意象化或意象情趣化时心中所觉到的‘恰好’的快感”。这样就突显了主体在审美方面的特性，但客观方面也不可忽视。如果说审美形象（意象之象）是客观的，那么情趣、快感以及意象之意，则说明了美的主观性特点。朱光潜美学受克罗齐影响明显。克罗齐提出“艺术即直觉，直觉即表现”，而朱光潜进一步提出审美重要的特性就在于“形象的直觉”。他在这个定义里也突出了直觉的作用。他还提出“物甲”“物乙”两个概念，这与他的基本美学定义是一致的。如果说原生态的事物即与人没有关系的事物是“物甲”，那么心物相融的事物就是“物乙”或“物的形象”；美不在物甲而是在物乙。后来他的学生叶朗提出“美在意象”的定义，基本意

---

① 陈望衡. 20世纪中国美学本体论问题[M]. 长沙：湖南教育出版社 2000：92.

② 此身应该做而且能够做的事，就得此身担当起，不推诿给旁人；此时应该做而且能够做的事，就得此时做，不推诿到未来；此地应该做而且能够做的事，就得在此地做，不推诿到想象中的另一地去做。

思是从朱光潜“接着讲”。在叶朗看来，意象的基本特点是情景的内在统一，内外世界的内在统一，意象是一个完整的内部有意蕴的感性世界。这样的意象就是美。

与朱光潜论美思路相似的有宗白华（1897—1986），江苏常熟人。宗白华留德多年，因此提出了颇有德国气息的座右铭：“拿叔本华的眼睛看世界，拿歌德的精神做人。”他提出审美生存的四种态度，颇值得人们玩味：第一是同情的态度，给世界一颗爱心一种情怀；第二是把玩的态度，给世界一份欣赏一个微笑，不即不离，不贪不弃；第三，美化的态度，给世界一类颜色一个期许，不悲观不萎靡；第四，超然入世的态度，给世界一份淡然一种执着。他在《美学与意境》中提出自己的美的定义：美是丰富的生命在和谐的形式中。这个定义也最适合说明艺术美。宗白华美学的立足点主要是中国哲学和中国艺术。他认为中国形上学是生命的体系，西方形上学则是唯理（逻辑）的体系。唯理的体系是要了解世界的基本结构、秩序理数，所以是宇宙论、范畴论；生命的体系则是要了解、体验世界的意趣、意味、价值，所以是本体论、价值论。简言之，他认为美在意象或意境。这个意境他有时用灵境、艺境代替，基本点在于情景契合，在于“主观的生命情调与客观的自然景象交融互渗”。

5. 客观社会派：先“搞了劳动”再说

客观社会派即后来广有影响的“实践派”，最重要的代表是李泽厚（1930—），湖南长沙人，中国当代最重要的思想者之一，著名哲学家和美学家。李泽厚成名于1950年代的美学大讨论，当时他26岁。客观社会派之得名源于李泽厚说过“美的基本特性之一是它的客观社会性”。他认为美是日益开展着的具体丰富的存在，这存在就是社会发展的本质、规律和理想。换言之，因为美是人类实践的产物，所以美具有开展性，并符合社会规律和社会要求，具有真和善的内涵。客观社会派主张美是社会性和客观性的统一，所以有时也被拗口地叫做客观性与社会性相统一派。他在《美学三提议》中提出：“它所以是社会的，是因为：如果没有人类主体的社会实践，光是由自然必然性所统治的客观存在，这存在便与人类无干，不具有价值，不能有美。它所以是客观的，是因为：如果没有对现实规律的把握，光是盲目的主体实践，那便永远只能是一种‘主观的、应有的’善，得不到实现或对象化，不能具有感性物质的存在，也不能有美。”①他的美学是他的人类学本体论或主体论实践哲学的产物，其基本定义可以凝练为“美在实践”或“美是人类实践的产物”，是对马克思思想和康德思想的天才般提取与混合。他对“实践”一词的看法有一个变化的过程，早期主要是指以制造和使用工具为主的社会生产劳动，后期突出其感性、偶然的涵义，认为实践可广义地理解为人类一切的感性活动。“实践”是他的思想中最基本的词汇，如同“观念”之于吕荧，“典型”之于蔡仪，“意象”之于朱光潜。所以他这一派更是经常被称为“实践派”。这一基本定义在以下命题中都可以得到说明。

其一，美是合规律性与合目的性的统一，简单表述即美是真和善的统一。在李泽厚那里，所谓“真”，是指独立于人的意识的客观必然性，也就是规律本身或合规律性；所谓“善”，是指人类作用于现实世界的感性物质力量，作为一种有意识有目的的实践活动，所具有的社会普遍性质。“善”肯定是一种社会功用，所以是合目的性，但李泽厚不希望人们把它理解为纯概念性的道德概念，所以在他这种比较玄乎的解释中，突出的是“善”的客观的社会实践性质。“善”不是空的概念，而是具有实践的切实的内容，是实践的应有涵义和应有结果。人类实践具有合规律性和合目的性，美作为人类实践的产物，因而必然是真与善的统一。在谈到美与真的关系时，他还指出：“美是真理的形象”，即美是真的形式化或形式化的真，因为在现实的实践中，美作为一种社会形象或自然形象，包含着符合社会发展的本质、规律和理想，且它们能为感官所直接感知。他指出，如果说在自然美中善成了真的内容，即自然之真合乎人类目的，那么在社会美中真则成了善的内容，即人类（实践）之善合乎客观规律。他还从价值方面指出，美有助于科学发现，即以美启真，也有助于道德养成，即以美储善。

其二，美是自由的形式。这一表述包含两个意思：首先，美是自由的实践；然后，美是自由实践的结果或形式。这是将真与善结合在一起，再一次说明人类实践的特性和效果。自由首先是合规律的行动力量，即是指掌握规律因而合乎规律并体现于实践中的行动力量，取消了自由的纯精神性质，指

---

① 李泽厚. 美学四讲[M]. 北京：生活·读书·新知三联书店，1989：55.

出自由具有真的一面。其次，自由是合目的性的行动力量，即自由必须是具有客观有效性的行动力量，指出自由具有善的一面。形式首先是指实践的形式或形式的实践，即形式“首先是种主动造形的力量”，形式首先体现于实践中，是实践的过程，其次才是实践的结果或产品，即“作为对象存在的形式”。① 譬如艺术创作过程是运用形式技巧的过程，不懂形式技巧，艺术创作活动无法进行，然后才是完成的艺术作品即艺术形式的现实存在。总体而言，“就内容而言，美是现实的自由形式对实践的肯定；就形式而言，美是现实肯定实践的自由形式”。②这就是说美的内容是自由的实践活动本身，美的形式则是自由的实践活动之产物与见证。所以美不是高尔太所说的“自由的象征”，因为在高尔太那里的“自由”只是纯精神性质的。

马来西亚黄金棕榈树度假村。美是自然的改造与美化 ▶

其三，美是自然的人化。他经常提“美是人的本质力量的对象化”，后来觉得被人滥用而产生诸多误解，所以抛弃这一定义而主要谈“自然的人化”。后者是指美首先要人化→自然（实践），然后是自然→人化（现实存在）。这是他对“美在实践”的细化。“人化”即“实践”，首先是人的“化”然后是“化”之成果。实践或人化是美的根源和本质。自然的人化分为两个方面：第一是由实践造成的自然人化，第二是由意识造成的自然人化。后者是前者曲折能动的反映，因为后者意味着人类实践发展到一定阶段时人与自然关系的根本性变化。这适合用来解释自然美。未经人类实践改造的自然为何能进入人类审美视野，根本原因就是人类实践的结果。由上可知，实践或实践之产

① 李泽厚. 美学四讲[M]. 北京：生活·读书·新知三联书店，1989：59.
② 李泽厚. 美学四讲[M]. 北京：生活·读书·新知三联书店，1989：58.

物就是“自然的人化”，“这就是主体论实践哲学（人类学本体论）的美学观。”① 在另一处，他又从另外的角度将自然的人化分为：第一，外在自然的人化，即改造自然，体现为物质文明的过程，与前面的第一种类似；第二，内在自然的人化（分感官的人化和情欲的人化两个方面），即改造人本身，人的感官和情感、欲望等心理功能不断从动物性向社会性进化，体现为精神文明的成果。这侧重于对人本身心理结构的阐释，适合用来说明人的审美心理和感受。

6. 中国当代其他美的定义：传统与超越

从 20 世纪至今，中国学界还出现了其他许多美的定义，对于人们思考美学提供了有价值的参照和进路。

首先，蒋孔阳提出“美是自由的形象”，认为“美的形象，应当都是自由的形象”，它带给人一种自由感，而自由感是审美的最高境界。蒋孔阳也是实践派美学中的重要代表，所以他的很多命题与实践派的其他成员有相似之处，但他也作出了自己独特的解释，譬如他也谈到了他对实践派基本观点——美是人的本质力量的对象化——的理解，指出其涵义是：美是一种客观存在的社会现象，是人类通过创造性劳动实践，把真和善的本质，在对象中实现出来，从而使对象成为一种能引起爱慕和喜悦感情的观赏形象；人不仅有自然本质，更有精神本质，不仅具有动物性，更具有社会性，同时只有真的和善的本质才能对象化为美。他的另一个著名的美学观点是“美在创造中”，指出美是“多层累的突创”。

其次，朱立元提出“美是一种特殊的人生境界”，认为审美是一种基本的人生实践，审美就等于广义的美，它意味着人进入一种特殊的人生境界。这一定义的理论基础主要是马克思的实践观，也受到现象学和存在主义的某些启发，所以突出美的动态生成性，指出美就是审美，美不是现成的，而是在具体审美关系和审美活动中现实地生成的。美或审美的基本内涵在于三个方面：第一是超越有限，领悟无限；第二是超越小我，进入大我；第三是人与世界的“合一”，即中国哲学所讲的天人合一。

---

① 李泽厚. 美学四讲[M]. 北京：生活·读书·新知三联书店，1989：54.

再次，陈望衡提出“美在境界”。这一定义重点吸收中国古典美学精神，认为境界的核心是情感，基本元素是两个——主体和客体，最基本性质是自由和超越。审美自由的本质是精神自由，具体言之是自由情感，表现为首先是感性的自由，其次是想象的自由。审美超越体现于：第一，超越现实，构造理想；第二，超越物质功利，构造精神价值；第三，超越个体，构造大我境界；第四，实现对感性和理性的双重超越。

另外，周来祥提出“美是和谐”，认为美是人和自然、主体和客体、理性和感性、自由和必然、实践活动的合目的性和客观世界的规律性的和谐统一。邓晓芒提出“美是对象化了的情感”，认为审美是人借助对象而与别人交流情感的活动，人的情感的对象化就是艺术，而对象化了的情感就是美。此外，杨春时提出“美在超越”（对现实和理性的超越）和潘知常提出“美在生命”，针对以前的实践派美学，直面新的文化现实，力图开创出新的美学理论，成为后实践派美学中的重要理论成果。

第五讲　美的本体性追问

本讲基本内容是对美本体及审美客体的思考。

美本体或美的本质是人类思维对审美现象的逻辑归纳，是探求美之为美的根据，核心指向是美何以可能的问题，主要包括：美之起源；美之存在；美之价值。美已经生成，却还在生成，因而美本体不是一元的，而是多元的，无法一句话说清，对它应该秉承开放立场。

下面我们将从字源分析、历史分析、静态分析、动态分析、客体分析和价值分析六个方面对美本体及相关问题展开初步的追问。我们的思考只是商讨而非定论，因为对于流动的对象，所谓定论超出我们的智慧之外，只怕也超出一切人的思维领域。趋近现象，为愿意思索

的人提供某个瞭望的窗口，这便是理论研究的一个意义所在。

一、字源分析：纠缠不清的美与羊

从逻辑上而言，源头即本质。字源分析的意义在于顺着文字的指引尽量将思考推至历史尽头，从起源处捕捉观念和文化最初的蛛丝马迹，进而尽可能准确地推测和展示研究对象的远古风貌，最大限度实现历史和逻辑的统一，最终目的是服务于了解研究对象之基本特性。文字是人类世界观和思维模式的折射，甚至是一个集体的无意识的产物，隐藏着民族较为稳固深层的欲望和观念，譬如有儿有女就是“好”字，这可能是很多中国人非常现实的考虑。所以字源分析常被视为理论研究非常重要的一种形式，如果大家熟悉西方思想界，可以发现这是人们运用得非常广泛的一个研究方法。不可不注意的是，字源分析是可靠性和猜测性的合一，文字的产生本是后起的，所以应该注意到它的阶段性和局限性，大胆猜测的同时又要力求猜测的合理。

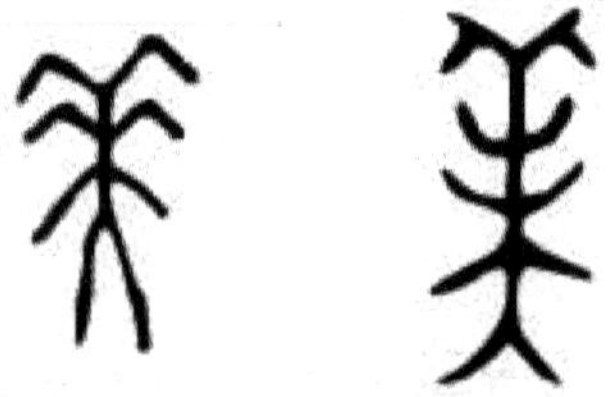

◀ 甲骨文与金文中的“羊”

世界上最早的文字大体都是从图画开始往象形字转化，而世界上留下的象形字最有名的就是汉字。现在可见的中国汉字最早是商代甲骨文。“美”字无法以象形字出现，所以最早在甲骨文中出现的是会意字，有多种书写形态，有的是横着的数字 3 加一个“大”字形的人，有的是一个羊头或羊角加一个“人”字形。前者有人理解为戴着草或花的人，也有人将它与后者一样理解为“羊人为美”。在商周金文里，“美”还是会意字，依然是人的形象加上羊角或羊头的形象，区别在于：甲骨文里整个字形是三横，金文里增加到四横；甲骨文上部的羊角形象到金文里仍是羊角，但变得更复杂，仿佛一个羊角还加上羊胡须的形象；如此一来，在甲骨文里美＝羊＋人，在金文里美＝羊＋大。于是，从字源分析出发，有了两种流传很广的关于“美”字的看法：羊人为美与羊大为美。前者侧重于从巫术方面理解，认为是指古人为了娱神而戴着羊头面具跳舞，甚至反映了史前人类的图腾崇拜，或者是指古人出于爱美心理而用羊头做装饰。后者侧重于从功利角度理解，认为羊大味道好且更有利于生存，包含着美等于善的意思。不管怎样，“美”与“羊”都是连在一起的，于是可思考的是：商周的祖先为什么将“美”和“羊”联系在一起而不是和“马”和“牛”甚至和“猪”联系在一起。详细的原因已很难知道，极有可能是因为羊的温驯而最早为人所驯化，因而最早与人类发生关联，最早参与到人类活动中。

有人指出，从字源方面来看，可能是“羊人为美”早于“羊大为美”，这意味着从巫术舞蹈到感官满足的迁移。①《汉字源流字典》则指出：“美”字在甲骨文中为“羊人”，从金文到篆文，字形逐渐讹变，演变为“羊大”，从甲骨文看，“美”的本义“当为形貌好看”。② 这两个解释都指出“美”有一个从“羊人”到“羊大”的观念迁移。结合甲骨文出现的时代来看，商代对人自身的审美应已出现，同时商代处于尊神事鬼的历史阶段，又由于羊与人们实际生活的紧密联系，所以美被理解为巫术舞蹈、形貌欣赏或味觉享受，可能都合乎当时的情形，至于其中是否出现一个迁移或谁先谁后，则是不太确定的事情。

《说文解字》对“美”则持“羊大为美”的看法：“美，甘也，从羊从大。羊在六畜，主给膳也。美与善同意”，同时释“甘”为“甘，美也。从口含一”，而将“譱”（善的异体字）解释为“譱，吉也。从誩，从羊”。后来宋代的徐铉在注释《说文解字》时直接提出“羊大则美”的结论。这至少反映了东汉时期已出现“美善合一”的认识，这一认识可能已经受到儒家的渗透，对中国后来的功用主义或实用主义审美传统产生极为明显的影响，因为《说文解字》是中国人了解字义的直接而关键的依据。有人依据《说文解字》认为：“中国人最初的美意识是起源于‘甘’这样的味觉的感受性”；“‘美’字所内含的最原初的意识，其内容是：第一，视觉的，对于羊的肥胖强壮的感受；第二，味觉的，对于羊肉肥厚多油的官能性感受；第三，触觉的，期待羊毛羊皮作为防寒必需品，从而产生一种舒适感；第四，从经济的角度，预

---

① 李泽厚，刘纲纪主编．中国美学史（第1卷）[M]．北京：中国社会科学出版社，1981：81．

② 谷衍奎编．汉字源流字典[M]．北京：华夏出版社，2003：492．

想那种羊具有高度的经济价值即交换价值，从而产生一种喜悦感。"① 这里从多方面分析了中国古人所可能具有的审美意识，有助于我们了解美的起源和发生。只是它所讲的四个方面是否代表了中国最初的审美意识，却是可以商榷的，其中至少遗漏了美的起源与巫术之间的关系。另外，许慎的《说文解字》写成于东汉时期，里面很多理解很可能代表的是东汉的认识，而不可确定是更早的古人的看法，这是我们在依据《说文解字》进行字源分析时必须予以预先知道的。

总体而言，不仅是《说文》，也包括甲骨文金文，对于中国审美传统的形成发生了潜移默化的重要作用，极大地支配了后人对美的认知和实践，李泽厚因此认为"美"字在中国人的日常使用中常有三种相互联系又相互区别的意思：第一是表示感官愉快的强形式，即"用强烈形式表示出来的感官愉快"，② 这着重于形式方面，这是"羊人为美"的一种沿袭；第二是伦理判断的弱形式，即"把严重的伦理判断采取欣赏玩味的形式表现出来"，③ 这着重于内容方面，这是"羊大为美""美善不分"的一种延续；第三专指经过装饰和美化的审美对象本身。细细体察，可以发现这三种意思在甲骨文和金文中都已经有所包含。

二、历史分析：给美一个深度 »»

历史分析之目的在于两方面：一是回到历史尽头，二是回到历史过程，即尽力将研究对象之原初情形和发展线索弄清楚。它是依据历史实物、考古发现和恰当的逻辑工具，为没有线索的找到其线索，为没有秩序的理清其秩序，为没有轨迹的铺设出轨迹，对象于是就从混沌幽深的历史乱象中一路走来，似乎走在了一条走廊上，它的开头、中间和结尾，便清清楚楚历历在目。给混沌找出一条路，说明其来处与去处，便是历史分析的作用，上面讲的字源分析是一种特殊而切近的历史分析。我们在这里不可能展开复杂繁重的全面性历史分析工作，只打算找到美之所以发生和发展的历史根据，以此为入

---

① [日]笠原仲二.中国古代人的美意识[M].魏常海，译.北京：北京大学出版社，1987：2-3.

② 李泽厚.美学四讲[M]//李泽厚十年集·美的历程.合肥：安徽文艺出版社，1989：455.

③ 李泽厚.美学四讲[M]//李泽厚十年集·美的历程.合肥：安徽文艺出版社，1989：455.

口，为思考美的最初开端和历史演进提供最基本的理论武器。我们认为，马克思所提出而为实践派所倚重的“实践”一词，虽然学界对此有不同理解不同意见，但它依然是走近美之历史真相的合适的思维工具，美的历史发生和历史演进的根据就在实践，美是人类实践的结果。审美是人类的基本行为，却又是人类的高级行为，同时它还是人类的后发性行为。这样说的意思是美之最初发生不是自然的事件而是历史的事件。从“无审美”到“审美”，既是一个历史时间的问题，也是一个客观条件的问题，还涉及主体能力的问题。历史时间问题要追问的是美之最初发生的时间节点，客观条件问题要追问的是美之最初发生所必须具备的外部社会因素（生存与发展的辩证关系），主体能力问题要追问的是美之最初发生时人的审美可能性，三个方面的问题皆可从“实践”中找到答案。

第一个基本问题是：什么是实践？按照马克思在《1844年经济学—哲学手稿》（又称为《巴黎手稿》）、《关于费尔巴哈的提纲》等名作中的表述可知：“实践”在马克思那里首先是指人类创造对象世界或者说改造无机界的物质生产劳动，这是人类所进行的一种客观的“对象化活动”①，成为区分人和动物的标志。这是马克思对于实践的一种理解。后来李泽厚就是从此出发，认为“人类最根本最基础的‘实践’是使用—制造工具的劳动操作活动，亦即社会生产劳动。”② 他在其思想的早期将实践定义为以制造和使用工具为中心的社会生产劳动，并且拒绝承认实践的其他涵义，因而引起中国学界广泛的质疑。其次，马克思认为实践更是一种人类的“有意识的生命活动”③ 和“感性活动”，人类的物质生产劳动只是其中的一种形式，当然是最重要的一种形式。马克思在《关于费尔巴哈的提纲》中说：“从前的一切唯物主义（包括费尔巴哈的唯物主义）的主要缺点是：对对象、现实、感性，只是从客体的或者直观的形式去理解，而不是把它们当作感性的人的活动，当作实践去理解，不是从主体方面去理解。”④ 在这里，马克思很清楚地将实践与感性活动关联在

---

① ［德］马克思. 关于费尔巴哈的提纲[M]//恩格斯. 路德维希·费尔巴哈和德国古典哲学的终结. 北京：人民出版社，2000：52.

② 李泽厚. 实用理性与乐感文化[M]. 北京：生活·读书·新知三联书店，2005：3.

③ ［德］马克思恩格斯. 马克思恩格斯全集(第42卷)[M]. 北京：人民出版社，1979：96.

④ ［德］马克思. 关于费尔巴哈的提纲[M]//恩格斯. 路德维希·费尔巴哈和德国古典哲学的终结. 北京：人民出版社，2000：52.

一起，认为实践就是人的一种感性活动。李泽厚在反思之后对他前期的实践概念进行扩充，也回到了马克思的这一认识层面，与学界的理解亦开始趋于一致，提出广义的实践“包容宽泛，从生产活动中的发号施令、语言交流以及各种符号操作，到日常生活中种种行为活动，它几乎相等于人的全部感性活动或感性人的全部活动”。① 综合马克思的观点和国内学界的认识，我们认为实践是指人与世界之间发生关系的一切感性活动，不仅包括人的物质性活动，也包括人的精神性活动，前者是人与世界之间的物质性关系（物质地改造世界），后者是人与世界之间的精神性关系（精神地处理世界）。

第二个基本问题是：为什么说美的根据和历史起点在于实践？理论研究重要的不是说出一个结论，而是说明结论之何以可能。所以了解“是”“是者”诚然重要，但更重要的是了解“是之为是”“是者之为是者”。而这一问题的性质比较复杂，需要预加说明。关于美的根据，要说的是美的起源、美的历史性发展和这一切得以实现的基本原因和条件，理论上包含了历史起点的问题。而单独说到历史起点问题，不仅指美的最初发生，也逻辑地指向此后的历史性发展。

首先，实践使美之最初发生和历史发展得以可能。换句话说，实践提供了美之最初发生的条件，又推动美的历史发展。美之最初发生更多的是一种逻辑设定，它的确定时间和具体情况到现在谁都无法说准，而只能依据实存古迹和考古观点来大致推断猜测。前面的章节我们提到过，现在人们一般认为原始先民比较成熟的审美活动出现在旧石器时代中晚期，时间距今不过几万年，而人类的历史如果从非洲大地直立行走的南方古猿算起，已经有 400 多万年的时间，发展到旧石器时代还要 100 万年左右的时间，而在这漫长的 100 万年的时间内，人类应该已展开了自己的各种实践形式，但是迄今未能发现任何美的实迹。现在可见的最早的审美留存，集中于距今 3 万年的阶段内。这一方面说明美的最初发生与人类的最初实践可能并不同步，而是人类实践漫长累积之后的现象，这给“美在实践”这一逻辑设定以较为可靠的事实说明；另一方面表明美的实践晚于一般实践，美不是自然而然的存在，而是历史积淀的结果。美不是纯自然性，而是实践性，美是与人有关的，没有

① 李泽厚.实用理性与乐感文化[M].北京：生活·读书·新知三联书店，2005：4.

人就没有美，没有人的实践就没有美。这是从源头方面得到的一种认识。

从美的历史发展来看，没有实践同样没有美。从距今3万年的时间即旧石器时代中晚期开始，人类踏上了审美活动越来越自觉越来越成熟越来越独立的发展旅程，换言之，美的历史发展不再只是以一般实践为前提，更成为审美实践的直接形式，从以前那种寄生或混杂的方式中逐渐脱离出来，人类审美活动不再是生存实践的单纯实用工具或糊里糊涂地成为生存实践的一部分。随着人类实践尤其是审美实践的发展，美之历史发展有了越来越丰厚的基础，以及越来越充分的对象性材料。在一般人眼里，美可以是自然美，也可以是社会美，还包括艺术美。不管哪种形式的美，都是人类实践的产物，与实践具有必然的联系。社会美和艺术美比较好理解，他们笃定是人类的造物。没有人，就无所谓社会，更谈不上社会美的存在。社会美，实质就是人的美，不管是语言美还是行为美，也不管是科学美还是饮食美，都是人类实践的一种形式或人类实践的直接产品。艺术美同样是人类实践的产物，是物质性实践（劳动）和精神性实践（劳动）的双重结果，而主要是精神性实践（更顺耳的叫法是精神性活动）的形式，而且是较为特殊的精神性实践形式，所以艺术家在任何社会阶层都居于社会精英层次。这就要说到雕塑曾经所受的“委屈”了。雕塑需要较多的物质性劳动，所以在古代世界，比如古希腊，因为这一点有时人们瞧不起雕塑家，长期把他们归为匠人的行列。这也是古希腊雕塑虽然辉煌，被温克尔曼赞美为“高贵的单纯，静穆的伟大”，然而被人所知的有名有姓的雕塑家却少之又少的一个原因。自然美同样是实践的产物，“自然”自古就存在，“自然美”却并非自古就存在，这是因为人类实践水平尚未达到让自然进入人类审美视野的缘故。这一点很多寓言和中西方审美事实都予以了暗示或证明。这说明在发生学上，实践与自然美处于因果关系之中。这一点以后还要提到，故此处从简。

其次，实践使审美主体之形成得以可能。美之发生，从其逻辑的最初一步看，需要一个结构关系，即主体和客体的对待结构，也就是说，对象来到人的面前，人必须特殊地对待这个对象，才能使对象“改头换面”而成为“美”。从人这一主体方面看，美之最初发生或逻辑发生需要具备审美心理结构和审美实践能力。这从我们的审美经验中应该很容易理解，譬如一块精美的和田玉摆在我们面前，有些人觉得它不过是一块石头而已，因为既没有什么审美的想法和意识，也没有动刀动手的能力，故而即使是和田玉，也无法参与“美之发生”这一事件。只有到了识玉并且善于琢玉的人手里，和田玉才能成为玉雕，审美之发生才得以实现。同时，人要具备审美心理和审美能力，要从自然的人向审美的人转化，必须经过长期的实践积累。山顶洞人脖子上挂的骨头项链或贝壳项链虽然粗糙却不简单，既是山顶洞人自己的审美意识日趋强烈的结果，也是他们的祖先和祖先的祖先共同作出的历史性推动。简言之，实践为美之发生准备了主体条件，使一般的人发展为审美的人，使人的审美潜能日益丰富，审美能力日趋提高，审美视野逐渐扩大。

在这方面，李泽厚的积淀说作出了很深刻的解释。他是从哲学层面来对积淀之过程和结果进行阐释的，但同样可用来说明人之审美可能性问题。积淀即人类在历史实践中建立心理本体尤其是其中的情感本体的过程，或者说是产生和丰富其独有文化心理机构的过程。积淀说旨在说明实践的历史性以及它对于人类文化心理结构的影响。积淀的具体内容或过程是：“理性才能积淀在感性中，内容才能积淀在形式中，自然的形式才能成为自由的形式。”① 意即感性见理性，形式见内容，物质见精神。经由历史实践，感性中逐渐有了理性，形式中逐渐有了社会历史内容，自然的东西逐渐成为体现人类自由的文化与艺术，于是自然的人逐渐向文化的人、审美的人生成。他在另一处还说：“人类（历史总体）的积淀为个体的，理性的积淀为感性的，社会的积淀为自然的，原来是动物性的感官人化了，自然的心理结构和素质化成为人类性的东西。”② 这里也是在说明有了历史性实践经验的积累与指导，纯感性、纯形式、纯自然就获得了人性的内涵。审美主体之生成的道理是一样的，同样是实践的长期积淀。

审美的主体条件包括：第一，审美感知条件与能力，主要指审美性感官和肢体的形成以及由此决定的感觉和初步构型能力，譬如关于声音的捕捉、辨析以及关于对象的形式感的生成。第二，审美思维条件与能力，主要指审美方面情感、想象、理解等能力。第三，审美创造条件和能力。这主要是指审美实现或传达的能力。从猿的脑髓到人的脑髓再到审美的大脑，从动物肢

---

① 李泽厚. 李泽厚十年集·美的历程[M]. 合肥：安徽文艺出版社，1989：466.

② 李泽厚. 李泽厚十年集·美的历程[M]. 合肥：安徽文艺出版社，1989：466.

体到人的双手再到审美的双手，从被动的思维到主动的思维再到审美的思维，从一般的感知觉到审美的感知觉，从笨拙的符号传达到娴熟的符号运用，譬如从《维林多夫的维纳斯》到世界各地的岩画再到《拉奥孔》《哀悼基督》，这都是人类实践历史积累的结果。在这一漫长的时间长河里，人类审美素质呈逐渐丰富的发展态势。艺术本能开始时一般是涂鸦，拿着一根线条横行天下，然后才可能出现线条艺术。盯着一个幼童看，一直看到他成为一个艺术家，一定可以发现“一般的人”成为“审美的人”的历史进程，将这个个体换成人类总体，这便是人的审美素质逐渐发展的历史进程。

再次，实践使审美符号和审美手段的不断提炼丰富得以可能。审美符号与审美手段（或者叫审美方法、技巧）是审美活动的媒介和工具。譬如绘画的符号有线条、色彩、光影，音乐的符号有节奏、旋律，舞蹈的符号有人的形体。这些符号和手段在人类实践的历史演变中，从无到有，从少到多，从粗劣到精致，从不过如此到叹为观止，形式化越来越细腻，表现力越来越强大。一切艺术符号和艺术手段都不是一蹴而就的。马克思在《1844年经济学—哲学手稿》中指出：“最拙劣的建筑师也比最灵巧的蜜蜂要高明，因为……劳动过程结束时得到的结果，在这个过程开始时就已经存在于劳动者的观念中了，已经以观念的形式存在着了。它不仅造成自然物的一种形态的改变，同时还在自然物中实现了他所意识到的目的。这个目的就给他的动作的方式和方法规定了法则。”① 在这里，马克思指出法则（包括艺术法则）的确立来自于人类实践不断的促动和精炼。譬如中国绘画中的皴法、西方芭蕾舞中的脚尖动作和中国民族舞蹈中的“敦煌舞”都是在长期的艺术实践中摸索出来的。又如丢勒水彩画《祈祷的双手》（1508）和《青草地》（1503）中那种雕塑感的造型效果，以及将形式美演绎到极致的舞蹈《千手观音》也说明了同样的道理。

---

① ［德］马克思恩格斯. 马克思恩格斯全集(第23卷)［M］. 北京：人民出版社，1979：202.

▲ **德国丢勒（1471—1528）水彩画《祈祷的双手》（1508）。极富雕塑立体感的造型能力是丢勒长久艺术实践的结果。整体人类的审美能力和审美手段的提高是同样的道理。罗马城不是一天就能够建起来的**

▲ **将形式美演绎到极致的《千手观音》（2007年“央视春晚”作品，领舞邰丽华）**

此外，实践使审美规范、审美标准得以逐渐确立。审美规范或标准不是先天的而是后天的，是在人们的历史实践中慢慢约定俗成并逐渐确立为普遍性的判断尺度。譬如从开始的美在比例到后来的美在黄金点或美在“八头身”之类，再如服装领域每年变换的时尚风，诸如此类的审美标准或规范都是人类实践所催生出来的。这里面蕴藏着的一个有意思的现象就是我们的审美有时仿佛成为了“被审美”，譬如“赶时髦”一词，既说明审美的主动性、个体性、求新性，又表示审美的被动性甚至无奈性。赶着时髦走或被时髦赶着走，爱美还是不爱美，都是一个问题。

总之，正是实践，孕育了最早的审美活动，使美之最初发生从可能走向现实，又为审美活动奔向历史长途提供了不断发展的空间。这里还需再次强调一点："美在实践"主要是讲美的源头和根源在于实践。可以说美源于实践，但不能反过来说实践就是美。这是因为既有成功的实践，也有失败的实践；我们不能说失败的实践也是美的，也不能说所有成功的实践都是美的。一切美的实践都是成功的实践，但成功的实践却并非都是美的，譬如纯粹的科学研究并不等于人们的审美活动。

三、静态分析：真善美三位一体

关于"美"，我们一方面可以从传统的静态的角度，把"美"看作某种对象化的事物，即把"美"当作一个名词来看待。因为"美"确实与对象化客体相关联，就审美前提而言，"美"需一个实体性的对象，就审美结果而言，"美"是审美实践或审美活动的凝固。同时，这样来分析"美"最符合大众的心理常态和经验惯性。在人们的常识中，"美"不是一个物那又是什么呢？难道是空气？所以人们说到"美"字时便经常会想当然地觉得"美"就是一个物。

另一方面更可以从动态的角度，把"美"看作是"审美"，是"爱"，是"天人合一"，即把"美"当作一个动词来看待。现在如果要告诉大家"美"不是一个物，只怕一般人会吓到的，脑筋一时半会儿转不过弯。但我们想说，转换思维的话，"美"真的可以不是一个物，而且不把它看作一个物时会发现"美"仍然是有意思的，甚至正因为不把它看作一个物它才变得有意思了。

1. 美是真与善的统一：仰不愧于天，俯不怍于人

美内含真与善的因子，《孟子·尽心上》的"仰不愧于天，俯不怍于人"可形象地给以说明，它也是中国学界常讲的"美是合规律性与合目的性的统一"。这是历史上对美的传统认识。譬如儒道两家皆是如此，只是儒家偏于美在善而道家偏于美在真。又如苏格拉底提出美在有用，"有用"即善，这一点很清楚，而"善"在他那里又与"本性"相等同，即善与真相通，而且善作为最高的真理，居于苏格拉底思维版图最核心的位置。在苏格拉底那里，伦

理学与本体论是合一的。

首先要讲的是真与美以及二者的关系问题。所谓真，哲学上通常的理解是指世界的规律及其本真显现。哲学界关于真理有两种理论，即传统的符合论和海德格尔的去弊论。符合论即认为人的主观认识或判断可与事物相符合、相验证，这便是真理，这是传统认识论意义上的真理观。按照海德格尔的说法，真或真理却是指人让事物如其所是地呈现或被揭示，真理即去弊，这是存在论上的真理观，是传统的符合论的基础，呈现出来或被人揭示才有事物之"意义"，否则事物只是自在之物。世界之真，世界之意义不会自行显现，需要人去聆听、理解、揭示。海德格尔 20 世纪的认识与王阳明 16 世纪的认识（1506 年之后的龙场悟道）并无二致。① 简言之，真，就是规律，或者是合规律，就是"是其所是"。用公式表示便是：真＝规律＝合规律性＝是其所是（本真显现）。真是美的内核，美是真的形式，也就是李泽厚所讲的"美是真理的形象"。柏拉图也讲过："美是真的光辉。"美的产生是人在实践中以对真的认识和掌握为前提的。美的必真，但真的未必美。比如地质灾害，这是地球某种运动规律的表现，但对人类来讲它无疑是不美的。真甚至可能是丑的以至是残酷的，所以常讲"残酷的真相"。真与美两者的区别在于：其一，真就是规律；美虽需符合规律，但它不等于规律。它们属于不同领地。其二，真是求知的对象，求知重在内容；美是欣赏的对象，欣赏首先重在表象形式。它们也属于不同对象体系。其三，真可以不讲求形式；美必须形式化。它们亦有不同呈现方式。真之呈现传达无需华美，知"真"即可；美首先为眼睛而存在，因而首先需讲究外在的形象。

其次要讲的是善与美以及二者的关系问题。何谓"善"？历史上见解很多，有人认为"所谓善是指给绝大多数人带来最大幸福的事物；另一些人认为，善是指有助于人类向拥有更大的力量和智慧进化的东西；还有一些人坚持认为，善是根据上帝的指令行事。"② 这些意见都是侧重于从伦理学角度来说的。一般人也多把它看作是一个伦理学或道德概念。但实质上"善"不单单是道德概念，也是哲学概念，甚至只有首先当它为哲学概念然后它才是道

① 张世英. 哲学导论[M]. 北京：北京大学出版社，2002：74.

② [英]梅内尔. 审美价值的本性[M]. 刘敏，译，北京：商务印书馆，2001：3.

德概念，因为本体论上确知“善”，心灵的善性和实践的善行才能落实。哲学概念在前，道德概念在后；本体论或知识论在前，伦理学则在后；道德认知在先，道德践行在后。这一意思不仅苏格拉底、柏拉图和康德详细论述过，中国的孔子、孟子、朱熹和王阳明也或明或暗地表达过。简而论之，我们认为善是指目的本身或符合目的（合目的性）。用公式表示便是：善＝目的＝合目的性。但是一个更深的问题至今没有完全解决好：善或目的的根据又是什么？是人类？是世界？还是上帝？有些将最终根据定于上帝（神学），有些则将现实根据定在人类（大多数伦理学和哲学），但似乎很少将根据定于世界的，庄子等人例外。

美与善的联系体现于：一方面，美以善为前提。就美的内容看，美的东西是有积极意义的肯定性形象。美的东西如果不善，人们往往视之为伪美。另一方面，善的形式化即是美，所谓“嘉言懿行”就是美的言行。卢梭说过同样的意思：“只有把善付诸于行动才称得上是美”。但是美和善又有区别：其一，美的必善；善的不一定美。它们的概念内涵不同。前半句容易理解，因为美必有其有利有益的效应。后半句则需要辩证对待。有些例子也容易理解，像一件保暖的旧棉衣，它有善的一面，却诚然不属于美的范围。19 世纪法国唯美主义者戈蒂耶（1811—1872）指出：一幢房子里最有用的地方是厕所，可是它不是美；脚上穿的臭鞋对人很有用处，可它也不是美。不过有些例子则复杂一些，譬如对于嫫母的评价。晋代葛洪《抱朴子·博喻》云：“西施有所恶而不能减其美者，美多也；嫫母有所善而不能救其丑者，丑笃也。”嫫母是传说中黄帝的第四个妻子，有贤德，相貌却奇丑，这是拿内在的善与外在形式作对比，在此意义上可说善的不一定美。但事情好像不是如此简单，就嫫母有贤德而言，她一定有贤行（因为内在必须外在化），依据善的形式化就是美来推断，她又是美的。这就是嫫母形象的复杂性。其二，善是“有用”；美是“无用之用”。它们的功能之指向与性质不同。具体讲，善之“有用”包含物质和精神两方面，而美只具精神上的作用而多无物质上的作用。其三，善主要不在于形式，甚至有时可以不顾及形式（如善意的谎言）；美必然是讲究外在形式的。但是，很多时候美的评判标准主要不在表象形式而在内涵或内容，所以美首先是形式，但不仅仅只是形式。仅仅只有形式，人们便常说“别臭美啦”。俗话讲“马屎面上光，里边一包糠”，说的就是徒有形式的东西。形式是美的门槛，“美”里面居住着两位“主子”，其中一个叫“真”，另一个叫“善”。两位“主子”都不好得罪。当然这样讲有点轻浮，似乎“美”是要看脸色才能存在。严肃地讲，美之生成，真善便与美“共在”，这是逻辑的必然，也有事实的验证。缺一点点有时就缺了很多，譬如很多人只知道《水浒传》而不晓得《荡寇志》，因为后者在真善美的方面缺了一点点，便在人们的心目中缺了很多，直接结果是很多人对待《荡寇志》只有两个字——无视。它缺的这一点点体现在对待底层人的态度上。在《水浒传》里他们是英雄，在它这里却是强盗。“看”的深度的不同和“心”的宽度的不同，决定着艺术家的生死存亡。

总的看，无论是作为静态的美（审美的对象化）还是动态的美（即下面我们所讲的“人与世界的融合”），都具有合规律性与合目的性两方面的特点，包含真和善两方面的内容。黑格尔说：真和善只有在美中才能水乳交融。一个人如果没有审美能力，做什么都是没精打采的，甚至谈论历史，也无法谈得有声有色。席勒也说过：“真正美的东西，必须一方面跟自然一致，另一方面跟理想一致”，“只有美才能使整个世界幸福”。① 这就是说，美的东西既是真的（“跟自然一致”），又是善的（“能使整个世界幸福”）。所以美是人类的灯塔，像陶渊明一样，自从那年在诗歌里采了一次菊花，就被后人当作了不老的摆渡人；也像杜子美一样，住在自己破旧的茅草房里却为其他的无房者蜗居者叹息，不经意之中就打开了无数人的心房。

2. 美是人的本质力量的对象化：走近人自己

这是中国当代美学界谈论美时的一个常见命题。“美是人的本质力量的对象化”是从审美实存或审美成果方面对美的一个定义，它意味着“美”是人的造物，也是人的确证，即如李泽厚所讲“美的本质是人的本质最完满的展现，美的哲学是人的哲学的最高级的峰巅”。②

人的本质力量就是人性、人的本质或人之为人的特性。李泽厚喜欢把“人的本质”叫作“人的本质力量”，用意很明显，以“力量”二字突出人作

① 引自王明辉. 何谓美学[M]. 北京：中国戏剧出版社，2005：61，67.

② 李泽厚. 李泽厚哲学美学文选[M]. 长沙：湖南人民出版社，1985：162.

为主体的实践性。这一命题也可以叫作人的本质的对象化。人性或人的本质包括哪些方面呢？第一是自然性，包括物质性和动物性。这是人最基础的特性。因为人类本身是自然中的一员，又是从自然中进化而来，作为客观存在的物种，人类具有与其他动物一样的物质性和动物性，具有动物般的本能欲望和生存需要。满足人的自然性需求是正当的，但应该在此基础上有所升华和超越。今天媚俗性大众文化强调身体叙事和欲望展览，很大程度上是为了满足人的自然感性需求和生理欲望，对于此一现象固然需要辩证分析，但我们认为大众文化不能仅仅被大众所“化”，还要发挥“化”大众的功能。第二，人性中更高级的是社会性和精神性。人是社会的动物，朋友、家庭、团体、党派、国家等是层次不同的社会形式，又是体现人的本质、实现和证明个人价值、获得情感认同精神安慰的不同场所。同时，人更是精神性的，人作为一种精神性存在的最突出的素质在于人的超物质性和超动物性，在于超越物质需求和动物式生存，简言之，在于人的主体性尤其是其中的超越性。

需指出的是，人的本质具有历史性。一方面，人的本质是人类历史活动的产物，马克思因而说：“五官感觉的形成是以往全部世界历史的产物。”①另一方面，人的本质又随着历史的发展而发展，没有一成不变的人性。随着历史之河的向前流淌，人性、人的各种能力经过历史的积累而不断进化和丰富，进而保证经济、道德、艺术等物质生活和精神生活不断发展、提高。在此过程中，人的审美素质在历史进程中也不断提高和丰富。史前社会的绘画历史就经过了以动物为主要描画对象转向以植物为主要描画对象的过程，说明人类生活从狩猎时代进化到了农耕时代，也说明人的审美素质随着历史在逐步发展。

在关于何为人性的问题上，李泽厚有一个看法很重要，足可以启示我们。他认为人性就是人性，人性的潜台词就是它不是动物性或没有动物性，不然还要人性这个词干什么呢？所以李泽厚坚决主张人的感性、自然性或生理性不等于动物性。人虽然是从动物发展而来的，但人之为人，就在于他从动物中发展出来了。既然超出了动物，就该有超出动物的样子，所以理所应当地，人的感性不仅是感性而是融合了理性的，自然性不仅是自然性而是具有社会

---

① ［德］马克思. 1844年经济学哲学手稿［M］. 北京：人民出版社，1985：84.

性的，生理性不仅是生理性而是含有精神性的。仔细想来不是非常深刻吗?可是现在很多现象表明，有些人“不想做人”了，正在从人退向动物的层次，这便是“欲望”流行之下的动物化潮流。人之有欲望，不同于动物之有欲望;人之欲望的人性结构中还积淀着理性，唯有动物之欲望是单维的结构，可以为了欲望不顾一切。当然在理解李泽厚的上述观点时，也应注意到其中理想化总体化的一面。即李泽厚在分析人时，一个明显的特点是把人当作总体也因而是当作抽象来看，难免就忽视人的个体性和偶然性。人的本质中是否完全没有动物性或某些人身上是否没有动物性呢? 如果现实中人存在动物性又该怎么办呢? 人的本质可分为正面和反面来看吗? 从抽象的理想的高度分析人性，把人性和动物性对立，会不会造成新的对人的误解和误伤? 这样做会不会忽视了个体性、偶然性因而失去现实性呢? 如此的问题也是我们可以去深思的。

◀ **埃及法老门考拉夫妇立像，闪绿色粘板岩雕刻**

再谈对象化问题。人的各类本质必须外化，即通过某种对象体现出来，这就构成所谓的文化。文化分为三种：一是物质文化，如食品、服装、建筑、书籍等物质产品；二是制度文化，如政治、法律和管理方面的民主制、三权分立制、经理制、厂长负责制等；三是精神文化，如文学艺术、政治哲学等。物质文化以实物的形式表现出来，制度文化以具体的条文、制度等形式表现出来，精神文化以包含情感、思想、观念的各类符号形式表现出来。文化是人的造物，即文化是人的本质的对象化。而我们这里说美也是人的本质的对象化，那么岂不是美=文化？大体而言这样说是可以成立的，但严格讲，美是富有特色尤其是形式感明显的文化，是文化中特别而优秀的成分。再看“对象化”，它包括两层意思或两个阶段：首先是以人的力量改造或影响对象——“化对象”；其次是被改造或影响的对象反过来成为人的本质的确证。譬如2600年前的埃及法老门考拉夫妇立像，首先是古埃及人智慧的造物，然后雕像本身才成为人们高超技巧的确证和见证。走近美和艺术的世界，便是走近人自己。现在影视剧成为人们生活的一部分，尤其是各种言情剧、清宫戏。看“戏”，为别人感动，也为自己感动，因为每一个人心里，可能都藏着一个“大明湖畔的夏雨荷”（电视剧《还珠格格》中的角色）。需明了的是：并非人的一切本质的对象化都是美的。美只能是人的正面本质的对象化，正如蒋孔阳所讲，真和善的本质对象化出来才是美的。即使从李泽厚式的高度理解人性，人性中也有一般的本质和高级的本质之分，同时人之本质的对象化程度在现实中也各有不同，所以有些对象化不成功甚至丑的现象在生活中并不鲜见。

四、动态分析：人与世界来一个拥抱 »»

我们认为，从静态的角度分析美的问题是有价值的，国内外大多数美学也是从静态角度来看待美的，其中自有他们各自的智慧。受国内外美学名家的启示，尤其是接受马克思和海德格尔带来的思想冲击，我们则打算调整思维改变视野，从动态的角度来思考美的问题，或许这样能带给大家不一样的感悟。马克思的“实践”概念有静态的人类总体的内涵，也有动态的感性个体的内涵。他认为实践是人类全体的理性活动，也是个人的一种感性活动，既是一个过程，而且首先是一个过程，然后才是一种结果。以实践哲学为研究起点既通往形而上又连接形而下。李泽厚在阐释运用这一概念时，主要着眼于静态和总体方面而忽视了动态和个体方面，形而上的一面谈得深入而充分，形而下的一面则相对忽略了，所以难以应对审美现实，这也是他美学频遭拆解的原因。我们吸取马克思的“实践”概念的精神，将它引入审美活动中，注重的是实践的动态内涵，以便突出美学的当下气质和现实活力。同时，海德格尔等人的思想也是我们的理论前提。在现象学方法尤其是其核心——意向性观点——的影响之下，再加上胡塞尔晚期“生活世界”概念的潜移默化，不管是海德格尔的存在主义还是伽达默尔的哲学阐释学，都把重点放在此在的存在方面或者人的活生生的经验上面。唯有动态的存在或经验，才能摆脱泛滥的主观性或死板的客观性，也才能说明一切都是开放的、流动的、时间性的，而非封闭的、现成的、固定的和神学绝对论的，从而有利于说明人之存在的无限可能、世界之存在的不断展开以及二者之间本体论上的共在融合关系。海德格尔师徒的思想世界里，已灌注着一股活泼的美学精神。

1. 人与世界的融合：美的现实澄明

由马克思和海德格尔起步，我们提出一个公式：美＝人与世界的融合＝天人合一。“人与世界的融合”是现代叫法，“天人合一”是古代叫法。“融合”不是过去式的，而只能是当下的；融合之时，便是美之生成之时；美之生成之时，晦暗的世界敞开了，枯燥的人充盈了；美打开了一个新世界，人之审美潜能、世界之审美潜能成为了现实，美在生活中现实地发生了；此之谓“现实澄明”。

天人合一是中国哲学的基本精神，儒道都是主张天人合一的，只是大体而言儒家从社会功能层面强调天道合于人道（天合于人），道家从个体精神层面追求人道合于天道（人合于天）。张世英在《哲学导论》中提出人与世界有两种关系，一是主客分离的关系，一是主客融合的关系，即人与世界的融合。他认为审美意识的在世结构是人与世界的融合，简言之即天人合一。① 但他未能前走一步，依然将美和美感分开，美在他那里依然被视为一种静态的对象。但他里面的论述很精彩，对于我们思考美本体有直接的开悟作用。我们将他的美感置换为美本体，认为美本身就是人与世界的融合。从此在之在世结构看，并没有一个“美”等着人去融合，而只有一个世界等着人去融合，

① 张世英. 哲学导论[M]. 北京：北京大学出版社，2001：121.

融合之际才有“美”。在此时此际，世界之审美潜能成为现实，人之审美潜能亦被唤醒。美＝融合，反过来也一样，融合＝美。这与前面的实践不同，美＝（特殊的）实践，但实践≠美。融合作为人与世界之间的特殊关系，也是实践的一种特殊形式，融合即一种特殊的实践，这种特殊性就在于它是融合，是人与世界彼此不分的关系。人与世界在外在经验的层面怎么可能彼此不分，所以融合只能是一种内在经验，是精神感受的特殊现象和特殊方式。

在“美是人与世界的融合”这一命题中，“人”是审美主体，“世界”是审美客体、审美对象，具体说，世界是指自然、社会等外在于人的一切他者，甚至也包括可作为审美对象的自我。人与自己之间也可以形成审美关系，常说的“自恋”这个词实际上表明人与自己之间已处于一定的审美关系。作为审美的自恋不是“自负”，自负是在世界强分优劣的等次，自恋则是自我感性与自我理性的谐和。“自恋”也不是死于水中的那喀索斯的“自迷”，自迷是自恋的过度，是感性与理性的失谐，凡事过度或失谐则往往危险。

为了理解这一命题，我们提出“相遇”一词，认为“相遇”是“前提条件”，“融合”是“必要条件”。“相遇”是海德格尔所讲的“打照面”，即人来到世界面前，或世界到了人的面前。大千世界中，我们处处在与他者“相遇”着，但他者并非一定能进入我们的心中；茫茫人海中，我们时时在与他人“相遇”着，但他人也并非一定能进入我们的心中。唯有自己与他者“融合”，才能有舒畅甚至陶醉的审美感受。仅仅相遇，只是“路人”；倘能“融合”，才是“友人”或“爱人”。所以对于美之现实生成而言，相遇只是“偶然”，融合才是“必然”。“相遇”有时是不得不遇，一事物就那样偶然地来到我们面前，由不得我们做主。“相遇”是“融合”的基础。相遇并不必然为美，它仅是给融合一个机会，但融合却非首先相遇不可，而且“融合”之时必然为“美”之生成之时。想必苔丝、林黛玉、顾曼桢、玛格丽特、伊丽莎白、马斯洛娃一生都相遇过无数人，但与之融合者一生却只有一个人。所以这个人对她们来说，比她们自己的生命还宝贵，比她们认为美的所有东西还要美。为了爱他，有时她们竟然连自己也不爱了，没有这种美的存在，为什么还要有“活着”这个词呢？当克莱、宝玉、沈世钧、阿尔芒、达西和聂赫留朵夫由于各种原因一一离去之时，没有了美的浇灌，她们有的无望地枯萎了有的残忍地凋落了，最后凄凉的落幕，只为了衬托曾经那么璀璨的开放。空空洞洞的硕大句号，是因为它过去饱满地存在过。她们让自己的审美达到无以复加的地步，因为她们陷入了同样无以复加的融合。泰戈尔《就这么简单》写道："心牵着心，/眼奔向眼，/两个生灵的恋爱故事就这么简单。"审美犹如这样的爱情，它就是把对方当做爱人一样去对待，感觉全部打开，情感如潮水注满每一处缝隙。因为爱是美的，所以爱人才是美的，如此完满的爱情公式就是审美的公式。

不期然又想起《天下第一丑》之类的影视剧。《天下第一丑》中的"超级富二代"五格格偶然之中遇上了状元种子——后来京剧中的同光名丑——刘宝山，那种潇洒的谈吐、刚硬的气节，一下子吸引住了善良美丽的五格格。从这以后，她虽贵为皇帝的侄女，却将自己一生的情意托付于沉抑底层的一个"戏子"，只因他是自己认定的"爱人"。"心"动了，"城池"就无可怀疑地陷落。那一点点的念想，却也是她全部的念想。在人生的舞台上，她从此沦为一个"配角"，一个快乐无比也痛苦无比的配角。快乐是因为有他的存在，痛苦是因为害怕他不再存在。这样的体验不就是审美的体验吗？五格格在享受自己的审美体验，我们则在五格格的体验里享受如五格格一样的审美体验。审美的发生犹如爱情的发生，同样快乐无比也同样痛苦无比，快乐是因为五格格的快乐，痛苦是因为五格格的痛苦。此之谓"感同身受"或者叫"同呼吸共命运"，这也是"融合"的状况。这样的影视剧，如同《阿甘正传》一样，给人一种感动和启发：爱就爱定一个人。如此专心如此投入，心里想不美都不行。审美和爱情，都是人类情感的高峰体验，一个人所共知的例子是"情人眼里出西施"。

"融合"也可以换成"共在""合作"等词汇。审美是人和世界紧密"合作"的结果。蒲松龄（1640—1715）说过：书痴者文必工，艺痴者技必良。这是谈审美的创造，其实审美的欣赏也需要"痴"。"痴"就是"融合"，是紧密的"合作"，是"忘我""投入"或前面已解释过的"移情"，正如葡萄牙卡蒙斯《爱情是不见火焰的烈火》所吟咏的"爱情是除了爱别无所爱，即使在人群中也感不到他人的存在"。[①] 总而言之，相遇是审美的起点，融合是审美的终点；相遇是无条件的，融合则是有条件的。故此，周汝昌认为，成为一

---

① 陈应松，高茂林，杨匡满编. 世界爱情诗一百首[M]. 武汉：长江文艺出版社，2002：21.

个诗人的第一条件就是“多愁善感”，而成为诗人的一个阻碍就是麻木不仁。英国的李斯托威尔也说，美或审美的对立面和反面并不是丑而是冷漠。这说得很对。冷漠即为无情，无情就把世界关在了人的外面，因为它来到人的面前也等于没有来到。冷漠者可以说没有情感世界，所以也就没有审美的世界。冷漠者是无趣的，因为他本身无趣；冷漠者也是可怜的，因为他本身可怜。冷漠者是美的敌人。

前面我们说“因为爱是美的，所以爱人才是美的”，这里面的一个意思是：爱是先在的自律的。如果爱的只是外在的东西，美貌也好，名利也好，迟早都有变化的一天，那么爱也就成为他律的，必然受外在条件的摆布。在审美中也一样，融合是逻辑上的先在，也是事实（经验）上的先在。经验上的先在性大家回忆自己的观影感受或阅读感受就应该可以明白。如果我们没有投入没有融合，哪怕人人都喜欢的作品，我们也只会觉得不过尔尔；而一旦投入了就会觉得好像有一根线在牵着我们，欲罢不能。所以有了“追剧”一词。逻辑上的先在性是指“融合”对于审美来说是无条件的，即二者是非此无彼的关系，没有“融合”逻辑上则必然无美之发生。

但是“融合”本身却是有条件的。融合的结构体系是人与世界的对待关系，既要有客体对象，又要有人这一主体，所以融合所需的条件取决于审美的“人”，也取决于被审视的“世界”及其所处环境。人与世界要实现融合，需要客观和主观两方面的条件。具体的客观条件在于：一方面，审美客体在形式和内容上有自己的特色；另一方面，有合适的客观外部环境。电视剧《天下第一丑》中有一句台词“天下那么大，怎么就偏偏瞧上他了呢?”说的就是审美主客体融合的条件问题。不同的东西，由于自身的因素或环境的因素，具有不同的审美潜能，在可能引发审美活动方面具有程度的不同。譬如“文学经典”，绝大多数是指具有丰富审美潜能的作品，是潜能到现实循环次数最多的作品。所谓“鲁郭茅巴老曹”之所以被称为中国现代文学六位大师，金庸之所以有名于古龙、梁羽生，古龙、梁羽生之所以有名于王度庐、温瑞安、卧龙生，萧丽红《千江有水千江月》、齐邦媛《巨流河》之所以一推出就流行，最重要的原因还是在于他们的作品具有更多的审美潜能。

审美之时根本上不是世界融合于人，而是人去融合于世界，所以“融合”还需主观的条件，取决于审美主体的水平和心理状态如悠闲、虚心（无私）、专心、静心、同情（移情）等。这些心理状态相互联系相互影响互为因果。所谓“无私”即不带入私欲，不考虑个人的现实利益问题。《礼记・大学》云：“心不在焉，视而不见，听而不闻，食而不知其味。”《荀子・正名》亦云：“心忧恐，则口衔刍豢而不知其味，耳听钟鼓而不知其声，目视黼黻而不知其状，轻暖平簟而体不知其安。故向万物之美而不能嗛也。”这说明保持适当的心理状态，才能进入具体的审美活动。

2. 动态生成：美是一个动词

虽然传统上美常常被理解为一种对象化的静态的东西，但我们认为更宜于从动态方面分析“美”，这就是我们以“融合”一词为核心来建构美本体的原因。融合是一个动态的过程，也是一种特殊的氛围，美是一种现实的动态的生成，是一种具体的生动的“过程”，是主体（人）与客体（世界）之间相互融合而呈现的一种特殊状态。这就是前面讲过的，美是一个动词而非名词，在此意义上可说美＝审美。美这一动态的过程固定下来，便是传统所谓的自然美、社会美和艺术美。我们这里从现象学和存在论的层面，将美看作是未完成的正在开展的过程，是具有无限意味和可能性的氛围状态。进入美，就是进入一种特殊的过程，就是对人自己和世界之可能性的打开，就是对世界之意义和意味的领悟。这样说是玄虚的，我们来看具体的例子。譬如对《蒙娜丽莎》的审美。在这里，“人与世界的融合”具体为“人与画的融合”。我们只有来到它的面前并进入它的内容，我们的审美才能开展，但意味是否生发，取决于我们进一步的体悟，体悟越深，意味越浓。当我们用心地“看”蒙娜丽莎的“看”，沉醉于画里的每一丝光亮、每一处线条，浸染于她神秘的微笑、她娴静的姿态、她背后缥缈的青山和弯曲的河流，我们就进入了一种特殊的氛围和感受之中，人的可能性和《蒙娜丽莎》的可能性都处于被打开状态。没有“看蒙娜丽莎的看”这样一个动态的过程，《蒙娜丽莎》在别人那里或许是一幅真正的画，而在我们这里不过一个名词罢了，只是表示在世界的某个地方，存在一个叫《蒙娜丽莎》的东西而已。这样的存在方式对于《蒙娜丽莎》是无意义的，它的一切的可能和意味都处于封闭的潜在的状态。它在召唤人的到来。而人打不打开《蒙娜丽莎》无关生死，却关乎自己的可能性的实践和实现。“读者反应批评”的先驱，日内瓦学派的乔治・普莱在

《阅读的现象学》(1966)一文中指出:“书籍是客观的对象。在案上、书架上、橱窗里,它们等待着人来把它们从物质属性和静止状态中解放出来。……它们由纸张和油墨制成,放在哪里就躺在哪里,直到有人对它们显出兴趣。它们等待着。……它们被这样的期望所照亮。”①

达·芬奇的《蒙娜丽莎》▶

接近雨果、接近卡尔维诺、接近韩少功、接近莫言、接近白先勇、接近林文月,都意味着自己的可能性的丰富。我们的意思是:世界在召唤人,人也要去亲近世界。正如朱光潜在《谈美》中写道:“许多人在这车如流水马如龙的世界过活,恰如在阿尔卑斯山谷中乘汽车兜风,匆匆忙忙地急驰而过,无暇一回首流连风景,于是这丰富华丽的世界便成为一个了无生趣的囚牢。这是一件多么可惋惜的事啊!‘慢慢走,欣赏啊!’”② “美”并不玄奥,走进“美”亦并不艰难,只要具备一定的条件——一定的知识和一定的心理,“美”就在人们生活中呈现出来。“美”不过是人与世界“对话”或“打交道”的一种方式而已,它应该成为人们生活实践中的一种常见形式。在此,我们突出

① 王逢振主编.最新西方文论选[M].桂林:漓江出版社,2002:3.
② 朱光潜.朱光潜全集(第二卷)[M].合肥:安徽教育出版社,1987:97.

的是美的动态性、生成性，更重要的是强调美与活生生的“生活世界”的本体性关联。这也是美在生存论方面的意义。只要人们以某种方式去与世界“打交道”，美便可呈现出来。简言之，美在“动”之中。

3. 美与爱：人与世界最纯洁的和解

爱与融合是因果的关系更是一体的关系，融合既是爱的结果，也是爱的表现。“爱”让“相遇”走向“融合”。就此而言，“美”是一种“爱”，或者说“美”是“爱”的结果。凡是唤起美的所在，必有爱的在场。我们所讲的“爱”是广义的：喜爱、关爱、珍爱、悲悯、呵护、理解、感动等，它简直是一切积极情感的总和。由此提炼的美学公式是：美＝爱＝有情。这里的“有情”是指所有肯定性的正面情感。美学所说的“爱”不等于爱某一个具体的人或某一件具体的东西。它也不等于男女之间的“爱情”，虽然爱情是其中最热烈最高峰的形式。“爱”不是一种刺激反应，而是一种内在需要，一种精神素养，一种人本身的能力，是今道友信所谓的“原体验”，即“爱”是一切体验的基础，它几乎是先验的，又伴随着每一步的经验。爱是一种本性，就像善是一种本性一样。契诃夫说过：“善良的人，甚至在狗的面前也会害羞。”① 这便寓有出于本性之善便会对一切谦恭的意思。真正的爱是自律的、无条件（发于内）的，而不是他律、有条件（发于外）的。“爱”，不是取决于对象（外）而是取决于本性（内）。“爱者”能够成为“爱者”，即是对于爱者自身最高的奖赏。这方面的典范是阿尔巴尼亚特雷莎修女（1910—1997）的“爱到成伤”。

但是，“爱”在中国的文化中有值得反思改进的地方，其中一个例子便是“爱”这个简化字的出现。从“愛”到“爱”，这是中国文化中一个意味深长的文字上的“简化”。我们以为“愛”去掉“心”也是可以的，写起来简单，文字不就只是符号吗?! 其实“愛”简化成“爱”，是民族集体无意识的结果，是某些人缺乏爱也忽视爱的体现。没有“心”，不用“心”，“爱”便一定是虚伪的。同时，文字书写是潜移默化的教育，是某种情愫的培育、某种心灵的开悟、某种思维的启示。南京大学潘知常先生指出：简化字“爱”是个错字，

① [俄]契诃夫. 契诃夫手记[M]. 贾植芳，译. 长沙：湖南文艺出版社，2005：22.

错得跟这几十年很般配，套用钱钟书先生的说法，般配得好比一副对联。不知从何爱起，不知有何可爱，这就是很多人实际的活法。

爱发诸本性而显之于世，也就是说，爱需要人们去践行。有人指出："设身处地"是最合适的爱的基础。爱，让人们在没有出路的地方有了出路，在没有可能的时候有了可能，在没有生机的顷刻有了生机。因为有"爱"，人们才愿意去发现，才可能有惊呼，匆忙的脚步有了驻足的机会，迷茫的目光有了流连的对象。《蒋勋说唐诗》讲过："宇宙之间存在的东西常常因为我们看不见，变成不存在；可是看似不存在的东西，如果你在意，也会变成存在"；"如果你对生命有深情，一切看起来不存在的东西，都会变成你在意和珍惜的东西。"① 很多时候人们看而不见，存在者变得不存在，不是源于智力的贫乏，便是出于情感的淡漠。反过来，如果人们对生命怀有深情，"不存在"也会变成"存在"。爱或情感是生命的显影剂，让岁月的底片呈现动人的光彩。

无爱之人，心是冷漠的，也是空虚的，这样的人不能扪心自问，也不可能扪心自问，因为心里面缺少可真正抚慰自己的东西。他在封闭世界的同时也封闭了自己。而"爱"却不同，就像奥地利茨威格《一个陌生女人的来信》写一女子无法抑止的爱情："当我第一次看见你时，我的人生才真正开始。在我的记忆中，遇见你之前的日子阴郁而模糊，堆满了肮脏、无趣、陈腐的人和事。""爱"可以打开一个全新的世界。它是一种值得珍惜的"传染病"，使人类免于坠落，将一种良性循环馈赠于人世间。罗马尼亚一个叫阿列柯山德鲁的人，写过一首诗，叫做《爱》②："爱，就是——/人世间最纯洁的和解。/关心它的人，请后退一步，/给神圣的玫瑰让出一条路。//爱，就是——/百合花盛开的芳香，/别让香魂消沉泥土，/请把它带到你要去的地方。"写得太好了！在我们读来，这首诗至少有这样几个意思：其一，"爱"是成全自己也成全对方；其二，爱是美的先导，也是美的成员。有爱才有美。我们拿"狗"来说事。只有在爱狗之人的眼里，狗才是"可爱"的。有些人对狗，却只有"怕"，这种情况下的狗，是无美可言的。同时，我们必须清醒意识到：对狗真正的爱，是让狗成为一条野狗。狗的最好的朋友，永远只会是另

---

① 蒋勋．蒋勋说唐诗[M]．北京：中信出版社，2012：44．

② 陈应松，高茂林，杨匡满编．世界爱情诗一百首[M]．武汉：长江文艺出版社，2002：60．

一条狗。正如契诃夫所讲的："在雌麻雀听来，雄麻雀的叫声，并不是喊喊喳喳的乱躁，而是很出色的歌唱。"①

我们再来看贾迎春，一个美丽然而……的大家闺秀。《红楼梦》判词写道："子系中山狼，得志便猖狂。金闺花柳质，一载赴黄粱。"《红楼梦》曲子《喜冤家》又写道："中山狼，无情兽，全不念当日根由。一味的，骄奢淫荡贪欢媾。觑着那，侯门艳质同蒲柳；作践的，公府千金似下流。叹芳魂艳魄，一载荡悠悠。"这写的便是贾迎春。这位贾府二小姐，是贾赦与妾所生，后嫁好色嗜酒之徒、功名利禄之辈孙绍祖。孙以贾赦所欠银两五千为借口，不到一年，便将迎春虐待致死。这里的美学涵义是：唯有在爱我们的人面前，我们才是可爱的、美丽的，恰如歌曲《相亲相爱》所唱：有缘才能相聚，有心才会珍惜。如果遇人不淑，父母眼里的宝贝，在他人那里不过一棵草罢了。贾迎春只是孙绍祖眼里一棵可践踏的草，因此即使"金闺花柳质"，也便"一载赴黄粱"！孙绍祖是令祖先害臊的人。

五、客体分析：首先让形象说话 »»

本部分我们主要谈审美客体的基本特征。审美客体就是日常生活中人们常常说的"美"，为了论述方便，在本部分我们一般将"审美客体"置换为"美"。

1. 美的形象性：灿烂的感性

形象是指事物显现出来且为感官尤其是视觉感官可感知的形状与外貌。由此定义可知"形象"一词与"具体""生动""感性"等词汇基本同义。《广雅·释诂卷三上》曰："形，犹见（现）也"；《广雅·释诂卷三下》曰："象，效也"；《系辞传》亦云："象也者，像此也"。在此"象"有仿效、模仿等意思。在古人的解释里，形象当从两个层面看：其一是直接可见的生活中的形象。这是"第一性"的形象。其二是"第二性"的形象，即模仿生活形象而生成的图像或符号性形象。

---

① ［俄］契诃夫．契诃夫手记［M］．贾植芳，译．长沙：湖南文艺出版社，2005：28.

▲ 好莱坞明星费雯丽

▲ 与费雯丽“撞脸”的海蒂·拉玛，好莱坞从头到尾的花瓶

所谓“美的形象性”，是指美是一种具体生动的感性存在，具有以其感性存在为人们的感官所感知的特性。了解形象性对于美学研究的第一个意义在于明白形象本身在审美中的地位。这种地位的简单表述就是：形象是美之存在的第一原理。如果我们承认有美的存在，便首先应该承认美是一个形象，是一个生动甚至令人震动的形象。譬如电影明星中有一类人谓之“偶像派”，演技不怎么样，但形象真的太好了，可以用“粉雕玉琢”来形容，于是便也可以混饭吃。这从侧面说明因为人们太爱美了，或者说人们太爱形象了，故而可以容忍他们混饭吃。这令我们想到了好莱坞的一个演员(似乎不好意思叫明星)，她的名字叫海蒂·拉玛（1914—2001），长得怎么样呢？可用三个字形容——没得说。所以她来到了好莱坞混饭吃。除了这一个原因，似乎没有其他原因了，

所以海蒂·拉玛在好莱坞，从头到尾都仿佛是一个花瓶。于是她只是一个演员，没能够成为大明星。我们在这里之所以提到她，是因为她有绝世的容颜，更深的原因在于，她的绝世容颜不小心碰到了另一张绝世容颜，就是说，她竟然“撞脸”了。现实中“撞衫”较为常见，“撞脸”却不易见到。尤其像她们两人这样的撞脸，只能慨叹上帝的过于神奇，在不同的地方，捏合出了如此干净如此清爽如此精致如此具有立体感的两张几乎相同的脸。还能要求一个人“美”到什么地步呢？而海蒂·拉玛却似乎只是为了当一个陪衬者才来到好莱坞的，至此，1940 年 2 月 29 日，在美国加州洛杉矶的椰子林使馆酒店，主角披着满身霞光姗姗出场了，她就是好莱坞历史上的超级大明星费雯丽（1913—1967）。在这里她获得了如下的赞美：“她是如此美丽，以至于不该如此真实；她是如此真实，以至于不该如此美丽。她有如此的美貌，根本不必有如此的演技；她有如此的演技，根本不必有如此的美貌。”这是她饰演《乱世佳人》获得奥斯卡最佳女演员的颁奖词。还有什么比这更高的赞美呢？这是一种悖论式渲染，是以双重否定方式出现的双重肯定。她美丽，但绝不是花瓶；她真实，但绝对不苍白。可见，形象是重要的，演技之外的东西更是重要的。美起步于形象，却绝不是只有形象。这就是费雯丽对于美学的意义。她的反面就是海蒂·拉玛。

“形象”不仅令人喜爱，还会令人偏爱，而被偏爱者自己则可能“傲娇”或是任性了。我们说的是好莱坞另一个美丽的大明星梦露。梦露因她的形象——也因她的做派——成为美国一个时代的文化符号，波普艺术家安迪·沃霍尔（1928—1987）经常喜欢拿她的形象开涮。她留下了许多传说，也留下了许多谜团；留下了许多赞叹，也留下了许多慨叹。西川《献给玛丽莲·梦露的五行诗》因此写道：“这样一个女人被我们爱戴/这样一个女人我们允许她学坏/这样一个美丽的女人/酗酒、唱歌、叼着烟卷/这样一个女人死得不明不白”。梦露开创了依靠形象生活的一种别致方式。如何让形象飘摇而不至于太招摇，梦露也给予人们一种美学的同时是生活的启示。

再回到理论上。美是一种形象，这是美学家的共识，当然也是人们的经验常识。在西方世界，从毕达哥拉斯第一次正式思考美开始，就是这样认为的，即使各种心理学美学认为美在主观，但他们同时也不否定美的形象的存在，只是这个形象为什么美，原因却在于主观方面。在毕达哥拉斯这里，美首先是一种形象存在，然后他进一步对美的形象做出更具体的形象规定或形式规定，那就是美在于比例。比例是美之形象存在的标准。柏拉图虽然认为美在理式，但同时认为经验世界存在美的东西，美的东西也就是美的形象，只是美的形象之所以存在以及之所以如此存在，根据却出于理式。到了康德，他第一次明确地将美与形象本身即表象形式联系起来，提出美之所以是无功利的快感，根本原因之一在于美只是对于表象形式的观照而不是对于具体内容的考虑。受此影响，黑格尔说：美是“起于个别形象的显现”，“美只能在形象中见出，因为只有形象才是外在的显现”。① 在美的客体存在方面，黑格尔赋予形象以优先的位置。车尔尼雪夫斯基表达了与黑格尔几乎相同的意思：“形象在美的领域中占着统治地位”。② 朱光潜也说美首先开始于“形象的直觉”。法国的现象学美学家杜夫海纳（1910—1995）也谈到过美的形象性问题，指出“审美对象不是别的，只是灿烂的感性。”③ 他们不约而同地说明了美的一个最基本的特征便是其形象性。其实不用他们说，事实和经验也在告诉我们这一点。广西花山涂绘类岩画，创作于战国至东汉，内容是古代的祭神舞蹈，虽然手法朴拙，造型简单，但它色彩鲜艳，线条分明，今天依然给人一种扑面而来的形象感。大理苍山洱海之间的崇圣寺三塔，其挺拔的身姿、突出的墙体色彩、饱满的形状和富有节奏的屋檐，在形象方面极具对比效果因而给人清晰而伟岸的印象。始建于1248年左右的德国科隆大教堂，高157余米，东西长约145米，南北宽约86米，给人十分雄浑的印象，尤其是它两个高耸于蓝天的尖顶设计，使它的形象更显巨大，令人叹为观止，被称为最完美的哥特式教堂。意大利的比萨斜塔之所以被称为倾斜的奇迹，一个重要原因便在于它奇特的形象存在，似倒而未倒，这就是它的奇特。

---

① [德]黑格尔.美学(第1卷)[M].朱光潜，译.北京：商务印书馆，1979：161.

② 引自北京大学哲学系美学教研室编.西方美学家论美和美感[M].北京：商务印书馆，1980：251页

③ [法]杜夫海纳.美学与哲学[M].孙非，译.北京：中国社会科学出版社，1985：54.

▲ 云南崇圣寺三塔与德国科隆大教堂

了解形象性对于美学研究的第二个意义是理解视觉审美或眼睛审美的至关重要性，从而加深我们对很多文化现象的认知。形象或形象性之所以是美的第一特征，在于它面对的主要是视觉或者说眼睛。耳朵也可以通过声音感知形象，手也可以通过触觉感知形象，但比较而言，毫无疑问眼睛才是第一审美感官，在所有的感官中，它最为灵活最为自由。达·芬奇因此指出眼睛是"最高贵的感官"。① 黑格尔、马克思等也都指出过这一点。我们经常说"睁眼看世界"，说明眼睛是人类感知的最主要途径。美国诗人爱默生(1803—1882)因此充满激情地说道："人的眼睛是最高明的艺术家。眼睛的机制和光学的原则相互作用，产生了'透视'。任何一组物体，不管它的性质是什么，一经'透视'，似乎就变成了一个色彩分明、明暗层次清晰的球体。……因此，眼睛是最好的构图师，光线是第一流的画家。"② 但是有些形象却是眼睛看不到的，所以关于美的形象，可分为两种类型，即直接的形象和间接的形象。美的形象的第一种是指直接形象，即可为人类视觉所感知的形象，如绘画、雕塑、舞蹈等的形象。福建德化白瓷天下驰名，洁白无瑕，给人一种玉石般的视觉上的直观美感，因此被人称为"象牙白"。形象的视觉直观性是审美快感最直接最迅速的来源。最直接是讲它无需任何中介即成为快感对象，最迅速是讲它能即时产生快感。讲到这个时候，我们可能已明白很多现

① [意]达·芬奇. 芬奇论绘画[M]. 戴勉，编译. 北京：人民美术出版社，1986：23.
② 马奇主编. 西方美学史资料选编(下卷)[M]. 上海：上海人民出版社 1987：486.

象为什么在今天呈现出一种霸权的性质。譬如欲望是一种霸权，眼睛是一种霸权。眼睛自古到今都是人类认知和审美的最首要和最基本的器官，缘何今天成为一种霸权？个中原因相当复杂，难以在此尽述。只能简单说是社会、个人和商业等的合谋。眼睛成为霸权便意味着欲望成为霸权，因为正如美国杰姆逊（1934—）所说："视觉在本质上是色情的，这是说它是以着迷——丧失心智的迷恋——而告终。"① 这里的"色情"是一个描述性的词，是指视觉形象本身对于人的欲望的魅惑性质。可见欲望叙事和眼睛叙事相互"挑逗"，于是霸权现象趋于深化。这是当今视觉文化对于心理学和人类感觉的过度开发，问题即存在于此。德国西美尔（1858—1918）曾经担心的整个社会沉入"'只想给自己找乐子'的较低层面"② 也在成为当今时代的隐忧。

美的形象的第二种是指间接的形象，如文学形象与音乐形象。它具有潜在的形象性，直接地显现为文字、歌词或旋律，间接地在人的大脑中形成形象性画面，因为文字、音响等与人类在生活中所形成的感性经验具有历史性的联系。譬如陆游在《书愤》中写道："早岁那知世事艰，中原北望气如山。楼船夜雪瓜洲渡，铁马秋风大散关。塞上长城空自许，镜中衰鬓已先斑。《出师》一表真名世，千载谁堪伯仲间！"这是陆游回忆南宋军事上少有的荣光，神游于战场之上，心中意气风发，可是，一想到现实却不免令人沮丧，所以他把标题叫作《书愤》。其中的"楼船夜雪瓜洲渡，铁马秋风大散关"历来被人称赞，原因是它给我们生动的画面感。这两句话经过我们大脑的转换，成为了鲜活的画面。万船竞发，金戈铁马，传达出一种阔大的气势，一片苍凉的意境。又如非马《伞》："共用一把伞/才发觉彼此的差距/但这样我俯身吻你/因你努力踮起脚尖/而倍感欣喜"。这里看不到直接的形象，但脑子里构造的形象却比一个直接的形象更加有意味，在现在恋爱已从公园里面迁移到公园外面，具备表演性质和展览性质的大前提下，这种意味更为浓厚，似乎成了飘荡于空中的回忆。再如刘禹锡《和乐天〈春词〉》："新妆宜面下朱楼，深锁春光一院愁。行到中庭数花朵，蜻蜓飞上玉搔头。"唐诗传达哀伤真是很厉害。它没有尖音，没有喧嚣，整个调子都淡淡的，似乎很平缓似乎很稳。它

---

① [美]尼古拉斯・米尔佐夫.视觉文化导论[M].倪伟,译.南京:江苏人民出版社,2006:12.

② [德]西美尔.时尚的哲学[M].费勇,等,译.北京:文化艺术出版社,2001:119.

有能力把所有的仄声都化为平声。它波澜不惊，哀感和眼泪却都藏在这波澜不惊里。一个女子刚刚化了妆，脸上挂着笑容，所以叫作“宜面”，看起来有一点开心。她走下小红楼，这是一个欢乐的背景。但是她一走下来，整个院子便忧伤了。诗歌还用春光来衬托这种忧伤，可能是想说，这么美好的季节，这么美丽的人，却都被辜负了。被什么人所辜负，却是不用说的。满院子的哀伤，全是女子带来的，可见她的哀伤之浓和她的孤独之深。这时候她做任何事，都不过是哀伤和孤独的“共谋”而已：她没有目的地彳亍，她百无聊赖地看着花，甚或是她的发呆，以致发呆得太久，连蜻蜓飞到发髻上也没有觉察到。很可怜的一个人。像诗人一样，我们好像身在现场，看着她就这样走来走去。她在我们面前无比可怜，又清楚无比。可知间接形象有时并不弱于直接形象。

美的形象性的具体涵义我们可从两方面来看。第一，具体性、生动性、直观性、可感性。这是美的形象性的第一个涵义。美是具体生动的感性存在，它可见可听可闻可触。对人而言，这种感性存在提供了视听等感觉可以直接感知（直观）的可感性。“具体”偏于指精细，“生动”偏于指内在的生命感和感染力。具体的东西不一定生动，譬如一个小土堆是具体的，但可能不生动。同时生动不仅是形式上的，更可能是内在带出来的，譬如话说得漂亮和话说得深刻都通向生动，前者偏于形式，后者偏于内在。美之具体生动可感，决定了即使是抽象的道理，在美的世界里，也应该寓于形象中来传达，所以歌德说，一个作家要知道一切“道理”，但却一个也不能带进他的作品里。中国古训云：“为人欲老实，作文需狡猾”。这里的“狡猾”，一个意思是指道理不可在文中直接讲出来，而是要学会化无形为有形，让它披着形象的面纱款款走来。

第二，物质性和形式性。这是美的形象性的第二个涵义。物性或物质性是讲美作为形象，大多是物质实体或以物质实体为载体，譬如声乐，细究也是有物性的，那就是人的喉部。但谈音乐落实到物性上意义不大，音乐的审美属性主要是在形式上，即音符旋律等。但有些美或艺术落实到物性上就是很有必要的，譬如自然美。自然美是典型的物性存在，物性存在也成为它的重要欣赏对象，比如欣赏钻石、宝石、青玉、白玉、硬玉、软玉等，就关联到它的物性或质地，当然也关联到色彩、形状等形式方面。形式性是讲美的形象具有色彩、声音、轮廓、符号等形式上的审美属性，色彩、声音、轮廓、符号等因素就是美的形象的具体形式。从广泛的意义上说，形象也就是形式，形象首先是形式存在然后是内容存在，内容存在通过形式的存在而存在。说美的形象具有形式性，逻辑上讲是同义反复。美既是物质性存在又是形式性存在。从物性言，如玉雕之物性在无机的石头，绘画之物性在宣纸、绢帛等，文学之物性在纸张、油墨等。从形式言，譬如文学之形式性在语言文字、体式等，绘画之形式性在色彩、线条、条幅等。

就像物质载体譬如雕刻材料方面的青铜或黄杨木可以成为审美对象一样，美所具有的形式本身亦可成为独立的审美对象，比如文学的语言和结构安排。可以欣赏徐志摩《再不见雷峰》:

再不见雷峰，雷峰坍成了一座大荒冢，
顶上有不少交抱的青葱；
顶上有不少交抱的青葱，
再不见雷峰，雷峰坍成了一座大荒冢。

为什么感慨，对着这光阴应分的摧残？
世上多的是不应分的变态；
世上多的是不应分的变态，
为什么感慨，对着这光阴应分的摧残？

为什么感慨：这塔是镇压，这坟是掩埋，
镇压还不如掩埋来得痛快！
镇压还不如掩埋来得痛快，
为什么感慨：这塔是镇压，这坟是掩埋。

作为“五四”时期新月派主将，他这首诗按照新月派“三美”（绘画美、音乐美、建筑美）主张来创作，具有建筑美的鲜明特点，并在气势上形成回环往复性。还可以欣赏余光中《民歌》的形式美。这首诗可作内容上的欣赏，也可作形式上的欣赏。本诗内容真挚，令人动容，同时，也有鲜明的形式之美。四段排比，语言上干净整齐，结构上环环相扣，语感顺畅，似溪流倾泻直下，有文字美、编排美、气势美等等。从黄河到长江，从个人到他人，从远古到今天，从现在到永远，以极具张力的语言，带给我们一种富有节奏的形式美感。再看据传为徐渭（1521—1593）所撰的一副对联："一叶孤舟，坐了二三个骚客，启用四桨五帆，经过六滩七湾，历尽八颠九簸，可叹十分来迟；十年寒窗，进了八九家书院，抛却七情六欲，苦读五经四书，考了三番两次，今天一定要中。"它的形式美体现在数字的巧妙运用，形成一种往返的效果，在此过程中，古代学子的艰难考学之路也得以展示。

2. 美的感染性：对"不由自主"的最好诠释

我们先从一个故事说起。1978年的某月，著名指挥家小泽征尔来到中国中央音乐学院，他聆听了《二泉映月》的二胡演奏，听到中途他突然泪流满目跪倒在座位前，说"这样的音乐应该跪着听"。他用大动作"跪倒"，又用小动作"流泪"，诠释了我们这里要说的主题——美的感染性问题，同时表达了一个音乐家对于艺术的虔诚。他张开自己敏锐的音乐细胞，又付出自己内心真挚的情感，美的感染力在此得到高度张扬，艺术欣赏也在此达到非凡境界。

确实，美就是如此富有感染性。凡是美皆具有感染性，同时也就意味着它具有愉悦性。感染性从对象方面说，愉悦性从人的方面说。所谓感染性，指美具有吸引人、愉悦人之特性。凡是美的东西，皆对人有感染性，又使人有愉悦感。简言之，从物而言，美具有感染性；对人而言，美带来愉悦性。我们认为，美之感染性具有大小之分、层次之别。其一，美令人亲近、喜爱。此为感染性最普遍之表现。美并非抽象的概念、深奥之理论或干巴巴的公式，而是有生动之形象、动人之内容、真挚之情感，使我们不由自主、心甘情愿地走近美，甚至还要"瞒天过海"才能去感受它，黛玉、宝钗这样做过，很多人也可能这样做过，尤其是在大人不想你读而你偏偏想读的时候。其二，美令人感动、敬佩。这就进了一层。有些美令我们喜爱，但尚未达到令人感动或敬佩之地步。令我们感动者常常为至美、大美、壮美、怪美等。至美即几乎趋近于顶点或理想的美，一般人根本做不到或一般情况下根本不会出现，人间几百年甚至更长时间才会存在的美。比如杨开慧、秋瑾之类女性，她们用自己的全部的生命谱写出来的华章，还有十二月党人和他们的妻子们共同谱写的人性的高贵，在我们看来就是至美。情感之盎然、心志之坚定，以及远远超拔于常人和时代的气势，几乎不可能再出现。大美和壮美的存在在人间和自然界相对就常见了。怪美更适合叫作奇美，是打破常规的美。其三，美令人入迷、沉醉。这更进了一层。过分的喜爱、投入与感动，人则可能进入忘我、沉醉的地步。这与对象有关，更与人有关。凡是美的东西，爱之专注，就会沉醉。沉醉是美的，而沉溺则可能另当别论。沉醉是感性的激荡然而只是暂时性的自失，沉溺则任由感性沉迷而至于被外物所控制。

南朝宋人宗炳《画山水序》拈出应目、会心、畅神三词来论美之感染性的三层次，这与今人李泽厚标举的审美愉悦三层次说——悦耳悦目→悦心悦意→悦志悦神——恰相对应：应目——悦耳悦目；会心——悦心悦意；畅神——悦志悦神。悦耳悦目好理解，即人通过耳目而感到快乐。不好理解也难以区分的是后面两种。何为悦心悦意？李泽厚说是“通过耳目，愉悦走向内在心灵”[①]。他认为“悦耳悦目一般是在生理基础上但又超出生理的感官愉悦，它主要培育着人的感知”，而“悦心悦意一般是在理解、想象诸功能配置下培育人的情感心意”。何为“悦志悦神”？他认为“悦志”是指“对人的意志、毅力、志气的陶冶和培育”，而“悦神”是指“投向本体存在的某种融合，是超道德而与无限相同一的精神感受”。[②] 悦志悦神是在道德的基础上达到某种超道德的“人生感性境界”。我们以为，简单总结起来，应目或悦耳悦目主要指感官之快适，会心或悦心悦意主要指情意之贯通，畅神或悦志悦神主要指人生之开悟，境界之提升。

每一种美的东西都可能具有以上三方面的愉悦效果，如歌曲《抛绣球》与《遇见你是我的缘》、戴望舒的《雨巷》、钱钟书的《围城》。但不同的美可能会在某个层次有所偏重，譬如一般的山水主要是悦耳悦目的，虽也有悦心悦意、悦志悦神的效果，但相对来说，后两个方面的效果不如《西厢记》等文艺作品那么明显。再如比利时作家梅特林克（1862—1949）所写的《假如有一天他回来了……》[③]：“假如有一天他回来了/我该怎样对他讲呢？——就说我一直在等他/为了他我大病一场……//假如他认不出我了/一个劲儿地盘

① 李泽厚. 美学四讲(第2版)[M]. 北京：三联书店，1999：136.

② 李泽厚. 美学四讲(第2版)[M]. 北京：三联书店，1999：140.

③ 陈应松，高茂林，杨匡满编. 世界爱情诗一百首[M]. 武汉：长江文艺出版社，2002：186－187.

问我呢？——你就像姐姐一样跟他说话/他可能心里很难过……//假如他问起我你在哪里/我又该怎样回答呢？——把我的金戒指拿给他/不必再作什么回答……//假如他一定要知道/为什么屋子里没有人？——指给他看：那熄灭的灯/还有那敞开的门//假如他还要问，问起我/临终时刻的表情？——跟他说我面带笑容/因为我怕他伤心”。这首诗除非朗读出来，否则在悦耳悦目方面是不明显的，但在悦心悦意和悦志悦神方面具有鲜明的效果。这是一个“爱的谎言”，却又是一个深情的告别，即使病入膏肓，也在想着要圆这一个谎——就是战争也不能让爱情走开。这样的诗，既是对情感的陶冶（悦心悦意），又是对精神和灵魂的启示与开拓（悦志悦神）。诗人的笔触是柔软的，诗人的声调是低沉的，诗人的节奏是缓慢的，因为这里所写的，是一个将死的人对恋人的苦苦等待，是一个已死的人用生命对爱情的勾勒。一字一句，一笔一划，都动人心弦。

美的感染性带来美的愉悦性或审美快感。这种审美快感主要是精神的快感。不管是喜爱、感动、沉醉，还是李泽厚的三层次论，或是古人所讲的“应目”“会心”“畅神”，都意味着审美快感主要是情感的愉悦和心灵的净化。这种快感与一般的生理快感具有直接联系又具有质的差别。二者的联系体现在：审美快感中伴随有生理快感，而生理快感也强化审美快感；生理快感是审美快感的起点，但审美快感最终是对生理快感的超越。所以法国的库申说：“美的特点并非刺激欲望或把它点燃起来，而是使它纯洁化、高尚化。”二者的区别在于：其一，审美快感是精神满足的快感，生理快感是生理欲望满足的快感。其二，审美快感主要是无功利性的，而生理快感主要是功利性的。审美快感无关乎生存实用问题，而只关乎“奢侈性”的精神需要问题。生理快感却不是这样。一个事物与我们越有实际的利害关系，它带来的生理快感就越强烈。其三，审美快感主要是由“形式”欣赏而产生的快感，而生理快感多是“内容”占有、消耗之余的快感。审美不会“消灭”他者，主要是“形式”的欣赏与创造。而生理快感多是在内容被占有、被消耗之后才会产生。其四，审美快感的能力主要是后天培养的，而生理快感的能力主要是先天赋予的。

审美快感之所以会产生，或者说美之所以具有感染性，从美这一客观方面来看，一般取决于两个条件：其一，形式上生动、鲜明、独特。我们欣赏一下《站台》："是起点也是终点，是开始也是结束。是欢聚也是离散，是出发也是归宿。从来没有一个地方，能汇集如许人的流动；从来没有一个地方，能拥有如许的悲欢离合。……没有一颗种子能在土里生根，如同没有一双脚步能在这里驻留；缘因—— 这只是流动的浮土，这只是过往的站台。……是起点，但愿不是终点；是开始，但愿不是结束；是出发，归宿尚待寻求；是离散，欢聚当可期待。"这篇散文诗在形式上有可取之处，句式长短有致，首尾相互照顾，排比之中气势轩昂，对比之中寓意贴切，绵密情感与细致逻辑相互配合，因而有阅读的快感也有理性的收获。其二，内容上刻画完美、情感真挚、思想深邃。《荀子·乐论》云："声乐之入人也深，其化人也速。"为什么这样讲？因为音乐是情感的旋律，是抒情的艺术。音乐只做一件事（所有的艺术皆一样）：把悲喜苦乐的情感，放入精致的符号中。罗紘武《回家》歌词："我将自己拆开/连夜编织这条长绳/一端紧紧地缠绕在那岸上/最古老的树/另一端在海中漂浮/你若上得岸来/别忘了将我解下/带回家解读。"歌词如文学一样可以给我们共鸣的感受。我们有时听一首歌听到想哭或想笑，常常都是因为歌词和音乐的配合引起了我们的记忆，触动了我们的感觉。还可以体会一下《枕着你的名字入眠》："我把我的心交给了你/我就是你最重的行囊/从此无论多少的风风雨雨/你都要把我好好珍藏/你把你的梦交给了我/你就是我牵挂的远方/从此无论月落还是晨起/我日夜盼望你归航/我会枕着你的名字入眠/把最亮的星星写在天边/迷茫的远方有多迷茫/让我照亮你的方向。"歌词创作不是一般的文学创作，它是大众文化的一部分，或者说它要直接面对大众文化，所以必须照顾到大众和音乐两方面的特性。大众文化的接受特点是通俗，音乐艺术的创作特点是抒情。两者结合好了就可能成功。如何熨帖地抒情？如何抚摸大众的情感痒处？这是歌词需要考虑的中心。这首歌词在这方面做得比较出色。它用较为直白的语言，却营造了很多熨帖的比喻，通过切身性的意象和情境暗示，将听者引进自己的生活经验。它述说的只是生活里的愿望，但它说得富有情意。这里的相思更像是许诺或表白，所以不很忧伤又带着期待。可见歌词创作是揣摩大众熟悉大众安慰大众的艺术。这方面做好了，便是大众的代言人。

3. 美的多样性：淡妆浓抹总相宜

美的世界无比丰富，具有历史性、民族性、地域性和个性等特点。

第一，历史性。我们从一段幽默的表达进入这一问题：50 岁时人丑人俊差不多；60 岁时官大官小差不多；70 岁时钱多钱少差不多；80 岁时男人女人差不多。这是讲人的阶段性的。岑参《韦员外家花树歌》故云："今年花似去年好，去年人到今年老。始知人老不如花，可怜落花君莫扫。"阶段性就是历史性的题中之意。完整地理解历史性，它既表示历史时间的连续，又表示历史时间的断裂，是断裂和连续的混一，是差异与相似的一体。历史性在差异中呈现阶段性，而阶段性又暗含着时间在历史中延续。历史处于连续与断裂的循环当中。

下面再说美的历史性，它的涵义体现于：一方面，不同历史时代创造出了不同的美。美是历史的产物，是人类历史实践的结晶，因此必然具有历史的阶段性特点。比如《西厢记》到《牡丹亭》再到《红楼梦》，这构成元代以来中国古代爱情文学的三个里程碑，各有各的时代内容和内涵特点，女子从被动到比较主动到主动，体现了人们的女性观念的改变和进展，因而各有各的历史价值。《世说新语》《搜神记》到唐"传奇"到宋"话本"到明清"章回"再到"五四"以来的现代白话小说，是中国小说在不同历史阶段的成就。再如中国雕塑的历史脚步反映在秦始皇兵马俑到汉代陵墓雕塑到魏晋佛寺雕塑到以唐三彩为代表的唐代雕塑再到宋元明清的象牙雕、根雕等等当中。其二，不同历史阶段具有不同的审美规范、审美惯例和审美习俗。这一点很大程度上影响着前者的发展。历史长河中，美的可能变为非美（如喇叭裤之类的着装时尚），反之亦然。仔细想想，有时事物没有变，变了的只是美的观念、规范和标准。如刘长卿《听弹琴》的"古调虽自爱，今人多不弹"。又如北宋丞相曾布之妻魏夫人《菩萨蛮·溪山掩映》写道："溪山掩映斜阳里，楼台影动鸳鸯起。隔岸两三家，出墙红杏花。//绿杨堤下路，早晚溪边去。三见柳绵飞，离人犹未归。"这里的红杏出墙在当时还不具有后来的贬义，反之在这里还流露出诗人对这一种自然景象的欣赏。清代王翚《清晖画跋》云："以元人笔墨，运宋人丘壑，而泽以唐人气韵，乃为大成。"这既是对唐宋元三代不同创作特点的说明，又是对绘画评判标准、审美尺度发生改变的阐释。

就绘画审美尺度说，元代是“笔墨”，水墨文人画因而在当时形成历史高峰；宋代是“丘壑”，对山水之经营尤其是马远、夏珪对空白的营构，是宋人的时代贡献；唐代是“气韵”，主要是指唐代尤其是初盛唐时期，绘画以气度韵味取胜。由此可知审美观念审美规范指导着美的创作。清代戴熙《习苦斋画絮》“宋人重墨，元人重笔”则单就笔墨来更细微地比较宋元在审美标准和艺术创作上的差异。重墨当有泼洒的神韵，譬如宋代米芾的“米点山水”；重笔，则在笔触之小处着眼，如元代倪瓒《竹枝图》用笔细致点线分明。戴熙对后者稍有不满，认为“益雅益秀然而气象微矣”。

◀《胜利女神》，希腊化时期杰作，作者无从考证，又名《萨莫色雷斯尼凯像》。尼凯是希腊神话中的胜利女神，在西方艺术中常以身生双翼携带橄榄枝的形象出现

第二，民族性。美的民族性的涵义是：其一，不同民族创造了不同的美。举凡建筑、雕塑、绘画、舞蹈、音乐、戏剧、实用工艺等，都有鲜明的民族性，存在巨大的民族差异。譬如在亚洲的建筑方面，印度尼西亚的船屋檐角高翘，与其热带雨林气候相适应，具有鲜明民族特色；柬埔寨和印度等国的神庙之类建筑屋檐层叠厚重，不似中国建筑的简洁空灵富有韵味。再看中西之间的差异。在雕塑方面，中国有比较多的“塑”，西方则更多的是“雕”。在

绘画方面，中国重视“味”而西方强调“像”。在音乐方面，中国民乐风格比西方器乐更偏于“柔”，感伤之声萦绕于耳。戏剧方面，中国发达的是戏曲，唱念做打都有很高要求，西方则话剧和歌剧比较发达，歌剧重在于歌唱，其他方面不如中国戏曲要求严格。艺术方面的具体差异我们以后还将介绍。再讲到轴心时代的古希腊和中国，一个有无数精美的雕塑，如《断臂维纳斯》《拉奥孔》《掷铁饼者》《胜利女神》《命运三女神》，以及辉煌的荷马史诗，这都是典型的写实型作品；一个有深远的乐教与诗教传统，推崇音乐、《诗经》、楚辞等，这些都是明显的写意型艺术。有人会觉得《诗经》是现实主义作品，怎么归入写意型之列？我们认为，《诗经》虽有写实性，但与《荷马史诗》之类叙事诗有较大差别，前者中的写实因素依然有浓厚的抒情特点，而后者基本上是写实性的叙事。所以《诗经》并非史诗般的生活写实，在我们看来，更应归入偏于写实的抒情型文学之列。

其二，不同民族有不同的审美标准、审美惯例和审美习俗。这源于不同民族有不同的民族性格。如有人总结，在欧洲人中间，俄罗斯厚重、法兰西轻灵、英吉利雍容、德意志深邃。因此在特殊民族性的影响下，每个民族的审美标准也就会不一致，如有人从崇高方面总结说，西班牙人是恐怖的崇高，追求浪漫，斗牛场常常是情敌之间决战的场所，所以他们喜爱红色；德国则是华丽的崇高，这从它那著名的科隆大教堂就可以看出这一点，整体气势浩大但是局部无比精致。再如阿拉伯人热爱的绿色，在中国有时并不美，比如臭名昭著的绿帽子。另如穿鼻、文身、尖头等，在某些民族那里是美的却不是其他民族的喜好。非洲女性喜欢在双手套上很多银镯子，这种审美风尚显而易见具有民族性，同时也具有炫耀性（炫富）。亚洲的缅甸人有些以女子的长颈为美，所以缅甸女子中有很多长颈女性，这是从小在脖子上不断套上项圈而形成的，如同中国的三寸金莲，极富有民族个性。再如美的反面——丑也具有民族的差异性。如表示一种下流手势，在北美洲是伸出一个手指，在英国是伸出两个手指。另外，在莎士比亚的作品中，咬大拇指足以引发家族之间的杀戮。[①] 这说明美与丑皆有民族之间的差异性表现。

民族性实际是差异性的别名，美的民族性的存在，证明美的形态是多元

---

① [英]理查德·豪厄尔斯. 视觉文化[M]. 葛红兵，等，译. 桂林：广西师大出版社，2007：84.

的，同时民族交流因此才有可能，才属必要。法国重要的洛可可画家布歇(1703—1770)曾创作过一幅油画名叫《化妆》，里面就体现了当时中西之间文化交流的情况，画面上有来自中国的一些东西，如屏风、扇子、瓷器。民族文化之间的交流，是审美创造艺术创造的重要灵感来源。印度泰姬陵被称为“最美丽的伊斯兰风格的建筑”，这是阿拉伯民族对于印度民族在建筑上的影响。

▲ 最美丽的伊斯兰风格的建筑泰姬陵

第三，地域性。美的地域性的涵义是：其一，一个民族、一个国家之内，不同的地方也创造了不同的美。正如罗大佑《鹿港小镇》所唱：“台北不是我的家，我的家乡没有霓虹灯。”又如秦腔只会存在于塞满信天游的陕西大地，它高亢裂帛般的唱腔非南方柔软的喉咙所能吼唱，而婉转悠扬的越剧则只会吟唱在吴侬软语的江南。王骥德《曲律》云：“北之沉雄，南之柔婉，可画地而知也。北人工篇章，南人工句字。工篇章，故以气骨胜；工句字，故以色泽胜”。这是从曲词方面论南北差异的。再看戏曲表演方面，有人讲，北方戏曲如京剧，演的是帝王将相，特点是男的演女的；南方戏曲如越剧，演的是才子佳人，特点是女的演男的。确实如此，这一点在今天依然有所体现，如著名京剧艺术家梅葆玖作为梅兰芳的小儿子，是家族里唯一继承父亲旦角事业的人，成为了声名广播的京剧男旦，他后来又培养了一个有名的男旦弟子胡文阁。而在越剧中，今天受欢迎的依然主要是女小生而不是男小生，比如尹派女小生王君安与陆派女小生张宇峰，作为两代越剧人的代表广受观众喜爱。

其二，不同的地方有不同的审美标准、审美惯例和审美习俗。春秋时期齐国名相晏子云：橘生淮南则为橘，生于淮北则为枳。这句话用来形容“美”也颇为贴切。将此地的美移到彼地，美就可能成为不受欢迎的对象。不管是着装、发型、饮食、艺术都存在这一情况。中国有八大菜系而不是全中国一个菜系，说明饮食美有地方性，某一菜系的菜肴有人嗜之如命，有人则可能退避三舍。如同民族性一样，地域性也是差异性的代名词。鲁迅讲到，有地方色彩的，倒容易成为世界的。这句话也可以理解为文化交流的一个特点。交流的一个规律就是：拿自己所有的，换回自己所没有的。

第四，个性。美的个性的涵义：一方面，从美的存在来看，一切美的事物都各具特点，各有风貌。这是美的个性的基本涵义。世上没有两片完全相同的叶子，美也一样。韩滉的牛、齐白石的虾、徐悲鸿的马、张大千与张善孖的虎、黄胄的驴等等，都是各具个性，各有千秋的。第二，从美的评判标准来看，它也可能是有个性差异的。譬如以前介绍过的荷加兹以曲线作为美的规范，而柏拉图的评判标准明显不同，他认为圆形和直线才是美的。

“韩海苏潮”“柳泉欧澜”。这是对唐宋四大散文家艺术风格的不同评价，说明他们的散文各有特点和风貌。诗佛（王维）、诗仙（李白）、诗圣（杜甫）、诗魔（白居易）、诗豪（刘禹锡）、诗鬼（李贺），这些不同的称号是对唐代诗人们不同艺术个性的概括。达·芬奇的智美、米开朗琪罗的力美、拉斐尔的情美，这是对于文艺复兴画坛三杰各自不同的艺术魅力的总结。杜甫云：“清新庾开府，俊逸鲍参军。”这说明虽然庾信鲍照二人同为深受道家影响的山水诗人，但继承的却是道家思想的不同的侧面，表达的是心中不同的志趣。王国维《人间词话》第十四则说：“温飞卿（温庭筠）之词，句秀也；韦端己（韦庄）之词，骨秀也；李重光（李煜）之词，神秀也。”为了大致了解王国维的意思，可以读读以下诗词。温庭筠《菩萨蛮》写道：“玉楼明月长相忆，柳丝袅娜春无力。门外草萋萋，送君闻马嘶。画罗金翡翠，香烛销成泪。花落子规啼，绿窗残梦迷。”大家可能已经注意到，温庭筠词句喜欢添加“金”“玉”“绿”“香”之类的修饰，词语本身获得了存在感，情感表达却少了一分自然而多了一分做作。韦庄《浣溪沙》写道：“夜夜相思更漏残，伤心明月凭阑干，想君思我锦衾寒。咫尺画堂深似海，忆来唯把旧书看，几时携手入长安?”相比温的绵软绮丽，在词汇上处处做文章不同，韦庄用语平淡，没有过多人工的装饰感，但让人觉得表情达意更为真挚流畅。李煜《捣练子令》写道："深院静，小庭空，断续寒砧断续风。无奈夜长人不寐，数声和月到帘栊！"李煜是与纳兰容若一样极为敏感多情之人，他善于感受世界，也易于被世界所打动，尤其重要的是，他绝不拿腔捏调地表述自己的感受。他真诚的表达，又加上极高的才力，使他的词作达到自然天成的至境。国内顶尖的唐宋诗词研究专家叶嘉莹分析道："飞卿之所谓'句秀'，自当指其词句之华美"，"端己词之所谓'骨秀'，则当是指其本质上的内容情意真挚之美而言"，"至于李后主词则其眼界之大、感慨之深，以及气象之广远，有时竟然可以不为其所写之现实情意所局限，而有着以精神之生动飞扬涵盖一切之意，故曰'神秀'也。"① 这将三人之差异非常精当地说了出来。

个性化的美的形成，主要有两方面的原因：其一，事物本身的存在是有个性的。其二，创造美的人是有个性的。美的个性也是人的个性的体现。创造美的人的个性会渗透或体现于他的审美产品中。没有个性的艺术家是不值得尊敬的，没有个性的美也是不值得留恋的。1928 年，苏联开始了争取居住于意大利的高尔基回国的全国性运动，因为高尔基只有一个。高尔基回国之后的待遇也是空前的，一个城市与一个州都以他的名字命名，他得到了一个艺术家所可得到的最高的宠爱，但其代价也是沉重的，因为此后只有被精心挑选过的犯人与他对话，他"听见"了美丽田园般的监狱生活。但高尔基毕竟是高尔基，他还是有个性的，竟然拒绝为斯大林写传记，克格勃恼怒地给了高尔基这样的"盖棺论定"：狼终究是狼，喂得再好还是要往森林里跑。这种可贵的独立性和个性，才使高尔基成为托尔斯泰之后俄罗斯文学的第二个高峰。泰戈尔说过：你们不要毁灭艺术；甘地回答：艺术不要毁灭我们。在这场关于艺术与政治的对话中，泰戈尔的立场是对艺术的个性与独立性的维护。美的价值之一、文学艺术的价值之一在于它们本身的个性或特殊性。美与艺术的个性标榜着它们的独立存在、超越性存在。如何守住自己的个性？在这方面萨特作出了一种选择。他曾经拒领诺贝尔文学奖，其解释是：自己的拒绝并非是一个仓促的行动，因为他一向谢绝来自权威机构的荣誉。这种态度来自他对作家的工作所持的看法。一个对政治、社会、文学表明其态度

① 叶嘉莹. 王国维及其文学批评[M]. 广州：广东人民出版社，1982：285－286.

的作家，他只有运用他的手段，即写下来的文字来行动。署名“让·保罗·萨特”还是“让·保罗·萨特：诺贝尔奖获得者”，这绝不是一回事。作家应该拒绝被转变成机构，哪怕是以接受诺贝尔奖这样令人尊敬的荣誉为其形式。这就是一个作家对于坚持自己的个性和独立性的某种态度。

六、价值分析：用眼界打开世界

美的价值是多元的，正如美的定义也是多元的一样。“价值”一词是从人们与对待满足他们需要的外界物的关系中产生的，体现了被人们所利用的物的属性，并表现了物与人的需要之间的某种关系。简言之，“价值”是指事物对人的有用性。这是传统看法。我们觉得这一看法里体现出人类以自我为中心的倾向，以为事物存在之价值只是为了人类，如果放宽视域，从更高的自然伦理或生态伦理角度看，价值也应包含事物对其自身的有用性或对于人之外的他者的有用性，所以我们认为价值最好定义为——事物的有用性。当然，只要有人的存在，人类中心主义就不可完全去除，我们该做的只是让它保持一个合适的度。人类过分的自以为是对于自己和世界来说都是危险的。20世纪的英国作家威廉·戈尔丁借作品中神秘主义者西蒙之口，在小说《蝇王》中说，“野兽就是我们自己”，将乐园变成屠场的，不是别的而是人本身。所以，站在更高的生态平衡的立场，应将价值视为不仅是对人的有用性，也是对人之外的他者的有用性。

1. 美的价值的特性：在精神的快乐中前行

总的说，美或艺术的价值生成靠“创作”（创造），美或艺术的价值实现靠“接受”。美的价值一方面体现于对他者方面，即美具有对他者的价值，这就是使一切他者皆能获得独立、自由、平等的存在，享受到人的尊重和呵护。另一方面体现于对人类自己，即美具有对人的价值，能丰富人的生活，提高人的精神境界，给人情感愉悦和心灵净化，带来满足感、和谐感、幸福感、自由感等等。百川归海，美的价值的终点是人的自由。满足感是内心充实的精神快感。和谐感是人与世界协调而产生的精神快感。幸福感是意义圆满的精神快感，是赋予自身和他者以意义的心理自觉。美国喜剧电影《飞屋环游记》(2009)对幸福的看法是：幸福，不是长生不老，不是大鱼大肉，不是权倾朝野；幸福是每一个微小的生活愿望的达成；当你想吃的时候有得吃，想被爱的时候有人来爱你。我们认为幸福取决于两方面：一是行动的付出，正像亚里士多德曾经所指出的，二是心态的调整。从心态来讲，幸福感的关键在于懂得生活的"减法"，满足于手中所有的，而不贪恋手中没有的，"许多人之所以不幸福，是因为他们想得到自己得不到的东西。"① 有人也指出："获得持久幸福最好的方法，而且可能是唯一的方法，并非是改变我们所处的环境，而是改变我们自身。"②

美对人的价值有一个显著特点：精神性效应。即美的价值对人而言主要不是物质方面的实用价值("用")而是精神方面的超实用价值或无功利性价值("无用之用")。这正像苏联的苏霍姆林斯基所说的"美是一种心灵的体操"。值得指出的是，这一认识是限定在以美为美的前提之下的，即只把它当作"审美产品"而不是"物品"或"商品"来看待。譬如王冕《墨梅图》在审美领域有什么物质性作用呢？不能当饭吃也不能当衣穿，唯一可能是带给我们一种精神的感发和愉悦。把它卖了换钱，这其实就不是"以美为美"而是"以美为物"，让它从审美领域进入了实用领域。进入实用领域的《墨梅图》是一个可以交换的物品，面对它的人不是审美的人而只是一个顾客或商人。美的价值不能从这种实用方面来分析。《墨梅图》上还有王冕题写的一首诗，名字当然就叫《墨梅》："我家洗砚池头树，个个花开淡墨痕，不要人夸好颜色，只留清气满乾坤。"它和画上的梅花一起，成为了王冕的精神标签。如果是一个顾客或商人，只要价格一样，画上有没有这首诗一点关系也没有。他们只注重物品的价格，而不管这个物品其实是什么。价格高，又有空子可钻，他们中的一部分连人也是敢卖的。人贩子眼里有人吗？没有人，只有货品。商人眼里有美吗？没有美，只有商品。美只存在美的专属世界里。这是美的价值的领地。这个价值只是精神的。

在实用领域美是如此无用，东汉赵壹因此哀叹"文籍虽满腹，不如一囊钱"。确实，作为现实生活中的一个"批判的武器"来说，美不太令人满意，

① [美]唐纳德·帕尔玛.西方哲学导论：中心保持不变吗？[M].杨洋，译.上海：上海社会科学院出版社，2009：224.

② [美]艾尔文.欲望[M].董美珍，译.北京：中国青年出版社，2008：前言4.

即如苏轼《和孔郎中荆林马上见寄》云："平生五千卷，一字不救饥。"亦如鲁迅所说，文艺的效用"益智不如史乘，诫人不如格言，致富不如工商，弋功名不如卒业之券"。但是，美具有：其一，精神价值；其二，社会价值。两个价值处于因果关系当中。即美的作用的特点：通过精神的作用来发挥社会的作用。弗洛伊德说，虽然美没有明显的用处，但文明社会不能没有它。因为——美是付出爱并且得到爱的过程。外国有人说过："有人把世界看作一个邪恶的场所，只是附带着一点善来作点缀。这些人越是盯着世界的阴暗面，他们的这种观点就越是根深蒂固，以致他们会认为生活本身就是一桩令人沮丧的充满危险的事情。在这种生活中，他们随时都可能会遭到不幸。另一些人则把世界看作是一个爱的场所，他们看到的是世界的光明面，黑暗只是分布在这个光明世界周围的不显眼的黑点。他们越是看着充满希望的事情，他们就越是能看到世界上到处都充满着希望。"美就在于通过影响精神带给我们以希望，让世界回到良性循环的发展轨道。欧·亨利有一篇短篇小说叫《最后一片树叶》，可能很多人都看过。里面讲一个女孩病得很重，近似于下了病危通知之类，但她的精气神全凭窗外的一片树叶拴着。这片树叶是大自然的，还是画上去的，其实在这里都无关紧要，要紧的是它说明了审美活动对于人的精神而非其他方面真是具有神奇的效果。女孩与树叶的关系，就是一种审美的关系。

当代哲学大师海德格尔在几十年前就认为今天的时代是个贫困的时代。他借用自己极为崇敬的荷尔德林的诗，提出了一个历史性亦属永恒性的问题：在贫困时代里审美何为？他指出：时代之贫困源于精神的贫困，而不管物质如何富饶，科技如何显达。在海氏看来，时代之贫困的标志在于，不光诸神和上帝逃遁了，而且神性之光辉也日渐黯然熄灭。更可怕之处在于：人们甚至感觉不到这种贫困，察觉不了上帝缺席的事实。时代之所以贫困不光因为上帝死了，还因为"终有一死的人甚至连他们本身的终有一死也不能认识和承受"。[①] 生存和爱情之类的本性，处于遮蔽之中，或者说，人类缺乏对这些东西的追问。人类生存丧失了根基，而丧失根基的时代悬于深渊中。唯有人类在正确的地点以正确的方式发生转变，上帝才会重新降临，诸神才会返回

① ［德］海德格尔．林中路［M］．孙周兴，译．上海：上海译文出版社，1997：279．

人心。[1] 这样的转变如何才能发生？海氏认为，幸好还有艺术可以救赎我们。艺术家入于深渊，体验深渊，将远逝的诸神的踪迹启示给处于世界黑夜之黑暗当中的失去了上帝的众生。在这里，海氏以坚信又不无浪漫的口吻说到了艺术尤其是诗歌在精神和社会方面的无可替代的价值。总之，美的价值只能首先通过影响人的精神才能进而影响社会。它使人的身心得以放松，烦恼得以消失，私欲得以摆脱，灵魂得以升华；它净化社会，温暖日渐冰冷的人际关系，同情一切弱小和可怜的生命。所以海德格尔认为艺术家尤其是诗人是处身于世界黑夜时代的人类的保护者，他们用自己的作品建构对抗科学和技术霸权的场所。

2. 美对人的四个价值：从外到内的“换装”

根据我们的理解，美即审美，所以以下论述中美常常指称的是“审美”二字。我们以为美之于人的价值可以从四个方面来进一步阐释。

第一，以美养性。美或审美可陶冶人的性情，使人全面、和谐发展。这意味着屠夫有可能成佛，浪子有可能回头，心燥的人可能安静，心窄的人可能开朗。美的熏陶使人之人格、性情健全、丰富、完整，既满足感性需求，又促进理性发育，人之生活质量和精神境界便得以提高。譬如奥黛丽·赫本主演的《蒂凡尼的早餐》（1961）被认为是20世纪60年代好莱坞最好的喜剧片，也是赫本电影里最卖座的一部，里面有一句台词“我总有一天会达到目的，但是在达到的时候，我愿意自己还保持着自尊心。我希望有一天早上醒来在蒂凡尼吃早餐时，我仍旧是我”，这不仅给观影者某种感动，也可促使人去陷入沉思。再回到原来的话题，我们这里所讲的“以美养性”的“性”既指感性，也包括理性，总之是个人的全面人性。美致力于人的全面人性的和谐健康的发展，因此它不只关注感性或者是只发展理性。毫无疑问，美首先是感性的。它能使人的感性欲求获得满足，感性觉察更为敏锐，从而提高人感受世界的能力。细腻的感受力是我们发现世界的第一步，否则世界来到我们面前，我们也只能知其大概。在现代科技社会，工具理性或科技理性已经成为一种霸权，所以通过美或审美培育感性能力，具有重要的现实意义。马

---

[1] ［德］海德格尔. 林中路［M］. 孙周兴，译. 上海：上海译文出版社，1997：273－274.

尔库塞提出的“新感性”概念，就意在纠正科技理性或工具理性的片面性，借艺术来提高人的感性能力，反抗现代社会“单面人”的局面。同时美或审美也能承担理性指导的任务，从而匡正感性的某些不足，促进人性的合理发展。说到底，人是感性与理性的统一体，是私己性与社会性的集合体。审美应该积极发育理性来修饰、升华感性，从而使二者和谐共存，相互促进。没有感性享受和对于世界的敏锐感觉而只有理性追求，人会萎缩、单调、枯燥；同时，只有感性追求而没有更高的理性生活和精神目标，人又回到了动物。因此既要给予感性合理的地位和发展空间，又得承认人是理性的动物，有超出感性的追求。

第二，以美启真。也叫以美启智，即培育智性，提高思维与认知能力。审美虽本身不是求知行为，但可以为求知行为准备主体条件，即促进人的观察能力和认知能力，训练提高人的智力因素，从而为人类的真理追求之旅开辟新空间，提供新思考。美国畅销书作家斯蒂芬·金在《肖申克的救赎》中讲：这些墙很有趣；刚入狱的时候，人痛恨周围的高墙，慢慢地就习惯了生活在其中，最终发现自己不得不依靠它而生存。加拿大著名的女作家玛格丽特·阿特伍德在《盲刺客》里这样评说战争：“好了，战争结束了。枪声沉寂下来。幸存的士兵穿着湿乎乎的衣服，爬出散兵坑和肮脏的洞穴，抬起一张张满是污垢的脸仰望天空。战争的双方都感到自己输了。”艺术的世界就这样将某种真相某种思考揭示给我们。简单地说，美开启通往真理的大门。按照李泽厚的说法，审美对于真理认知的作用在于两个方面：“理性的内化的普遍智力结构和自由直观的个体创造能力”，[①] 即强化内在智力结构，提高外在直观能力。据此，柏拉图、海森堡等很多人说过，美是真理的光辉。审美可以训练科学研究所需要的想象力，提高人们对事物的直觉能力、认识能力，扩大人们在经验世界中的认识范围，从而促进人们去把握和领悟事物的内在规律性。可见它对人类的认知活动和科学实验可以起到很大的促进作用。很多科学家因而十分注重审美和艺术修养。数学家苏步青就有较高的艺术修养。杨振宁、李政道等则都提出艺术和科学密不可分。而爱因斯坦终生喜爱小提琴，认为世界是由两种符号即数学符号和音乐符号组成的。从美或审美本身

① 李泽厚. 李泽厚十年集·批判哲学的批判[M]. 合肥：安徽文艺出版社，1994：482.

来说，它之所以可以提高人的认知能力以及对世界的认识，在于美本身就包含了真，美本身就是合规律的。海德格尔说，艺术是真理自行设置入作品。他在这里指出了艺术可以让人们去发现世界或存在的微言大义。

第三，以美储善。审美可积淀人的德性、发育人的爱心，具有明显的伦理学价值。美的世界内化了情感也易于激发情感，审美是爱的点悟和生发，可培植人类对世界的爱，以及对一切生灵的感动。从广义来说，以上所讲的各种功能就是审美活动“储善”的表现：以美养性体现在个人精神素质的全面协调发展，因而是有利于社会进步的，而以美启真体现在直接促进个人智力因素的发展，能够更显著地推进社会前行。而从狭义的伦理学意义上讲，审美可以促进社会整体道德风气的好转，通过提高个人德性修养从而优化社会道德水准。总之，审美对社会道德教化和个人德性培养具有重要作用。譬如自然美，它可以开阔人的心胸，扩大人的视野，提高人的情操。再如艺术美，其中一切优秀的艺术作品都有利于道德实践。美国黑色幽默代表作家库尔特·冯内古特（1922—2007）《没有国家的人》指出，这个美好的地球，我们本可以拯救它，但我们太他×的卑鄙懒惰了。这种自省不是有敲击心灵的力量吗？同为美国作家的雷蒙德·卡佛（1938—1988）是小说界奉行“简约主义”的大师，算是接过了海明威的衣钵。他在《当我们谈论爱情时我们在谈论什么》中说：“这些平常的卑微的不起眼的琐碎日子，就这样成了永恒。”作家以一种平淡而严肃的口吻，告诉我们去珍惜岁月，哪怕是它里面的灰尘，也是生命曾经存在的证明。艺术对丑的鞭挞和对美的讴歌，具有异常动人的感染力量，这是培养人们自觉道德意识的重要契机。从美本身来说，审美之所以可以发挥道德效果，在于美除了要合规律之外，还必须合目的。所以高尔基说：“美学是未来的伦理学”，康德则说：“美是道德的象征。”在当代社会，我们更要强调审美在精神方面的作用，充分发挥它对失落的人文精神的拯救功能。

第四，以美构形。审美可培育和提高人们创造美的能力。审美的目的之一也可以说是最终目的，就是让人们在生活实践方面去发现美并创造美，这是美或审美的落实。提高人们按照美的本性去投入现实、发现现实、改变现实、美化现实、创造新的现实的能力，是美的现实使命。所谓“构形”，即构造形式、构造现实。审美在构形方面的培养上，其具体任务是提高审美感受力、审美鉴赏力和审美创造力这几个基本方面。审美感受力是感知美、发现美的能力。法国雕塑家罗丹说，美是到处都有的，对于我们的眼睛来说，不是缺少美，而是缺少美的发现。所以培养以美构形能力，首先是培养美的感知和发现能力。如何发现美，这是能力和素养问题，也是艺术家之为艺术家的最初的关键一步。很多人可能游山仅是游山，玩水也仅是玩水，而艺术家则能每到一地都有所发现，将山水与人生之情思、宇宙之奥秘联系起来。如果说审美感受力解决的是“哪里有美”的问题，审美鉴赏力则致力于回答“美在哪里”和“为什么美”的问题，从“所以然”就走向了“之所以然”，而审美创造力则帮助实现“美的现实生成”的问题。审美创造力不仅是复制现实的能力，更是创新现实的能力，即审美创造力的重要方面是创新能力。这种创新能力在文化艺术的实践问题上显得意义重大，尤其是对于艺术创造来说，没有创新，就没有艺术的繁荣。唐诗臻于极致，由于创新才有了柔媚的宋词；宋词的风光过后，因为创新才又有了俚俗的元曲。

以美构形的典范之作：莫斯科红场的瓦西里教堂▶

3. 美的自由：给自己和世界松绑

这是美的普遍价值也是美的最高价值。自由可以现实地看待，也可以哲学地看待。前者是指审美之时人人皆可得自由，情感的荡漾、精神的快适，都可视为自由的形式。后者是指美的自由不仅指人的自由，也指世界的自由、他者的自由。使人自由，又使世界维持“自性”，是美的自由的基本涵义和基本指向。这是人自己获得的意义以及对他者的意义投射。爱美之人，应该有这种认知，因为这是美之本性的逻辑内定。卢梭说，人虽然生而自由，但无时不在枷锁之中。100 多年后，他的法国后辈加缪在《局外人》中借主角之口又说："我的命运被决定，而根本不征求我的意见。"① 所以基本与加缪同时的陈寅恪提出的"独立之精神，自由之思想"，成为中国知识分子的一面精神旗帜，他说的"自由共道文人笔，最是文人不自由"，引起无数人的共鸣。

追求自由并思考自由，于是有了各种的自由理论，涉及经济自由、政治自由、社会自由、个人自由等几乎所有的领域，凝聚成三种基本观点：其一，自由即随心所欲，性质是让欲望做主。这是一种世俗化的自由理论。将自由视为随心所欲，是一种绝对的个人主义，其实最终达到的是无自由和非自由。自由总是有所为有所不为，有所该为有所不该为。自由不是绝对的，也不是无代价的，否则人的"绝对自由"就是建立在别人的"绝对不自由"上面。其二，自由即自律，性质是让理性做主。在欲望与理性的韧战中，上一种观点重视欲望，这一种观点重视理性。二种观点貌似相同，实质完全不同。法国的拉伯雷（1495—1553）在《巨人传》中设立了一个理想国：德廉美修道院。它的唯一院规是"做自己想做的事"，这一看法类似于自律说，却未达到康德的高度。康德哲学中的自由即自律。康德哲学之所以被后人膜拜，是他将理性主体论置于哲学的最高位置，而他的理性主体论的中心就是人的自由。他认为哲学的最后目的就是人的理性所带来的自由。这是历史性进步。自由即自律（不是由欲望而是由理性），包括两个方面，规定自己要做什么和不要做什么。康德指出，道德原则主要是人的德性的"自律"，而非外在教条的"他律"。道德的基本性质是自由。但是，自由是自我作主与社会制约的双重产物。完全的自我规定看到了人的重要性，却忽视了社会对自由的制约性。其三，自由是对必然的认识和运用。这是中国哲学界最流行的理论。高尔太强调认识的一面，李泽厚强调运用的一面。把自由视为对必然性的认识，看到了人在对待世界方面的主动性，也看到了实现自由所应突破的外在限制，同时却又对人的主体意识重视不够。完整的自由应该是认识必然并超越必然。认识必然意味着人承认并遵循客观性对人的制约，超越必然则强调人的主观精神对客观性的灵活态度。认识必然使人拥有实践方面的外在自由，超越必

① ［法］加缪. 局外人·西绪福斯神话[M]. 郭宏安，译. 南京：译林出版社，2011：61.

然使人拥有心灵方面的内在自由。

审美带来自由，而自由意味着“无限”。人生在世，有“有限”，有“无限”。无限性是人的应然，有限性是人的实然。人有肉体的、生存的、动物的有限性，却又有精神的无限性。有限性是人的起点，而无限性应成为人的终点（虽然未必人人皆可实现）。因为人的有限性，所以人在精神上难免“爬行”的尴尬，所以有人提出，人要有两次“站立”：肉体的站立，由此跳出动物界；精神的站立，由此跳出“常人”界。精神之站立，是人之独立与自由的同义词。

从人的角度而言，自由无非表现为两个方面：摆脱自然的束缚和摆脱心灵的束缚。从人与世界的关系角度看，自由又表现为：人与他人之间关系的自由；人与事物之间关系的自由；人与自我之间关系的自由。摆脱自然的束缚，即不为物所累；摆脱精神的束缚，即不为心所累。人的精神是自由的最后决定者，但它同时也可能是束缚自己的最大凶手。精神可引人自由，亦可成为自由之绳索，如孤僻破坏人与他人之间的关系自由，封闭破坏人与世界之间的关系自由，焦虑破坏人与自我之间的关系自由。① 有清醒高远之精神的人，才可能拥有更多的自由；疯子“没有精神”，所以根本上没有自由。

审美自由意味着：其一，摆脱自然的外在束缚。这要以把握和运用必然性（规律）为前提。摆脱自然的外在束缚就叫实践自由。实践自由是行动的自由。人可能成为自然的奴隶、物质的奴隶，实践自由使人从奴隶状态下走出来。其二，摆脱心灵的内在束缚。摆脱心灵的内在束缚就叫精神自由。人也可能成为精神的奴隶、自我的奴隶。精神自由使人从另一种奴隶状态下走出来。审美自由对人来说是实践自由与精神自由的统一，即超越现实压迫和超越精神压迫的统一。实践自由是一种显之于外的外在自由，精神自由是一种形诸于内的内在自由。审美自由因此也是人的外在自由与内在自由的统一。其三，使世界作为世界本身去存在，去显现。审美自由既是人的自由，也是世界的自由、他者的自由。在审美中，他者以其“自性”出场，又以其“自性”退场。爱其“自性”，葆其“自性”，是审美对待他者的方式。正像海德格尔的老师卡尔·布莱克所呼吁的：我们应从绝对的主体主义中走出来，以

---

① 彭富春. 哲学美学导论[M]. 北京：人民出版社，2008：114.

便无偏见地向绝对现实性敞开自身。袁枚曾说："苔花如米小，也学牡丹开。"保护大自然每一种卑微的存在，应该是人类自己的自觉。所以让花作为花，让石头作为石头，让牛马作为牛马，进入庄周梦蝶一般的审美场域，然后，花还是花，石头还是石头，牛马还是牛马，从来处来，到去处去，回归各自的"野性"或本性。这就是审美中他者自由的体现。日常生活领域，人与他者的关系多是占有和消灭。审美却是欣赏他者然后与之携手同行。总结一句，审美自由＝实践自由＋精神自由＋他者自由。也就是说，审美自由是：其一，摆脱物的束缚；其二，摆脱心的束缚；其三，让他者自由存在。

4. 审美境界：一个充满意义的世界

境界是人与他者在"交往"时所构造的某种生活状态或生活层次，对人而言，境界就是人自己开创出来的物我和谐的不同意义世界或意味世界。简言之，境界即意义的世界或意味的世界，甚或可说境界即意义本身。审美既意味着爱护和保全他者，使他者自由自在，又意味着人自身精神上的自由超越。审美自由使人与世界之间保持本真的或原该如此的存在关系，是人类自己一种身心和谐、物我和谐的生存体验。换句话说，审美是一种自由的理想的人生境界。这是人们生命意义的在场性证明或在场性显现。同时对于不同的人和人的不同阶段来说，生命意义的实现又是各不相同的，因此人生的境界也就有了层次。王国维《人间词话》对此有诗意的比喻，也是大家比较熟悉的表述："古今之成大事业、大学问者，必经过三种之境界。'昨夜西风凋碧树，独上高楼，望尽天涯路'，此第一境也；'衣带渐宽终不悔，为伊消得人憔悴'，此第二境也；'众里寻他千百度，蓦然回道，那人却在灯火阑珊处'，此第三境也。"在宗白华那里，人生的境界分为六个层次：其一，功利境界→利；其二，伦理境界→爱；其三，政治境界→权；其四，学术境界→真；其五，艺术境界→美；其五，宗教境界→神。冯友兰先生则将人生的境界分为四个层次：其一，自然境界；其二，功利境界；其三，道德境界；其四，天地境界。他指出：

在自然境界中的人，不论干什么事情，不是依照社会习惯，便是依照其本性去做；他们从来未曾了解做某种事情的意义……他们既不懂得为什么要这样做，又不明白做某种事情有什么意义，所以他们可说没有自觉。……功利境界中的人，对于人生的了解，比较进了一步，他们有“我”的观念；不论做什么事，都是为着功利，为着自己的利益打算；这一批人，大抵贪生怕死。有时他们亦会为社会服务，为国家做点事，可是他们做事的动机，是想换取更高的代价。表面上，他们虽在服务，但其最后的目的还是为着小我。……在道德境界中的人，不论所做何事，皆以服务社会为目的。这一类人既不贪生，又不怕死；他们晓得除“我”以外，上面还有一个社会，一个全体。……天地境界中的人，一切皆以服务宇宙为目的……他们认为在社会之上，尚有一个更高的全体——宇宙。……所以他们所做的事，便是为宇宙服务。①

冯友兰论境界重在人的“觉解”。他所谓的天地境界，类似于我们所说的审美境界。因为审美境界的人，是用心去爱世界的人。他不仅爱自己，爱身边的人，爱我们生活的地球，还必然爱整个宇宙，爱全部有生命与无生命的东西。这样的人就是天地境界的人，他可以像冯友兰先生所说的天地境界中的人那样，“了解到超乎社会整体之上，还有一个更大的整体，即宇宙。他不仅是社会的一员，同时还是宇宙的一员”。最后总结起来说，审美是一种有高度的理想的人生境界，是人与世界合二为一的自由境界。境界就是意义本身，最重要的是，这个境界要人自己去领悟去开创，这就是人之存在于世的意义。

① 冯友兰. 冯友兰学术文化随笔[M]. 北京：中国青年出版社，1996：100－101.

第六讲　审美与人的心理

本讲基本内容是审美活动的涵义、审美活动产生的主体条件与心理机制。

一、审美活动及其特点：捧着一颗心来

前面讲过，美是天人合一，是人与世界的融合。就此而言，“美”并非固定在物身上或人身上，而是人与世界融合之时“即时地”“当下地”呈现出的氛围、状态或境界。这样去理解的“美”即是审美的活动。

因此所谓“审美活动”，是指人与世界融合在一起的动态过程，是人们的一种基本而特殊的实践活动，即是人们在满足生存需要之后产

生的一种高级的“奢侈的”精神性活动。它是人们发现意义领悟意义创造意义的实践形式。从传统的角度讲，审美活动可说是人类发现美、创造美、欣赏美和评价美的一切行为。

为什么说审美活动是人类的基本活动？这是因为：审美活动是人类生存的“必需”，无法设想人的一生中完全没有审美这种精神活动该是什么样子。潘鹤的雕塑《艰苦岁月》刻画的是长征途中的一个审美的片刻。即使前有无数的天堑，后有凶狠的追兵，战士们仍然没有丢掉他们的笛子，因为唯其艰难，尤需抓住宝贵的间隙放松精神。在笛子吹起的时候，吹的人陶醉于其中，听的人也在其中陶醉。

◀ 潘鹤雕塑《艰苦岁月》

至于说审美活动是“特殊的”人生实践，原因在于：一方面，时间上看，审美活动是后发性的人类实践活动。审美活动不是全体人类一开始就有的活动，也不是一个人一生下来就有的活动。道理显而易见，人类首先是生存，其次才是发展。人类最初的实践都是实用性活动，在这些活动中才萌发了审美活动，审美活动是从日常活动中逐渐成熟并慢慢独立出来的。另一方面，功能或目的上看，审美活动是“奢侈性”的精神活动，仅能使人获得情感愉悦与心灵净化。它不是出于现实的利害关系的考虑，也不能解决我们在物质生存方面的实际难题。“奢侈”这一描述性的词其意思是说审美活动只是一种精神活动。它既是后发的，即后于生存活动，打个不太恰当的比方，就是审美活动总类乎“跟屁虫”，又是高级的，即是人的各种心理因素综合运作的过程。

1. 审美活动现实性考察：在体认中打开世界

这里的意思是从活生生的经验的层面对审美活动作出初步描述。

第一，审美活动的生成性。首先，审美关系是现实地生成的。审美活动在先，审美关系在后。无审美活动，就无审美关系。一旦审美活动中止，审美关系也就不存在了。人在购买文学书籍时，人与书籍之间的关系只是一种买卖关系或经济关系。只有当人在真正阅读文学书籍时，这时人与书籍之间才具有审美关系。一旦人关上书本，这种审美关系也就终止了。其次，审美主客体是现实地生成的。同样，审美活动在先，审美主客体在后，即是说，审美主体和审美客体只有在审美活动中才会形成，此时也才能被叫做审美主体或审美客体。与审美关系一样，审美主体和审美客体不是抽象的名词而是具体的名词。一个从不看书的人不能叫读书人，读书人的身份是由你的“读书活动”决定的。人在劳动时，这时的人是个生产主体；人在做好事时，这时的人是个伦理主体；人在从事科学研究时，这时的人是个认识主体。只有当人在具体地进行审美时，这时的人才可以叫做审美主体。

第二，审美活动的动态性。它体现于：首先，审美活动是一个动态的过程，是在一定时空下展开、进行的。其次，审美活动中的审美关系是动态的，不断变化的。在审美中，人与对象之间的关系随着主客双方的变化也会有所变化。这方面的例子可从托尔斯泰《战争与和平》中去找，其中讲一个青年，名叫安德烈，他在妻子死后又喜欢上了漂亮的娜塔莎，但开始娜塔莎并没有任何回应，他因此觉得常常路过的那棵大橡树是灰暗的，而当娜塔莎作出回应的时候，大橡树在安德烈眼里就变得很可爱了。这种心情相信很多人都有所体会。不是世界变了，而是人的心态变了。芥川龙之介写过一篇叫《大葱》的短篇小说，故事原型是女作家宇野千代的经历，说的是很有艺术素养的田中，爱上了咖啡馆侍应生阿君。在田中眼里，阿君活泼纯洁，有如不食人间烟火的浪漫仙子。在一次散步时，阿君美丽的眼睛突然绽放出异样的光芒，她被每把只要 4 分钱的葱迷住了。在物价飞涨的年代，独自漂泊在东京的阿君不可能不被迷住。阿君用如葱一般的小手，指着一大丛的葱对店员说“给我买两把”。目瞪口呆的田中被撇在了一边。她提着两把共 8 分钱的葱回到了田中身边，清亮的眸子里满含着喜悦的微笑。另一边，田中血液里流淌的滚烫的爱意，眼中闪烁的动人的神情，却在慢慢黯淡下来。田中的想象破灭了，“如同现实生活般艰辛的、辣得眼泪直流的大葱气味，实实在在地窜进田中的鼻孔”，“可怜的田中眼中透出悲惨世界的目光，盯着判若两人的阿君。”① 当浪漫碰到现实，仙气遭遇地气，连同田中的心一起跌落的，是他对于爱情和世界的印象。阿君没有变，他眼中的阿君却变了。芥川龙之介的作品总是弥漫着一种伤感。有人说，一把葱杀死了爱情，而我们则认为，田中这样的人不嫁也罢。

另一个例子来自知青题材作家叶辛的《蹉跎岁月》。里面有一段写到了知识青年柯碧舟和山寨姑娘邵玉蓉之间的爱情。因为爱上了柯碧舟，所以曾经不起眼的东西，在邵玉蓉眼里一一地变换了颜色。下面节选的是其中的第十一章：

> 山寨姑娘邵玉蓉那颗少女的心，开始不平静地跳动起来了。
>
> 这种微妙的变化，除了她自己以外，连她的阿爸邵大山，也是看不出来的。夜间她开始失眠，大睁着那一对澄亮秀美的菱形眼，望着帐顶，抿着嘴唇默神思索，有时候偷偷地笑，有时候又莫名其妙地忧郁叹气，有时候还悄声低语地，不知说些啥。……
>
> 这种情形，近两天表现得尤为显著。原因很简单，前天，柯碧舟接受了社员大会的委托，到鲢鱼湖那一头的县城去了。……昨天他没有回来，害得玉蓉假装绣袜垫，在窗前一直坐到明月西斜，夜深人静。她把希望放在今天，今天他准定该回来了。自他走后，她的心早随着他去了。……
>
> （找了一个借口，邵玉蓉来到湖边等待柯碧舟回来。是他，是柯

① ［日］芥川龙之介. 芥川龙之介全集(第 1 卷)［M］. 郑民钦，魏大海，侯为，译. 济南：山东文艺出版社，2005：638.

碧舟回来了！）玉蓉一眼就认出了他那印在她脑子里的身影，她觉得心“突突”直跳，两眼里闪出了泪光，彩釉一般的红晕，又浮现在她双颊上。她感到大自然的一切蓦然复苏，充满了生气。不是吗，湖光山色在月色里是那么美，浓雾那么富有诗意，垂柳那么娉婷婀娜，连草丛间的虫鸣也是那么悦耳动听?!

因为心情的改变，邵玉蓉与平素不太关心的“大自然”突然产生了审美关系，“她感到大自然的一切蓦然复苏”。此时此刻，哪怕是一堆臭狗屎，只要与她有一丝联系，可能也会变得可爱的。这就是心态的效果，准确讲是爱的力量。在爱里面，感觉全打开了，不曾在意的全进入了眼帘；在爱里面，感觉又可能关闭，曾经害怕的现在都已不再害怕。陷落于爱情当中，得到的是最高级的审美体验。

第三，审美活动的体验性。审美活动重在人（主体）的体验。体验即是把自己全部的感情和心思放进对象里，以身“体”之，以心“验”之。中国古人有一个词叫“体认”，我们觉得非常妙。审美就需要这种“体认”。体认不仅指亲身体会更是指用心体会。人在审美时，不能将对象当作一个无生命的东西去对待，而是要“换位思考”、感同身受，将审美对象当作平等的他者，当作有灵气的活物，来和它们对话、沟通、融合。这就是我们后面还要讲到的审美的虚拟体验性。我们如果不能用心地“回到历史现场”，就无法真正读懂冉·阿让的灵魂蜕变和菩萨心肠，无法真正理解杜丽娘们的眼泪和她们忐忑的内心状态。阅读小仲马的《茶花女》，只有用心走近玛格丽特和阿尔芒的身边，才能真正同情他们，才能真切体会玛格丽特临死之时的绝望与悲痛，才会发觉香榭丽舍大街上，马车里那个病怏怏的玛格丽特内在的美丽甚至高贵，哪怕她的身心已遭无数蹂躏。台湾地区作家陈芳明说：张爱玲的“生命中没有忏情，而只是无情，甚至是绝情”。① 但是张爱玲的《半生缘》，是她文学生涯中一次很不容易地温情流露，但当我们真的进入其中，却感到一种深深的痛苦：怀着最大的善意对待世界，世界却常常以如此的恶意回复了自己。如果我们足够忍心，我们依然可以回到现实，却留下回不去的顾曼

① 魏可风.临水照花人：张爱玲传奇[M].南京：江苏文艺出版社，2012：陈芳明序言“谁能捞起她的影子”Ⅱ.

桢，最后枯坐于街角的茶馆，听窗外电车的声音拉成生命的苍凉。

2. 审美活动本体论考察：人生的诗意与诗意的人生

本体论考察是终极的因而理想性的考察。从这方面考察，我们的认识是：审美活动是人的一种本真性活动。审美活动摆脱了世俗的功利目的的羁绊，不是为占有某个对象的内容而去的，不以眼前的利益为追逐目的，而主要是被对象的形象外观所吸引。审美活动没有外在的束缚，不同于道德伦理活动、科学认识活动以及其他的功利性活动那样具有客观的实际目的，所以审美活动是轻松的愉悦的，有利于我们从复杂的社会关系中超脱出来，在专注和忘我中，获得精神上的自由感和超越感。

审美活动的自由性和超越性开启或照亮一个诗意的人生。"诗意"这个词无法确解，只能予以"诗意地"理解。诗意只能诗意地领悟，这就是这个词的诗意之处。它令人想象令人喜欢可是你说不清它。它令人感觉它就是美的所在，或者说它就是美。诗意，浪漫而又缥缈，可以意会而不可言传，它让人觉得就是"应该如此""原本如此"的意思。诗意，使人回到人和世界的最原初的、最直接的、最亲密的或应该如此的存在关系、共生关系。因而审美活动是最契合人之需要的一种本真性活动。这是一种诗意地论证。朱光潜《谈美》也讲到了这个方面：

> 俗语说得好："唯大英雄能本色"，所谓艺术的生活就是本色的生活。世间有两种人的生活最不艺术，一种是俗人，一种是伪君子。"俗人"根本就缺乏本色，"伪君子"则竭力遮盖本色。俗人迷于名利，与世浮沉，他们的大病是生命的干枯。"伪君子"则于这种"俗人"的资格之上，又加上"沐猴而冠"的伎俩。无论是"俗人"或是"伪君子"，他们都是生活中的"苟且者"，都缺乏艺术家在创造时所应有的良心。像柏格森所说的，他们都是"生命的机械化"，只能作喜剧中的角色。生活落到喜剧里去的人大半都是不艺术的。①

① 朱光潜. 朱光潜全集(第二卷)[M]. 合肥：安徽教育出版社，1987：92.

朱先生也无法逻辑地论证，他只能通过否定的方式来肯定审美的本色或本真的性质。总而言之，审美活动是人的一种本真性存在，它是人自己领会意义和创造意义的方式。美国诗人艾米莉·狄金森在自己的日记中曾经记录了两句话（据说出自《圣经》传道书）：“‘为何’是我们所不能知道的；‘那里’是我们所不能到达的。”① 但是人们明知不可能偏向虎山行，向谜一样的人类自己和谜一样的外在世界不断出发。唯有“在路上”的持续的审美实践和审美存在，我们才可能看到风景，看到保护我们的也需要我们去保护的一切。

首先，审美存在是一种超越式存在（忘我的存在）。超越性存在或曰审美地存在不是日常地存在。这种超越性表现在三个方面，其一，超越私欲而达于“无私”，即挣脱生活中实际利益关系的羁绊。比如欣赏一朵花就是欣赏一朵花，而不能想着摘下花去放到自家的花瓶里。其二，超越当下而达于某种高远与无限。即眼光、胸襟、感悟等经历一种由近及远、由此及彼的积淀与升华。贾樟柯《我不需要答案》：“人生的意义是当人生结束之后，我有痕迹留在世界上。”② 这就是一种努力逼近无限的意义追求。其三，超越小我而达于大我，培育对话精神，从而具备世界立场。茅盾说过：“美”使人忘了小我，发生为全人类而牺牲的高贵精神。《这个杀手不太冷》（1994）里小姑娘说道：爱花就给它活下去的养分，它的宿命不在盆子里，而在花园里，在大自然里。这位小姑娘与我们的大思想家庄子一样，心里面有一种菩萨般的大我的世界。——对于个人生命的意义：给自己一分超脱。

其次，审美存在是一种自由式存在。这就是黑格尔说的“审美带有令人解放的性质”。前面已经讲了，审美自由对人来讲表现为摆脱物的束缚和摆脱心的束缚两个方面。通俗地讲就是超脱、豁达，与上面讲的超越式存在本质上是相通的，所以自由地存在意味着通往无限地存在。人的“悲剧”在于其有限性，但是，人的“悲壮”却在于其无限性。精神的无限性表明精神进入了一种发散性的自由翱翔状态。说一些日常的，这种自由的现象可能是别人叫你而你并没有反应，因为你正在看一部青春小说或网络小说，小概率是可

---

① ［美］狄金森．孤独是迷人的：艾米莉·狄金森的私密日记［M］．吴玲，译，天津：百花文艺出版社，2000：13．

② 贾樟柯．我不需要答案［J］．读者，2011（12）：9．

能在看一部经典小说，根本原因是你看得入神了，套用这里的理论，就是你自由了，你正在精神世界里自由翱翔，翱翔得很投入，以致不愿意从里面走出来。——对于个人生命的意义：给自己一种自由。

最后，审美存在是一种应然式存在（理想性存在）。审美存在是目的论上的应然性存在。应然性存在即理想性存在、应该如此的存在。它将一种理想照进我们的生活。看一个文艺的例子。村上春树的《挪威的森林》很多人听说过，里面有一句话是“每个人都有属于自己的一片森林，也许我们从来不曾去过，但它一直在那里，总会在那里。迷失的人迷失了，相逢的人会再相逢。”与这样的作品发生审美的关系，不是可以给心灵带来一抹光亮吗？应然性存在亦即可能性存在，审美关注和实现的是人的“可能”。“可能”不是永不可能，而能够转为“现实”，这取决于人的审美的主动。没有活生生的审美，即使有无限可能，也永远只是可能而已。审美存在作为可能性存在，意味着审美使无穷的可能性成为现实性。投入于审美，就是让自己的可能性，澄明于世界。可能性的不断澄明或实现，就是人的内在世界不断充实不断丰富的过程。——对于个人生命的意义：给自己一个可能。

给自己一分超脱，给自己一种自由，给自己一个可能。这便是生命的意义。美国一个叫唐纳德·帕尔玛的哲学教授说：“为什么我们认为吃饭、开车和挣钱这样的事情就应该好好做，而对大问题的思考就可以马马虎虎、无关痛痒呢？”[①] 他的疑问不正可以是大家的问题吗？

二、审美发生与主体条件：有了空闲与想法以后 »»

审美活动的现实发生需要具有三个结构性要素：审美主体、审美客体和审美环境。审美主体是这一结构系统中最为关键的因素，因为主动性全掌握在他（她）手里。这是这部分要讲的重点。审美客体是审美活动的对象性因素，而且一般来说，这种对象还需要有一定的特性，才使人容易进入审美活动。客观环境也是一个重要条件。环境是人与世界能否交往、对话，审美活

① ［美］唐纳德·帕尔玛．西方哲学导论：中心保持不变吗？［M］．杨洋，曹洪洋，译．上海：上海社会科学院出版社，2009：36.

动能否发生、展开的外部客观条件。曾国藩讲过一句话："榛棘不除，则兰蕙减色；害马不去，则麒骥短气。"《荀子·劝学》也说："蓬生麻中，不扶而直；白沙在涅，与之俱黑。"这些话都是说明环境之作用和影响的。审美之时，环境很重要，因为它有时会影响到人的心境，进而影响到人对审美对象的感受和看法。很多艺术作品，适合在一个安静的环境中细细品悟。譬如电影《云水谣》，里面的很多台词粗粗一看不过如此，但如果选一个无人的晚上好好地欣赏，便会发觉它们能够拨动心弦。心之弦要靠东西去拨动，而什么时候被拨动，这其中有环境的一些原因。《云水谣》很令人感动。平常人难以做到的一切正面的事情，都会令人有一种感动。走进"云水谣"的世界里，发现真爱很简单，又很困难：简单在于它不过两个词而已——"只是"与"总是"，困难在于这两个词几乎99%的人都做不到。真爱等于"只是"爱着、"总是"爱着，不附加一切的外在条件。确实，不过两个词语而已，但它又无比艰难、无比稀罕，因为"只是"爱着等于"纯"，"总是"爱着等于"恒"。干净又持久，或者说因为干净所以持久，故此势利奈何不了它，时间也奈何不了它。它从尘世里冲出来，然后在人们心中灿烂绽放。"云水谣"，"听"一次便会感动一次，因为这是尘世之上的歌谣。如此美妙的"歌谣"，可以选一个好时机去"听"一"听"。

现在转向审美主体与审美活动之间的关系问题。审美活动要现实地展开，需要哪些主体方面的条件呢？我们认为，主要是人的审美需要、审美能力、审美态度、审美理想和审美趣味等。对于审美活动之开展来说，审美需要提供心理的动力，审美能力提供实践的武器，审美态度提供内在的立场，审美理想提供行动的高度，审美趣味提供主观的品位。它们各司其职，却中心明确。

1. 审美需要：给"民生问题"一些改善

在不受外力胁迫的情况下，"需要"常常是"行为"的先导。同理，审美需要是审美活动的先导。因为想所以做，因为不想所以不去做，懒惰首先是心理性的。一句著名的广告词也讲道："因为不想，所以不能。"美国心理学家马斯洛（1908—1970）一生最有名的心理学成就是提出了关于人的心理的需要层次理论。在《动机和人格》等著作中，他从对人的动机的洞见出发，将人的心理需要按照由低到高的顺序分为生理需要、安全需要、归属和爱的需要、尊重的需要、自我实现的需要五个层次。生理需要也就是本能性的生存需要，是人最为原始也最为基本的需要。这个原因就不用说了，因为这个需要不满足，人要么只能是“过去时”，要么只能是“将来时”，而绝不可能是“现在时”。这一需要得到满足，才会产生安全需要，即对于安全、稳定、依靠、免除各种折磨等心理需求。更高等级是归属和爱的需要，即与爱人、孩子、朋友之间维持一种爱和深情的心理需求。再高一级是尊重的需要，即对于社会地位和社会认同的心理需求，前者大体叫做自尊，后者大体等于他尊。马斯洛很深刻之处在于传达出一个意思，即自尊和他尊是一体的，而且往往自尊决定他尊。最高等级是实现自我潜能和成为独特个人的自我实现的需要。心理治疗只对精神性明显的高级需要发生作用，对于低级需要几乎全无效果。

在人的众多需要中，审美需要是其中最高级的需要之一。所谓审美需要，是指一种“属人的”“奢侈性的”精神需要，以追求情感愉悦、心灵净化、精神自由以及生活的美化为主要内容。它属于马斯洛所说的“自我实现的需要”层次。所谓“属人”就是指只有人才拥有。审美需要的基本特征是：其一，是一种专属于人的需要。达尔文曾经为雄孔雀开屏伤痛了脑筋。于生存毫无关联的累赘怎么就没有进化掉呢？他为违反进化论的这个现象百思不得其解。后来他高兴地发现，雄孔雀这个累赘是为雌孔雀而留的，他的美学结论是动物也有审美需要，动物也可以审美。但主流意见并不承认达尔文的“伟大发现”。目前科学证明，审美需要似乎是只存在于人类中的心理要求，因为很多人像黑格尔一样，认为动物只是“自在的存在”（即被动的存在），而人才是“自为的存在”（即主动的存在）。其二，是一种出自人的内在生命要求的高级精神需要，而不是为满足生存之类的低级物质需要。人不仅要求“活着”，还要求“如何活着”“活着为何”，于是才产生许多的精神要求，审美需要是其中的一种形式。所以谢灵运说：“夫衣食，人生之所资；山水，性分之所适”。吃穿问题事关“民生”，游山玩水却事关“改善民生”。

审美需要的产生会在两种情况下出现：第一，生存需要得到满足。第二，用意志克服生存需要。生存需要第一，审美需要第二，这便是马克思经济基础决定上层建筑理论的美学运用。这与墨子说法也是一致的：“食必常饱，然后求美；衣必常暖，然后求丽；居必常安，然后求乐”（刘向《说苑·反质篇》），“有吃”“有穿”“有住”是第一位的，“吃好”“穿好”“住好”是第二位的。这与韩非子所讲的“短褐不完者不待文绣”意思一模一样。春秋时期的管仲也说：“仓廪实而知礼节，衣食足而知荣辱。”这与美学关联不大，但道理却是相通的。可见要想实现人的高级需要，必须首先实现人的低级需要，否则就会像马克思所指出的：“忧心忡忡的穷人甚至对再美的景色也毫无兴趣”，因为穷人最为迫切的需要是解决温饱问题。他一无“闲”钱二无“闲”心，所谓美景，那是吃饱了之后的事。在饥饿者的眼睛里，面包从来只有“内容”，而没有“形式”。同时，生存需要未能解决，现实压力无比巨大，有时却也能凭意志的坚忍，克服物质方面的实际需要而走近审美活动。《泰坦尼克号》里面有一个场面，船快沉没了，而小提琴手们还在拉着琴，审美与现实在此严重对立。有人说，那是因为明知逃不掉，那还不如最后拉拉琴；有人说，那是为了给绝望的人们带去一点安慰。不管如何否定或想不通他们的行为，一个无比肯定的事实是——他们确实在拉琴，而且是在没顶之灾已经来临的时候。要是我、你、他，或许早就混到了救生艇上，或许在某个角落里浑身发抖。这是影片里令人惊叹又令人深思的一个场面，他们如雕塑一般，立在观众的心中。

2. 审美能力：给自己一些必要的“玩意儿”

从网上看到的一道翻译题：“If you do not leave me, we will die together.”。据说这是四级水平：如果你不离开我，我就和你一同到老（正如歌里所唱：我能想到最浪漫的事，就是和你一起慢慢变老）。六级水平则是：你若不离不弃，我必生死相依。八级水平是：问世间情为何物？直教人生死相许。专家水平是：天地合，乃敢与君绝。活佛水平是：你在或不在，爱就在那里，不增不减（这是开情僧仓央嘉措的玩笑）。这虽属搞笑，却属于有水平的搞笑。能力不同，做出的事情也便不同。审美亦然。在审美中，人的需要是动力，人的能力则是武器。

所谓审美能力，是指人的生理方面的能力与心理方面的能力的总和，包括先天的能力（如感官方面的感知能力）和后天的能力（如美学素养），具体体现在感知能力、情感能力、想象能力、理解能力、表达能力等方面。审美活动的进行首先要通过感官去感知美的东西的存在，然后才可能做出进一步的心理反应。感知器官方面的残缺，对于丰富多彩的审美世界来说，是不可弥补的遗憾。看又看不见，摸也摸不着，听又听不清，《清明上河图》《断臂维纳斯》《二泉映月》，这些世界上的“顶级菜肴”，最后全都“馊”掉了。如钱钟书所揶揄的，这犹如女人堆里的太监，空有机会，却无能力，因为少了那么一个玩意。其次，后天的美学素养更有助于审美。因为很多人对很多东西可能“看”而不“见”“听”而不“闻”“触”而不“觉”。歌德说过：你所不理解的东西是你无法占有的。人对人是这样，人对世界也是这样。费尔巴哈也说过：“如果你毫无音乐欣赏能力，那么，即使是最优美的音乐，你也只把它当作身边呼呼的风声，只当作是足下潺潺的溪声。”① 非常熟悉费尔巴哈的马克思把他前辈的话精炼地予以表达：“对于不辩音律的耳朵说来，最美的音乐也毫无意义。”② 邵雍《善赏花吟》写道：“人不善赏花，只爱花之貌。人或善赏花，只爱花之妙。花貌在颜色，颜色人可笑。花妙在精神，精神人莫造。”邵雍的诗一般写得无“趣”，但他常常写得有“理”，这里的“理”就是花的开放是花自己的事情，更是人的能力问题。没有能力，只能看见花在开；若有能力，便能看见花竟然如此美丽地在开。

有审美能力的人，才可能成为美和艺术的“知音”。蒋勋说过：“《红楼梦》的迷人就在这里，明知道所有都是空的，可是每一刻又都在执着。”③ 这一句话很感人，他把一种虚无感揭示给我们，把一种世界的本质、生命的本质，有点残酷又不动声色地传达给我们，同时又告诉我们里面有一群苦苦挣扎的人。读到这里，如果很用力，是会痴呆的，不仅会想到林黛玉贾宝玉薛宝钗，也会想到史湘云袭人妙玉晴雯。他们每一个人都用力地在抓，最后却只抓住一个空无。莫名地就会同情他们。梦中红楼，红楼却最后成梦。随同曹雪芹一起来的，是一种大悲悯。在我们看来，蒋勋这样的人算得上是《红楼梦》的“知音”。读书读到可以打动自己震撼自己，读到低下头再低下头，这是书的幸运，也是人自己凭能力得到的最好报酬。人生有知音，艺术有知音，是一件相当幸福的事情。伯牙就是这样一个幸福的人，因为他遇到了钟

① ［德］费尔巴哈．费尔巴哈哲学著作选集（下卷）［M］．荣震华，等，译．北京：商务印书馆，1984：34．

② ［德］马克思，恩格斯．马克思恩格斯全集（第42卷）［M］．北京：人民出版社，1979：126．

③ 蒋勋．蒋勋说红楼梦（第一辑）［M］．上海：上海三联书店，2010：10．

子期。《列子·汤问》记载：

> 伯牙善鼓琴，钟子期善听。伯牙鼓琴，志在登高山，钟子期曰："善哉，峨峨兮若泰山；志在流水，钟子期曰："善哉，洋洋兮若江河。"伯牙所念，钟子期必得之。伯牙游于泰山之阴，卒逢暴雨，止于岩下，心悲，乃援琴而鼓之。初为霖雨之操，更造崩山之音。曲每奏，钟子期辄穷其趣。伯牙乃舍琴而叹曰："善哉，善哉，子之听夫志，想象犹吾心也，吾于何逃声哉？"

《吕氏春秋》接着《列子·汤问》说："钟子期死，伯牙破琴绝弦，终身不复鼓琴，以为世无足复为鼓琴者也。"我们无法判断伯牙演奏的水平，但钟子期无疑是最合格的听者。他们是音乐世界的珠联璧合，"珠"去了，"璧"便散了，"知音少，弦断有谁听"。高山之下的流水，流水之上的高山，从此变为传说中的绝响，凝固成历史上的绝景。

《诗经》和"古诗十九首"之类的文字平淡又干净。把一切装饰和绚烂都拿掉，只剩下直通通的敲击心灵的文字，这时候觉得每一个字都不能少，刚刚敲在人的心弦上，发出咚咚的清脆的鸣响。《诗经·小雅·伐木》中"嘤其鸣矣，求其友声"便是这样干净的文字。不经意的比兴很贴切，同时又很适时地传递出一种感叹。人生在世，可感叹之事太多，其中一种感叹便是"嘤其鸣矣，求其友声"。为了求得知音，这里甚至仿佛在发出一种乞求的声音。我们有时候不也如此吗？渴望（这里不用"乞求"了，免得伤感情）有一个可以共生死的朋友，期待有一个爱自己还懂自己的恋人，时间最好是一生一世。

对于现实来讲，有时候这就显得"过分"了，因为1500多年前的刘勰在《文心雕龙·知音》里就讲过："音实难知，知实难逢，逢其知音，千载其一乎！"常常是"我这边花才开，你那边叶已落"（空间的遗憾）；又如唐朝歌谣所吟唱"君生我未生，我生君已老"（时间的遗憾）。中唐薛涛思念元稹的《春望词四首》其一亦云："花开不同赏，花落不同悲。欲问相思处，花开花落时。"薛涛姐姐喜欢上了元稹弟弟，才女和才子在成都的某个街口有了一次邂逅。薛涛内心欣喜不已庆幸不已，但知音可遇而不可守，花落有意，水流无情。元稹最终无情地抛弃了薛涛。他的人生中，又多了一笔潦草的文字。

“美的东西”常有，而能珍惜“美的东西”的人并不常有，同时，能鉴赏“美的东西”的人亦不常有。因为深刻的东西需要深刻的人去理解，高雅的东西需要高雅的人去“聆听”。宋玉《对楚王问》中说：“客有歌于郢中者，其始曰《下里》、《巴人》，国中属而和者数千人。……其为《阳春》、《白雪》，国中属而和者，不过数十人，……是其曲弥高，其和者弥寡。”这并不是表明阳春白雪本身比不上下里巴人，恰恰相反，这说明不具备能力去欣赏阳春白雪的人，是不能从阳春白雪那里得到审美感受的，他们只能去亲近下里巴人。有感于以上两则故事，明代崔时佩《琴心写恨》总结道：“高山流水千年调，白雪阳春万古情。”雨果曾写过《我们都是瞎子》：“吝啬的人是瞎子，他只看见金子，看不见财富；挥霍的人是瞎子，他只看见开端，看不见结局；卖弄风情的女人是瞎子，她看不见她的皱纹；有学问的人是瞎子，他看不见自己的无知；诚实的人是瞎子，他看不见坏蛋；坏蛋是瞎子，他看不见上帝；上帝也是瞎子，他在创造世界的时候，没有看见魔鬼也跟着混进来了。我也是瞎子，我只知道说啊说啊，没有看见你们都是聋子。”① 话要说给愿意听而且听得懂的人听，否则可能会如雨果所恐惧的那样，说了之后发觉白说了。

3. 审美态度：给自己定一个超脱的立场

态度也叫作心态，简单地说就是人的倾向或立场之类的心理状态，有积极的有消极的，有健康的有颓废的。而审美态度却无所谓消极积极、健康颓废之分，它是指人在审美时所必需却又具有特殊性的倾向或立场之类的心理状态，这种特殊性就是人不去考虑对象与自己之间在现实方面的利害关系，也不去考虑对象本身在逻辑方面的因果关系，把对象排除在实用关系和认识关系之外，而只拟超脱地静观对象。这种非功利性（非实用性）、非逻辑性是审美态度的基本性质。

所以审美态度，说简单点，就是一种超脱的态度。美国著名黑人演员兼导演摩根·弗里曼（1937—）说过：“即使被关在监狱里放风，也仍然像在自家院子里似的闲庭信步。”这里就表现了一种超脱的审美态度，给我们的启示是：心理上超脱了，哪怕捆住了肉体，也能发现甚至创造快乐。有人会觉得

---

① 贾夫育主编. 奇文谐诗趣联[M]. 西安：陕西人民出版社，1991：8.

摩根·弗里曼类似于痴人说梦，坐牢就是坐牢，坐牢还能坐出快乐来？那仅仅是因为，我们不是摩根·弗里曼。朱光潜说，人生有三种基本的态度：实用态度、科学（认知）态度和审美态度，审美态度有别于实用态度和科学认知态度。他举了一棵松树做例子。想把松树做成家具，这是实用态度；想研究松树的年龄，这是科学态度；想感受松树的挺拔、观看松树的形式，这便是审美态度。审美态度无所为而为，其他两种态度却有所为而为。

人们常说“态度决定生活”，这句话是很有道理的。即使穷，也要开心，或者说，正因为穷，所以要开心。“穷开心”一词很有意思，这说的就是一个态度。尽可以鄙夷这种阿Q精神，穷，还那么开心?！可是，穷还不开心，不是双重的穷了吗？所以穷开心是值得肯定的。有人说，世界上没有快乐的地方，只有快乐的人，这说的还是态度的问题。态度好像染色棒，它染上灰颜色，生活便可能真的是灰颜色，它染上红颜色，生活便可能真的是红颜色。正如金圣叹所说：“人异其心，因而物异其质。”态度可以转化为现实的执行力。有好的态度，一定会有好的行动；有不好的态度，一定不会有好的行动。事实就是这样，心理与实践环环相扣。态度是人的心理素质的总和。《西游记》第八十五回孙悟空用《多心经》提醒师傅：“佛在灵山莫远求，灵山只在汝心头。”这种心理认知便会造就通达的生活态度。唐代高僧寒山问另一高僧拾得：“世间有人谤我、欺我、辱我、笑我、轻我、贱我，我当如何处之？”拾得答：“只要忍他、让他、避他、由他、耐他、不要理他，再过几年，你且看他。”这是开阔胸襟带出来的豁达态度。这种态度感染了很多人，其中包括日本作家森鸥外（1862—1922），他还因此写了小说《寒山拾得》，后来成为他一生中最好的作品之一。人们在一位英国小姑娘的墓碑上刻上了这样一段话：“不能跳舞就弹琴吧，不能弹琴就唱歌吧，不能唱歌就倾听吧，让心在热爱中欢快地跳跃，心跳停止了，就让灵魂在天地间舞蹈。”这是大家对身遭病魔不断碾压却仍勇敢坚持艺术梦想的一种态度的赞扬。以“乐观”的形式对待“悲观”，既需要勇气，又需要智慧。英国的高尔斯华绥（1867—1933）在小说《质量》中描写了一个老皮鞋匠格斯拉，他尽管非常穷困，但从不把做鞋子仅仅作为挣钱的手段。一旦动手做鞋子，他就感到这是一种享受。所以他制作的皮鞋总是最精美、最耐穿的。他对做鞋子看得很虔诚，以致进入他的店铺，人们就感觉像是进入了教堂。这绝不只是小说的虚构，好的态度确实就像一盏灯，人的身上铺满光辉，周围也充满光辉。我们对这样的人于是也充满虔敬。可能就是出于这样的认知，中世纪以至文艺复兴，绘画中的宗教人物总是会画上一个光圈。足够虔诚，便会觉得对方和周围是充满光晕的。

德国诗人诺瓦利斯（1772—1801）说过，“生活不是一场梦，但可以成为一场梦”。不愧为浪漫主义者，他把残酷的现实转化为浪漫的积极的态度。美国剧作家阿瑟·密勒（1915—2005）在《英雄》中表达过同样的意思：“人人都有苦恼，不同的是我试着把苦恼带回家中，教它唱歌。”积极的态度还在于知足。有人赞美托尔斯泰：您真幸福，您所爱的一切您都有了。托尔斯泰说：不，我并不具有我所爱的一切，只是我爱我所具有的一切。何为知足？《老子·四十六章》云：“咎莫大于欲得，祸莫大于不知足。故知足之足，常足矣。”人对自己所犯的最大的罪过乃是放纵自己的欲望，人给自己所招致的最大的灾难乃是一个人永远不知道满足。懂得满足，感恩于满足，内心才得真正的满足感，即是说，懂得满足的满足，便是恒久的满足。满足于所有，不贪于所没有，这是老子告诉给我们的一种生活辩证法，决定这种生活辩证法的不是别的而正是人的态度。

好的态度（几乎）一定可以营造好的生活，另一面，不好的态度则（几乎）一定会弄坏生活。梭罗在散文《热爱生活》里说：“人若爱找茬，天堂也能被他挑出毛病。”所以有些人总是“放大痛苦”，譬如某农妇不小心打碎一鸡蛋，想到鸡蛋孵化为小母鸡，小母鸡长大再产下很多鸡蛋，鸡蛋再孵化成小母鸡，农妇于是伤心大哭：“我失去了一个养鸡场。”还有一个笑话，说的是一个女孩最后自杀了，因为早上刷牙很麻烦，尤其是想到还要活几十年，天天早上要刷牙，不如死了算了，最后就真的死了。这个笑话过于幽默了。

同理，态度也决定审美。正如歌曲《不醉不会》所唱的：“醉眼看世界，世界随我陶醉。”宋代无门慧开禅师（1183—1260）说：“春有百花秋有月，夏有凉风冬有雪。若无闲事挂心头，便是人间好时节。”他日夜参悟一个“无”字，于是便提出要有“平常心”的心态，这首诗便是对这种生活态度之审美效果的描述。苏轼《水调歌头·快哉亭作》中有一句话“一点浩然气，千里快哉风”，我们可以把它理解为“因为……所以……”的结构。他还说过：“庐山烟雨浙江潮，未到千般恨不消。及至到来无一事，庐山烟雨浙江潮。”这也是关于态度与审美之因果结构的例证。其他如陆九渊《象山全集》

卷一的“宇宙不曾限隔人，人自限隔宇宙”，程颢《秋日》的“万物静观皆自得，四时佳兴与人同”以及《世说新语・言语》关于梁简文帝萧纲所讲的“会心处不必在远，翳然林水，便自有濠濮间想也，觉鸟兽禽鱼，自来亲人”，也都是在说明态度与审美之间的必然联系。

反过来，非审美心态则会打断审美活动。简・爱很喜欢乔纳森・斯威夫特的《格列佛游记》，但是有一次她被毒打，再看这本书时，却一点兴致也没有了。另一个例子是白日鼠白胜智取生辰纲时唱的那首打油诗：“赤日炎炎似火烧，野田禾稻半枯焦。农夫心内如汤煮，公子王孙把扇摇。”在“农夫心内如汤煮”的时候，太阳与夸父眼中的就完全一样了。宋代诗人潘大临，在秋后的一个傍晚，躺在床上想象着即将到来的重阳佳节，在听到窗外的风雨声后，不禁诗兴大发，跳下床来，在墙上挥笔写道：“满城风雨近重阳。”刚写完这七个字，就听见外面有人敲门，原来是有人向他逼租。当他费尽口舌把催租人打发走，想再提笔续诗时，感觉全部飞走了，因为心情被破坏了。于是，这二分之一句诗，成为他一辈子最有名的诗。

4. 审美理想：给自己定一个有难度的向往

理想是人们希望达到的超出现实的某一高度，或者说是人们在心中设定的高于现实的近期目标或远期目标。审美理想则是人们希望达到的超出现实的某一审美高度，或者说是人们在心中设定的高于现实的不同层次的美。这就是说，不管是一般的理想还是审美理想，理论上与现实是相对的，凡是现实的都不是理想，凡是理想都属于未曾到来的现实。它高于现实，处在现实的“远方”，所以沉溺于现实，理想便无法光顾。这正如王夫之所说：“数米计薪”，则“日以挫其气，仰视天而不知其高，俯视地而不知其厚，虽觉如梦，虽视如盲，虽勤动其四体而心不灵”。但是，只要具备合适的条件，理想又可以转化为现实。在日常用语中，“理想”常与“浪漫”“目标”“高度”“梦想”“可能性”“终极”近义，它可以引导人，却也可能制约人。引导我们的时候，它是灯塔，是动力，是方向。理想的高度往往决定人的高度。制约我们的时候，它可能是庸俗，如果理想过低的话；它可能是狂妄，如果理想过高的话。过低的理想是可怜的，它决定人生没有高度；过高的理想是可怕的，它可能使自己的人生和别人的人生都陷入疯狂。理想应该既富有一定高度，又具备实现的可能性。

从定义可以看出，审美理想的特点是：首先它具有阶段性。从个人来说，人在不同的人生阶段会萌芽不同的审美理想。小时候觉得最美的是县城，慢慢大了，然后小县城太小了，然后连省城都觉得太小了。眼睛还是只能看清面前的几丈远，心中的蓝图却变大了。从民族国家来说，审美理想也具有阶段性（也就是时间性、历史性），譬如汉代赵飞燕式的女孩子是美女的样板，唐代就变成了以杨玉环为样板，这几乎是中国人都知道的历史常识。美国在20世纪有一段时间流行骨感美，它不仅成为一个阶段人们的审美趣味，也成为当时很多人的审美理想。骨感美只有形式没有内容，所以现在并非是人们普遍的追求了，现在大家最想要的是性感美，它完全不等于骨感美。亮出骨头和亮出性感是两回事。其次，它具有普遍性。就是说审美理想具有一定的共同内涵和标准。譬如现实世界中很少有事物真正符合黄金分割率，但它是全世界几乎都认可的理想尺度。所谓“一定”，言下之意就是“普遍性”本身也不是绝对普遍的，它可能是全世界范围之内的，也可能局限于一个国家之内，甚至限定在某类人那里。譬如法国女作家萨冈（1935—2004）说过：找一个老男人养着自己，找一个小帅哥仰慕自己。这种理想可能只是一部分女性的想法。最后，它具有差异性。这在谈普遍性时实际已经预示了。这又分为个人的、民族内部的和民族之间的差异。个人理想的差异性可能最为鲜明。有些人的“理想”很“现实”，有些人的“理想”却过于“理想”，然后便高不成低不就，最后就没有理想了，因为有理想也没有用了。民族内部的审美理想也是有差异的，譬如在中国古代，儒家的理想是人与社会之间的和谐，道家的理想是人与自然之间的和谐。民族之间同样如此。譬如中国艺术的一个审美理想是意境，而西方艺术的一个审美理想是典型。

理想在现实中实现，逻辑上它便成为现实的一部分，所以艺术才成为人们“现实地”观看理想的平台，艺术是构造理想和呈现理想的沃土。譬如中国第一部网络小说——蔡智恒的《第一次的亲密接触》——中就充满了对女子美貌的理想化描述：

我肯定没有人会质疑这个女孩子（“轻舞飞扬”）的美丽。我没有很高的文学造诣，所以要形容一个非常美丽的女子时，就只有闭

> 月羞花、沉鱼落雁、国色天香和倾国倾城之类的老套。只怪我是学工程的，总希望美丽是可以公式计算或用仪器测量。但美丽毕竟只是美丽。美丽是感性，而不是理性。在成大，故相传着一句话：“自古红颜多薄命，成大女生万万岁”。如果一个女子的寿命真的跟她的美貌成反比的话，那么轻舞飞扬一定很短命。这么美丽的女子，是不应该和我的生活圈子有所交集。……第一眼看到她时，我就被她的脸孔勾去了两魂，被她的声音夺走了六魄。只剩下一魂一魄的我，根本来不及看清楚她身材的高矮胖瘦。

寄托理想最为露骨的莫过于后来的网络穿越小说和电视穿越剧，里面表达了人类三类最重要的理想：第一是占有时间；第二是成为英雄；第三是完美爱情。说它们“露骨”是因为这些理想中有许多是很现实的期待，譬如爱情主角既要“高富帅”，还需要是“高富帅”里的第一名，所以其中多是皇帝为主角。谁能比皇帝还“高富帅”，所有的“高富帅”都在他手里被攥着。这种对于理想的“书写”，其实是人们现实标准的过度投射。

5. 审美趣味：给自己定一个纯正的品位

审美趣味与审美理想是联系非常紧密的一对词。审美趣味包含于审美理想中，同时审美理想又引导审美趣味。陈寅恪曾说中国文化历经数千年之演进而“造极于赵宋之世”，所以“雅”成为宋代的一个审美理想，而这一审美理想落实于读书人生活中，便形成流行于整个朝代的重“雅”的审美趣味。“雅”是文雅也是高雅，是温和有礼文质彬彬。所以整个宋代的良臣清吏是历史上最为多见的，范仲淹、欧阳修、司马光、王安石、苏东坡等等，都是品性纯良的好官。这与时代的文化和审美具有必然的联系。

尼采说：把自己的生活当作一件艺术品去过。这就是去过一种有审美趣味或朱光潜所说的“纯正趣味”的生活。那么何谓审美趣味呢？它就是指人们在审美过程中所表现出来的相对稳定的情趣、爱好、品位等，是社会影响和个人素质在审美上的综合体现。① 它理论上应该是正面的有积极意义的，

① 邱明正，朱立元主编. 美学小辞典(增订本)[M]. 上海：上海辞书出版社，2007：103.

否则应无资格叫作审美趣味，因为审美趣味首先应该是对“美”而体现出来的趣味或具有美的意义和高度的趣味。所以现实生活中那些恶俗或低俗的趣味不应该叫作审美趣味，譬如“嗜痂成癖”之类怎么能叫审美趣味呢？契诃夫讲过一个例子，说的是某四等官眺望着美丽的景色说：“这是何等绝妙的自然的排泄作用啊！”① 这也不是审美趣味。与审美理想一样，审美趣味既具有普遍性又具有差异性，既具有稳定性又具有变异性，既具有主观性又具有客观性。英国的休谟主张“趣味无争论”，即认为趣味各个不同，完全是主观的、变化的，所以不存在判断趣味的普遍客观稳定的标准。这一看法是片面的。趣味诚然存在差异性、主观性和变异性，但也具有某些方面的普遍性、稳定性和客观性，只是与审美理想一样，这种普遍性、稳定性、客观性也是相对的。一般而言，某些不涉及内容的形式趣味，譬如对女子S形身材的喜好，更容易成为普遍稳定客观的标准。某些涉及内容的审美趣味则较为容易变化因而显得不客观不稳定，譬如中国的“三寸金莲”，按照今天的趣味标准看，这完全属于不正常的“恶趣”或“伪趣味”。

北宋郭熙《早春图》▶

我们再来了解一下趣味差异性的问题。它首先表现为个体差异性。一个段子是这样说的：诗人说大海很美，可是渔夫却很不好意思地说，我觉得大

---

① ［俄］契诃夫．契诃夫手记［M］．贾植芳，译．长沙：湖南文艺出版社，2005：22．

海没有什么可看的，倒是屋后的这一园子菜还不错。这就是差异。美国某网站曾经评选出全球“最美”十大美女明星：奥黛丽·赫本、美国歌手奥莉薇娅·纽顿、《变形金刚》主角梅根·福克斯、早期好莱坞明星格蕾丝·凯丽、玛丽莲·梦露、章子怡、西班牙语系艺人詹妮弗·洛佩兹、早期好莱坞明星贝蒂·戴维斯、《永不妥协》主角茱莉亚·罗伯茨、《星球大战》主角卡莉·费希尔。这其实是颇为人所非议的仅有局部代表性的名单，因为美的趣味无法量化，凭什么说她们就是最美的。又如书法领域文征明与和珅都是小楷名家，但审美趣味截然不同，和珅的“泥金书”鲜明地体现了一个极度富有的大贪官的穷奢极欲。再如郑板桥的审美趣味也有自己的特点，体现了一个读书人自己独特的追求和品位。他的“难得糊涂”天下知名：聪明难，糊涂难，由聪明而转入糊涂更难；退一步，放一着，当下心安，非图后来福报也。他在《书七绝十五首长卷》(其一) 中还写道：“船中人被利名牵，岸上人牵名利船。江水滔滔流不息，问君辛苦到何年。”这些都体现了郑板桥对人世的清醒认知和一种高远的审美品位。

其次表现为民族差异性。譬如南太平洋岛国汤加有以肥为美的习俗，在非洲某些部落也存在对肥胖的爱好；日本人则忌讳 4（日语发音“死”）与 9（日语发音“苦”）；山羊在英国是不正经男子的象征；中国熊猫这一国宝，在伊斯兰国家却有人不喜欢；孔雀在欧美是祸鸟，而马在那里则被认为是吉祥的化身。再一个著名的例子是很多西方国家对数字 13 和星期五的忌讳。

另外也表现为时代差异性。譬如艺术趣味在古希腊是单纯、静穆，在中世纪是沐浴于神学当中，在文艺复兴是回归古希腊并具有世俗性，到 19 世纪法国古典主义是典雅、高贵，再到 20 世纪绘画领域的印象派、后印象派、立体主义等，便变成颠覆传统强调主观印象。再如中国，唐代有所谓盛唐气度，这里面即包含着唐代一段时期内最令人神往的审美趣味，出现了所谓的盛唐“三绝”：李白诗歌、裴旻剑舞、张旭草书。而到了宋代，时代趣味和艺术理想转为“淡远”，这与“雅”的审美趣味是相关的。诗歌、书法、绘画、实用工艺等都体现出这种淡远清雅的趣味。大家可以去看看宋代的哥窑、定窑、钧窑、汝窑这些官窑留下的产品，色彩都是单一而洁净的。宋代瓷器留下了一个非常有特色的艺术形式：“开片”，但它没有扰乱整个时代对“淡”的艺术追求。宋代艺术展现了极其精湛的技巧和富有鲜明时代性的审美特征，在艺术品位上达到后人几乎难以企及的高度。

三、审美心理：从感觉到理解

审美活动包括审美创造与审美欣赏两个方面。审美创造一般有三个阶段：生活积累—心理构思—符号传达。审美欣赏一般也有三个阶段，可以用三个字来表示：观（主体：感知接触；客体：表象形式）—品（主体：情思投入；客体：形象体系）—悟（主体：理性悟解；客体：内在意蕴）。在这些过程中，常常要运用的心理因素有感觉、直觉、知觉、想象、情感、理解等。

1. 审美感觉：接触一下再说

审美感觉是指人的心理对直接作用于感觉器官的外在对象的形式和个别属性的审美把握。审美感觉与一般感觉一样，还停留在见树不见林的阶段，即缺乏对感觉对象的整体综合。所谓审美把握，就是说审美感觉不同于人的一般感觉：审美感觉是非功利性的，而日常感觉一般是功利性的。审美感觉的非功利性由审美总体上的非功利性所决定。下面讲到的各类心理活动，绝大多数都可以联系非功利性这一审美的总特点去看待。当然另一方面，审美感觉又以日常感觉为基础。

第一个问题是审美感觉的作用。审美感觉对于审美发挥着基础性作用，在审美过程中处于重要位置。具体来说，审美感觉的作用主要体现于两方面：

一方面，审美感觉的感受是审美活动的起点。王夫之曾经说过："身之所历，目之所见，是铁门限。"亚里士多德《论灵魂》指出："离开了感觉我们既不可能学习也不可能理解任何事物。"① 帕克也说："感觉是我们进入审美经验的门户，它又是整个结构所依靠的基础。"② 这些论述从不同角度说明了一般感觉和审美感觉对于人的认知和审美所具有的基础性作用。譬如我们要了解洛可可风格的德国宫廷瓷器，审美的感觉是第一步，只有先感觉了，才能具体明白它的精致繁复达到了什么程度。

---

① [古希腊]亚里士多德. 亚里士多德全集(第三卷)[M]. 苗力田，等，译. 北京：中国人民大学出版社，1997：83.

② [美]帕克. 美学原理[M]. 张今，译. 北京：商务印书馆，1964：50.

另一方面，审美感觉是其他心理活动如审美情感、审美想象、审美理解的基础。《文心雕龙·物色》写道："目既往还，心亦吐纳。"意思是讲，首先有目光的流连，然后才有心灵的感发与倾吐，这也是中国"比兴"的一种理论描述。如果我们没有到过桂林和阳朔，我们就无法真切理解韩愈对桂林山水的形象描绘："江作清罗带，山如碧玉簪"，也无法具体想象桂林山水"山清、水秀、洞奇、石美"的景观特色，同样无法涌起"桂林山水甲天下，阳朔山水甲桂林"的赞叹之情。

◀ 弗拉戈纳尔《秋千》

叶燮《原诗》外篇云："天地之生是山水也，其幽远奇险，天地亦不能一一自剖其妙，自有此人之耳目手足一历之，而山水之妙始泄。"自然审美如此，艺术审美亦如此。只有首先通过感觉，作为法国 19 世纪最知名风景画家的柯罗（1796—1875），以及他柔和、鲜活的画风，才能真正开始进入我们的世界。对待艺术家和他们的作品，真正去接触才是最好的致敬方式。法国画家布格罗（1825—1905）强调运用幻想的方式，关注母爱的表达，尤重女性美的塑造，画面形式优美，具有明显唯美的倾向，至于如何唯美，看了之后大家才会真有感受。再介绍一下洛可可绘画。洛可可一词源于法文 Rocaille，原意为岩石、贝壳。洛可可艺术运动波及建筑、绘画等领域，始于 18 世纪的法国，鼎盛期是 1830 年代到 1880 年代，在 17 世纪巴洛克风格的基础上发展而成。洛可可绘画在法国的代表主要是华铎（1684—1721），他的代表作是《发舟西苔岛》[①]，还有弗拉戈纳尔（1732—1806），其代表作是装饰性木板油画《秋千》，1766 年开始创作，1768 年完成。洛可可风格的绘画和建筑，如不亲自感受，无论怎么讲解都没有办法领略其特色，也无法知道它们做艺术的“加法”达到了何种程度。在绘画中描绘树林时恨不得将所有的绿色都添加上去，在建筑中装饰房屋时则恨不得将所有的线条都粘贴上去。它们是西方加法艺术的极致。

第二个问题是审美感觉的产生。谈了审美感觉在审美中的作用，接下来便解释审美感觉如何产生的问题。这需要联系中国的“物感说”来解释。中国古典美学所提出的“物感说”，是专门针对审美活动尤其是艺术创作而言的，其主要意思是：艺术创作首先来源于我们对“物”即客观的对象世界的感受，“物”是情感的根源，也是艺术的根源。这是一种朴素而正确的常识性认识，中国人喜欢把这种观点叫做朴素唯物主义。“物感说”最早出自《乐记》的“人心之动，物使之然，感于物而动，故形于声”。刘勰《文心雕龙·明诗》的“人禀七情，应物斯感，感物吟志，莫非自然”以及钟嵘《诗品序》的“气之动物，物之感人，故摇荡性情，形诸舞咏”，也都是“物感说”方面有名的表述。不过须知道的是，物感说虽然正确地指出了感知外物是艺术创作的第一步，但情感表达或情感本身才是艺术创作的中心，这是中国抒情型文艺之形成的理论前提。在进行中国艺术的审美时，不可不知道这一情况。

第三个问题是审美感觉的培养。我们认为审美感觉是需要培养而且可以培养的。一个具有良好审美感觉的人，应该做到在本性或禀赋方面的“易于感受”、态度方面的“乐于感受”和能力方面的“善于感受”三个方面。

“易于感受”即容易为世界所打动，敞开所有的感官，随时准备迎接扑面而来的一切。感官的敞开是由于心在敞开。心闭上，世界就闭上。感官的敞开，其潜台词是，这是一个有“爱”有“情”的人。从最初的层面讲，审美就是感官的敞开，审美的世界因而是有情的，也因而是形象的。

“乐于感受”即喜欢去与世界打交道。这主要是从态度方面而言。易于感受，一层意思是世界到了你面前，你容易去感受；乐于感受，则有另一层意

① 希腊神话中的爱情岛与诗神游乐之岛。

思，即你不等世界来到你面前，你就找机会，主动去到它的面前。审美不是世界发现人，而是人去发现世界。

"善于感受"主要是指能力问题，即懂得如何去感受。比较而言，乐于感受是态度问题，善于感受是方法问题；乐于感受是倾向问题，善于感受是能力问题。很多人在世界来到自己面前时，不知道有这样一个世界的存在，也不知道世界为什么会来到自己的面前。如此的世界只能无奈而且委屈地沉默着。只有善于感受世界，进入世界，才有拥有属于自己的世界，就像月亮之于李太白，琵琶之于白居易，西湖之于苏东坡。譬如"水光潋滟晴方好，山色空蒙雨亦奇。欲把西湖比西子，淡妆浓抹总相宜"，一个简单的对比（晴——雨），一个精妙的比喻（西湖——西子），苏东坡将自己的感受提炼为最精简的形式，于是他便拥有了一个绝色的西湖！

第四个问题是审美感觉的特殊形式。审美感觉有两种特殊形式：直觉和通感。直觉不仅是感觉的一种特殊形式，也是思维的一种特殊形式，即一种非理性的感知与思维方式。审美直觉是指在审美活动中，人不经明显的理性思维过程，而仅靠直接感知来获得情感愉悦、把握对象意蕴内涵的一种心理过程和心理能力。审美首先的一步是对美的东西的直觉，所以很多人都把审美叫做"形象的直觉"。不过审美绝不仅仅是直觉的事情，它还需要理性的参与。

审美直觉具有四个方面的特点：其一，从思维发生时间来看具有直接性和即时性。直觉的字面意思即是直接感觉和当下觉解。其二，从思维对象与结果看具有形象性。审美直觉的对象是具体的形象或形式，其结果是呈现出感性的画面，这是由美本身的特点决定的，因为美的世界必然是形象的世界。其三，从思维的方式来说具有非理性和感悟性。直觉沉淀着理性但没有明显理性思维过程，而是一种感悟性的非理性形式。正如毕飞宇所认为的，没有推理而直接抵达结果就叫直觉。① 其四，从思维的准确度看具有待证性和模糊性。审美直觉与一般直觉一样是未经证明因而有待证明，很多时候只可意会不可言传。言下之意是直觉有可能是错觉。任何人面对任何事都会有直觉，但没有准备没有基础的直觉可能是错误的或不深入的。小孩子和艺术家面对

---

① 毕飞宇.小说课[M].北京：人民文学出版社，2017：169.

一幅画都会有直觉，但直觉的方式和内容是完全不同的，小孩子的直觉较为粗浅，而艺术家则可能对画的内涵会有较深刻的直接把握。在此意义上，我们可以讲，小孩子对于画，其实并不具备真正的直觉。

通感即人的感觉之间的相互挪移和贯通，即如钱钟书《管锥篇·全后汉文卷一八》所讲：眼耳鼻舌身所造成的“五蕴”（色受想行识）“异趣而可同调，分床而亦通梦”。为什么会存在通感现象呢？认知心理学认为是由于各感觉之间存在者某些共同的转换规则。格式塔心理学的解释则是：各感觉在力的结构、方向和强度上具有一致性因而具有相通性。它们用当时最新的生理科学和心理科学来解释审美问题，虽然留下不少疑问，但确实是新颖且富有启发性。

2. 审美知觉：整体大于部分之和

如果说审美感觉是直观地感受事物的形式和局部个别特征，审美知觉则是审美感觉的发展，是指人脑在审美感觉基础上，对事物的整体性和事物之间的关系的审美反映。通过人的审美知觉活动的综合、概括而存在于大脑中的完整的形象，就是所谓的审美表象。从对比角度看，感觉是对事物个别属性的把握，处于见树不见林、“瞎子摸象”的阶段，而知觉是对局部感觉之综合，处于整体心理映射的更高阶段。

审美知觉作为一种心理活动，具有三方面的作用：完形作用、选择作用和抒情表意作用。知觉三个方面的作用也是知觉特性的反映，即知觉具有三个特点：完形性、选择性、抒情表意性。

第一，知觉的完形作用。德国的完形心理学派曾经认为人的知觉有一种把客观事物当成一个整体来把握的趋向和能力。比如当 B 处于 12 与 14 之间，往往容易被念成 12、13、14，而当 B 处于 A 与 C 之间，则会被念成 A、B、C。在此基础上发展而来的完形心理学美学着力研究审美与人的视知觉问题，认为人的视知觉的特点就在于把客观事物当成一个整体来进行审美把握，提出“整体大于部分之和”的观念，即认为整体不等于部分的简单拼凑，对象的各个无机的部分经过知觉的完形，能成为一个有机的生命整体。完形心理学美学是在 1912 年诞生于德国的完形心理学的基础上发展而成。它是受自然科学尤其是心理科学影响很深的一个学派，主要代表是美籍德国美学家阿恩海姆，他最有名的理论成就在于“同形同构”说或“异质同构”说。这一理论的核心观点是认为人的“心理场”（心理的力场）与物理世界的力场之间性质不同但结构相同，二者结构相同相应时，人就有审美快感，将美的根据置于人的心理结构与事物结构之间的相应上面，为我们理解审美现象提供了一个富有意义的理论武器。

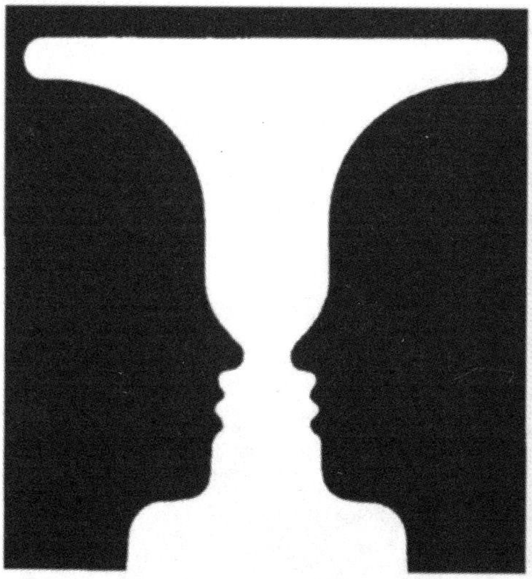

▲《鲁宾之杯》与《老妇人与小姑娘》

第二，知觉的选择作用。受对象本身的特性和人的认识水平、心理状态的影响，知觉会对客观世界作出不同的选择，从而在人的大脑中构成不同的形象。这就是知觉的选择作用。著名的《鲁宾之杯》以及《老妇人与小姑娘》之类，都是说明知觉选择功能的佳例。《鲁宾之杯》中是两个面对面的头像还是一个杯子？这与知觉的选择相关。知觉一旦进入某一整体印象，一时还很难跳出来。比如面对《老妇人与小姑娘》，你把它看成老妇人，想要再回到小姑娘的印象，有时还比较难。再如一个大正方形，里面一个小正方形，用四条线将对应的四个角连在一起，面对这个图形，知觉选择角度不同，人们大脑构成的表象也会不同，或者像一个灯罩或电视机尾部，或者像截去了尖顶的金字塔，或者像幽深的走廊或隧道。

知觉的选择作用也体现于具体的艺术创作。譬如清人施补华《岘佣说诗》提到：“同一咏蝉，虞世南‘居高声自远，端不借秋风’，是清华人语；骆宾王‘露重飞难进，风多响易沉’，是患难人语；李商隐‘本以高难饱，徒劳恨费声'，是牢骚人语，比兴不同如此。"① 同样是选择蝉来抒情，但是内涵不同意味不同，原因就在于不同的人选择了不同的知觉角度。又如绘画时的构图与造型。人的感知觉往往有左重右轻的特点，所以在艺术创作尤其是绘画和雕塑创作时，应该要考虑构图的均衡问题。一般左边要“重”一点才会协调，如果右边“重”了整个画面就会有倾斜失重的感觉。在拉斐尔的《西斯廷圣母》中，他便是巧妙地将使徒置于左侧，使之占据一个相对较大的位置，其目的就是为了避免产生失衡的视觉效果。

▲拉斐尔油画《西斯廷圣母》(1513—1514) **与丢勒水彩画《青草地》**(1503)

第三，知觉的抒情和表意作用。这是说，知觉一方面受人的心理的影响，另一方面又必然反映人的心理，成为抒情和表意的中介与桥梁。譬如丢勒的水彩画《青草地》(1503) 就是画家对大自然充满挚爱的体现，可以想象他作画时对着花草痴迷的样子。又如秋瑾《对酒》:“不惜千金买宝刀，貂裘换酒也堪豪。一腔热血勤珍重，洒去犹能化碧涛。”秋瑾，祖籍绍兴，生于福建，嫁于湖南双峰一王姓富

① 参见龙协涛编著. 艺苑趣谈录[M]. 北京：北京大学出版社，1984：312.

绅，先葬于杭州西湖，后迁葬湘潭昭山，复迁葬杭州西湖，潇湘三女杰之一(另两人是衡山唐群英和双峰蔡和森之母葛健豪)。看了秋瑾她们的事迹，除了敬佩到流泪，还想一头撞死在南墙。她完全可以过上阔太太的生活，“群氓”之水深火热，与一个女子何干呢？与一个阔太太何干呢？可是，出于新思想的召唤和个人的心志，她走出了湖南，走出了中国，并把一种启蒙一种革新带回浙江，带回中国，最终殒身于光亮即将到来的这一片土地之上。这是真正的女中豪杰，真正的巾帼不让须眉甚至远胜于须眉。“宝刀”“热血”，而非“脂粉”“红装”，才可以表达一个英烈的壮阔情怀。

3. 审美想象：作为美学事件的“灵魂出窍”

在审美活动中，联想和想象是必不可少的。在分析想象之前，我们先简单介绍联想。审美联想是审美想象中的基础形式，是指由某一“触点”引发出来的一种特殊的审美想象形式。因此，如果说想象是直线或四处发散的线，那么联想则是射线。审美中联想的主要规律有接近律、相似律、对比律以及因果律，因此联想主要包括接近联想、相似联想、对比联想和因果联想四种类型。接近联想产生的原因在于事物之间时空上的接近。相似联想产生的原因在于事物之间性质、状态上的类似，如白居易所写的“樱桃樊素口，杨柳小蛮腰”，人面桃花相映红、释迦果的命名，诸如此类也是相似的联想形式。对比联想比较好理解，它产生的原因在于事物之间性质、状态上的相反或相对。龙应台《野火集》里有一句话，“时间很长，路却走得不十分远”,[①] 这句话读了之后就有点感触，在长与短的对比中，将一些生命当中的蹉跎之类表达了出来。因果联想产生的原因在于事物之间具有类推关系，表现为由因至果或由果至因。因果联想几乎到处都是，譬如大家很熟悉的《关雎》中的“关关雎鸠，在河之洲；窈窕淑女，君子好逑”，仔细分析起来也可算是因果联想。广泛地说，一切联想皆可视为因果联想，同时需强调的是，这四种联想方式也就是人的四种思维方式。我们的意思是，我们在了解它们时，不要仅仅当作一种知识对象，而是要当作四种具有实践操作性的思维形式去运用。理论既是观点，也是方法。明白这一点，很多学习就变得更具有实践意义了。

---

① 龙应台.野火集[M].上海：文汇出版社，2005：29.

关于审美想象，历史上有许多的描述。黑格尔就指出：最杰出的艺术本领就是想象。[①] 法国象征主义诗人波德莱尔也说：想象力是人的一切能力中的皇后。中国古代关于想象最生动的描绘，来自刘勰《文心雕龙·神思》："古人云：'形在江海之上，心存魏阙之下。'神思之谓也。文之思也，其神远矣。故寂然凝虑，思接千载；悄焉动容，视通万里；吟咏之间，吐纳珠玉之声；眉睫之前，卷舒风云之色。是以陶钧文思，贵在虚静；疏瀹五藏，澡雪精神。积学以储宝，酌理以富才，研阅以穷照，驯致以绎辞。……登山则情满于山，观海则意溢于海，……意翻空而易奇，言征实而难巧也。"这一段话说明想象是远距离的思维关联，是内心平静之时的思维驰骋，是将情感付诸于一切外物的思维活跃。

再来到概念问题。所谓审美想象，是指人在头脑中复现原有记忆或对原有记忆进行加工、改造，形成新的审美形象的心理过程与心理能力。一般分为再现性想象和创造性想象两种类型。但其实，凡是想象，皆有一定的创造性。所谓再现性想象，它的再现性也是相对而言的，不可能绝对地与生活雷同。

想象是艺术活动与审美活动的中枢及基本动力。它的最大最明显的功能就是："无"中生"有"。凡是想象，都有创新（"无"）。会"想"，才可能会"做"。这在艺术领域体现得最为明显。所以这里我们主要从艺术方面来分析审美想象的功能，但是对于其他审美活动来讲，中间的道理是相通的。具体来说，对于审美尤其是艺术而言，想象的功能体现在以下几方面：

首先，变无机为有机，使分散成整体。想象是涂色棒和黏结剂，使分散的无机的材料成为富有生机和情趣的整体。石涛讲过，艺术创作就是"搜尽奇峰打草稿"，而想象就是将分散的山水印象融合为一体的有机的山水画卷。山水画就是无机之自然的有机化呈现，即是讲，经过艺术家的想象和描绘，无生命的材料成为了具有生机和意味的美的画面。

其次，变无色为有色，使旧貌换新颜。艺术创作，就是一个让没有意思的东西变得有意思、让有意思的东西变得更有意思的过程。张爱玲在《封锁》中写道："在大太阳底下，电车轨道像两条光莹莹的，水里钻出来的曲蟮，抽

① ［德］黑格尔. 美学(第一卷)［M］. 朱光潜，译. 北京：商务印书馆，1979：348.

长了，又缩短了”；其中还写到某大学英文系助教吴翠远，长得还不错，“可是她那种美是一种模棱两可的，仿佛怕得罪了谁的美，脸上一切都是淡淡的，松弛的，没有轮廓”，她的手臂，“白倒是白的，像挤出来的牙膏。她的整个的人像挤出来的牙膏，没有款式”。这里作者用牙膏来形容一个人，可算是旧词有了新貌，极富想象和思维的撞击力，逼着我们去想象牙膏和人到底有什么关系。这是张爱玲语言方面的厉害之处。

再次，变无形为有形，使抽象成具象。形象与抽象相对。艺术中的抽象，从客观存在状态而言，多指情思，亦可指无形之物。艺术最忌讳的是口号式的抽象，而它最擅长的乃是使抽象的东西变得具体形象，使内在的东西转变为具有外在感性形态的东西，使无形的东西成为一个有形的实体性存在，如清代江堤《彦冲画柳燕》云：“柳枝西出叶向东，此非画柳实画风。风本无质难上纸，巧借柳枝相形容。”清代哈斯宝《〈新译红楼梦〉回批》第三十七回批语写道：“作画之人虽能绘花，却画不出花香，故在花旁画蝴蝶飞舞以示花香。这不是画蝴蝶仍是画花。虽能画雪，但画不出雪寒，所以要画个雪中烤火的人以示雪寒。这不是画火仍旧是画雪。”这也是讲无形如何有形化的问题。

最后，化有限为无限，从此岸到彼岸。对于艺术来讲，无论从其符号还是形象来讲，都是有限的，但艺术从来不只是符号，不仅仅只有形象，也不单单是对现实世界的简单模仿，闻一多因此讲，绝对的现实主义是艺术的破产。艺术经由想象，可突破诸种有限性的框范，使个别的形象能够传达普遍意义，使固定的符号成为包孕丰富意义和意味的储存器，吸引接受者来解读它们，进而引领人类精神向未知世界进发，在此意义上才有了“说不尽的阿Q”的说法。

关于审美想象的原则，我们在这里主要提两个：一是贴切，二是距离。前者是基本要求，后者是高要求。《世说新语》记载了东晋才女谢道蕴的一个故事。一日下大雪，她叔叔谢安出了一句诗“大雪纷纷何所似”，要家人接下来写。她堂兄抢先回答：“撒盐空中差可拟。”谢安表情如何，历史没有记载，据推测应该不是很满意。谢道蕴回答道：“未若柳絮因风起。”谢安此时的评价如何也不甚清楚，据推测却应该是高于她堂兄的。她堂兄的失误主要在两方面：一是不贴切。这是下大雪，不是下雪粒子。二是不高雅。撒盐这样厨房里的事情亏他也敢拿出来入诗。谢道韫的诗则既贴切又高雅，选柳絮这么一个诗中的“常客”，刚好可以描写卷而又落落而又卷的景象。这才是魏晋想要的“风度”。再看俗诗描写雪景：“江上一笼统，井上一窟窿，黄狗身上白，白狗身上肿。”唐代张打油的这首诗俚俗诙谐、贴切真实，但过于实在，想象的两端就缺乏了距离。诗歌是不能写得太实的。反差越大，距离越远，想象的魅力和表现力才越大。这也是钱钟书的看法，他认为想象或比喻应该远取譬而不是近取譬。譬如形容一个人从外边回来，身上沾着尘土，他比喻说是贪官刮来的地皮。又比如说“挤死我啦”“挤扁我啦”，这也未尝不是一种修饰和想象，但不如说“把我挤成相片啦”。前者既缺乏形象化又拉不开距离，后者却既形象又拉开了一定距离。丰满的活物与薄如一张纸的静物，这中间是有反差因而有张力的，也因而产生了距离。

关于审美想象的特征，我们想指出如下几点：

法国布歇的洛可可绘画《蓬巴杜夫人》▶

其一，审美想象具有超时空性。这是审美想象非常自由的证明。晋代陆机《文赋》的“精骛八极，心游万仞”，“观古今于须臾，抚四海于一瞬”，“笼天地于形内，挫万物于笔端”，形象而且优美地说明了审美想象的超时空的特点。章学诚《文史通义・易教下》云：“《庄》、《列》之寓言也，则触蛮可以立国，蕉鹿可以听讼；《离骚》之抒愤也，则帝阙可上九天，鬼情可察九地……愈出愈奇，不可思议。”《庄子・则阳》里蜗牛角上左边有触国右边有蛮国，《列子·周穆王》里砍柴人在梦里和生活里来回穿梭，《离骚》里思维一会儿到达九天之帝阙，一会儿又到达九地之冥界，这都是艺术想象超时空性的表现。

其二，审美想象具有创造性。这种创造性即创新性，是创作者主体能动性的体现。有一句话是这样的："我爸爸发现了我妈妈，爸爸和妈妈发明了我。"别小看这句话，其实这里面也是具有想象的新意的，对"发现"和"发明"作了贴切而且诙谐的运用。中国艺术领域比如文学、戏曲和影视中，存在着许多的粗汉子形象，单拿《水浒传》来说，其中就有鲁智深、李逵、史进、阮小七、焦挺，甚至武松也可被纳入进来。金圣叹在评《水浒传》时，对这些粗鲁汉子的描写给予了很高评价，认为他们个个具有个性和新意，这是作者施耐庵的一种能动的想象性创造。《说岳全传》里的牛皋、《三国演义》中的张飞、《隋唐演义》中的程咬金，这些富有新意、绝不雷同的莽汉形象，在民间流传很广，有些还深入人心，譬如想到岳飞，就不由自主会想到牛皋，这是岳飞忠实的"马前卒"。这些形象的神采，其实得力于创作者个人的创造性想象，当然同时也有历代艺人们集体想象的一部分功劳。

第三，审美想象具有形象性。审美想象的过程是伴随形象的想象，审美想象的结果是创造生动的形象。譬如法国布歇创作的富有洛可可风格的《蓬巴杜夫人》，其中的人物形象显得雍容大方，表达了布歇对自己艺术上的赞助人的一分崇拜的情感。我们有理由相信，画家在构思和描绘的过程中，其想象一定是相当具体形象的，唯其如此，这也成了布歇一生中最具有影响的作品之一。也可以用《欧罗巴情丝之一·邂逅》为例来解释："轻轻地拉着我的手，命运的弦在指尖颤抖。忧郁从你的眼中逃出，落进我的双眸。影子伴着秋叶，遗失在静寂的欧罗巴街头。我是个孤独的旅人，你在为漂泊搏斗。世界真不大，想不到在异国他乡还有这般温柔的邂逅。忘记了再握一次手，多想把这炙热存留。……地球只在你我脚下，旋转很久，停滞很久。因为太美好，在一起时只有默默地相望，谁也不开口。分开时默读天花板，梦落在枕上，不曾流走。那一个小小的夜晚不能重复不会重复。把你的青春和微笑夹在我心灵的书页里，把你那怯生生的发丝留在我的肩头。"在他乡遇上了故知，人海茫茫，就这样遇上了，作者无限欣喜和激动，发抒出来，便是这情诗一样的文字。滚动的情感，泛滥的想象，凝结着对生活的沉思，表现出来就是充满感性的一个个画面。但文学的想象或形象思维并不是无序的混乱的想象，而是有序的贴切的想象。作者为巴黎街头的偶遇惊颤不已，甚至都觉得是命运的眷顾，所以作者用“命运的弦”来形容，将命运之无形，配以有形之琴弦，而琴弦相关的必是手指，所以作者又用“指尖颤抖”贴切形象地表达心情的激动。作者用情感推动想象，又用形象来具体化想象。这就是艺术想象之形象性。“默读天花板”“梦落在枕上，不曾流走”也都是形象化的想象，或回味，或感伤，全都具体地被夹在“心灵的书页”、岁月的影集里。

◀ 法国马蒂兰·莫罗《爱侣》

其四，审美想象具有情感性。即它是包含着情感的想象。譬如列宾在创作名画《伏尔加河上的纤夫》之时，将一种真实的同情浇筑于纤夫们被绳索深深勒住的肩部，被木船重重拖住的脚步，以及那些或年老或幼稚的脸庞。这样才让人觉得画里的每一根线条都凝聚了作者的目光，沉淀着作者的感情。再如法国马蒂兰·莫罗（1822—1912）的《爱侣》，刻画的是希腊神话中一对亲密爱人达弗涅斯和克洛伊，他们因牧羊而相爱。雕刻家一定是满心欣喜地望着这一对爱侣，才能最后完成如此精美的作品。他选择洁白无瑕的大理石来雕绘这一对爱人，既是对他们纯洁情感的赞颂，又是出于雕刻家本人诚挚情感的推动。

再如北宋末年蒋捷的《虞美人·听雨》：“少年听雨歌楼上，红烛昏罗帐。

壮年听雨客舟中，江阔云低断雁叫西风。而今听雨僧庐下，鬓已星星也。悲欢离合总无情，一任阶前点滴到天明。”这里以充满情感的想象，告诉我们不同的阶段有不同的“景观”：少年是人生中最浪漫最快乐最具可能性（可塑性）的阶段，浑身都是热情和希望，人生的实务尚未真正开始且有他人代劳，所以看见的经历的多是“红烛昏罗帐”。中年是“承上启下”的艰难阶段，小的嗷嗷待哺，老的倚门守望，充当“砥柱”的付出便是江湖漂泊，一条客船，无数张旧船票，涂满了飘零，写满了孤独。老年处在时间尽头，头已白，心如僧，人生扫尾阶段，多半只剩下回忆。三个画面，蒙太奇一般闪过，念及此，思及此，人生无定，时间无情，不禁悲从中来，断断续续，痴痴傻傻，就像屋外细雨，点点滴滴，连绵不绝。词人心中情思翻滚、纠缠。生命，从绚烂到平淡，从可能到不再可能，从喧哗骚动到万籁俱寂，这便是词人对生命的叹息，也是词人对生命的开悟。

其五，审美想象具有非功利性和非逻辑性。人类的各种想象活动无疑有许多共同点，比如自由性、超时空性、创造性等，但审美中的想象活动又是一种独特的想象，它不同于科学的想象或一般日常想象，不需要去考虑现实的具体问题或理论研究中的实际问题，也不需要遵循生活的逻辑和形式的逻辑。譬如审美想象中，翱翔蓝天是惬意的、轻松的，享受即可，毫无外在的“负担”，而科学家想象的则是在翱翔蓝天时有哪些实际的具体的问题需要解决，他的想象不能过于任性和漫无边际，而是要“负责”的。

4. 审美情感：为你动心

审美情感是人们在感受世界的过程中心理上对外界刺激所作出的肯定或否定的审美反应。所以“情感”应倒过来理解——“感情”，“感”才有“情”（感→情）。唐代禅宗大师马祖道一说过：“心不自心，因色故有。”① 这实际说的也是感情从无到有（色→心）的过程。情感是一种能力。我们认为，这是对于情感的一种应有认识。我们很多人不是把情感当作能力来对待的，于是我们丧失许多生活的趣味和收获。我们应该学会“有情”。有情的人，是可亲可近可爱的人，“善于有情”的人，是和蔼的、宽容的、悲悯的人，是感知

① 普济. 五灯会元(上册卷三)[M]. 北京：中华书局，1984：128.

能力强的人。乐于感知，是释放情感；善于感知，则收获情感。人人皆有情，但有些人把它藏起来，有些人又不懂得激发它。只有艺术家和热爱审美的人，善于激发感情，也善于表达感情。

关于情感的类型，多种多样，可以从不同角度去分类。清末吴沃尧《恨海》第一回主要从对象方面对情感的多样性进行了描绘："对于君国施展起来，便是忠；对于父母施展起来，便是孝；对于子女施展起来，便是慈；对于朋友施展起来，便是义。可见忠孝大节，无不是从'情'字生出来的。至于那儿女之情，只可叫做'痴'。更有那不必用情，不应用情，他却滥用其情的，那个只可叫做'魔'。"同时，我们也可从情感的性质对它进行分类。"不戚戚于贫贱，不汲汲于富贵"，这有旷达之情。"横眉冷对千夫指，俯首甘为孺子牛"，这有奉献之情。"江山代有人才出，各领风骚数百年"，这有期许之情。"老骥伏枥，志在千里；烈士暮年，壮心不已"，这有执着之情。"落霞与孤鹜齐飞，秋水共长天一色"，这有欣喜之情。"名画应如诗卷读，溪声时作古琴听"，这有闲适之情。无疑，情感是审美和艺术中最活跃的因素。苏东坡的长辈兼好友吴复古说过：凡大英雄者，必有深情；凡深情者，方有大英雄。艺术领域也是如此。总体而言，艺术世界里常见的情感有四类：爱情、亲情、乡情（包括爱国之情）、友情。

其一，爱情。爱情的诗篇是最丰富最常见的，因为如袁枚所说："情所最先，莫如男女。""入我相思门，知我相思苦，长相思兮长相忆，短相思兮无穷极。"（李白《三五七言》）它也是最动人的。因为它是"爱"之中的"爱"，是最火热的爱。即使微弱也令人迷醉，即使艰难也不舍得放手。在爱情的艺术王国里，所以总是忘不了徐志摩和他那朵深情的水莲花："最是一低头的温柔，像一朵水莲花不胜凉风的娇羞"。从《读者》杂志看到一首小诗，也颇为感动："如果你下午四点来看我，这一天我就什么都不干，虚度光阴，静静地等你。即使上一次分别，只是在昨天。"① 爱情还是所有情感里唯一具有肉体性质的情感，因为这样，它也就是最令人迷恋的情感。正如英国安德鲁·马韦尔《致他的羞涩的情人》（节选）所写："我早该把你爱恋，/甚至比大洪水到来还早十年。/你也可以拒绝，如果你高兴，/直到犹太人皈依基督正宗。/

① 杨槐.如果你下午四点来看我[J].读者,2017(1):53.

我的植物般的爱仍会生长蔓延，/长得比帝国还要辽阔，还要缓慢；/我会用一百个年头来赞美/你的眼睛，凝视你的娥眉；/用两百年来膜拜你的身体，/其余部分要用三万个春冬”。

其二，亲情。如果说人们神往爱情，是因为爱情不仅满足人类的精神诉求，也满足人类动物式的本能，那么，亲情所呈现的，则是所有情感中最无条件的情感。无条件的爱，同时无条件的被爱，因为我们是血脉相连的亲人。亲情最崇高的代表，永远都是父母，即使永无回报，他们也绝不埋怨。在爱情中，可以为了爱而放弃爱，就像马斯洛娃对待聂赫留朵夫那样，但它大半停留在艺术的虚构里。在父母的爱里，同样可以为了爱而放弃爱，它在现实中就广为存在。不幸的是，我们常常遗忘他们，只是在“受伤”的时候，才转过头来。一代一代的中国人，就这样做着“不孝”的儿女，又最后成为最“无私”的父母。

◀ 罗中立的油画《父亲》

其三，乡情。家乡是心之所寄所系所安的地方，诚如苏轼所讲“此心安处即吾乡”。它多借物质形式来寻找精神归宿，真正的家乡可能并不是物质上的那个桃花盛开的地方。人的身体可以安放在任何一张床上，两米即可，甚至两尺亦可，也可以抛洒在任意一掊土里，而唯有精神，却需要“回家”。譬如于右任临终前的《望大陆》：“葬我于高山之上兮，望我大陆；大陆不可见兮，只有痛哭。葬我于高山之上兮，望我故乡；故乡不可见兮，永不能忘。天苍苍，野茫茫，山之上，国有殇！”精神上的家园感最难实现，因为它无关乎床，也无关乎房子，而是对“根”对“源头”的寻找。当然，很多时候，乡情与亲情是含混在一起的，乡情也可能就是亲情，譬如宋之问《渡汉江》就是如此：“岭外音书断，经冬复立春。近乡情更怯，不敢问来人。”薛道衡《人日（正月初七）思归》也是如此：“入春才七日，离家已二年。人归落雁后，思发在花前。”流氓+文盲的刘邦领着大脚皇后衣锦还乡，吟出了一辈子唯一一句名言：“大风起兮云飞扬，威加海内兮归故乡。”这是一个曾经的寒酸小子回家之时的志得意满。

其四，友情。什么是朋友？朋友做到什么程度是朋友？到什么程度朋友就做不成了？很不好判断。因为它是由心做主的。网友提供了一种答案：你犯错误的时候，等别人都来了再骂你的是敌人，等别人都走了才骂你的是朋友。电影《当哈利遇见莎莉》提出了一种看法：“爱情是灯，友情是影子；当灯灭了，你会发现你的周围都是影子；朋友，是在最后可以给你力量的人。”周华健《朋友》也有一种解释：“朋友一生一起走，那些日子不再有。一句话，一辈子；一生情，一杯酒。”我们认为，朋友是用“心”交出来的，这不仅是做人的一种姿态，更是做人的一种境界；不仅是做人的一种品格，也是做人的一种高度。艺术史上不乏对于友情的歌吟。韦庄《江上别李秀才》：“一曲离歌两行泪，不知何地再逢君？”龚自珍《投宋于庭》：“万人丛中一握手，使我衣袖三年香。”杜甫《客至》：“花径不曾缘客扫，蓬门今始为君开。”徐熥《酒店逢李大》：“十年别泪知多少，不道相逢泪更多。”这些都是描写友情的名句，其中有些诗句把友情甚至写到了爱情的地步，可能是因为在缺乏爱情的古代，友情的天地变得很宽广，却也变得更可贵。没有爱情的时候，如果连友情也没有了，这将会多么令人空虚。所以中国古代没有多少爱情诗，却充满关于友谊的书写。

再说审美情感的特质。审美情感与我们一般的日常情感是不太一样的。日常情感常常与个人利益相关，越对自己有利或有害的，情感反应便越激烈，比如自己买彩票中了500万，可能是会发狂的，别人中了500万，则可能很淡然或者很嫉妒，反正不会至于发狂的地步，当然日后要发狂地去买彩票除外。审美情感则与这种个人利益没有关系，看《甄嬛传》《醉玲珑》《三生三世十里桃花》之类影视剧，看得或义愤填膺或摩拳擦掌或涕泗横流，与买彩票之类的个人事务毫无关系，仅仅是因为我们带着感情走进了别人的人生参与了别人的人生。这份参与感无比认真，并且每个人都在心中编写好了续集，为自己钟爱的人物谋划好了出路，一旦与自己编写的续集不对路，情感反应或是“哦”的一声的释然或是在心里捶胸顿足，严重反应是吃嘛嘛不香。至此总结性表述是：审美情感具有明显的虚拟体验性，虚拟体验性类似于认真地真诚地参与别人的人生。

我们以《葬花吟》为例来体会这些特点：“花谢花飞花满天，红消香断有谁怜?”这是黛玉的自叹，也是曹雪芹作为一个男性的伟大，因为他，那么早就看出了“男女问题”。起笔由花之凋落自然转到对薄命女性的关注。如果像曹雪芹一样，不可不被如此的景和人所伤。“游丝软系飘春榭，落絮轻沾扑绣帘。”游丝、落絮，绵绵淼淼，如怨如诉。残破的春景就呈现在女子闺房的四周。跟随着诗人的画笔，我们也走进了如此不堪的画中。“闺中女儿惜春暮，愁绪满怀无释处。”有多少美丽都是在苍白中陨落的，根本等不及开放就过去了，或者如此美丽的开放，也等不及人来欣赏。“手把花锄出绣闺，忍踏落花来复去。”为满地凋谢的花哀悼，为它们找一个尽可能好的归宿，便是此刻的心意了。“柳丝榆荚自芳菲，不管桃飘与李飞。”笑声依然那么响亮，谁能想得到在笑声的另一边，却有如此悲惨的事情发生呢? 它们（她们）竟然就这样凋落了! 没有人注意到，也没有人去关心。“桃李明年能再发，明年闺中知有谁? ”花犹如此，人何以堪。人好像比这些花更可怜。因为花的希望还存在，它还有一个明年可以等待。人，却没有回头路，尤其是，美丽的年华可能从此不再美丽。“三月香巢已垒成，梁间燕子太无情!”就是在鸟的世界，它们也有一个属于自己的鸟巢，那就是它们的家。可是自己在这个世界上，却不知道家在哪里。“明年花发虽可啄，却不道人去梁空巢也倾。”只不过是想给心找一个去处。可是又有谁会去注意这样一颗渺小的心的存在呢? “一年三百六十日，风刀霜剑严相逼。”所以度过的每一个日子，都是寒冷的。身心无处可收留，摧残的就不仅仅是面容了。“明媚鲜妍能几时，一朝飘泊难寻觅。”美好的样子会存在多久呢? 在最可以被人欣赏的时候，却没有人来欣赏。“花开易见落难寻，阶前闷杀葬花人。”这是作为花的悲哀，也是作为人的悲哀。“独倚花锄泪暗洒，洒上空枝见血痕。”只有对着这一地的落花哭泣了，为花而哭，也为自己而哭，为天下无数如此的女性而哭。哭到最后，泪就没有了。“杜鹃无语正黄昏，荷锄归去掩重门。”在黄昏来临的时候，鸟是可以回家的，可是自己没有这样的家。有无限的沮丧无限的忧思在心里，所以走路都有点困难了。穿过一道又一道的门，留下一闪一闪的孤独背影。这就像电影里逐渐拉远的镜头，悲伤和寂寞，在此成为了复数形式。“青灯照壁人初睡，冷雨敲窗被未温。”又将是一个睡不着的长夜了，所有的温暖被关在了门窗之外。“怪奴底事倍伤神，半为怜春半恼春。怜春忽至恼忽去，至又无言去不闻。”只能怨叹自己的生命里没有春天，所以春天来了又去了，却全都在自己的生命之外。同时，又有谁去注意角落里的女子有没有春天呢？“昨宵庭外悲歌发，知是花魂与鸟魂？花魂鸟魂总难留，鸟自无言花自羞。”所以无论是绽放还是鸣叫，听不见的就总是听不见，看不见的也总是看不见。一切都白白地浪费了。身处于美丽的春天又怎么样呢？自然界、人世间，多的是水月镜花。“愿奴胁下生双翼，随花飞到天尽头。天尽头，何处有香丘？”只能将希望寄托于天的尽头了。当在现实生活中无家可归的时候，只好把心思托付给看不见的远方。“未若锦囊收艳骨，一抔净土掩风流。质本洁来还洁去，强于污淖陷渠沟。”这是全诗最决绝的句子，也是女性最坚硬的心声，说出来却也最为沉痛。只想寻找一种干干净净的活法而已。干净——便是活着的念想，也是活着的最高境界。正如朱淑真最后悲吟“宁可抱香枝上老，不随黄叶舞秋风”，用一阙《黄花》一泓清水与自己告别。“尔今死去侬收葬，未卜侬身何日丧？侬今葬花人笑痴，他年葬侬知是谁？试看春残花渐落，便是红颜老死时。”与大自然对话，是因为人世间难以对话，所以，最后只有将自己的终身托给默默不语的大自然，托给这一片流水落花。至此，我们连哭声似乎都听不到了。而在将近 300 年前，曹雪芹却将这一切听得清清楚楚，他将一腔柔情满腹哀思，奉献给无数幽闭于人间角落的女子，眼看着她们美丽的开放却无声无息的消失。高洁而且孤独，或者说，高洁因而孤独，这是曹雪芹唱给女性的赞歌，同时，也是曹雪芹唱给女性的悲歌。他告诉我们很多东西越美丽越悲哀，越干净越可怜，越繁华越惊心，因为在贫乏的年代，很多念想只能是奢望。与他不相干的事情，他思虑如此之深，苦痛如此之巨，只因他有如许深情。

5. 审美理解：以理性为犁

审美理解是指审美中的各种理性活动，是运用理性将审美感受、审美情感、审美想象等推向深入、明晰、有序化的一种思维过程与思维能力，是形成见解和思想的主要心理力量。它的力量集中体现于思维整理和思维深入两个方面。整理是无序至有序的力量，深入是表面至深层的力量。审美虽然起步于感觉和直觉，但没有理性的理解，审美活动是无法深入展开的。换言之，审美理解在审美活动中也发挥着重要的作用，主要表现于以下几个方面：

其一，构成审美的基础和前提。审美中的感觉、直觉、知觉、想象等心理活动，实际都积淀和渗透着人的理性因素，理性是各种心理活动展开的前提，以一种隐性的形式参与到其他心理活动当中。有很多人用盐溶于水的比喻来说明审美中理解能力或理性能力的这种作用。盐溶在水里，只能看到水而看不到盐，但它却真实地存在于其中。这里的盐就是比喻渗透于审美活动中的理性，水则是指整个的审美活动。

其二，推动审美活动向前细化和深化。譬如美国肯明斯的《爱情比忘却厚》① 写道："爱情比忘却厚/比回忆薄/比潮湿的波浪少/比失败多//它最痴癫最疯狂/但比起所有/比海洋更深的海洋/它更为长久//爱情总比胜利少见/却比活着多些/不大于无法开始/不小于谅解//它最明朗最清醒/而比起所有/比天空更高的天空/它更为不朽。"这首诗不仅是对爱情的咏唱，也是对爱情的思考。它写得比较绕，一时半会不一定可以回过神来。这时候就是理性思维发挥作用的时候了。

其三，理解能力凝结为思想，这构成艺术魅力的一极。美的东西尤其是文学艺术，常常会通过两个东西来吸引我们：一是情感，二是思想。思想主要是人的理解的产物，是理性思维结出的果实，譬如雨果对爱情的思考："把宇宙缩小到一个人，把一个人扩大到宇宙。"情感对接受者的效果体现于"动"人，而思想对接受者的效果则常常体现于"启"人，情感和思想是文学

---

① 肯明斯(E. E. Cummings，1894—1963)为现代派诗人，写诗喜欢取消标点，任意拆句，擅长在字形上耍花样。译者为赵毅衡。参见陈应松，高茂林，杨匡满编. 世界爱情诗一百首[M]. 武汉：长江文艺出版社，2002：16.

艺术最重要的两种魅力。当然除此之外故事情节等方面也是文学艺术具有吸引力的因素。有些作品胜在情感，有些作品则胜在思想。譬如李白《春夜宴诸从弟桃李园序》："夫天地者万物之逆旅，光阴者百代之过客，而浮生若梦，为欢几何?"这段话的魅力主要在于诗人对人世的哲思。再如毕飞宇的《人类动物园》："狗的不幸是学了人，且通了人性。这真是狗的大不幸。人类的精明之处在于不让狗做真正的狗。让狗有点人模，同时又还是狗样。从而满足人类主子与奴才的双重需要。狗的下三流，在其'不狗'上。人不人狗不狗，实际蕴涵了人对真正狗性的尊重。……关于猪，我想说它是一种植物，长满肉，随农夫宰割，或者我想说，它是一种会走路的肉。人类用几千年心血教它作奴才，它就是连这点心智也没有，只能把它杀掉。猪是唯一在杀戮时得不到同情和尊重的生命。生得肮脏，死得无聊。作为生命，猪是一个失败的例子。生命的自信是这个世上平静的根源。只要有一方对自己没把握了，世上即有了阴谋与战争。越是担心被对方吃掉，越是想一口吃掉对方。笼子意味着空间的失去，而没有空间的时间是多么可怕恐怖！所以人类发明监狱，剥夺你的空间，只给你时间，以此达到惩罚与净化。"这真是一篇妙文，其奇妙之处就在于作者对大自然和社会现象予以一种哲学式观照，印证了好的作家应有哲学素养的判断。

第七讲　自然美及其生成

本讲基本内容是自然美问题。

美的事物或现象分布的领域是两个方面：自然界与人类社会，这便是自然美与社会美。其中社会美中包含一种特殊的类型，即艺术美。将这些美的形式抽取出来，便有了形式美。它们都是美学研究的具体对象或基本内容。我们首先了解自然美。

大自然中，有赏玩不尽的香卉异草、怪石奇木、长河峻岭、流云朝霞。如果说长江、黄河……这一道道的水是自然写给人类的“诗行”，那么，峨嵋、华山……这一座座的山就是自然赐给人类的大“盆景”。诸如此类，都是具

有审美潜能的事物，这就是传统所谓的自然美。让我们从隋炀帝说起。隋炀帝在历史上是皇帝中的“美男”，“美男”里的皇帝，美到什么程度，现在都只能猜测了，但据说把所有的皇帝都拉来，他的漂亮指数应该排在第一位，或者第二位，最不济也是第三位。唐朝人从来不说这一点，对于隋炀帝，他们想做的一件事是丑化他，黑了他，因为唐朝的江山是直接从他手里抢过来的。隋炀帝的这种美，采取美学分析的话，属于自然美，因为那个时候，地球的任何一个角落，都没有拉皮除皱之类的人工活动。这是隋炀帝的老妈，还有他的老爸，提前给他预备的一笔财产，性质上属于不劳而获。公元608年，隋炀帝当上皇帝的第四个年头（大业四年），他做了自己人生中最具有历史意义的事——开始拉长拉通大运河，而据说其中的主观原因之一是到江南看风景。可见隋炀帝一辈子与自然美是紧密联系在一起了。

可是，谁又不与自然美紧密联系在一起呢？法国的罗丹说“自然总是美的”，德国的温克尔曼说“美是自然的一种最伟大的秘密”，①中国的陶潜则干脆在《归园田居》中吟唱“少无适俗韵，性本爱丘山”。中国南朝宋人王微在《叙画》中也激情勃发地面对着大自然：“望秋云，神飞扬；临春风，思浩荡。”现在更是如此，自然美不仅提供精神价值，也提供经济价值，很多地方可能什么都缺，可唯独不缺的就是石头和水。而凡有好的石头和水的地方，现在基本上都塞满了人。不用说，我们这里说的就是旅游。

那么，什么叫做自然美？我们从两个层面来看待：一是狭义的自然美，它是指存在于自然界中的原生态（未经人直接改造）的具有审美潜质的自然事物和自然现象。包括上面讲的隋炀帝的美貌。又如号称“海上桂林”的越南下龙湾，一座座圆圆的小山头如玉石一般洒落在海湾，这是上天送给越南人的一个礼物。清代刘嗣绾（1762—1821）《自钱塘至桐庐舟中杂诗》所写的“一折青山一扇屏，一湾碧水一条琴。无声诗与有声画，须在桐庐江②上寻”，这是对江河这一自然美的吟唱。二是广义的自然美，它除了原生态的自然美之外，还包括人类改造过的自然事物的美，如浏阳菊花石，这便是广义的自然美，其实质是自然美与人工美（社会美）的结合。大体而言，自然美体现

① ［德］温克尔曼．对古代艺术的研究［M］//朱狄．当代西方美学．北京：人民出版社，1984：165．

② 桐庐江为钱塘江流经浙江桐庐县一带的别称。

于五种事物上面：其一是天体气象之美；其二是无机物之美；其三是水域之美；其四是植物之美；其五是动物之美。自然之美莫不属于这五种范围，只不过有些是“单数形式”，有些是“复合形式”。

一、自然美的特点：给它一点内涵 >>>

第一，自然美重在形式。这种形式主要指形状、色彩和声音等。这是自然美与社会美很不相同的一个方面。从比较角度看，社会美虽也讲究形式，但更注重内容，而自然美主要是以它的形式取胜。同时，自然美的形式与自然的质地有时也紧紧关联。自然的质地即自然的性质与结构等因素，它影响自然在形状与色彩等方面的形式体现，从而使不同的自然物具有不同的审美潜能。还应注意的是，我们欣赏自然物的质地，主要是对其作“形式化”的欣赏。大凡山水，美的根本要么是色彩的碧绿、青翠或缤纷，要么是形状的高耸、俏丽或伟岸，要么是声音的柔和、婉转或高亢，更多的情况是这些方面的集合。比如号称世界上最美瀑布的美加交界的尼亚加拉瀑布和号称世界上最大瀑布的巴西阿根廷交界的伊瓜苏瀑布，白浪翻滚，气势奔腾，场面壮阔，是大自然惊人力量的展现。我们来欣赏两首诗，它们中就有对自然之形式美的描绘。一首是李白的《登金陵凤凰台》：“凤凰台上凤凰游，凤去台空江自流。吴宫花草埋幽径，晋代衣冠成古丘。三山半落青天外，一水中分白鹭洲。总为浮云能蔽日，长安不见使人愁。”诗人由今写到古，由景写到人，其中“三山半落青天外，一水中分白鹭洲”就是对南京附近长江特殊景象的描绘，通过对远处阔大景象（三山半落）和近处清晰景象（一水中分）的对比描绘，让自然的形式暗示情感强化情感，传达出浪漫诗人此时豁然开朗的心情。另一首是柳宗元的《登柳州城楼寄漳汀封连四州刺史》：“城上高楼接大荒，海天愁思正茫茫。惊风乱飐芙蓉水，密雨斜侵薜荔墙。岭树重遮千里目，江流曲似九回肠。共来百粤文身地，犹自音书滞一乡。”① 诗人以教科书般的唐诗写法首先“起兴”，由景及人，然后重点回到景的描写，先是风雨中

① 一水指秦淮河。秦淮河流经南京后进入长江，被白鹭洲分为两支。白鹭洲，位于南京附近长江中。漳汀封连，分别指今福建龙溪、长汀和广东封开、连县。飐，音展，吹动。薜(音毕)荔，指蔓生香草。

的近景，再是遥望中的远景，最后是咏怀。其中尤为精彩者是对于城外柳江的描绘，自然地寓曲折情肠于九曲柳江之中，既线条明确地勾勒了柳江的形状，又含蓄妥帖地倾诉了自我情思。

第二，自然美风格多样，富有变化。春花秋草，大山长河，自然景象随时而变随物而变，呈现出千姿百态的审美风貌。正如清代戴熙《习苦斋画絮》所写："春山如美人，夏山如猛将，秋山如高人，冬山如老衲。"① 清代恽寿平《瓯香馆集》亦云："春山如笑，夏山如怒，秋山如妆，冬山如睡。四山之意，山不能言，人能言之。"②他们都是在谈论绘画的经验，却也可视为对自然审美的描绘。

要而言之，自然美的审美风格主要有雄、秀、险、奇、幽、奥、旷等基本类型。但首先要说的一个事实是，大凡奇山秀水，其实是这些审美风格不同程度的组合。"雄"是指雄伟壮丽、气势磅礴的自然景观，泰山可为典型，故有"泰山天下雄"的说法。"秀"是指柔和秀丽、优美妩媚的自然景观，峨眉山可为典型，故有"峨嵋天下秀"的说法。桂林山水、杭州西湖也是有名的代表。"险"是指使人惊心动魄、险象环生的自然景观。华山可为典型，故有"华山天下险""自古华山一条道"等说法。"奇"是指形态奇特、出人意料的自然景观，黄山可为代表，故有"黄山天下奇"的说法。它的奇在于"黄山四绝"：奇松、怪石、云海、温泉。黄山之名声还应该感谢徐霞客的"五岳归来不看山，黄山归来不看岳"。黄山所有的广告宣传，都比不上徐霞客的这一句话。此类美是超乎常态的美，云南石林也是这类美的代表。善于发现的话，它也可在我们身边出现。譬如峭立的光秃秃的岩石上，只要有那么一点土，外加一点点水分，便有小树长出来，这可以形容为"给我一点阳光就灿烂"或"哥不在江湖，江湖上却有哥的传说"。"幽"是指静谧而有纵深感回环感的自然景观。"竹径通幽处，禅房花木深"，"山重水复疑无路，柳暗花明又一村"，皆是对于"幽"景的描绘。青城山可为典型，故有"青城天下幽"的说法。"奥"是指深奥莫测、变化无穷、具有封闭型空间的自然景观，可分为迷宫式的深谷和封闭的洞穴景观。位于湖南省境内的张家界，被

---

① 周积寅编著. 中国画论辑要[M]. 南京：江苏美术出版社，1985：94.

② 周积寅编著. 中国画论辑要[M]. 南京：江苏美术出版社，1985：250.

公认为是“奥”景的代表。“旷”是指视野开阔、一览无余的自然景观。“山随平野尽，江入大荒流”，“星垂平野阔，月涌大江流”，这便是对“旷”景的描绘。湖泊、大海、荒漠、草原等是典型的旷景。

具体欣赏一下滇池之旷美：“茫茫五百里，不辨云与水。飘然一叶舟，如在天空里。”在滇池的大观楼，清代孙髯翁留下了一副著名的对联：“五百里滇池奔来眼底，披襟岸帻，喜茫茫空阔无边。看东骧神俊，西翥灵仪，北走蜿蜒，南翔缟素。高人韵士，何妨选胜登临。趁蟹屿螺州，梳裹就风鬟雾鬓。更苹天苇地，点缀些翠羽丹霞。莫辜负四周香稻，万顷晴沙，九夏芙蓉，三春杨柳。数千年往事注到心头。把酒凌虚，叹滚滚英雄谁在！想汉习楼船，唐标铁柱，宋挥玉斧，元跨革囊。伟烈丰功，费尽移山心力，尽珠帘画栋，卷不及暮雨朝云。便断碣残碑，都付与苍烟落照，只赢得几杵疏钟，半江渔火，两行秋雁，一枕清霜。”这一副对联，号称中国古代第一长联，它首先写眼前空旷的美景，然后进入滇池的漫长历史，眼界开阔，胸臆浩然，只是收尾气息越来越弱，似乎豪气干云之际突然掷杯长叹。

第三，自然美富有寓意和象征性。自然美虽然重在形式，但是人类审美史上，人们常常喜欢联系自身来对待自然美，从中寻找它与人相关的寓意，把它作为人类社会的某种象征符号，使自然美富有了人文色彩，从而更添加了它审美的潜能。这一现象充斥于古今中外的审美经验中。譬如前面提到在英国山羊就是不正经男子的象征符号。车尔尼雪夫斯基也说，自然美之所以存在，是因为它暗示了人们的生活，是因为它被人们当作了解自己生活的一种途径。① 于是很多自然现象成为了“公共象征”，玫瑰表示爱情、红豆表示相思，秋海棠表示苦恋、并蒂莲表示夫妻情深、万年青表示友谊、紫荆表示兄弟团结、枣子表示早生贵子、花生表示开枝散叶、石榴表示多子多孙、萱草表示忘忧、竹子表示正直、荷花表示纯洁、菊花表示高洁、梅花表示孤毅、橄榄枝表示和平、郁金香表示胜利，这些几乎已成常识性看法。

这在中国文化中，形成了自然审美中很有影响的比德说。在中国历史上，关于自然审美有两条路线：一是由春秋时期孔子首倡而由战国时期荀子正式提出的“比德说”，一是由南朝宋人宗炳正式提出的“畅神说”。前者属于儒

① ［俄］车尔尼雪夫斯基. 生活与美学［M］. 周扬，译. 北京：人民文学出版社，1957：10.

家的思想，主张拿自然与人的品格操守相比附；后者属于道家的思想，强调自然对人的精神所发生的审美功效。前者是在比喻的意义上来对待自然；后者是在纯粹审美的意义上来对待自然。《论语·雍也》云："知者乐水，仁者乐山。"《论语·子罕》亦云："岁寒，然后知松柏之后凋也。"这是中国比德说的肇始。中国文化中称松、竹、梅为"岁寒三友"，或称梅、兰、竹、菊为"四君子"，皆是这种比德说的产物。马是人类的宠物，在人类的眼睛里，马可能是所有的动物中最漂亮的一类了，要身材有身材，要力气有力气，要品德有品德，这说的就是马。马的美来自它俊朗的外形，也来自人对它的道德投影。总的来说，"比德说"其实是人类思维的正常现象，即我们在思维时有一种不自觉地推己及人、推己及物的思维倾向，从史前时期开始就是如此。同时，这种比德说也强化了人对自然的切己体验和自然对象的情趣意味，属于自然审美中的普遍现象。譬如张家界的情人峰就是这种比德说的延伸，这么一延伸，两块无情无意的大石头就有了意趣。

二、自然美形成的原因：内外可以兼顾 »»

自然美因何而美？这是学界长期争论的话题。这种争论既关联到自然美"何以可能"的最终根据，也关联到自然美"美在哪里"的具体条件，很多时候这两方面是缠绕在一起的。前面介绍过的中国美学四大派，在自然美问题上存在针锋相对的不同立场。

主观派认为自然美的根据在人（主观、主体）而不在物（客观、客体），自然美是人的观念或人的心灵的产物。国外的黑格尔某种程度上也是认为自然美是主观的产物："自然美只是属于心灵美的那种美的反映，它所反映的是一种不完善的形态。"[①] 吕荧和高尔太的主观派认为自然美的根据是人的观念或心灵。为什么岳麓山是美的？因为人的观念或心灵认为它是美的。人觉得它美它就美。我们觉得这太荒唐了，与我们的经验一点也不符合。其实不然，主观派对审美观念之内涵有很多精彩的论述，如果将主观派的看法往前推一步，它实际上就可以走到与大家经验相符的路上。这一步就是哲学地追问美

① ［德］黑格尔. 美学(第1卷)[M]. 朱光潜，译. 北京：人民文学出版社，1958：5.

的观念的来源，这样追问下去，就会来到观念之所以产生的客观方面。只是历史和自身原因没有让主观派迈出这一步。

客观派完全反其道而行之，认为自然美之根据在物而不在人，自然美亘古就是存在的，它与人不发生任何决定论上的关系。自然美的条件在于它自身的物质属性。客观派对美的客观属性有很精深的论述，但由于坚持彻底的客观主义，学界常常讥之为机械论。客观派将美的属性缩小为客观属性，又将美的客观属性缩小为物的客观属性，于是便忽视了美的属性的主观一面。

主客观统一派和实践派相对在这方面显得更为辩证和合理一些，区别是前者（朱光潜）侧重从主体的精神方面寻找原因，后者（李泽厚）侧重于从社会的实践方面寻找原因。朱光潜认为自然美是人与自然的契合，“如果你觉得自然美，自然就已经艺术化过，成为你的作品，不复是生糙的自然了”。[①] 李泽厚对自然美的原因侧重于历史发生学说明而非具体条件的解释。他在这方面的最主要武器是他提出的“自然的人化”。在《美学四讲》中，他认为有狭义的“自然的人化”，即人通过劳动、技术直接改造自然，也有广义的“自然的人化”，即“人类征服自然的历史尺度”，是指“整个社会发展达到一定阶段，人和自然的关系发生了根本改变”。[②] 他主要是用广义的“自然的人化”来解释自然美何以为美的问题。他认为当人类与自然关系达到一定程度，自然中与人为敌的有害的方面消失了，自然美因此也就出现了。他的结论是自然美是广义的自然人化的产物。同时他指出，狭义的自然人化是广义的自然人化的基础。只有在狭义的自然人化到一定历史阶段，才开始出现广义的自然人化。

综合各家的看法，我们认为自然美形成的原因或条件是：

第一是客体原因。这取决于两方面：一方面是自然本身的形式（形状、色彩、声音等）具有特色，这样才能满足人们求新求异的审美心理。这可以从大家的切身审美经验获得解释。美国的波浪谷和中国的九寨沟，之所以游人纷至沓来，就在于它们独特的形式存在。另一方面是社会文化语境的变迁，如当前各类环境危机促发了人对自然的亲近，出现了所谓“天然氧吧”之类

---

① 朱光潜. 谈美[M]//朱光潜美学文集(第1卷). 上海：上海文艺出版社 1982：487.

② 李泽厚. 美学四讲[M]//李泽厚十年集·美的历程. 合肥：安徽文艺出版社，1989：479.

的说法。

第二是主体原因。即人类实践水平和主观需要是自然美形成的另一重要原因。超出人类需要和实践水平的事物无法进入审美的范围，如太阳并非一直被认为是美的。[①] 自然虽然亘古就存在，但自然并非亘古就是美的。自然美不是一个“自然的事实”，而是一个“历史的事实”。只有在历史的某个阶段，即人类可以认识并利用自然的时候，人们依据自己在实践中提炼出来的审美标准来观照自然，自然才可能转化为审美的对象，自然美于是得以存在。当人类尚匍匐在自然脚下的时候，当天火、打雷、闪电尚被视为神灵惩罚的时候，大自然很难进入审美的领域。高尔基因此说，在仇视着我们的自然界中是没有美的。简言之，人类实践为人的自然审美提供历史起点和审美标准。

第三，在现实性上，自然美是人与自然的融合。具备以上两方面的条件，主客体才可能”契合”或“异质同构”。总而言之，与人类实践水平、主观需要和社会文化语境相一致的，同时其本身一般又具有某种独特形式的自然事物，就被称为自然美。自然美取决于人与自然的融合或“异质同构”。“异质同构”是德国完形心理学美学最知名的观点之一，即认为人的心理场（心理的力场）与物理世界的力场之间虽然性质不同但结构相同，比如杨柳的下垂与离别之人的低沉心理之间就存在异质同构现象。又如对藤蔓的描写“枝枝蔓蔓多情手，拉住我的心儿不让走”，这也是“异质同构”的一个例子。如果人与对象之间发生“异质同构”的现象，人便会产生审美快感。清代方熏《山静居画论》云：“云霞荡胸襟，花竹怡性情，物本无心，何与人事，其所以相感者，必大有妙理。画家一丘一壑，一草一花，使望者息心，览者动色，乃为极构。”这类“中国特色”的表述，隐约地合乎西方的异质同构说。

所以人类自觉地建立自己与自然的审美关系，在中西方都是比较晚的。中国对自然的审美自觉一般认为开始于魏晋时期，标志是山水诗和山水画的出现。宗白华说，魏晋时期的人有一种“精神上的真自由、真解放”，故此“才能把我们的胸襟像一朵花似地展开，接受宇宙和人生的全景”[②]。魏晋之后，自然审美就成为中国人生活中的一大内容。在古希腊的《荷马史诗》中，

---

① 《夸父追日》(《山海经・海外北经》)记载：夸父与日逐走，入日；渴，欲得饮，饮于河，渭；河，渭不足，北饮大泽。未至，道渴而死。弃其杖，化为邓林。

② 宗白华. 艺境[M]. 北京：北京大学出版社，1987：131－132.

尚看不到人与自然之间自觉的审美关系的存在，其中大海常被视为危险的而非审美的对象。在西方，人对自然之间的审美自觉最早可能开始于文艺复兴时期，其代表是彼特拉克的文艺创作。17 世纪荷兰风景画派的形成已经表示自然审美在西方的成熟，其中的代表画家霍贝玛（1638—1709）热衷于对乡村的描绘，这里面包括他的名作《林荫道》。

三、自然美的生成：人与自然的融合 >>>

我们再稍微详细地说说自然美的现实生成问题。在现实生活中，自然美的形成端赖于人与自然的融合。自然呼唤着人的参与，正如柳宗元《邕州柳中丞作马退山茅亭记》所云："美不自美，因人而彰。兰亭也，不遭右军，则清湍修竹，芜没于空山矣。"北宋李觏《遣兴》写道："境入东南处处清，不因词客不传名。屈平岂要江山助，却是江山遇屈平。"元朝王恽《游东山记》也讲过："赤壁，断岸也，苏子再赋而秀发江山。岘首瘴岭也，羊公一登而名重宇宙。"叶燮《集唐诗序》指出："凡物之美者，盈天地间皆是也，然必待人之神明才慧而见。"① 这都说明自然（世界）之美需要人的参与，或者准确说，自然美是人与自然的融合。这一点上面已简单提到。

讲到这里，不由得想起了王阳明《传习录·门人黄省曾录》："先生游南镇，一友指岩中花树问曰：'天下无心外之物。如此花树，在深山中自开自落，于我心亦何相关?'先生曰：'你未看此花时，此花与汝心同归于寂：你来看此花时，则此花颜色一时明白起来。便知此花不在你的心外。'"这一段话在哲学史和美学史上经常被提起，当做王阳明唯心论的铁证。我们以为，王阳明主要不是在存在论上看问题，不是纠缠于意识与全体世界的谁先谁后，而是在价值论上看问题，即世界对于人的意义和人对世界的意义自觉问题，或更具体地说是"我的世界"如何生成的问题。外在的世界诚然都是对我具有客观意义的，但这种客观意义为我所知，或我对世界真正有意义自觉，便要求这世界一定是进入我的意识的世界。所以，王阳明不问全体世界是否存在，而只问"我的世界"如何生成或世界的"意义"如何呈现。这种思考涵

① 叶燮. 已畦文集(卷六滋园记).

盖了王阳明的知识论和审美论，却未必完全是后来哲学所讲的世界观。在这一段话里，他既是一种知识论的表述，也是一种审美论的见解，解答的是何为真知和何为审美的问题，也实际上解释了自然何以为美的问题。他悬置了客观世界是否存在的问题，主要所问的是世界对个人的意义。身外有一个世界，这是任何人任何粗浅的经验皆可判断的问题，这样的问题处于常识范围而不值一谈，可以抛出、悬搁，同时我们想问也不太容易问清楚，可问的是一个世界在什么情况下是属于我的世界，即一个世界在什么情况下是对我而言真正存在因而有光彩有意义有价值的世界。我的世界一定是我有所觉察的世界。无人的世界诚然是一个世界，但我无觉察，它便等于不存在，因为它在我的世界之外。

美国的威廉·巴勒斯（1914—1997）《裸体午餐》里讲的“人们只愿意相信他们愿意相信的，并不管事实如何”，从人自己的角度讲，这是有一定道理的。我们举一些自然界之外的事物做例子。《红楼梦》《浮士德》《源氏物语》，对于从未与之谋面者来说，它们只是一个“无”，这些人的世界里，从来没有《红楼梦》《浮士德》《源氏物语》的位置。而一个世界与我“碰面”，与我“结缘”，其样貌、其神韵便“一时明白起来”——它真的是“一个世界”了！这便如亚里士多德所讲的，世界从“潜能”变为了“现实”。同理，无人与之谋面的花仅是一个“物”，一个存在于我的世界之外的物，“同归于寂”之“寂”便是指事物处于遮蔽而无意义。① 有人与之谋面的花才真的是一朵花了，其色貌、其纹理、其娇媚在与人谋面之时“明白”“显现”。——花从“物”来到了“美”。作为“物”的花，无须人的参与；作为“美”的花，必须人的参与。花之“美”不是静态的，而是动态的，是“花”与“人”在此时此地的“合作”。王阳明讲得不一般，所以一般人难以听懂。传统的唯心主义标签，贴在王阳明身上，是简单而粗暴的。花的美，包括一切东西的美，都不仅仅只是“东西”本身的问题。“人”与“东西”在某一特殊境遇下“相遇”且“融合”，于是，“美”便呈现出来。在“美”之呈现的境域中，花“澄明”“敞亮”，人亦“澄明”“敞亮”。可知审美是双向的活动，它使人被“唤醒”，也使世界得到“展示”。

---

① 张世英. 哲学导论[M]. 北京：北京大学出版社，2002：73.

美国当代哲学家梯利希讲，没有世界的自我是空的，而没有自我的世界是死的。南宋赵蕃《呈陆严州》(之一) 也写道："江山不因人，何以相发挥；人而非江山，兴亦无所归。"可知世界离开人，其意义是晦暗的；人离开世界，其存在是无根的。"美"或者说"审美"，是一个开发人的灵性也开发物的灵性的循环过程。两全其美的事情，无动于衷者却偏偏忘记了。总体上说，王阳明在这里阐发的是普遍性根本性的审美问题，是对我们前面所讲的"美是人与世界的融合"的绝佳说明，但是他在这里所说的也可以解释自然美何以生成的问题，因为这个问题包含于根本性的审美问题当中，是根本性大问题中的"子问题"。美是人与世界的融合，自然美也是人与世界的融合或说人与自然的融合，自然美生成于这一融合状态中。从自然美的角度讲，王阳明告诉我们，人走近自然，并做到二者的融合，这样自然就转化为自然美，而且唯有这样，自然才是自然美。法国存在主义作家加缪讲过：世界是我们最初和最后的爱。所以走近大自然热爱大自然，不仅是我们的心愿，也是我们的义务。

第八讲　人类社会中的美

本讲基本内容是人类社会中饮食美、服装美以及人之美的问题。

社会是指人的社会，没有人，就没有“社会”，从未存在过老鼠社会或蚂蚁社会的叫法。社会美就是人所直接创造、符合社会规范和发展规律并对人类有益的文化现象。得体的行为、生动的语言、美观的产品，诸如此类的社会美，是人类审美活动的直接凝聚，是人们智慧和汗水的结晶。社会美的内容涉及人类社会的方方面面，一般而言，它是人类文化和文明中的优秀部分，其中最令人感动的是人的行为美和精神美，它们构成美的历史中最动人的“篇章”。像杜甫一介布衣，身寄漏室，却“穷年忧黎元，叹息肠内热”，心系天下百姓的安危疾苦。再像

岳飞，他带着难以撼动的岳家军，纵横驰骋于沙场，只是没有想到最终却屈死于风波亭。他悲壮的一生，令南宋的历史，至今还在飒飒作响①。这样的先人，总使人忍不住在慨叹或愤激之余，要对他们仰头注目。从广义来看，社会美也包括艺术美。它与自然美截然对立，如果说自然美重在形式，那么社会美则重在内容。社会美有许多亚类：劳动美、科学美、技术美、设计美、产品美、环境美、人性美等。

其中的科学美是一种特殊的美，因为科学美的形式是极其抽象的，而一般的美都具有生动具体的形式。但科学的美有时也是无与伦比的。科学美唯其抽象，它的形式又是最具有包容性、想象性和阐释力的，它是对广袤无垠的对象世界的高度“浓缩”。科学美一般分为科学事实美（科学现象美）、科学实验美、科学理论美三种类型。科学美的特点主要在于：其一，真理性。科学活动的目标是真，它的本质就是求真活动，所以科学美的实质是真的形式。其二，深奥性。科学活动与哲学活动在某些方面具有一致性，即都有对于形而上学思辨形式的运用，都有一个由表象深入至本质的思辨过程，都是“多”中取“一”的理性思维活动。只是科学将思维限制在现象世界或物质领域，它即使思考心理或精神问题，也多是将心理或精神作为物质问题来对待的。其三，抽象性。科学活动之结晶是公式定理等，把对象所有的“肉体”部分都丢掉，只抽取其中最根本的形式。科学活动是抽象化的形式活动，结果便是抽象的科学形式美的获取。其四，简洁性。科学美的简洁性不是指它内涵的简洁，而是指它形式的简洁。科学美的特点解释了“科学因何而美”的问题：第一，因真而美。第二，因理性而美。第三，因形式而美。第四，因智慧而美。科学美向实践生活延伸，便有了技术美。反过来说，技术美是科学美在社会实践中的具体运用，是理论在生活中结出的果实。

一、饮食美：餐桌上的动人“故事”

饮食美是饮食物品、饮食过程、饮食礼仪等方面体现出来的审美属性或

---

① 人们为了悼念岳飞，在西湖附近建了岳王坟与岳飞庙。岳飞坟前有秦桧夫妇的跪像，清代学者阮元撰有名联：咳！仆本丧心，有贤妻何至若是；啐！妇虽长舌，非老贼不到今朝。坟前另有清代一秦姓者撰联：人从宋后少名桧，我到坟前愧姓秦。岳飞庙的名联则有：青山有幸埋忠骨，白铁无辜铸佞臣。

审美可能性。它针对的主要不是食物本身，而是食物与精神的关系。饮食美主要不讨论“吃什么”，而讨论“如何吃”，即它的要点不是在物质、生理方面而是在精神、心理方面。从饮食美角度分析饮食，强调的是吃饭的心理问题和精神问题，当然它又需要从物质和生理方面起步。

一切动物第一任务是“吃”的问题，人亦不例外。所谓的“食色，性也”“饮食男女”“民以食为天”等表述，统统在说明“吃”对于人类的必要性问题。动物只解决“吃什么”的问题，而且基本上是“生吃”，但是人类除了“熟食”，还要解决更多的“如何吃”的问题，所以，在人类这里，“吃”就成了文化，成了“美学”，有了所谓的“饮食美学”。譬如夜光杯，这就是人类为解决如何吃而产生出来的审美性食具。商周的卣、爵等青铜器，这些也都是“吃”出来的文化和美。商代司母戊大方鼎这样的炊具被“放大”，它甚至就成了祭祀的礼器和权力的象征。从食器到祭器再到礼器，这是中国之鼎的三部曲，但它自始至终都是一种美的存在。

“吃”的美学的形成，还要感谢祖先对于“火”的发现和收集（我们觉得不是“发明”）。“火”使人类从生食走向了熟食。“吃”的美学，尤其是中国的“吃”的美学，没有熟食方式，是不可能成立的。因此有人说，对火的使用，再加上种植业、养殖业和制陶业，构成中国原始烹调的四块丰碑。“吃”之重要和“吃”之艰难，肯定在中国人的记忆里留下过深重的痕迹，于是有“吃食堂”“靠山吃山，靠水吃水”“吃人不吐骨头”“通吃”“吃紧”“吃香”“吃得开”“吃亏”“不吃这一套”“吃醋”“一刀切”“大杂烩”“开小灶”“豆腐块”“饭桶”“一锅粥”“醋坛子”“瓮中鳖”“半瓶醋”等词汇。吃之艰难甚至成为很多人的一个创伤记忆，以致我们现在打招呼最常用的一句话就是“吃了吗?”

1. 饮食美在中国：不是一个“吃”字了得

“吃”在中国的政治里，可以写一本大书。历史可从商代开始，“酒池肉林”一词，告诉我们很多事情不仅仅坏在一张“嘴”上。汉代的鸿门宴的意思是：对敌人仁慈，就是对自己犯罪。这是悲剧英雄项羽给人的“教训”，这位千古一“帝”碰上了刘邦这个千古一“敌”。鸿门宴告诉我们不要做好人，这是一个很坏的启示和传统。再到三国的“煮酒论英雄”，曹操和刘备用他们高超的表演告诉我们，有些人“充英雄”，有些人“装孙子”，这就是生活，也是生活中的“韬略”。充满诡计和算计的历史故事，很多中国人却津津乐道，然后在津津乐道中将算计与诡计代代相传。再是赵匡胤的“杯酒释兵权”。这是读书人感恩戴德的事情，因为历史上最完善的文人政府搭建起来了。武将被赶走，文人的机会就来了，于是宋朝成为最具有文化气息的王朝，“雅”因此是整个宋代的流行词。但是，政治里的饮食美，大多辜负了美的名号，因为它往往异化为一种工具。

从历史的角度宏观考察中国饮食美，它的特点非常鲜明：其一，源远流长。中国的用火历史自山西猿人和云南猿人就开始了，迄今已有170万—180万年。这也是中国人可能开始熟食的历史。考古材料证明，北京猿人已有确切的熟食行为，年代距今50万—60万年，而中国真正的烹饪历史，至今也有1万年以上。其二，饮食以“味”为主，并辅以色、香、形、器等。如满汉全席，始于康熙66岁寿宴，本为化解满汉矛盾，共有108道奢华菜肴。这是中国饮食美集大成式的一次展示。其三，重视食疗。所以吉林省抚松县一条300多年野山参曾报出1080万元的拍卖底价。中国人还重视缺什么补什么，这是很有意思的吃法。只是不知吃了猪脑子的结果是什么。其四，方法独特。譬如蒸、炒、爆是中华民族特有的，其中炒、爆的方式，至今仍为华人社会所独有，也是很多外国人所忍受不了的。据考证，蒸法已有6000余年历史，爆法也有2000余年历史。其五，风味众多。最为人知晓的是川、鲁、苏、粤、浙、湘、闽、徽8大菜系。它们是清初鲁、苏、川、粤四大菜系加上后来兴起的浙、闽、湘、徽四大菜系，这便构成清末八大菜系，稍后再加上京、沪，这便是中国的十大菜系。湘菜中的臭豆腐算得上湖南的招牌菜，有人为它写过一副对联：“可与松花相比美，敢同琼酱做竞争”，横批是“臭名远扬”。这写得活泼有趣并符合实情。其六，对周边国家影响深远。譬如豆腐、馒头的制作在元代就传到日本。明清时期，日本、朝鲜、越南、泰国等国家一直受到中国饮食的影响。

世界各地因为“吃什么”和“如何吃”两方面的差异，留下了三大饮食文明：一是西方式，以法国为代表；二是阿拉伯式，以土耳其为代表；三是东方式，以中国为代表。历来有“吃在中国”和“吃在法国”的说法，说明中国饮食和西方饮食各有其突出的方面。同时中西方的饮食美之间存在明显区别。其一，食物来源：中国以素食为主，肉食为辅；西方以肉食为主，素食为辅。其二，烹饪方法：中国以熟食（热食）为主，讲究调味；西方则注重生食（冷食），讲究原味。其三，饮食方式：中国实行聚餐制；西方实行分餐制。据说国内有科研人员专门做实验，来分析中国聚餐制对于病菌传染的影响，其结论是对人的健康基本无妨。其四，饮食重点：中国强调经验、味道；西方注重科学、营养。其五，饮食次序：中国是饮、食结合；西方是饮、食分开。人的胃或者味觉是很顽固的，对于中国人来说，中国菜天下无双，同理，对于外国人来说，他们国家的菜也天下无双。

2. 饮食美的体现与创造：吃饭常常是一种心情

饮食美之表现主要在于：其一，色。如脆黄的山东德州扒鸡。评价一道菜，我们经常说“色香味齐全”，这是典型的美学评价，因为是“色”而不是其他排在第一位。其二，香。如福建名菜佛跳墙，这是一道集山珍海味于一罐的煨菜。其三，味。饮食是酸甜苦辣咸五味俱全，但要达到“美滋滋”的程度，还需要这五味的适当调和。其四，形。这方面甚至出现一种叫“看菜”的菜，即只看不吃的菜。菜做得好吃是一种境界，做得好看是另一种境界，一般家庭可以达到好吃的高度，专业厨师则应该达到好看的高度。其五，器。如光绪年间慈禧居住于宁寿宫，为她准备的膳房内金、银、牙、玉餐具多达1500多件，这讲究的是一个规格、排场，好处则是打开心情和胃口。其五，名。如吉祥想象型的“龙凤呈祥”（鸡蛇合炖），历史典故型的“霸王别姬”（王八炖鸡），诗情画意型的“红嘴绿鹦哥”。最后这道菜就是乾隆爱吃的菠菜，据说也是很风雅的乾隆起的名。其七，趣。中国人常说，杯中酒常空，座上客常满，而在这热闹欢聚之时，十分流行酒令、猜拳等游戏，这些游戏的规矩大多只有一个：输了就喝酒。

▲ 做菜肯定是一门艺术，吃饭常常是一种心情

饮食美之创造需要在以下几方面注意：其一，原料；其二，刀工；其三，火候；其四，配菜；其五，调味。原则上少了哪一样都不行。在这方面，一般家庭是“将就”，高级餐馆则是“讲究”。《红楼梦》第四十一回“栊翠庵茶品梅花雪，怡红院劫遇母蝗虫”写到刘姥姥进了大观园，王熙凤命人烧了一道菜招待她，菜肴名字叫“茄鲞”，但刘姥姥硬是没有吃出茄子的味道，农村的一道素菜在这里变成了荤菜，主料茄子反倒成了配料。这说明红楼“茄鲞”来之不易，因为这里面配进了许多比茄子珍贵得多的东西。可见对于刘姥姥之类的穷人家来说，吃什么便是什么；对于贾王史薛之类的富人家来说，吃什么不是什么。这说的是原料和配料问题。清代诗人董思白有诗云：“主人之刀利如锋，主母之手轻且松，薄菜批来如纸同，轻轻装来无二重。忽然窗下起微风，飘飘吹入九霄中，急忙使人追其踪，已过巫山十二峰。”这是对刀工的赞美，也说明艺术家的成员应该包括某些厨师。刀工很重要，它是能开胃的。我们经常说，这菜看着就有胃口，说明胃口有时是心理的而不是生理的，这也说明——做菜肯定是一门艺术，吃饭常常是一种心情，生理的问题多有心理的原因。

二、服装美：衣服里的审美心理学

人类着装史是从无到有、从少到多的过程，当然现在似乎有相反的趋势：从多到少、从松到紧。历史地看，人类从“衣不蔽体”到华衣盛服，其目的应该一是保暖，二是遮羞，三是美化。服装是人的第二张皮，这句话也是一种美学表述，因为它实际遮掩和修饰了人们希望它遮掩和修饰的部分。

1. 服装里的社会：穿衣是一面镜子

服装是人们自信的一个来源，也是社会身份的一种表达。从后一种角度讲，服装具有象征和暗示的作用。比如乌纱帽是官职的代称，布衣是平民的标志，锦衣是富人的符号。咸亨酒店里上等人穿着长衫，下等人则是短衫，这就是所谓的"短裤党"，他们只能新三年旧三年，缝缝补补又三年。在宋代，据《宋史·舆服志》记载：三品以上服紫，五品以上服朱，七品以上服绿，九品以上服青。在清代，文官以服饰上的鸟来区分品级：一品仙鹤，二品锦鸡，三品孔雀，四品云燕，五品白鹇，六品鹭鸶，七品鸂鶒①，八品黄鹂，九品鹌鹑。武官则以兽类来区分：一品麒麟，二品狮子，三品豹子，四品虎，五品熊，六品彪（小老虎），七品与八品犀牛，九品海马。在当代，服饰依然具有区分社会职业的功能，比如邮递员穿绿色服装，医护人员穿白色和粉红色服装，公安司法系统从过去的白色服装换成了现在的黑色服装，中国军人则穿草绿色服装（这里面还有实用的考虑）。

服装是时尚的代名词。在不久的过去，这种时尚常常由文化名人、伟人或政治人物来引导，比如鲁迅和长袍、毛泽东和中山装、江青和列宁装。如果没有大人物引领，它也很可能是政治产物，譬如中华人民共和国成立初期流行一种名叫"布拉吉"的俄式连衣裙，这是曾经的中苏友谊的见证。中国曾有一段时期，女人们向男人看齐，"不爱红装爱武装"，这是"女性男性化"。这与现在的男性女性化趋势恰好成为对照。这里再介绍一帧摄影《妈妈，到那边去》，1956年刊登于《新观察》，唐遵之拍摄。这是一幅很有艺术眼光的照片。以树为框，形成洛可可式妩媚效果。妈妈穿着旗袍站立着，因被孩子拉着要往前跑而现出微微后退的内在趋势，于是母子两人之间形成巧妙的张力。后来这幅作品遭到了批评，结果是旗袍慢慢淡出了人们的视野，直到张曼玉在电影《花样年华》里才把它救活。

---

① 古书记载的类似鸳鸯的水鸟，俗称紫鸳鸯。

◀ 摄影作品《妈妈，到那边去》，作者唐遵之

现在服装时尚则由明星们引领，还有的就是服装商有意地制造出来的。爱美之心，人皆有之。17 世纪的一个英国人因此说："只有性格古怪的人才不追求时髦。"但是，很多时候不是我们时髦，而是我们"被时髦"或"被时尚"。时尚说穿了就是轮回或循环，图个暂时的新鲜罢了，这里面既有人们追求个性的心理投射，也存在"伪个性"问题。英国有个人说：服装的流行趋势不过是，1 年后——难看，10 年后——丑陋，20 年后——可笑，30 年后——滑稽，50 年后——新奇，70 年后——迷人，100 年后——浪漫，150 年后——美丽。这说的就是服装时尚的循环性。

2. 服装与审美：穿出感觉来

具体讲，服装之审美意义体现在：其一，可以掩盖人的缺陷。据说西施喜欢穿拖地的长裙，原因就是她嫌自己的脚比一般女孩的脚大了很多。其二，可以增加和突出人的美。女孩子喜欢穿紧身衣、露脐装、吊带衫、旗袍等等，以朦胧的性感或张扬的线条，既为了取悦自己，又为了吸引他人，后者可能更为主要。有人指出，当前国际时装性感趋势是三个字短、露、紧。我们认为造成这一趋势的主要原因不外乎两点：一是客观的社会原因，即我们今天处身于一个消费的时代和强调注意力经济的时代，二是主观的心理原因，即希望被关注、被认同或被消费的复杂想法，合起来便是一方面展示自己的美丽，另一方面让他人消费这种美丽。其三，彰显人的个性气质。彰显个性这是目前着装的一个主流趋势，尤其在青少年那里，这一点更明显。故意要穿做旧的牛仔裤或其他的奇装异服，很多的时候只是自己叛逆心理的表达和实现个性张扬的意图。

为了追求服装的审美效果（有时也是出于礼仪考虑），很多部件便失去实际功能。正如非马《领带》（1983 年）所写："在镜前/精心为自己/打一个/牢牢的圈套//乖乖/让文明多毛的手/牵着脖子走。"领带就是与保暖无关而仅与审美或社交相关的"累赘"。就衣服本身看，领带是一个"废物"，但是要西装发表意见，它坚决不会这样认为。领带，就像魏晋人清谈时手里拿着的麈尾，或像新潮艺术家头上的小辫子，它基本无用，但作为符号，它至关重要。服装审美效果之获得，与穿衣服的人有关。对一个女人身材的最好赞美，可能就是说，这个人是个衣服架子。她穿什么衣服，都是那么——有型。珍妮弗·洛佩兹就是这么一个衣服架子。有一段话赞美她，很有羡慕嫉妒没有恨的意思：如果你不幸地是个美女，那我祝福你，千万别遇见她。因为只能仰望她那地中海般的秀发，聆听她那糨糊般的声音，尤其当她经过你的身边时，你甚至不敢触碰，因为她那身礼服是范思哲的，而且没有褶子。

另一个问题是：如何穿衣服？这就需要提到国际通行的 TPO 原则——Time（时间，节令）、Place（地点、场合）、Object（客体对象），即着装应看时令，应看场合，应看对象。但是规则是用来打破的。21 世纪更是个性的时代，所以在着装领域，出现了几大新现象（不好用"怪现象"这个词了）：第一是夏衣冬穿，第二是内衣外穿，第三是好衣破穿。多元主义的时代，人们对此的包容度越来越大了。如果对"夏衣冬穿"进行审美心理学的考察，将发现一些有意思的事情：其一，美丽"冻"人。不过这一点代价算得了什么呢？其二，现在"反季"往往是时髦和容易流行的，蔬菜、水果和人都是如此。在不该存在的季节使之存在，人类的"逆天之手"威力无穷。其三，将"夏天"和"时间"顽强地拖住，其实是人类试图留住"火热"和"青春"的愿望使然。时间是人类所面对的最大的魔咒和最深的恐惧，于是也激起了我们无穷的想象力。其四，在熊猫遍地的时候，而唯独自己是半裸的羔羊，这对于"回头率"来说，将是一个必不可少的显赫的语境设置。"内衣外穿"也是文化涵义极其丰富的"事件"：首先它表征着"性感"的审美之路，这是一个从“不敢”到“勇敢”的快乐旅途；其次它关涉着“女权”：关臭男人什么事；再次它也有“伪女权”的一面：“我有，你有吗?”最后它也具有符号学意义，有时候不过是欲望时代的欲望符号罢了。“好衣破穿”也是玩弄“暧昧”的审美事件和心理学事件：第一，图个新鲜：它的破洞迎面而来，使人不可不看，所以也是眼球时代或注意力时代的一个小小“伎俩”；第二，图个凉爽：天气实在太热了，破个孔稍稍透透气；第三，图个10%的性感：只在非关键部位开放，而且尚有逐渐保守的趋势，从以前的臀部多移至现在的膝盖；第四，图个无关痛痒的叛逆：让那些“老眼睛”去嘀咕吧。总而言之，服装美学其实是经济学、社会学、心理学和审美学的合流。

三、人的美：先天与后天的合作

人的美可分为外在美和内在美。外在美即人显现于外的可感知的美。内在美即人的精神属性方面的美，包括性格、气质、情操、学识、思想、道德等方面的美，它是外在美的根据，且本身必然显现为外在美。

1. 外在美：最直接的介绍信与推荐书

人的美最直观的是外表，所以古罗马贺拉斯说：“美丽的外表是无言的介绍信。”① 在贺拉斯之前的亚里士多德也说过，美是比任何介绍信都有用的推荐。亚氏这句话是关于美的魅力的一般说明，但很明显其中也包括对于人的美的赞扬。他们两人的表述，其意思有相通之处。连孔子有时候都是以貌取人的。据《史记·仲尼弟子列传七》记载，他的学生子羽来学习，他觉得这个学生不值得收下，因为样貌太丑了，所以应该没什么资质（“材薄”）。最后《孔子家语·子路初见第十九》记载了孔子的后悔：“以容取人，则失之子羽。”《庄子·盗跖》记载过孔子的一段话（真假未知）：“凡天下人有三德：生而长大，美好无双，少长贵贱见而皆说之，此上德也。”由庄子所记可见孔子很强调外在美，人之“上德”首先是做好两点：有身高，有相貌，如此便必然有第三点：对得起观众，大家见了都高兴——看着就美啊。所以有好相

① 引自王明辉．何谓美学[M]．北京：中国戏剧出版社，2005：97.

貌的人可以说提早有了一张通往社会的介绍信或推荐书，这足以让人感觉幸运和骄傲。幸运是因为这是父母送给你的一份特殊财产，谁都抢不走；骄傲是因为别人没有而唯有自己才有。对于人类来讲，人之美是美的顶峰。先来看《诗经·卫风·硕人》中对个子高大的美人的描绘："手如柔荑，肤如凝脂，领如蝤蛴，齿如瓠犀。螓首蛾眉。巧笑倩兮，美目盼兮。"这可能是古人心目中的美女典型了，提炼其特点在四个字：白、圆、细、媚。这包括了人的外在美的主要方面。那么，人的外在美具体包括哪些方面？我们认为，它主要决定于人的形体、曲线、比例、肤色等因素，有形体美、容貌美、行为美、语言美等"亚类"，大体又可归为两类：偏于静的身体美，包括形体美与容貌美；偏于动的言行美，包括体态美、行为美和语言美。

女子形体美：印度持拂女药叉形象 ▶

第一，形体美。形体美是对外在身体的"宏观扫描"，体现在体型、骨骼、肌肉、线条等方面。人的体型决定于骨骼与肌肉，而抽象为线条。骨骼是人体的"形式"，决定人之高矮；肌肉是人体的"内容"，决定人之胖瘦。形体美的历史充满了与肌肉的决斗，而从不（或很少）与骨骼作对。有人讲，想知道理想的体型，就去看看《掷铁饼者》与《断臂维纳斯》，那里面的男子是形体最完美的男子，那里面的女子是形体最完美的女子。当然这是西方标准。由这些雕像可见形体美的规范并不是骨感美（骨感后面加一个美字，令

人可疑），而是丰润美，因为丰润美将形式和内容结合得刚刚好，而骨感美却得到形式而失去了内容。唐代王琚《美女篇》前四句写道：“东邻美女实名倡，绝代容华无比方。浓纤得中非短长，红素天生谁饰妆。”这写的就是丰润之美。可能大家觉得怎么能以唐代的标准为标准呢？其实唐代的标准也不是肥胖，只是比我们这里所讲的丰润稍微丰润一点点而已。总之，丰润是身体发展的和谐状态，骨感是身体发展的缺水状态。如果要在骨感后面加一个美字，那也一定不等于骨排美。不说也知道，形体美具有性别的差异：体型方面，男子强调高大伟岸，女子强调玲珑苗条；线条方面，男子呈现直线条，女子呈现S形。这些好像太常识了，实行起来却较难，所以生命不息，减肥不止。美丽的事情是一辈子的事业。形体美也具有民族的差异，前面提到过一些例子，比如缅甸的长颈为美，其害处是脖子很受伤，肩胛亦受牵连。

第二，容貌美。容貌美是对外在形体的“局部扫描”，它就是脸部的美，比形体美更为重要。因为容貌是我们在对一个人审美时的焦点，所以两个人要交往，我们只说“见面”而不说“见手”“见脚”之类，“面”是首先要“见”的。我们更不说“见背”，呸呸……总之，脸很重要，这被当今社会挖掘得也很充分，所以有了一个词，叫“看脸时代”。那么，脸的美体现于哪些方面呢？专家意见是肤色美、眼睛美、发型（头发）美、神态美、脸的轮廓美等。肤色当然是越白越好。不过钱钟书在小说《猫》中却说：“一向中国人喜欢女人皮肤白，那是幼稚的审美观念，好比小孩只爱吃奶，没资格喝咖啡。”① 他这句话当不得真，因为他说的话常常弄不清是实话还是讽刺，在小说中本来也是一个男子奉承一个“黑里俏”的女性时所说的话。因为脸是容貌美的焦点，所以“面子”一词在中国文化中占有重要的位置。求人看面子，做人要面子，还有“出门看天气，进门看脸色”、“树活一张皮，人活一张脸”、“死要面子活受罪”等等，都说明了脸面不仅是人活着的追求，也是人活着的压力，里面隐藏着人们对自我认同和社会认同的双重焦虑。19世纪美国传教士明恩溥从“面子”出发，议论了中国人的一些特性。他认为从面子可以看出中国人是一个具有强烈演戏本能的民族，他分析原因最后认为是由于戏曲流行的结果。人们在生活中常常有许多戏剧化的举动，诸如躬身下拜、

---

① 钱钟书.人·兽·鬼[M].北京:生活·读书·新知三联书店,2002:18.

双膝跪地、以头叩地，意味着中国人是很看重形式而不看重事实的民族。①中国人也没有精确的时间和空间观念，所以时间单位不是分与秒而是更、时辰、晌午等，地理上则常常出现二里半、三里屯、五里牌之类模糊的地点。另外中国人仁慈却缺乏必要的同情心，所以王矮子、李麻子之类的称呼很常见。所谓旁观者清，确实很多分析切中了中国文化的某些要害。

再回到容貌问题上来。在脸型方面，中国女性一般以瓜子脸为最美，其次是鹅蛋脸，圆脸也不错，给人时间似乎停滞的错觉，四方脸相对吃亏。但是四方脸长在男子这里则叫作国字脸，成为中国男性最好的脸型。鼻子是容貌十分重要的部分，它的一个作用是给脸增加维度的，这个维度就是“高”。鼻子越高，脸的立体感便越强，一般来讲也就越美。对于中国人来讲，悬胆鼻是最有立体感的。

再说到眼睛。无论怎么重视眼睛都不为过，因为它是焦点的焦点。脸是人体美的焦点，眼睛则是脸的焦点。眼睛与脸的关系，犹如水和沙漠的关系。脸的美，最关键之处在于一双眼睛。曾国藩（1811—1872）《冰鉴·神骨总论》因此说：“一身精神，具乎两目；一身骨相，具乎面部。”眼睛美取决于三点：一是生理方面的美，包括其形状、大小等；二是动态的眼神美；三是眼睛所体现的内在素质的美，眼睛是人的内在心灵的窗户。这三点决定了眼睛在人体审美中最为关键的地位。眼睛之动态美，关键之处不光是只滴溜溜乱转，而是那里面的眼神。刘禹锡《观柘枝舞》写道：“曲尽回身去，层波犹注人。”人走了，神采还在，那是眼睛留下的。《西厢记》第一本第一折写张生恋恋不舍的是崔莺莺的“临去秋波那一转”，剧中用了三个字“怎当它”来形容，就是说临去之时的灵秀妩媚让人无法阻挡，那也是眼睛留下的。很多意思很多故事全都发生在“多看了一眼”之后。反正有充满灵气或精气神的眼神，脸便“活”了。这便是说，眼睛的生气在“动态”里面，如《老残游记》写王小玉：“那双眼睛，如秋水，如寒星，如宝珠，如白水银里养着两丸黑水银，左右一顾一看，连那坐在远远墙角子里的人，都觉得王小玉看见我了，那坐得近的，更不必说。就这一眼，满园子里便鸦雀无声，比皇帝出来还要静悄得多呢，连一根针掉在地下都听得见响。”王小玉的神采主要在颇富

① [美]明恩溥.中国人的气质[M].刘文飞，刘晓畅，译.北京：北京理工大学出版社，2010：1－2.

穿透力的眼神里。《四世同堂》中写冠招弟的美丽，也主要是通过眼睛的“动”来体现的：“她是小个子，和她的爸爸一样的小而俊俏。她的眼最好看，很深的双眼皮，一对很亮很黑的眼珠，眼珠转到眶中的任何部分都显得灵动俏媚。假若没有这一对眼睛，她虽长得很匀称秀气，可就显不出她有什么特别引人注意的地方了。她的眼使她全身都灵动起来，她的眼把她所有的缺点都遮饰过去”。

更重要的是，眼睛美实质是内在美、心灵美。眼睛体现人的内在素质。费雯丽有点野性和侵略性的眼神是她本人较为活跃的心理世界的反映，如同奥黛丽·赫本平和甜美的眼神是她宁静内心的体现一样。所以最后一个成了“郝思嘉”，一个则去了“罗马假日”。李渔说过：“面为一身之主，目又为一面之主。相人必先相面，人尽知之，相面必先相目，人亦尽知”，“目细而长者，秉性必柔；目粗而大者，居心必悍；目善动而黑白分明者，必多聪慧；目常定而白多黑少，或白少黑多者，必近愚蒙”。① 《孟子·离娄上》亦云：“存乎人者，莫良于眸子。眸子不能掩其恶。胸中正，则眸子了焉；胸中不正，则眸子眊焉。听其言也，观其眸子，人焉叟哉。”眼睛是人的内在综合素质的镜子。正是基于这一看法，西美尔《时尚的哲学》认为眼睛是“利他主义器官”，它“供述”自己的灵魂，而耳朵纯是“利己主义器官”，它专门收集别人的信息，却绝不“出卖”自己的信息。别人盯着你的耳朵看，完全看不出你内心是个什么人。如果别人说谁耳朵大，谁就会富贵，虽然我们希望他预言很准，但不得不说，那基本上是骗人的。但是，别人盯着谁的眼睛看，是很有可能看出人的“原形”的。眼睛是心灵的窗户，因此孙悟空只要火眼金睛不要招风大耳。

所以，在个人修养方面，“修面”之关键在于“修眼”，“修眼”之关键在于“修心”。凡是獐头鼠目者很少会是善茬，凡是目露凶光者很少会是善良之辈。有句话说：三流的化妆是表皮的化妆，二流的化妆是精神的化妆，一流的化妆是生命的化妆。我们认为讲得很对。因此，重视眼睛的描绘是艺术创作的诀窍之一。法国的安格尔说，绘画必须让眼睛说话。中国的顾恺之说：“四体妍蚩，本无关乎妙处，传神写照，正在阿堵（代词“这”，代眼睛）

---

① 李渔. 闲情偶寄[M]. 延吉：延边人民出版社，2000：88.

中。”鲁迅先生也讲：“要极省俭地画出一个人特点，最好是画他的眼睛。我以为这话是极对的，倘若画了全副的头发，即使细得逼真，也毫无意思。”①

因为外在美是我们与他人交往时最直接的呈现，所以身体和容貌成为人们尤其是女人最担心的事情。俗话说，女人有三怕：怕老、怕胖、怕不美。著名红学家周汝昌也讲：保容以俟悦己，留命以待沧桑。《孟子·离娄下》云：“西子蒙不洁，则人皆掩鼻而过之；虽有恶人，斋戒沐浴，则可以祀上帝。”这就是说，即使美丽的人或物，可能也有丑陋的时候，而丑陋的东西经过装扮，也可能有美丽的时候。于是化妆是可以理解的：都说姐漂亮，其实都是“妆”出来的。整容之风也愈演愈烈，有人戏称现在多见“士为知己者装死，女为悦己者整容”。但美容最可怕的代价是毁容，甚至危及生命。早几年有人统计，国内整容方面每年大约要损坏 5 万张脸。整容和爱美主要是女性的事情，正如《说文·女部》对“好”的解释：“美也，从女子。”段玉裁注为：“好，本谓女子，引申为凡美之称。”这里的意思很明白，“美”在最初主要是女子的专利。但其实男性也很爱美，据当代社会学者观察发现，在商场里经过镜前顾影自怜并以手梳头的人中，男性是女性的两倍。②

第三，体态美与行为美。体态美分为动态的体态美和静态的体态美。动态方面包括：爬、滚、翻、走、跑、跳、跃。静态方面包括：站、立、坐、卧、蹲。比如俗话讲的“立如松，坐如钟，行如风，卧如弓”，这是古代对静的体态的礼仪要求和审美要求，礼仪在先，审美在后，是因为（礼仪）所以（审美）的关系。人们还对体态美提出了另外的一些经验之谈：两收——小腹微收、下颌微收（否则肚子太大给人视觉不好，脑袋上扬给人感觉不好）；两平——肩平、两眼平视（肩平则有力，眼平则有神）；三挺——挺颈、挺胸、挺腿（这样抵得上一双高跟鞋）。

行为美是指美的体态的综合和连续。行为美的控制机制是人的内在世界。美好的行为举止即风度，但人们在说“风度美”时，一般更强调风度里反映出来的内在气质。行为美的特征或判断行为美的依据在于三方面：激励性、利他性、日常性。激励性意指人的行为可成为他人的榜样，激励或促进他人

① 鲁迅．我这样做起小说来[M]//鲁迅全集(第 4 卷)．北京：人民文学出版社，1981：395．

② 刘石．中国古代文史中的容貌描写[J]．文艺研究，2005(7)：96．

行为的改变。利他性是指美的行为具有服务社会、改善社会的积极作用。日常性是指美的行为不是偶然为之的举动，而是发之于内并必然形之于外的经常性的审美践行。行为美成为人的一种习惯，这便是行为美之日常性的一种基本涵义，它的另一种涵义是，行为美应在日常生活中慢慢养成。行为美既体现于日常生活中的每一细节，又是在这些细节或小事上逐渐积淀出来的。据说国外某大学厕所有如此提示："中国同学，请你便后冲水!"这样的标语值得中国人深思。注意日常培养和细节培养，是人的行为美养成的基本途径。屈佳妮的《一个烟头》(《中外文摘》2008年第2期)写道：

公交车上，一名男子靠着车窗，悠闲地抽完一支香烟，一挥手，烟头划出一道火红的曲线，以一种优美的姿态飞出窗外。两秒钟后，一辆疾驰而来的出租车突然转了个方向，一头撞进路边的绿化带。半个月后，一家工厂发生了火灾，上千万的资产顷刻化为乌有。一个月后，当初扔烟头的男子戒烟了。因为他失业了。

他失业的原因是，他所在的工厂破产了。工厂破产的原因是，半个月前一场大火把厂子烧了个精光。工厂失火的原因是，一个月前请来对工厂消防设施进行改造的工程师出车祸住院了。工程师出车祸的原因是，他乘坐的出租车突然冲入了绿化带。出租车冲入绿化带的原因是，有一个燃着的烟头突然落入了司机的衣领。

这篇文字说明一个道理：细节决定成败。《老子·六十三讲》启发我们："图难于其易，为大于其细。天下难事必作于易，天下大事必作于细。"歌德也说，为了养成好的行为，一个人应该每天至少听一支动人的歌，读一首好诗，看一幅美的画，如果有可能，还应该说上几句有内涵的话。美在细节中体现也在细节中养成，其中的行为美当然同样如此。譬如现在网络时代，我们更应该有意识地培养自己的品行，注意小细节中的行为美。

第四，语言美。前面讲过，20世纪的西方，在哲学上有一个"语言的转向"，语言的地位得到了空前的提高，思想界把它从一种工具提升到事关人类生存的本体论高度。而在现实生活和工作领域，随着交流的扩大，语言的作用也越来越重要。人们认为，现在我们要成功，有两种东西是相当关键的，一是智商(IQ)，二是情商(EQ)。两者都与人的智性相关，比较而言，智商看“聪明”，情商看“使用‘聪明’”，或者说，智商更关乎人的知识，情商更关乎人的语言。所谓情商又称情绪智力，主要指人在情绪、情感、意志、耐受挫力等方面的素质。有时从实际作用来看，情商>智商。情商是一种现实的能力，是务实地处理现实世界的能力。语言是表现情商、实现情商最重要的工具，也是培养情商、锻炼情商最基本的领域。要成功地实现交流，创造良好交往氛围，语言至关重要。

语言能反映人的内在素质。一段笑话是如此说的：对老婆：吃饭；对美女：吃吃饭；对情人：吃饭饭；对老百姓：吃什么饭。可见，如人的行为一样，什么样的语言体现人的什么样的精神素质。语言的修养关乎语言技巧，更关乎内心素质。从技术的层面讲，语言的修养主要包括语气、语速、语感、语义、语词（词汇量）和语音（吐字）诸多方面。这里特别指出几点：第一是学会使用谦词，尤其是“您”字；第二是多用祈使语气，少用命令语气；第三是减少口头禅和其他高频词汇，杜绝国骂；第四是短信、电邮注意问候和落款的礼貌，应该开头有礼貌的称呼和问候，信末有得体的结尾；第五是网络留言、跟帖等不要乱丢语言垃圾，乱施语言暴力，应该如古希腊人所讲的，不管是在人前还是人后，都绝不做任何一点卑劣的事，绝不说哪怕一句违背道德或底线的话。

2. 内在美：心灵世界的总和

内在美是人的内在心理结构总体所具有的美，这种内在心理结构总体的组成要素是思想、情操、学识、性格等方面。内在美是外在美的根据，而且必将通过某种形式体现为外在美，这种道理是很明白的。内在美主要包括：其一，思想美，即理性思维在深度与广度方面所具有的审美潜能。其二，情操美，即处理人与世界之间的关系时所持的积极情感。其三，学识美，即以知识（“墨水”）为基础的美。有学识并不代表有思想。第四，性格美，是先天和后天的合一。性格即个性，是一个人较为稳定的行为方式及特点，是内在心理结构的综合表现。气质是性格的重要组成部分。气质的类型主要有胆汁质、多血质、黏液质、抑郁质四种。性格的类型主要有理智型、情绪型、意志型三种，或分为外向型和内向型两种。性格与气质相关，但日常用法中有时又存在区别，譬如“有性格”往往是指特立独行、武断、倔强等，是褒义、贬义还是中性？这要因时因地因人而定。“有气质”则一般是褒义词，指举止优雅，行为得体，谈吐得当。

3. 外在美与内在美的关系：一个都不能少

首先，外在美与内在美都是人的美的必要组成部分。人的美是外在美与内在美的高度谐和，理想状态是缺一不可。这方面的典型在我们心目中有周总理、宋庆龄、梅兰芳，以及黄梅戏演员严凤英与越剧演员何英，还有王实甫眼里的红娘、汤显祖眼里的杜丽娘、曹雪芹眼里的林黛玉、金庸眼里的黄蓉任盈盈赵敏、牛郎眼里的织女、董永眼里的七仙女、荷马眼里的海伦、雨果眼里的艾斯梅哈尔达、盖茨比眼里的黛茜、保尔眼里的冬妮娅、张学良眼里的赵四小姐、沈从文眼里的张兆和、徐志摩眼里的林徽因、钱钟书眼里的唐晓芙、卓文君眼里的司马相如（可惜后来稍违于“愿得一心人，白头不相离”的心意）、穆桂英眼里的杨宗保、白发魔女眼里的卓一航、翠翠眼里的傩送二佬、石评梅眼里的高君宇、三毛眼里的荷西、简·爱眼里的罗切斯特、《牛虻》中琼玛眼里的亚瑟、《乱世佳人》中郝思嘉眼里的白瑞德、《泰坦尼克号》中露丝眼里的杰克、《一夜风流》中艾丽（克劳黛·考尔白饰演）眼里的沃恩（盖博饰演），还有徐霞客眼里的黄山、韩愈眼里的桂林山水、李世民眼里的《兰亭集序》、沈周董其昌眼里的《富春山居图》等。

其次，二者之间有时存在矛盾或具有美中不足的方面。如反面形象系列中的汪精卫、《巴黎圣母院》中神父克洛德·弗罗洛和国王近卫军弓箭队队长弗比斯，要么形象俊美却内心丑陋，要么外表正经却心地肮脏；正面形象系列中有《巴黎圣母院》中的加西莫多，还有一大批的矮个子“巨人”，譬如鲁迅、雷锋全在 160cm 以下，毕加索也只有 162cm，以及历史上很多优秀的“丑男”如伊索、苏格拉底。贝多芬和安徒生也被归为丑男系列，甚至孔子虽是典型的山东大汉，却也有形貌上的小瑕疵，据说是小龅牙、短脖子。魏晋的刘伶、初唐的欧阳询、晚唐的罗隐和温庭筠、北宋的贺铸都是有才无貌的失意者。中唐刘肃《大唐新语卷十三·谐谑第二十八》记载，唐太宗时期，长孙皇后之弟长孙无忌嘲讽欧阳询：“耸膊成山字，埋肩不出头。谁家麟阁上，画此一猕猴。”欧阳询反击：“索头连背暖，漫裆畏肚寒。只因心溷溷，所以面团团。”可见大书法家欧阳询实在长得寒酸了一些。贺铸长得也惨，据陆游《老学庵笔记》卷八记载，他当时常被人叫作“贺鬼头”。还有个中国现代文学界的故事，说的是著名文学家刘半农的故事。据说他有很多崇拜者，但看到刘半农的样子后有些粉丝便退却了。其貌不扬的糟老头刘半农，在离开失望的粉丝之后，于是有诗自嘲：“教我如何不想他，请来共饮一杯茶。原来如此一老叟，教我如何再想他。”审美界不如意事十有八九，张爱玲因此也曾将牡丹无香、玫瑰有刺和《红楼梦》残缺视作人间的三大遗憾。不过林肯说过：一点缺点也没有的人，通常也没有什么优点。这对于美中不足者来说，也算是小小安慰。

最后，内在美重于外在美。这是因为它对于绝大多数外在美具有决定作用，也能够增强人的外在美或弥补人的外在方面的不足。《荀子·非相》云：“形相虽恶而心术善，无害为君子也；形相虽善而心术恶，无害为小人也。”很明显，荀子的意思是内在的东西一方面强于外在的东西，另一方面也可以弥补外在的东西。外在美一般是先天的、易逝的、表面性的，凭我们的视觉即可以直接感知。张爱玲说过：“你年轻么？不要紧，过两年就老了。”话说得漫不经心，想想却令人动容。俗话讲，女人的脸，三十岁以前，父母负责；三十岁以后，自己负责。齐白石老人因此说：“二十年前我似君，二十年后君亦老，色相何须太认真，明年不似今年好。”《史记·吕不韦列传》里说得更严重：“以色事人者，色衰而爱弛。”而内在美则主要是后天的，且它一旦形成，就不易消逝和改变。列夫·托尔斯泰（1828—1910）在此意义上说：“美——就是我们所爱的东西。不是因为美才可爱，而是因为可爱才美的。”① 法国的孟德斯鸠（1689—1755）表达过同样的意思：一个人只有通过一种方式才是美丽的，但是她可以通过十万种方式使自己变得可爱。在人生的长路上，我们一开始就爱上的常常是“美丽”，但走着走着，我们会发现，自己曾经毫不在意的某个人，竟然成了自己最好的朋友。他（她）虽不美丽（英俊），但是他（她）有一个东西叫——内涵。林永健和海清主演的电视连续剧《王贵和安娜》（2009）就是对这个道理的生动诠释。美丽是我们用“眼”作出的判断，可爱是我们用“心”得到的体会。“美丽”可以一下子击倒我们，“可爱”却是漫长岁月的沉淀；击倒我们的可能随风而逝，沉淀出来的却如“理论之

① 引自王明辉.何谓美学[M].北京：中国戏剧出版社，2005：135.

树常青”。“美丽”跑着跑着就散了，“可爱”走着走着就近了。而可期待的最佳结果是，她（他）那么美丽，还那么可爱。

4. 一个美的高度：榜样的力量是无穷的

此处我们要讲的主人公是苏轼。我们更喜欢叫他苏东坡——一个啸傲着的飘着诗意的名字。他为我们塑造了一个美的高度，一个内外兼美者的坐标。宋仁宗景佑三年（1037），成都附近，青城山、峨眉山和乐山环抱当中的眉山，一代文豪苏轼诞生于城南纱縠行。① 他的先祖是与唐朝杜审言同时的苏味道。据说他出生时，附近山上草木尽枯。为什么如此？想想“钟灵毓秀”这个成语，你就明白了。宋仁宗至和元年（1054）年七月，19 岁的苏轼娶来了 16 岁的青神县才女王弗。野马驹老老实实地被套上了套马杆，最美满的姻缘也不过如此。活在红尘当中，又总想脱离红尘而去，这就需要一个看得透红尘的聪明人。王弗就是这样一个聪明女子。她是苏轼的情侣，也是苏轼的知音。她让苏轼小事上糊涂，因为她贤惠；让苏轼大事上不糊涂，因为她聪慧。宋神宗元丰三年（1080），湖北黄州（今黄冈）迎来了落魄的苏轼。在这里，他有了一个响彻历史的大名——苏东坡。宋徽宗建中靖国元年（1101）七月二十八日，一代文星于常州陨落，宋代最绚丽的一段历史被画上了休止符。

他相貌可能并不十分英俊，至少有那么一点遗憾，因为传说中的苏小妹讽刺她哥哥“去年一点相思泪，今年始流到唇边”。他长了一张长长的马脸。但他确定是有才华的，这中国人都知道。他的才华首先显露在“学霸”上。南宋杨万里《诚斋诗话》记载：“欧公知举，得东坡之文惊喜，欲取为第一人，又疑为门人曾子固之文，恐招物议，抑为第二。”东坡早慧且声名大噪，故此皇帝主考的制科考试因他兄弟二人而推迟，后来他考中最高等的第三等（一二等空缺），三百年宋史中难得一见。他的才华更体现在一生的诗文书画的创作中。他是中国历史上前无古人也几乎可说后无来者的艺术通才。古文方面，历来有韩海、苏潮、欧澜、柳泉之说；诗歌方面，他是宋诗第一人；词方面，他是宋代豪放派第一人；书法方面，他位居“宋四家”（苏黄米蔡）

① 学界对于苏轼的出生地点有不同的意见。

之首，有号称“天下第三行书”的《黄州寒食诗帖》；绘画方面，他是中国文人画的重要奠基人。他的“横看成岭侧成峯，远近高低各不同。不识庐山真面目，只缘身在此山中”或“水光潋滟晴方好，山色空蒙雨亦奇。欲把西湖比西子，淡妆浓抹总相宜”之类诗句，或“前后赤壁赋”之类文赋，可说是要深邃有深邃，要意境有意境，要哲理有哲理，要襟怀有襟怀！可知好的文学家必是美学家，也必是哲学家。他敏于感受，善于思考，其感性与理性都超于常人。他也有“江城子·十年生死两茫茫”“水调歌头·明月几时有”“念奴娇·赤壁怀古”之类的缠绵或伟岸。从任一单个的领域而言，他比不上李白、杜甫、韩愈、王羲之、颜真卿、顾恺之、吴道子，但他胜在其“综合指数”。清人施补华《岘佣说诗》于是说：苏轼文才“有宋三百年无敌手”。

他还是个好人。于杭州（通判）建立惠民药坊（相当于老百姓大药房，并兼治疗）；于密州（太守）设计除匪患，活捉匪首何四两；于徐州（太守）坚守抗洪第一线，几天几夜睡在堤上；于杭州（太守）疏浚西湖，修建苏堤；于黄州上疏反对溺婴（女婴）；于惠州疏浚惠州西湖；于儋州开馆授徒，培养出海南岛历史上第一名进士。还有一点是旁人无法企及的，那就是对待女性的态度。中国古代女性，在娘家或是幼年，一定曾经都是有名有姓的，但是出嫁之后，名字却都湮没了。但是，苏东坡把女性当作与男性一样的人，因此觉得女性也是要有名字的。在他周围的女性，他都给了她们名字，或者说，他没有忘记她们是有名字的。而在苏东坡前后或同时，基本上看不到这种作为。没有尊重女性的意识，女性就被“附属”了。最可以拿来对比的，就是他一母同胞的弟弟苏辙，他的夫人一辈子被叫做“史氏”，名字是什么，苏辙是知道的，但是他就是不说。仅此一点差别，便可见出两兄弟在识见、襟怀上的高下。人就是这么奇怪，多一点识见，多一点襟怀，所拥有的世界，所展示的世界，便与别人不同。明末清初何绛题诗于惠州六如亭来纪念王朝云，其中两句“宋朝陵墓皆零落，嫁得文人胜帝王”！王朝云是幸运的。几百年后的曹雪芹或袁枚，接续了苏东坡传下来的衣钵。

所以，“苏粉”非常多。宋神宗吃不下饭，就看看东坡的《水调歌头》之类。有一次，神宗祖母太皇太后曹氏疾病加剧，神宗想以大赦天下来为祖母冲喜。曹氏就说："天下的恶人那么多；没有必要全赦，只要放了苏轼就够了。"① 他反对顶尖人物，如王安石、司马光之类，乌台诗案期间，这些顶尖人物却都为他跑腿，后来都被罚铜 20 斤，甚至上至皇后，下至草民，都为他的出狱操心奔忙。1101 年，他从贬所海南返回内陆，至常州，河两岸有几千人为之欣喜欢呼，迎接一代天才的侥幸"生还"。

苏东坡，潇洒至无所顾忌，伟大到无人可及，一流的才子，一等的好官，这样的人，除了对他仰慕和崇拜，还能有什么办法！黄庭坚、秦少游、晁补之、张耒投于其门下，组成著名的"苏门四学士"，加上陈师道与李廌，此即所谓"苏门六君子"。李清照之父李格非也是东坡门徒，与其他三人廖正一、李禧、董荣被叫做"苏门后四君子"。南宋朱弁《曲洧旧闻》记载："士大夫不能诵坡诗，便自觉气索，而人或谓之不韵。"苏字招牌——东坡肘子、东坡肉、东坡糕、东坡屐、东坡帽、东坡布，甚至东坡马桶②——亦因而走红千年。所以，我们觉得——苏东坡是宋代"实力派与偶像派巨星"。在受推崇和喜爱的人群中，他常常类似于英语中比较级甚至最高级的存在，他是"最"受人们喜爱和推崇的中国古人之一。生存于同样时空之下，有些人活着，只是"活着"而已，被时间推着走，这是"无意识"的活法；有些人活着，却活在"活着之上"，推着时间往前走，这是"有意识"的活法。前者是被动的生存，时间"随便"地滑过，生命便"顺便"被带过去了；后者是主动的生存，时间被激活，生命便饱满起来，一天有一天的"脉络"，一年有一年的"线索"。这样的活着犹如写出了一篇好文章。苏东坡的存在便是这样一篇脉络清晰、线索分明的好文章。他"有力"时坚执，"无力"时退守，随性而不随便，圆通而不圆滑，以其超迈群伦的言行，瑰丽多姿的诗文，建立了一个铁骨铮铮、风节凛凛、行足以傲古今、文足以启万世的人文高标。他的高歌和低吟，都流布为人世间的绝唱。苏东坡，用他的"言"和"行"，为今天人们的生活，树立了一种具有强度、硬度、高度，同时又具有灵活度的生命范型。他是文人中的千古明星！

---

① 颜中其编著. 苏东坡轶事汇编[M]. 长沙：岳麓书社，1984：59.

② 李渔. 闲情偶寄[M]. 延吉：延边人民出版社，2000：194.

第九讲　骨感的形式美

形式美是人们对自然美、社会美和艺术美的抽象形式所进行的审美概括。形式是内容的载体，是指舍弃内容之后所剩余的一切，是事物的形状、色彩、声音、框架、轮廓等因素。形式包括内形式和外形式。内形式是指事物的内在结构。外形式则是指事物的感性外观形态、色彩、声音等。形式与内容相对，但两者是相互转化的。在不同的语境、状态和观察视角之下，内容可转化为形式，反之亦然。比如就屋子的组成因素来看，房梁是屋子的内容；就屋子的结构方式来看，房梁又是屋子的形式。

▲ 中国国家大剧院

形式的因素具有审美的价值，比如开屏的白孔雀、也门龙血树、马达加斯加的猴面包树、澳大利亚的艾尔斯岩、豪华富丽的巴黎歌剧院内部装饰、中国的鸟巢和国家大剧院等，它们的形状、结构、色彩都可以单独成为我们审美的对象。美的欣赏从形式的欣赏起步，于是就有了“形式美”的概念。形式美是指事物的色彩、形状、声音等因素及其组合方式所具有的审美可能性。由定义可知形式美分为两种类型：单体形式美和组合形式美。前者是指色彩、形状、声音等各自单独具有的审美潜能；后者是指形式因素在不同组合条件下所具有的审美潜能，如英属北爱尔兰贾恩茨考斯韦海岸，这是一处世界自然遗产，其鬼斧神工般的石柱排列，体现出齐整一律的形式美感。

一、形式美的特点：抽象与情感

第一是抽象性。形式是对内容的抽象，是人类从大自然和人类社会中抽取出来的。譬如从沙漠的背风面与迎风面中，我们抽取了“曲线”和“直线”。形式美的审美潜能体现在抽象形式里，譬如中国水墨画里江南民居的形象往往被线条化，黑色线条与白色的“留白”造型，凸显出抽象线条的表现力和韵味。众多史前时期的陶器上常可见到鱼纹图案，其审美意趣也主要是通过抽象线条来表现的。几十年来，可口可乐瓶的瓶身设计虽是对女性身体的模仿，但一直是对于抽象形式的不断运用。我们用设计美为例来进一步了解形式美的抽象性。设计美是工艺美术的一部分，它的核心是挖掘抽象形式的审美功能和强调形式美在实际生活中的使用。19 世纪末至 20 世纪，西方设计美学思潮主要有功能主义、式样主义和简约主义，它们都强调抽象形式与生活运用的关系。功能主义提倡功能大于形式或形式遵循功能。19 世纪最后几年，美国建筑师路易斯·萨利文最早提出功能主义的基本原则——“形式遵循功能”。到了 20 世纪，在相当长的一段时间内，功能主义成为世界范围内的设计主潮。德国的贝伦斯和法国的柯布西耶是功能主义在 20 世纪的代表。功能主义之后出现的设计美学流派是式样主义，最早出现于美国，与功能主义相反，它主张形式大于功能，将抽象形式的审美效果放在第一位，即以式样追求为设计美学的直接目标，进而引导消费，形成自己的独有特点。代表作品有美国人设计的流线型双层巴士。从 1980 年代开始，一种追求极端简单的设计流派兴起，将产品的造型化简到极致，这就是追求减法的“简约主义”（Minimalism）。艺术减法的奥秘是使世界清爽，也使眼睛清爽。因为简单，所以醒目。

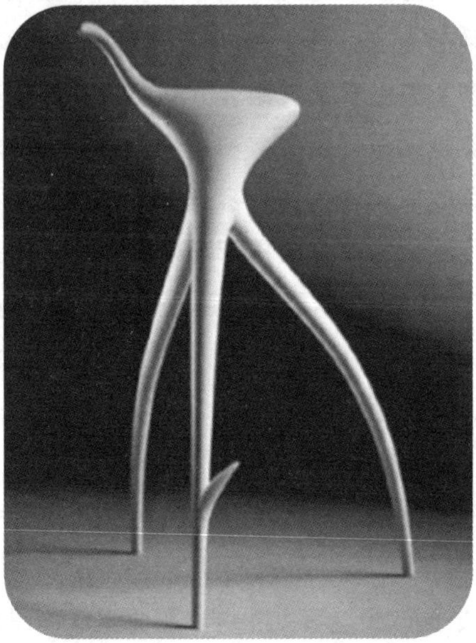

◀ 简约主义者设计的家具

第二是装饰性。形式美大量运用在建筑、陶瓷和其他众多领域之中，是人们装饰自己生活的重要元素。譬如著名的悉尼歌剧院利用贝壳状或帆船状的曲线和块面营造出一种起伏的韵律美。伊斯兰建筑普遍重视形式美的运用，体现于室内、外墙和屋顶等各个区域，有规则的几何图案、圆形以及色彩是伊斯兰建筑运用最多的形式因素。重视形式的装饰功能并使之发展为工艺理论，虽然在历史上也存在过，但是 20 世纪才走向高潮和快速发展的道路，出现了各种工艺美学或设计美学思潮，以上的设计流派就是这些思潮中的主要部分。在这里不得不提的还有著名的包豪斯学派。包豪斯作为艺术设计学校，1919 年成立于德国魏玛。包豪斯的成立标志着现代设计美学的诞生。“包豪斯”一词是首任校长格罗皮乌斯生造出来的，是德语 Bauhaus 的译音，由德语 Hausbau（房屋建筑）一词倒置而成。格罗皮乌斯不仅是位建筑家，而且是一位艺术设计师和 20 世纪工艺美学的主要代表之一。在他的带领下，包豪斯成为一个重要的工艺美学流派，在将形式美学推向生活领域方面作出了重要的贡献。

第三是表意性。形式虽从内容上抽取出来，但由于和历史、心理等保持着复杂联系，仍具有沟通心灵、传达情感意绪的功能。形式美经过历史的积淀，已成为一种植根于人类实践的“有意味的形式”。宗白华因此说：“形式中每一个点、线、色、形、音、韵，都表现着内容的意义、情感、价值。”① 譬如太极图利用曲线和圆形，一黑一白，给人循环往复、周而复始的生命感和完满感。太极图是生命圆满的形式，也是世界圆满的形式，动静结合，首尾相连，男女搭配，阴阳协调。国歌和国旗，它们有如情感的发令枪，旋律一响起来，或旗子一升起来，甚至不必懂音乐，也不必了解什么内容，很多人心里就会油然而生一种庄严感，在那一刻，国家是具体的，是近在眼前的，从混沌的意识里突然跳出来，似乎具有了形状。这就是旋律、色彩这样的形式因素所具有的心理召唤功能，它们可使对象瞬时变得清晰、独立。这也是仪式的功能。升旗、奏国歌都是仪式，仪式具有情感凝聚和情感突出的作用，它使很多日常的习惯性因而无意识性的东西，在仪式时刻顿时被惊醒。所以有些形式和仪式不可不要。反之，法西斯臭名昭著的黑十字（不同于表示吉

① 宗白华. 美从何处寻[M]//美学散步. 上海：上海人民出版社 1981：18.

祥的卍字）则给世界人民尤其是犹太人带来深深的情感刺激。它是一种鬼魅般的存在，因为它曾经就是鬼魅的符号。

二、形式美的体现：形与色的魅力 »»

形式美的基本元素主要是点、线、面、体、色彩、声音、气味等。

1. 点：神奇的就在于这一点

点是最基本的形式美要素。康定斯基说，点是非物质的存在，它等于零。① 确实，点可以是一个空无，但是，点是“无”的终结，又是“有”的肇始，它介于“无”与“有”的界线之上。点因此是神奇的。点缩小而至于无，扩大而成整个世界。它不仅是一切实体性事物的起点，也是一切抽象性形式的开端。在无机界，它是没有生命的微粒，是扬在风中的粉尘，是江河中沸腾的水滴。在生命界，它是一切生命的起始，是植物的种子，是令人惊呼的刚刚钻出地面的鲜嫩的胚芽，是让人欣喜的叶上的露珠，是树丛中带着露珠的花的蓓蕾；也是动物和人类的最初的“种子”，是印度女子眉间的红艳，是孩子圆乎乎的小拳头和亮晶晶的眼睛，是古时候女子头上的发髻，是远处发髻上飘扬着的一块头巾，是朋友远远离去的背影，是很远很远就奔过来的父亲和母亲。带着情感面对世界，虽微末而至于无的点，却也是逗人流连的风景。在广袤的宇宙，点是无垠夜空的月亮，是比月亮还遥远的群星。无数看得见的光点和看不见却存在的光点，是可能比地球还生动的生命世界。

点还是抽象形式的开始，它一点点延长，这便有了线；线一点点纵横，这便有了面；面一点点深入，也便有了形体。点因此是形式美最初的基础，它因此也是美的最初的基础。在艺术的世界，它是“文眼”，是焦点，是核心，是哥特式教堂尖尖的屋顶，它牵引着人的目光，一直向上再向上，最终它自己隐没于空中，而教堂却得益于它的点缀，获得了一种上升的韵律，人也在它的点拨下沉浸于心灵的遐思。点也是芭蕾舞演员的脚尖，全凭脚尖一

---

① ［俄］康定斯基. 论艺术的精神［M］. 查立，译，滕守尧，校，北京：中国社会科学出版社，1987：104.

点，芭蕾便灵动了起来，抛举或旋转，都是脚尖这一点在顶着。芭蕾是脚尖的艺术，也就是“点”的艺术。点也是中国写意画里的墨趣，是清代八大山人的“横涂竖抹千千幅，墨点无多泪点多”（郑板桥评语），是他画里鱼和鸟所翻着的白眼，也是北宋米芾风雨过后挥洒出来的“米点山水”①。点也是东晋顾恺之笔下具有神韵的“阿堵”（指代眼睛），是中国建筑空灵妩媚的飞檐翘角，是小丑们插科打诨的鼻上白点。在自然的世界和艺术的世界，点几乎无处不在。它只“一点”，却可能是精华。生活于公元10世纪的五代诗人江为写过一句诗“竹影横斜水清浅，桂香浮动月黄昏”，北宋林逋改写为“疏影横斜水清浅，暗香浮动月黄昏”，妙手两“点”遂成绝调。完全可以为“点”唱一首赞歌，写一篇长的美文。

2. 线：为美而勾勒

线一定是线——条，点似乎小跑着，这样就连成了一条线。线是一串或长或短的点的连接，正式地说，线是点运动的轨迹。点无所谓什么点，点没有方点圆点之分，点就是点，而线却可有直线、曲线和折线之分，其他的线都是这三种线各种形式的变换。据传为曹雪芹李姓表妹的脂砚斋有一条评语：“山无起伏，便是顽山；水无潆洄，便是死水。”这是对线之美尤其是曲线美的说明。线作为形式美的重要构成因素，它可以是摇动的海岸线，是静寂的沙漠边缘，是山坡上独立高耸的大树，是壁立千仞的大石头，是街头杂耍者口中喷出的长长的火龙；也可以是舞台上吆喝着的圆场，是《天女散花》里几米长的水袖，是中国舞蹈里的“三道弯”，是中国书法里得意的笔锋，是航拍中的蜿蜒的长城。作为美的工具，线的“使命”只负责给我们一条可长可短的瘦削的痕迹。线是造型的基本语汇。它是最原始的艺术语言，人类的第一幅画就是从线条开始的，它粗朴以至于只有简陋的线。它也是最幼稚的造型符号，小孩子学画首先从线条开始，工具可能首先是小树枝，画纸就是自己家的或别人家的墙壁，满墙的涂鸦便是他的作品。它也是最高级的艺术语言，很多人一辈子都摆弄不了一根线条。生于瑞士的德国著名画家保罗·克

---

① 又叫米点皴，是北宋米芾、米友仁父子所独创，是饱含水墨的横点皴法，泼墨、破墨、积墨并用，最能表现江南山水间晨初雨后之云雾变幻、烟树迷茫的景象。米芾的点形阔大，称大米点，米友仁的点形略小，称小米点。

利（1879—1940）有一句名言，绘画的实质就是“用一根艺术线条去散步”。摆弄好线条，在中国艺术领域，要么就是画家，要么就是书法家。说严肃一点，中国艺术尤其是其中的书画最重线条，因此书画成为最典型的线条艺术。流动的线条使中国书画带有“舞蹈的意味”。①

明朝著名画家戴进（1388—1469），人物、花鸟、山水，无不精能，尤擅山水，是明代绘画中“浙派”创始人，有明一代屈指可数的绘画全才。他在《风雨归舟图》中用笔刚劲，气势雄壮，很好地运用了斜线条，表现出风狂雨骤之时行人冒雨归家的情景。西方绘画重色彩，但也不能没有线条，譬如线条也在米勒的《牧羊女》中对地平线的描绘中得以体现，一条界线分明的直线塑造了浩渺无边的草原景象。尤其在19世纪末期以来，西方绘画的一个转变就是从重视色彩转为重视线条，这就是现代的各种走抽象之路的画派。认真地来看一幅画，这就是凡·高的《星月夜》。这里有对线条娴熟的运用。在这幅具有象征意义的画作中，他使用短线笔触描绘激烈旋转的宇宙，大小不等的星辰聚集在月亮周围，似乎在翻滚跳动，近景中的直线和曲线，组成柏树的形状，像燃烧的火焰，又像撕裂的哥特式教堂。在遥远的天宇之上，月亮和一些星星被绘成了黄色，据说这是内心狂躁激荡而且绝望的凡·高，给予自己的一种抚慰和希望。

▲ 凡·高的《星月夜》；埃及托勒密时代（前330—30）与埃及最强盛的18王朝时期（前16—前13世纪）的雕塑，它们给予我们的共同感受便是线条及其勾勒

① 宗白华.美学散步[M].上海：上海人民出版社，1981：41.

3. 面与体：平面到立体的穿越

面是线的联结，面大致可分为方、圆、三角三种基本类型。体或形则是面的深入。在长与宽的基础上增加“高”的一维，面就成为了形体。如果海平面足够的安静，我们对于大海的欣赏就是“面”的欣赏，对于荒寂无物的沙漠或一望无际的草原的张望，也多是“面”的欣赏。对于绝大多数事物的欣赏，其实它们也是首先以“面”的形式进入我们的视觉。德国完形心理学美学研究的视觉完形，主要也是针对事物的“面”即完整轮廓来讲的，因为眼睛看到的只是“面”，而无法穿透到“体”的层次。审美欣赏首先是“见面”，一是指主体亲自用眼睛去见（面→见），二是指眼睛首先见到的是事物的“面”（见→面）。

“体”有方体、圆体、椎体和不规则体等类型，它是事物真实存在的完整形状。凡一客体事物真实存在，必以“体”的方式存在，即以具体的立体方式存在，具有完整的形体或形象，哪怕一张纸，本质上也是“体”，只是它的“高”真是太不高了，以致仿佛没有“高”。“面”主要是眼睛的对象与效果，“体”则不仅是眼睛的对象，也是手、脚等触觉的对象。眼睛无法对付许多事物，比如大悬崖、比如高山、比如大海、比如尘芥、比如微生物，此即康德所谓的“无形式”，但眼睛也收纳许多事物，它还可以逡巡、可以瞻仰、可以俯瞰，并用触觉等做配合，从而获得更全面更立体的感受。换言之，相比于“面”，眼睛更喜欢“体”。“体”给人们更真实的快感，更立体的印象。突破“面”的单薄，走向“体”的深度，是人类审美的需要和历程。爬山，很少有人爬到半路就退回来的，而都希望永攀高峰。这不仅只是一个高度问题，也是眼睛的需要或审美的需要。走在深山里，深陷四“面”的包围，唯有站在顶峰，“体”之全体便收入眼中，心在这个时候仿佛被打开了，用来描述的形容词是“豁然开朗”，用来描述的诗词是“荡胸生层云”。从“面”到“体”，是我们从山脚到山顶的审美动力。为了实现对“体”的视觉占有，人们创造了许多“小玩意”，大可以算上园林，小可以算上盆景，万仞之高山，千里之江河，人们将它缩微，置于眼前、案上甚至掌心。

有些东西“面”就是“面”，永远无法把它变成真正的“体”，如果要“霸王硬上弓”，过久了则可能连自己都看不太懂，而别人却几乎自始至终都看不懂。我们这里说的是立体主义画家毕加索。绘画一直在利用眼睛的功能，也在不断满足眼睛的需要。绘画是纯粹的二维平面艺术，它强调光影的明暗效果，采用近大远小的透视，本质上都是在增强画面的立体效果，打破眼睛视物的局限，最终为的是满足眼睛对于立体感的需要。根本上，传统的这些手法仅是在平面基础上赋予立体幻觉而已。毕加索不同，他要把绘画弄成真的立体，方法则是把平面之后被遮蔽的另一维直接挪置于平面当中，结果是平面被撕裂了，真正的立体确然也实现不了。对于民众来讲，毕加索绘画的审美效果便只有两个字——晦涩。然而神奇在后头。人不是人，马不是马，人似乎又是人，马似乎又是马。我们说的是他 1930 年代创作的《格尔尼卡》。立体主义让人颇费思量。画人就是人，画马就是马，一看就懂，所以就可以去看下一幅了。而毕加索的画，我们看了很久，猜想了很久，我们没有猜出结果来，于是它把我们留在了他的画前。他用他的晦涩留住了我们。如果你也想被留住，还可以去看看他 1907 年创作的里程碑作品《亚威农少女》与 1932 年创作的《读书》。所以俄罗斯的什克洛夫斯基讲，艺术最重要的就是要给人陌生感，陌生感就是新颖，就是让人一下子看不懂，就是审美过程的延长，就是审美感受的被打开和被开发。艺术就是——陌生化。毕加索是什克洛夫斯基理论的最好践行者。毕加索最终成功，成为 20 世纪绘画领域独一无二的“头领”。他是“水泊梁山”的天魁星，从造反起家，最终却被传统招安，他的作品已经成为 20 世纪绘画的经典。如果全世界拍卖价最高的画作有 5 幅，其中至少 2 幅将会是毕加索的。他以一种让人看不懂的方式成功了。这就是不断造反的 20 世纪的怪异之处。不过他说，我不敢去中国，因为中国有个齐白石。

▲ 毕加索《格尔尼卡》与德加《赛马会上》。德加的画体现了他对绿色系的偏爱，以对角线构图，对比效果十分明显

4. 色彩：最大众化的审美形式

色彩也是相当重要的形式美元素。譬如莲雾杨桃樱桃草莓之类以及美国黄石公园内泉水蒸发形成的石灰石平台（每年聚积约30厘米），给人十分鲜明的色彩美感。马克思在《政治经济学批判》中说，对于色彩的感觉是一般审美快感中最大众化的形式。奥地利的马赫说，一切看得见的东西都可分为颜色和形状，“视觉由此而划分成为颜色感觉和空间感觉”。① 但在视觉那里，这两种感觉却不是同时进入的。现在生理科学和心理科学已证实，视觉作为人类最重要的审美感官，它首先感知的是色彩，其次才是外形。从人们的审美经验可知，色彩其实是审美的首要对象，譬如踏春或欣赏烟火，首先是出于色彩对人的吸引。色彩也是艺术重要的媒介和符号，尤其是西方绘画，几乎可说主要是色彩的艺术，很多艺术家还有自己偏爱的色彩运用，譬如法国的拉·图尔（1593—1652）喜欢描绘烛光的颜色，荷兰凡·高（1853—1890）钟爱黄色的涂抹，法国德加（1834—1917）则流连于绿色的事物。德加《赛马会上》（1877—1880）就明显表现了他对绿色系的喜爱，他通过对绿色的熟练调配，使绘画形成对角线构图，制造鲜明的对比效果。

色彩有三要素：色相、明度、纯度。色相即色彩的质地样貌，明度即色彩的亮度，纯度即原色在色彩中所占比例，体现色彩的鲜艳与深浅。色彩分为无色系和彩色系，前者是指黑白灰三色，后者是指红橙黄绿青蓝紫这基本的七色。所有的色彩中，又有所谓的三原色。三原色分为两大类：一是色光三原色，即红、绿、蓝，它是直接发光的颜色，色光三原色混合即为白色。另一类是颜料三原色，即红、黄、蓝②，颜料靠反射光来显示色彩，颜料三原色混合变为黑色。色彩对人的心理具有多种效果③：其一，温度感：颜色可影响我们对客观气温的主观感受。据专家说，色彩的主观温度感相差可达4度左右。因此南屋宜冷色，北屋宜暖色。这对房屋装修有直接指导意义。其中冷色是指蓝、蓝紫等颜色，中性色是指绿色。其二，胀缩感：这是颜色对“面”所发生的观看效果。一般深色看上去有紧缩感，浅色看上去有膨胀

---

① ［奥］马赫.感觉的分析［M］.洪谦，唐钺，梁志学，译.北京：商务印书馆，1986：81.

② 实为品红（玫瑰红）、青（天蓝色）和黄。

③ 吴旭光.美学导论［M］.北京：人民交通出版社，2000：42-45.

感。深色大致相等于上面的冷色。譬如蓝白红三色组成的法国国旗，三色宽度之比为37、33、35，而看上去三种颜色是一致的，这便利用了颜色带给人的观看错觉。其三，进退感：这是颜色对距离感的影响。一般深色令人感觉靠近，浅色令人感觉较远，所以小房子应使用浅色来装饰。其四，轻重感：这是颜色对重量感的影响。一般深色看上去重，浅色看上去轻。如果白色的重量感为1，则黄色为1.13，紫色为1.52，黑色则加重到1.87。所以在穿衣方面要显得年轻有活力，应尽量穿浅色衣服，否则使自己和他人都可能感觉心情沉重。前面讲过吃饭是一种心情，其实穿衣同样是一种心情。心情影响到穿衣，然后穿什么颜色的衣服又影响到心情。好的循环还是坏的循环，有时都取决于人的心情。其五，软硬感：这是颜色对触觉感的影响。其中粉红、鹅黄一类为软色，其他暗色为硬色。其六，清洁感：这是颜色对环境卫生所产生的影响。一般白色、淡色看上去清洁，因此宜做洁具的颜色，而黑色、深褐色不宜做洁具尤其是便器的颜色。其七，味觉感：这是颜色对味觉的影响。一般橙色有甜味感，蓝色有糜烂感。这样我们便可理解为什么很多食品包装采用的都是橙色和黄色。

色彩也具有象征功能，如京剧脸谱中“花脸”象征粗犷耿直，“小丑”象征正直或者世俗，这取决于他在戏曲中的角色。又如赫鲁晓夫的墓碑由黑白两色的石块构成，象征其一生“毁誉参半”。中国古代服装的颜色也具有不同的象征含义，其中表示尊者的服色是黄、朱、赤，表示卑者的服色是绿色，尊卑兼有的服色是黑色，由卑到尊的服色是紫色，由尊而卑的服色是青色。一般来说，红色是我国文化中被崇尚的基本色，可象征吉祥、喜庆、热闹、热情、革命、进步、忠义、成功、美丽等，如红包、红火、红尘、红娘、红对联、红福字、红囍字、大红灯笼、红脸、红军、红色政权、又红又专、红人、分红、走红、红极一时、红妆、红袖、红颜。白色可象征纯洁（主要源自西方），更多的是不好的象征，如白旗、白痴、白忙、白丁、白衣、白费力、白虎星、白面书生等，还有京剧中的白脸，象征的是奸诈阴险狠毒。黑色可象征正直，如黑脸包公，更多的也是反面的象征，如黑心肠、黑幕、黑帮、黑手、黑名单、黑道、黑店、黑货、黑市、黑钱等。可见色彩具有深厚而复杂的文化含意和审美潜能。

此外，我们再简单谈一下声音。声音也是重要的形式美因素。由于人类实践经验的历史性积淀，不同的声音也会具有不同的意义和审美价值。声音是物体振动所发出的音响，直接诉诸于人的听觉，是非常富有表情功能的一种符号形式。声音分为乐音和噪音两种：一般而言，乐音是指发音体有规律振动所发出的音响，令人感觉悦耳动听、舒适恬静；噪音是指发音体不规律振动所发出的音响，令人感觉单调、尖锐、躁动不安。作为形式美之因素的声音，一般是指乐音。不同的声音具有不同的表情功能。高音表示高亢激昂，譬如《天路》《青藏高原》；低音表示凝重深沉，譬如二胡曲《江河水》；强音表示热烈振奋，譬如贝多芬《命运交响曲》；轻音（弱音）表示柔和优美，譬如门德尔松《春之歌》；短音表示轻松活泼，譬如钢琴曲《雨中漫步》；长音表示忧伤不舍，譬如闽南语歌曲《车站》。

三、形式美的组合规律：秩序的魔术 »»

形式美的组合规律或原则主要有整齐一律、多样统一、对称均衡、比例尺度、节奏韵律、主次关系和对比关系等。①

第一，整齐一律。即整一美，给人肃穆、大气、振奋人心等审美感受，譬如阅兵、团体操都是这方面的例子。但整一就是“同”，易于流为单调，因此有时需要与参差美相调和。正如《国语·郑语·史伯为桓公论兴衰》云：“声一无听，物一无文，味一无果，物一不讲。”这是说声音只有一个调子就谈不上动听，事物只有一种颜色就谈不上文彩，食物只有一种味道就谈不上美味，东西只有一种类型就谈不上校正。唐伯虎《桃花庵诗》（节选）：“桃花坞里桃花庵，桃花庵下桃花仙。桃花仙人种桃树，又摘桃花换酒钱。酒醒只在花前坐，酒醉还来花下眠。半醉半醒日复日，花落花开年复年。但愿老死花酒间，不愿鞠躬车马前。……别人笑我太疯癫，我笑他人看不穿。不见五陵豪杰墓，无花无酒锄作田。”这首诗前四句围绕一个“桃”字做文章，这种方式可算是文学中的整一美。纪晓岚《一篙一橹一渔舟》的“一篙一橹一渔舟，一个艄公一钓钩；一拍一呼还一笑，一人独占一江秋”亦可作如是观。

第二，多样统一。即参差美，给人富有变化而和谐的审美感受。这在园

① 本小节可参见何林军.美学教程[M].长沙：湖南师范大学出版社，2009：158－160.

林、建筑装饰等诸多领域都有广泛运用。参差美不是紊乱，而是多样统一，和而不同，是对整一美的逆反和突破，又是在杂多中寻找秩序，在混沌中抓住纲目。美的最佳规律便是——和而不同，这四个字也是中国文化尤其是儒家思想的精髓。和而不同是多样统一的真正精髓，它认可个体的存在，却对个体又予以一定的约束，它不允许刺儿头的存在，而是尽量让刺儿头待在合适的位置，从而整体上呈现出一定的序列和稳定感。不同个体以一定秩序维护一个稳定因而和谐的整体，这就是和而不同或多样统一的基本内涵。毛泽东同志在《为人民服务》一文中说过：我们都是来自五湖四海，为了一个共同的革命目标，走到一起来了。这似乎合适于说明“多样统一”的意思。

▲ 德国丢勒的《三位一体的朝拜》与法国德拉克洛瓦的《自由引导人民》

第三，对称均衡。对称是指形式各要素在上下、前后、左右的相同或均等。蝴蝶、南昌滕王阁、马来西亚地标双子楼都是对称的例子。左右对称是对称的基本形式，典型的例子是天平。均衡即平衡，是对称的一种变形。如果说对称是静态平衡，那么均衡则是动态平衡。均衡指对应双方等量而不等形，即对应双方在形式上虽不一定对称，但在份量上是均等的，典型的例子是杆秤。对称美既体现在自然界和社会生活中，也体现在文学艺术领域。如

"落霞与孤鹜齐飞，秋水共长天一色"，又如纪晓岚撰的对联"吃西瓜，籽往东放；读左传，手向右翻"，这些都是文学中的对称。绘画中的对称则体现于构图，如德国丢勒（1471—1528）《三圣一体的朝拜》。法国德拉克洛瓦（1798—1863）《自由引导人民》则是均衡的构图，画面上部形成倒三角形构图，构成均衡稳定的张力关系。

▲ 范宽的《雪景寒林图》与李成的《寒林骑驴图》是"丈山尺树、寸马分人"的典型代表

第四，比例尺度。比例是指部分与整体、部分与部分之间合乎一定数量的关系。尺度的涵义丰富，本身是指尺寸、尺码，引申为限度、标准、准则、法度等，在此主要是指在高低、大小等方面恰如其分的比例。比例尺度是形式美的一个基本规律，也在艺术中得到了大量的运用。比如《断臂维纳斯》就严格遵循了当时古希腊的黄金比，其头与身之比为 1∶8（八头身）。中国艺术界留下了很多这方面的经验总结，如雕塑绘画方面的"周三径一，方五斜七"、"三停五眼"①、"立七，坐五，盘三半"等。王维《山水论》指出了山水画的一个基本创作标准："丈山尺树，寸马分人"。"丈山尺树"的例子可见北宋范宽《雪景寒林图》，"寸马分人"的例子可见北宋李成《寒林骑驴

① 三停即发际至眉线至鼻底至下颌的面部纵向三等分；耳孔（耳根）至外眼角为一眼，共"两眼"，鼻子为一眼，两只眼睛各为一眼，这便组成面部横向五等分的"五眼"。

图》。这里面包孕着人乃天之子的认识。

第五，节奏韵律。节奏是指有规律的重复。朱光潜先生认为“节奏是主观与客观的统一，也是心理与生理的统一。”① “韵律”由字面意思即可知是指节奏的律动产生的韵味与生气。它是节奏里传达出来的情调、情趣与生命感。节奏体现在自然和社会的各个领域，譬如人体的节奏体现于呼吸、脉动、心律等，声音的节奏体现于伦巴、快三等，空间的节奏体现于潮涨潮落、峰峦起伏等，时间的节奏体现于太阳的东升西落、月亮的盈虚圆缺以及春夏秋冬四季的轮回等。唐代刘希夷《代悲白头吟》的“年年岁岁花相似，岁岁年年人不同”；颜真卿《劝学》的“三更灯火五更鸡，正是男儿读书时”；唐代李峤《汾阴行》的“山川满目泪沾衣，富贵荣华能几时；不见只今汾水上，唯有年年秋雁飞”；这些诗歌都是对时间节奏的描写。塔是富有节奏和韵律的典范例子，譬如缅甸“万塔之城”蒲甘的佛塔以及缅甸仰光大金塔。后者号称世界上最贵的塔，与周围小塔一起用掉黄金 7 吨多。中国的塔从印度传入，一般 5—13 层，其中建于辽代的山西应县木塔，是中国现存最古、最高、最大的楼阁式木塔，是富有节奏感与飞腾韵律感的杰作。另外，中国的天坛以层层盘旋向上的节奏，欧洲的哥特式建筑则以尖顶形式，由粗至细而向上的节奏，共同表现出一种向上飞升的韵律感。节奏与韵律不仅在建筑中也在其他艺术中得到了大量的运用和体现。如国画中的《韩熙载夜宴图》《清明上河图》、唐伯虎绢本设色 12 条幅等，其中线条的勾勒以及时间空间化的构图，典型地表现出中国绘画生机内蕴的韵律感。

第六，主次关系。即分清主次，突出重点，构成一个协调的整体。典型的例子有宫殿中的正殿与配殿、民居中的厅堂与厢房、影视中的主角和配角、文学中的主要情节和次要情节、音乐和声中的主旋律与和声部、戏剧艺术中的重场戏与过场戏、绘画与摄影中的主体画面和背景画面以及主体色调和辅助色调等。

第七，对比关系。对比也称对立，是将两种具有明显区别的因素并置起来予以比较，突出其差异，明确其界线，从而使人感到鲜明、醒目。具体表现为：其一，正反、高低、轻重、动静、美丑、黑白、贫富等的对照。其二，

---

① 朱光潜. 谈美书简[M]. 长沙：岳麓书社，2005：47 - 48.

人与物、人与环境之间的张力或冲突关系。我们以文学中的色彩对比描写为例。杜甫《绝句》的“两个黄鹏鸣翠柳，一行白鹭上青天”，这是近似色对照描写，色彩明丽，表现出诗人心情的畅快。司空曙《喜外弟卢纶见宿》的“雨中黄叶树，灯下白头人”，这也是近似色对照，由自然界的飘落想到人生的蹉跎，于是心有戚戚之感油然而生。杜甫《春夜喜雨》的“野径云俱黑，江船火独明”，这是红黑间的鲜明对比，沉重背景突出的是跳跃的红色。李清照《如梦令·昨夜雨疏风骤》的“知否？知否？应是绿肥红瘦”，这也是典型的对比色运用。大自然的春天到了，到处都是绿色，到处都是饱满的生命力，它给花儿们一个无比大的背景或胸怀，所以说“绿肥红瘦”。这也是作者生命中的春天，时常喝喝酒，或偶尔睡睡懒觉，年华奢侈地美丽着，其中夹杂着一种年少的闲愁。

总之，单独的形式可能具有审美潜能，组合的形式更可能化腐朽为神奇，使自己具有一种秩序上的审美潜能。形式的组合规则是一种秩序的魔术。不同的组合原则其实就是秩序的不同形式。

第十讲　优美与崇高与丑

本讲基本内容是优美、崇高和丑这三个基本的美学范畴。

一、优美：给内心一分美的宁静 »»

优美一般等于我们平时所说的美。在自然界、人类社会和艺术领域，到处都有优美的存在。优美是泰国攀牙湾清澈的水、洪都拉斯蓝洞深幽的湛蓝，是风信子艳丽的风姿、杨桃和莲雾饱满得快要流出来的黄色和红色，是九寨沟神奇的五彩池、土耳其纯白的棉花堡、五大连池仙境般的风景，是中国江南的庭院园林、阿联酋首都阿布扎比令人叹为观止的清真寺，是乔榛与童自荣动听的语音、石评梅琦君张晓

风感情深沉书写低缓的文字，是黄荃和黄永玉的花鸟、张大千的仕女图、赵佶的《芙蓉锦鸡图》，是布格罗的《圣母》、安格尔的《泉》和《大宫女》、克拉姆斯柯依的《无名女郎》，是意大利郎世宁中西结合的《百骏图》和同为意大利的布鲁格充满生活趣味的《好奇的女仆》，是昆曲绝美的脸谱和服装、京剧名旦李胜素《贵妃醉酒》中婉转的唱腔，是汉代名雕《马踏飞燕》、宋代充满民间风味的木雕观音，是古希腊波厄多斯的《抱鹅小子》、卡米耶·克洛代尔慵懒的《华尔兹舞曲》，是《小放牛》欢快的曲调、舒伯特《摇篮曲》和莫扎特《小夜曲》温暖的乐音。举例只能到此为止了，否则会像某些网络小说一样拉得无限的长。

1. 历史探讨：从姚鼐到康德

回到理论方面。在美学史上有不少美学家对优美作过探讨。比如清代文论家姚鼐把中国主要的美学风格概括为两类：阳刚之美与阴柔之美，前者类似于西方人所谈的崇高，后者类似于西方人所谈的优美。他在《复鲁絜非书》中指出：“其得于阳与刚之美者，则其文如霆，如电，如长风之出谷，如崇山峻崖，如决大川，如奔骐骥；……其得于阴与柔之美者，则其文如升初日，如清风，如云，如霞，如烟，如幽林曲涧，如沦，如漾，如珠玉之辉，如鸿鹄之鸣而入寥廓。”这一段话美学史上经常引用，前者是描述阳刚或崇高的形式特点，后者是描述阴柔或优美的形式特点。公元 3 世纪至公元 6 世纪，中国南方的孙吴、东晋以及南朝的宋齐梁陈，在历史上被称为“六朝”，宗白华先生认为在这 300 多年的时间内，艺术上的美分为出水芙蓉和错彩镂金两种，它们代表了中国美学史上两种不同的审美活动和审美理想。王羲之的书法、顾恺之的画、陶渊明的诗歌以及后来宋代的瓷器，属于出水芙蓉的美；楚辞、汉赋、魏晋骈文以及后来的明清瓷器、京剧的舞台服装，则属于错彩镂金的美。[①] 在我们看来，这两种美，其实主要都是属于优美的范围。

在西方，我们前面提到的毕达哥拉斯把美分为甜蜜蜜的和男子气的，古罗马的西塞罗把美分为秀美和威严。这里的“甜蜜蜜的”和“秀美”就等于优美，相对的另一方就等于下面要讲的崇高。18 世纪英国经验主义美学家博

---

① 宗白华. 美学散步[M]. 上海：上海人民出版社，1981：29.

克当然很重视经验，所以他从经验方面总结了优美的外在特点：比较小，光滑，各部分见出变化，无棱角，身材娇弱而不是孔武有力，颜色鲜明而不刺眼，即使刺眼，也要有其他颜色的冲淡。博克第一次把优美与崇高加以系统的分析，总结出了优美的形式特征。康德进一步从哲学的高度探讨了优美问题，尤其是对优美与崇高进行了深入细致的比较，这一点下面再涉及。他对美的分析基本上适用于对优美的分析。他认为美是无关功利而令人精神愉快的，是无关理性概念而普遍的必然的快感，是一种无客观目的的主观合目的性。

2. 优美的内涵：总是那么欢乐

优美是人与世界之间一种易于适应、和谐共存的审美关系，其中世界或审美客体具有怡人的形式，能直接适应和肯定主体，人或审美主体则获得持续而稳定的精神快感。简言之，优美即持续、稳定的和谐，和谐是优美的本质。优美的近义词主要有：秀美、纤丽、阴柔、典雅、优雅、文雅、苗条、婉约等。

优美的特征主要可从外在形式和主体心理两方面来分析。一方面，优美从形式上看，一般小巧、轻缓、柔和，是一种生动、恰当、鲜明的形态呈现。正如德国叔本华说："优美就在于：每一个举动与姿势都是最轻便、最适当、最自然地做成的。"① 例子上面已经举了很多。另一方面，优美从主体心理来看，是持续稳定的和谐感、舒适感、轻松感等。即是说，人与对象之间没有对立，人在心理上对于对象没有不适或抗拒。比如我们观看波提切利的《春》，阅读"梨花院落溶溶月，柳絮池塘淡淡风"，"一曲新词酒一杯，去年天气旧亭台"或者"自在飞花轻似梦，无边丝雨细如愁"，内心不会有激烈的起伏和冲突，而只有一种恬静和快适。

3. 优美的呈现：丹青妙手

我们以《春江花月夜》来具体领会优美之"优美"。这首诗我们把它叫作"丹青妙手月夜图"。它起首就很不凡："春江潮水连海平，海上明月共潮生。"

---

① 引自王明辉. 何谓美学[M]. 北京：中国戏剧出版社，2005：77.

诗人于春天来到了长江边，其目力所及，是看不到大海的，但是，通过一个“潮”字，将实际的江与虚幻的海连在了一起，并将诗意转变为画境。诗人在写这两句诗时，似乎是在画一幅画。手法简练，只有一横一竖，却境界非凡。诗人由奔腾之江水及其东流而去的趋势，目光和神思自然沿水平线远伸至不可见的大海，这便是“一横”（春江潮水连海平），然后诗人将目光收回，看见月亮慢慢地拱出来，一边突破江潮的阻挡，一边与江潮相依偎，月亮上升的轨迹，便是这“一竖”（海上明月共潮生）。有此一横一竖，天地便有了广度，也有了高度。初盛唐诗人的心胸似乎都无比的宽广，这不仅是个人的问题，实在是时代让他们如此骄傲。

“滟滟随波千万里，何处春江无月明?”月亮有无到有地生出来，然后便是写眼前满江的银辉和看不见的千万里的波荡。由实到虚，壮阔无比。思绪随波荡漾，越飘越远，渐至空间的尽头，仿佛可见诗人在不断远望。终于绕回来了，回到了眼前。“江流宛转绕芳甸，月照花林皆似霰。空里流霜不觉飞，汀上白沙看不见。”诗人的视线在逐渐地拉近，由遥远的月出、波光到仿佛触目可及的江流、芳甸。无论是江流还是芳甸，在如白色纱幔一般的银辉的笼罩下，都迷蒙不清了，似见非见，若有若无，实实在在的“有”此时此刻仿佛都化为“无”。天地苍茫一片，花林隐去，白沙隐去，只有寒冷的霜雾流荡在空中。

“江天一色无纤尘，皎皎空中孤月轮。江畔何人初见月?江月何年初照人?”诗人又在铺洒背景了，为的是给月亮的“出世”提供一个绝大的舞台。它是此刻唯一的主角。月光洒满天地，暗淡了一切的物体和颜色，唯留下朦胧的月色。天地之间似乎干干净净，安静而寂寞，黯淡的天幕之上，月亮因此格外分明，也格外孤独，因为别的都被它隐去了。这是相当优美迷人的素描勾勒：迷蒙昏暗中浮现一光点，写出了寥廓、静谧之时空。如果此时我们站在这里，我们也会孤独的，因为整个天空只有一轮月，而月亮照着的整个人间，也似乎只有我一个人。孤独的月，引出的是人的孤独。诗人便由绘景转入哲思。孤独映衬着孤独，孤独催生着孤独，诗人因此冥想：在久远的天地的开端，是谁最先徘徊在江边，踟蹰于月下?这一轮江月，最先又与谁碰了面?诗人似乎置身事外又旁观一切，在静寂中引发不自觉的形上追问，发出天真稚气却永无答案的提问。诗人在传达一种深远幽微的宇宙意识?或是表达由此种宇宙意识而生的彻骨的苍凉与孤寂？“人生代代无穷已，江月年年望相似。不知江月待何人，但见长江送流水。”将哲思推进，说明人在“变”，江和月却永远“不变”。诗人在喃喃自语，而江中流水依旧东流。人对着江水慨叹，江水却不管不顾。人之有情碰上了永远无情的大自然。

“白云一片去悠悠，青枫浦上不胜愁。谁家今夜扁舟子？何处相思明月楼？”前两句一是“白”与“青”的色彩的对比，二是“悠”与“愁”的情态的对比，书写的是人们普遍的离别场景。大自然之无情而无恨，人世间之有情而有恨，因为有对比，所以便醒目。后两句一写江湖泛舟的游子，一写高楼望月的思妇。“谁家”“何处”由具体而虚泛，它们似乎在说：离别乃是人生中的常态，而可悲哀的是，别离之愁恨，却常常无法收敛、无法停顿。“可怜楼上月徘徊，应照离人妆镜台。玉户帘中卷不去，捣衣砧上拂还来。”至此，诗人重点正式移置于思妇，从动态方面抒写思妇之离愁与相思。月亮在逐渐升高，夜深了，女主人公却还在徘徊。她的徘徊只有月亮看得见，可见她的寂寞。所以她根本没有心情梳妆。寂寞的形式是卷帘之际的张望，是捣衣之时的痴呆，寂寞的原因却只有一个，是此地对于他乡的永远牵挂。这是诗人无比美丽又无比忧伤的设置，美丽在于人的深情，忧伤也在于人的深情。美丽到了忧伤的地步，连无情的月亮也有所不忍心。所以月亮也在徘徊当中。

“此时相望不相闻，愿逐月华流照君。鸿雁长飞光不度，鱼龙潜跃水成文。”此四句续写思妇闺思。同望一片月，却不可聚首于一处，因而，她只有心中的愿景了——“愿逐月华流照君”。浓浓的思念之后是思念而不可得的苦楚。可以想，不可见，所以托这一片月，陪着他到处流浪。从彼此的鸿沟写到彼此的勾连。托付天上的鸿雁或是水底的鱼龙，捎带相思的心意，可惜鸿雁与鱼龙，皆带不去沾满忧伤的此地的月华。“天上”传情太难，那就暂且将相思写在“水中”。而实际上也全是徒劳。心愿的热烈与破灭，读来真令人同情。

“昨夜闲潭梦落花，可怜春半不还家。江水流春去欲尽，江潭落月复西斜。”字字珠玑，丝丝入扣。夜晚梦入了潭畔，而“闲”之一字，却写明梦入潭畔也只是空等待罢了。原因在于“可怜春半不还家”，即令人哀伤的是，美丽的春天过了大半，思归归不得，春花成落红。花是美的，是青春而富有生命力的象征，落花却相反。这表明相思不得的伤感，更是对青春、美丽、年华流逝的哀叹。整个春天都将溜走了，该归来的依然没有归来，而在等待的依然夜夜在等待。一个长时段的春天在守望中过去了，无数短时段的夜晚却在无眠中煎熬。

“斜月沉沉藏海雾，碣石潇湘无限路。不知乘月几人归，落月摇情满江树。”上面诗人已经写到了落月，此处的落月则彻底地落了。月沉沉思沉沉，一个一个的夜晚就在煎熬中过去，游子思妇却依旧南北睽违。漂泊流浪，终究想乘月归家，而且普天之下，一定是有归者的，但是，这样的结局，我们的主人公却还不曾拥有。思及此，不由得令人在月落初曙时分，满怀思绪于林木间漫飞。总有人在这个有月亮的晚上团圆，而自己的团圆似乎渺无踪迹。愁思于是弥漫于月，弥漫于江，弥漫于天地。这便是张若虚对于“春江花月夜”的优美呈现。

刚好是在历史的高峰，诞生了《春江花月夜》。这首诗写得如此优美，于是在璀璨的唐诗中，它便成为“珍珠中的珍珠”。几乎处处皆有“春”，几乎处处皆有“江”，几乎处处皆有“花”，几乎处处亦皆有“月”与“夜”，但唯有他的“春江花月夜”使人觉得“一切的赞叹是饶舌，几乎是亵渎”。不是“春江花月夜”本身在他这里有何特殊，而是在他这里，他使它们变得特殊了。他用自己独特的优美“形式”创造了一个独特而优美的“春江花月夜”。因为他有“形式”，所以他有“内容”。《春江花月夜》因此孤篇横绝，成为“诗中的诗，顶峰上的顶峰”。李泽厚《美的历程》第七章论《春江花月夜》：这首诗是有憧憬和悲伤的，但它是一种少年时代的憧憬和悲伤。所以，尽管悲伤，仍然轻快，虽然叹息，总是轻盈。永恒的江山，无限的风月给这些诗人们的，是一种少年式的人生哲理和夹着悲伤、怅惘的激励和欢愉。总体上，这一首优美风格的诗，没有强烈的色彩，没有喧嚣的情绪，没有严重的对立，而只是让我们自然而然地进入这一片迷蒙而有稍许伤感的景致。它不推阻我们，而是用它如烟之美景、无边之哲思、不尽之深情，将我们缓缓“拉”进它的怀中。这就是优美的魅力。

二、崇高：因为一种精神

崇高是西方美学中的重要概念，它与优美构成美的两极，对立又配合，使人间和艺术的世界既有和风细雨的温润，又有翻天覆地的震惊。崇高是珠穆朗玛峰、委内瑞拉的安赫尔瀑布，是雅鲁藏布江大峡谷、美国科罗拉多高原之巅的安切斯荒漠，是李白的“蜀道难难于上青天”和“飞流直下三千尺，疑是银河落九天”，是高渐离击筑之际荆轲高歌的“风萧萧兮易水寒，壮士一去兮不复还”，是蒲松龄自勉联“有志者，事竟成，破釜沉舟，百二秦关终属楚；苦心人，天不负，卧薪尝胆，三千越甲可吞吴”，是杂技在空中令人窒息的旋转、中国戏曲让人眼花缭乱的连环筋斗，是龙门奉先寺的卢舍那大佛、航行在大海之上的《泰坦尼克号》。

1. 历史探讨：从自然到心灵

西方历史上第一个明确提出崇高概念的人是古罗马的朗吉弩斯。他主要是侧重于文章学方面的内容分析和修辞性探讨，在《论崇高》一文中认为文学作品的崇高风格首先在于庄严伟大的思想和慷慨激昂的感情，还要能善于藻饰、措辞高雅和具有堂皇的结构。在秀美与崇高之间，他更为欣赏崇高之美，指出小溪小涧虽然明媚而且有用，但尼罗河、多瑙河、莱茵河，尤其是海洋更能给人审美快感。他提出的“崇高是伟大心灵的回声”，一直回荡于理论界和艺术创作界，成为人们精神上的一种号召。朗吉弩斯在《论崇高》里还有一段话值得我们去阅读：

> 天之生人，不是要我们做卑鄙下流的动物；它带我们到生活中来，到森罗万象的宇宙中来，仿佛引我们去参加盛会，要我们做造化万物的观光者，做追求荣誉的竞赛者，所以它一开始便在我们的心灵中植下不可抵抗的热情——对一切伟大的、比我们更神圣的事物的渴望。

这段话表明，人生于世应有所仰望，仰望的对象便是那些伟大的神圣的崇高的事物，崇高的事物因其崇高而能在人们的心灵中唤起不可抑制不可抵抗的热情。

英国的博克对崇高也发表了有影响的看法：第一，崇高的对象主要存在于自然界。第二，崇高事物有共同的特点，就是可怖。比如，浩瀚的海洋、晦暗的神庙、狂奔的烈马、一望无际的天空都让人心生可怖，最终可能引起人的崇高感。第三，崇高与优美的比较：首先，崇高的东西体积巨大，优美的东西体积比较小。其次，崇高的东西凹凸不平、奔放不羁，优美的东西平滑光亮。再次，崇高的东西坚实甚至笨重，优美的东西轻巧娇柔。又次，崇高出于人的自我保护的要求，优美出于人的社会交往的要求。最后，崇高的东西以“痛感”为基础，令人惊赞，优美的东西以“快感”为基础，令人喜爱。

康德也讨论了崇高问题，并且成为西方崇高理论中最有影响的部分。不过他的崇高理论直接受到博克的影响。首先，康德对崇高进行了分类：其一，数学上的崇高（数的崇高），它指的是体积的大；其二，力学上的崇高（力的崇高），它指的是力量的大。其次，康德对崇高与优美进行了比较。其一，崇高涉及对象的“无形式”，即崇高对象太大，超过了人的感知能力，优美涉及对象的形式，即对象的全貌可以轻易地为我们所把握。从这种看法中可见到亚里士多德思想的痕迹。譬如峡谷和阒寂无人的野外都可说是“无形式”，胆小的人感觉恐惧，胆大的人才能感觉崇高。这说明崇高既在于物的形式，又在于人的精神。康德认为后者更重要，崇高归根结底是人的理性的胜利、人的精神的胜利。其二，崇高是由痛感转化来的快感，因此是间接的快感，而优美是单纯的快感，所以是直接的快感。其三，崇高令人感动和尊敬，优美则使人迷恋和爱慕。正如王鼎钧在散文《最后一首诗》中论长江：“长江给我的印象是，伟大得使人想灭顶。……见了金字塔想往里钻，进了群山万壑想失踪，在拿破仑或成吉思汗麾下想赴汤蹈火马革裹尸。”康德认为，崇高的情操比优美更感人，崇高的人是坚定的人，所以才能听命于原则，不会轻易屈从于无常的变化。他举例说，一个人爱着自己的妻子，因为她美丽动人又聪明，这是容易做到的，而当她由于疾病而形象改变，由于年老、粗鲁而魅力消失、聪明不再的时候，你依然爱她，你依然满怀敬意来对待这个人，仅仅因为她是我的妻子。这样的男人就是高贵的和崇高的。所以崇高的人不受制于冲动，而听命于原则。冲动乃是出自于个别的偶然的机缘，而原则是内在的永恒的规范和标准。你帮助了一个人，因为他是你的朋友或熟人，这是善良而非高贵，因为朋友的关系是你和他之间的个别的偶然的特殊的关系。只有当你在帮助一个人的时候，你仅仅因为他就是一个人，这就趋近于崇高和高贵。①

2. 崇高的内涵：最重要的是内在

崇高是人与世界之间由对立冲突而最终趋于和谐统一的审美关系，其中人经由压抑感、恐惧感或震撼感而最后获得精神上的快感，即人的精神经过广义的痛感而得以显现或提高。崇高既指对象的“巨大”存在，又指审美主体精神上的胜利。譬如台风与雅鲁藏布江大峡谷，它们首先令人恐惧、震撼，但经由理性的调适而最终收获一种审美快感。

恐惧对象转变为崇高对象需要两个条件：其一，人处于安全地带；其二，人跳出现实中利害关系的考虑，即保持超脱的无功利的心态。康德指出：高耸的断崖、电闪雷鸣、肆虐的火山、飓风和海啸，人类在它们面前显得太渺小了，“但是假使发现我们自己却是在安全地带，那么，这景象越可怕，就越对我们有吸引力”，于是我们称呼这些对象为崇高，因为它们提高了我们的精神力量，使我们有勇气去和自然的威力进行较量。康德进而认为：使人类真正感到恐怖的东西，不能叫做崇高，也不可能产生快感。

再总结一下崇高的特征：其一，崇高具有巨大的力量和气势。这一方面是指巨大的物理力量，如大海、峭壁、盘山公路与吉首矮寨的“吊桥”；另一方面是指巨大的精神力量，即孟子所云“浩然之气”，如雷锋、贝多芬等人体现出来的精神含量。

其二，崇高在形式表现上多具有怪诞性或震撼性，所以历史上“崇高”有时被划归为“丑”。崇高的东西或粗糙（如嶙峋峭壁），或怪异（如海的无限大），或强劲（如台风），或野蛮（如漩涡等），或奇特（如德国的白雪公主城堡）。

其三，崇高在社会领域常具有道德的高尚性和历史的进步性，其核心品格在于大我、抗争和正义等方面。我们觉得像马斯洛娃那种行为也具有崇高的性质。在《复活》中关于玛丝洛娃的爱情结局的描写是：

> “我不想告别，我还要跟您见面的，”聂赫留朵夫说。“那我们就

① ［德］康德．论优美感与崇高感［M］．何兆武，译．北京：商务印书馆，2001：19．

分手了，”她说，声音低得几乎听不清。他们的目光相遇了，聂赫留朵夫听着她说，“那我们就分手了”而没有说一般的告别辞，看着她那古怪的、斜睨的目光和凄凉的笑容，心里明白过来，在他刚才对她的决定的原因所做的两种推测当中，第二种才是正确的：她爱他，认为同她结合在一起，就会破坏他的生活，而她跟西蒙松一块儿走掉，就会使得他自由。现在她想到她办成了她所要办的事，不由得暗暗高兴，不过转念想到她就要跟他分手，又不免心里难过。她握一下他的手，很快地回转身，走出去了。①

在很艰难的处境中，马斯洛娃想到的不是自己的生活，而是聂赫留朵夫的生活。这就是我们所讲的伟大情感的最伟大的一个地方：以“无情”的方式传达最深的“有情”。电影《最好的我》(2014) 传达的也是这样一种情感。这种事情一般人都做不到，所以它必然是崇高的。

其四，崇高是冲突后的和谐，痛感后的快感。崇高的心理效果有一个过程：推→拉，此即不和谐→和谐，因而崇高是动态的和谐；优美的心理效果一直是：拉，这表示优美是恒定的、静态的和谐。崇高根本上是自我精神的胜利。说得更明白一点，就是遇到挫折仍然不放弃自我的奋斗。这样的现象本身就是崇高的，同时给人一种崇高感。崇高是人的精神的产物。换言之，实际上自然界是无所谓崇高的，但它会以它巨大的形式激发出人的崇高精神，最终成为人之崇高的显现场所和确证。

这个世界只有优美或只有崇高，可能都有失完满。人生也一样，既要有优美的一面，又要有崇高的一面。优美使人可爱，崇高使人可敬。一个叫邢晔的人在《油滑时代》一文中写道：现在是“一个连男人都油滑得妩媚的时代”。言下之意是这个社会的阳刚气质越来越少。其实不仅是阳刚气质越来越少，真正的优美也不常见，因为人们在为这为那焦虑着，步履匆匆，却不知为什么要这么步履匆匆。我们可以过上一种有弹性有张力的生活。我们把它概括为既崇高又优柔（优美）的“审美生存”。生命美学是从存在论层面而言的，是“向死而生”的有限时间之流中个体生存的沉重而诗意的部分。“沉

① [俄]列夫·托尔斯泰：列夫·托尔斯泰文集（第 11 卷·复活）[M]. 北京：人民文学出版社，1987：576.

重”与“诗意”都既指生活的内容，又指生活的形式。任何人的一生都会有“大事”来临，都会遭遇“磨难”“苦痛”“困顿”，这就是生活沉重的部分。面对沉重，可以“沉重”地对待，即严阵以待、勇往直前、一丝不苟。这是生活的一种形式。“诗意”作为生活的内容，大体是指生活中轻松惬意的部分；“诗意”作为生活的形式，则是指优柔或优美的生存方式，亦即对待生活的从容潇洒的生命智慧。生命的美学存在必有沉重，亦必有诗意。沉重与诗意，对于生命美学而言，两者不可或缺，因为“沉重”使生命务实地建基于“大地”，“诗意”使生命超脱地高扬于“世界”。沉重地对待生活，使个体生存具备了崇高的气度；诗意地对待生活，使个体生存具备了优柔的风姿。且进且退，进不惧，退不馁，将人生的“加法题”和“减法题”完成得尽可能圆满。

三、丑：走了“歪路”的后果 »»

在西方历史上，“崇高”常常被划入“丑”的领域，这是因为西方人首先是从自然的“可怖形态”方面，来着手分析“崇高”的。人们为了追求美，付出过无数的代价，很多时候还是流血的代价，不仅自己一个人流血，还害得大家流血，譬如“烽火戏诸侯”或是特洛伊之战。因为爱“美”之深，所以恨“丑”之切。一个不太严重的例子是庞统。据《三国演义》57 回讲述，“统见玄德，长揖不拜。玄德见统貌陋，心中亦不悦”。庞统很牛气，他把自己内在的才华收起来，孔明老兄的推荐信他藏在怀里，大咧咧地以外在的东西让刘备看。当内在东西不做配合的时候，庞统拥有的外在东西很可怜，历史证明，刘备以貌取人的第一印象于是出现了重大偏差，庞统最后也只做了耒阳县的“县宰”。严重的例子是杀人或灭国。战国时期的孟尝君田文，有一次到赵国，仅仅因为别人笑他太丑，他于是很生气，后果便很严重，他一怒之下把人杀了。《吕氏春秋·孝行览·遇合》记载，春秋时期陈国派一个“椎颡广颜，色如漆赭，垂眼临鼻，长肘而盩”的人出使楚国，我们知道，这是“楚王好细腰，宫中多饿死”的国度，因此楚王也很生气，后果更为严重。感觉受了侮辱的楚王“兴师伐陈，三月然后丧”。这个人丑成什么样子呢？尖头却脸盘子大，脸色暗淡，眼睛鼻子挤在一起，手长兼夸张的外八字。如此形象，超出我们的经验范围之外。所以东汉刘熙《释名·释言语》解释："丑，臭也，如臭秽也。"通俗讲，丑如臭狗屎。所以人对美之爱有多狂热，人对丑之厌便有多强烈。因此古希腊忒拜城的法律规定：不准表现丑，否则就要受到惩罚，同为古希腊的斯巴达人则要求他们的国王缴纳罚金，原因仅在于他娶了一个丑女人。

1. 丑的概念与类型：往反面变态

鉴于现实中人们对于丑之剧烈的厌恶心理，又鉴于实际上丑陋现象层出不穷的具体情况，于是在理论上也便有了很多的探讨，提出了许多看法，譬如朱光潜认为丑是"事物的变态"，[①] 丑等于无规律，他觉得无规律的曲线也是丑的。注意这里所讲的是无规律的曲线而不是一般的曲线。无规律的曲线就是一团乱麻，这当然是丑的。西方则有人指出丑的一般形式特征在于：无定形、不合规则、分裂、不自然、消极、不统一、不完善、不确定性、不对称、畸形、混乱、粗野、过度、不合比例等，还包括艺术中的模糊不清和变化不定，即缺乏确定性、区别性和条理。[②]

吸收学界的看法，我们认为，所谓丑，是指主体与客体之间的一种否定性关系，从客体来说是偏离常规或对人的正面本质具有否定性的感性形式，从主体来说是一种对客体的否定性判断。"丑"可分为三类：自然丑、社会丑与艺术丑。自然丑一般是指形式怪诞，违背偏离自然规律或生命规律（丧失活力）的自然现象。如枯叶、臭水沟之类。自然丑是人类依据自己的标准对自然现象作出的评判。自然丑的存在是非常复杂的，对它们的评价也众说纷纭。

社会丑是指违背社会规律，对人类有害的社会现象，是人的正面本质的否定性表现。李宗吾《厚黑学》开头部分指出厚黑学的两个代表是曹操和刘备，把李宗吾的话翻译为现代文就是：三国英雄，首推曹操。他的特长，全在心黑：他杀吕伯奢，杀孔融，杀杨修，杀董承伏完，又杀皇后皇子，悍然不顾，并且明目张胆地说："宁我负人，毋人负我。"其心之黑，真是达于极

---

① 朱光潜. 朱光潜美学文集(第1卷)[M]. 上海：上海文艺出版社，1982：143.

② [德]豪克. 绝望与信心：论20世纪末的文学和艺术[M]. 李永平，译. 北京：中国社会科学出版社，1992：163.

点了。有了这样的本事，当然可称为一世之雄了。其次要算刘备。他的特长，全在于脸皮厚：他依曹操，依吕布，依刘表，依孙权，依袁绍，东奔西走，寄人篱下，恬不为耻，而且生平善哭，遇到不能解决的事情，就对人痛哭一场，于是立即转败为功，所以俗话讲："刘备的江山，是哭出来的。"他们两人或以残忍手段实现个人欲望，或以无耻方式取得个人功业，于社会公德或于个人私德，皆无美可称。他们污染了后来的世道人心，就此而言，二人皆为历史上的小人。内心不正之人，大多乏善可陈。

艺术丑是指违背艺术规律的艺术现象，是人的艺术能力的否定性表现，表示艺术创作的失败，主要包括艺术技巧的拙劣与艺术内容的虚假等。艺术丑是对艺术的亵渎，是对人的能力的否定。据说韩复榘游济南大明湖时写过如下的诗：大明湖，明湖大/大明湖里有荷花/荷花上头有蛤蟆/一戳一蹦达。只能说他懂得一点押韵的技巧，而诗距离他真的有点远。

2. 丑的审美价值：为"美"的出世

丑作为美的对立面，其审美价值在于：

其一，可衬托美。就像英国作家安东尼·伯吉斯（1917—1993）在《发条橙》中所讲，如果恶不能被接受为一种可能性，那么善就是无意义的。这个道理被雨果知晓得烂熟于心。他的小说几乎每一部都是用丑来衬托美，后人概括为"美丑对照原则"。有些是自己和自己对照，譬如《悲惨世界》中的冉·阿让和《九三年》之中的朗德纳克以及《巴黎圣母院》中的加西莫多，有些是自己和他人对照，譬如《巴黎圣母院》中的克洛德、弗比斯就是用来衬托爱斯梅哈尔达的。又如左思（约250—305）在魏晋亮相，似乎一大原因是用来衬托潘安（即潘岳）的。他写过赞美魏都、吴都和蜀都的《三都赋》，很有点天下的情怀，但他的小心思一直未能放下，就是潘岳上街可以被人"掷果盈车"，自己上街的效果会是什么呢？效果很不理想，除了满身的唾沫星子，便只有切切的声音回绕在耳边。谜底其实好多人都知道了：左思有点丑。于是更显出了潘岳的美。左思家里人似乎都有点丑，比如他妹妹左芬（左棻），不过因为她是才女，被好色的晋武帝司马炎以一种特殊的方式——充门面——接进了后宫，后来被封为贵妃。丑为左思进入历史提供了50%弱的力量。

其二，丑是历史发展的一个动力性因素。这一点很令人想不通，难道丑的贡献还大于美？真相当然不是这样的。丑作为历史的动力，恰在于促发人们去颠覆丑，迎来一个新的美。因为丑的存在，人们才觉得有变革的对象和必要了。这样我们才能为谭嗣同的慷慨赴死真正致敬。在群体蒙昧的时代，竟然成长出如此决绝的英烈，或者正因为群体的蒙昧，如此决绝的英烈才得以出世。

其三，生活丑是艺术的表现对象，构成艺术王国中一道特殊的风景。只要是艺术家，都会将生活丑纳入他们的创作范围。小提琴协奏曲《梁祝》、民间传说《白蛇传》、罗丹雕刻《欧米哀尔》(《老妓女》)、刘文彩庄园内泥塑群像《收租院》、王式廓油画《血衣》、中国芭蕾舞剧《白毛女》都包含对生活丑的描绘和鞭挞。甚至很多艺术家还以它们为自己最主要的创作素材，比如萨尔多瓦·达利的绘画基本上是描绘梦里面的本能欲望，20 世纪很多文学家更是致力于虚无、荒诞等社会现象的叙事，从而开辟别样的意义考问渠道，形成各自富有特色的风格。

3. 生活丑到艺术美的转化：底线与能力

生活丑完全和艺术丑是两个概念。艺术丑是艺术美的反面，而生活丑是艺术美的素材，甚至构成艺术美的一部分。生活丑不可能自然而然地成为艺术美，必须经过艺术家妙笔生花地改造。生活丑转化为艺术美，其关键环节是：

第一，对生活丑进行价值批判。艺术对待生活丑的态度不是如罗兰·巴特所讲的维持“零度写作”，而应该有必要的价值观照和批判，认同或津津乐道更是伟大艺术的大敌。对于艺术，现在人们有许多糊涂不清的认识，以为艺术家不是道德家，没有必要承担道德导师的使命和义务。其实所谓前卫或后现代，如果不想自己如过眼烟花，就应有一定的维护正面价值的态度和担当。生活丑可以而且应该进入艺术视野和艺术领域，但不是展览甚至美化它们，而是让它们成为一面聚焦丑的镜子，照出生活中的阴影，使人们了解丑的实质。罗丹的《欧米哀尔》、卡夫卡的《地洞》、郑廷玉的《看钱奴》等，都要这样来理解。

第二，艺术家的表现能力。艺术美的高下主要取决于艺术家的表达能力。

任何体现了艺术家高超创造力的作品都是美的，而不在于你表现的内容是什么。表现生活丑的作品，只要刻画得典型，栩栩如生，就能够赢得高度认同，并使人获得极大的审美快感。艺术史的常例是，往往是那些表现痛苦、黑暗的作品更具有审美价值，赵翼因此说："国家不幸诗家幸，赋到沧桑句便工。"因为这样的作品更类似于雪中送炭。美好之风景固然可以锦上添花，而帷幕重重的暗夜尤需人递过来一个火把。

第十一讲　悲剧与喜剧

本讲基本内容是悲剧和喜剧。

一、悲剧：明知成空也不放弃

悲剧是指正面主人公被强大敌对势力所摆布或毁灭的审美现象。其中，悲剧的主人公一般是指具有正当合理要求的正面人物，而且大多数是富有抗争精神的英雄式人物。悲剧既是一个艺术范畴，指的是文学和戏剧中的悲剧作品，又是一个美学范畴，将艺术上的悲剧也包括在内。

我们讲一讲陆游的离婚案。首先看他的《钗头凤》："红酥手，黄縢酒。满城春色宫墙柳。

东风恶，欢情薄。一怀愁绪，几年离索。错、错、错！//春如旧，人空瘦。泪痕红浥鲛绡透。桃花落，闲池阁。山盟虽在，锦书难托。莫、莫、莫！”唐婉《钗头凤》：“世情薄，人情恶。雨送黄昏花易落。晓风干，泪痕残。欲笺心事，独语斜阑。难、难、难！//人成各，今非昨。病魂常似秋千索。角声寒，夜阑珊。怕人寻问，咽泪装欢。瞒、瞒、瞒！”宋高宗绍兴十四年(1144)，20岁的陆游迎娶18岁的表妹唐婉（是不是表妹，很多人都想争出个子丑寅卯，其实是不是表妹真的不是个问题)，约两年，陆游与唐婉即仳离。世上结婚又离婚的何止千千万，独陆游与唐婉为人所“挂念”。这源于此种仳离乃是出于极端的无奈。伉俪情深却最后不得不凄然相向，萧郎从此成路人。唐婉未能料到的是：正正当当地爱着自己的丈夫，竟然换来如此结果！厌恶这种爱的是她的婆婆，陆游的亲生母亲。婆婆与唐婉“势不两立”，绝对的强势是婆婆，因为她是家长，她手中握有古代社会难以撼动的武器，这种武器叫“孝道”。婆婆假借一种理由：过分的恩爱消磨男儿志气，继而挥舞孝道的大棒，哭泣与哀求最后都没有效果，陆游还是被逼着休掉了唐婉。后来，有人责怪陆游的软弱，我们觉得这有点委屈了陆游，因为他不是21世纪敢于“犯上作乱”的陆游，而是12世纪只能唯唯诺诺的陆游。只能怪陆游生错了时代，但唐婉却没有嫁错人。当初，陆游哀求过，唐婉哭泣过，但是一点效果也没有。

当一个人心肠变硬的时候，即使是母亲，也会成为“杀死”儿女的凶手。当赶跑（驱逐）对方（唐婉）占据了头脑，悲悯就荡然无存。陆游不敢直接质问母亲，只能在诗词里，摆弄他的“春秋笔法”，让忏悔，让控诉，让思恋，一点点地流淌，从22岁左右，一直流到他70多岁的生命尽头！《钗头凤》里有幽怨，有控诉。离别10年后，陆游与唐婉在沈园偶遇了，她牵着的已是别人的手，但一瞥之下，却全不见少妇的幸福的容貌。想必是无数个暗夜偷偷哭泣的缘故吧（泪痕红浥鲛绡透)。这样一来，春色愈美，佳肴愈盛（红酥手，黄滕酒)，愈叫人伤心。沈园，是陆游的伤心之地。路过一次，就黯然神伤一次，其中包括他63岁时路经沈园的一首诗：“采得黄花作枕囊，曲屏深幌閟幽香。唤回四十三年梦，灯暗无人说断肠。”43年前，那正是他们新婚的时候。可怜了那时的菊花枕！无数的时光在咀嚼哀伤里度过，忏悔之诚，思恋之深，足以告慰早夭的唐婉。婆婆拆散了陆唐，陆唐却造就了一座诗歌的文化的沈园。沈园，从此并不平静。在此基础上，我们再进入悲剧问题。

1. 悲剧的审美特征：对不可抗的抵抗

第一，从情境言，悲剧是正面力量与反面力量之间的矛盾冲突。悲剧中这种正反两方面的矛盾冲突是无法化解的，这便是恩格斯所说的“历史的必然要求和这个要求的实际上不可能实现之间的悲剧性冲突”。[①] 所谓“必然要求”即合逻辑合情理的正当要求。当时机不成熟或客观的反对力量太强大，这种要求则流于破灭，这就是悲剧。

我们可以从那条自从南宋就盘旋在西湖上空的白蛇为例。烟雨断桥，年轻的白素贞遇到了同样年轻的许仙。男未娶女当嫁，无比合理的爱情发生了。但是法海出现了，这是一个绝大阻力。他以婚姻反对爱情，里面还有一个大借口：人妖之天堑。合理的遇到了不合理（阻止爱情就是不合理）的阻挠。所以在这个故事里，是一定要有一个法海的。有了法海，白娘子即将踏上赴汤蹈火的道路。在此，白娘子是一个“个体”，法海是一个“群体”，一个“社会”。白娘子必败无疑。正面人物的失败是悲剧的一种本质内涵。只想好好地去爱一个人，这有什么错呢？但是，最后是——“不可以”。可见，悲剧常常是一个“必然性”而非“偶然性”事件，蕴含一个“因为……所以……”的逻辑结构。

第二，从人物言，悲剧主人公常常是正面人物，要么是英雄，要么是有正当合理要求的小人物，所以悲剧包括传统的英雄式悲剧（如《哈姆雷特》《窦娥冤》《梁山伯与祝英台》《白蛇传》等）和后来出现的小人物悲剧（如《卖火柴的小女孩》《祝福》《孔乙己》）。

英雄的素质在于“抗争”，小人物却只有“控诉”或“企盼”，最后如尘埃般被碾压而不见了。窦娥、祝英台、白娘子、七仙女、织女等虽是普通人物，但顽强抗争，因而归属于悲剧中的英雄之列。譬如窦娥的抗争就是她的呼喊“地也，你不分好歹何为地？天也，你错勘贤愚枉做天?”以及三个誓愿（血飞白练、亢旱三年与六月飞雪）：“你道是天公不可期，人心不可怜，不知

① ［德］马克思，恩格斯．马克思恩格斯选集（第4卷）［M］．北京：人民出版社，1972：346．

皇天也肯从人愿。做甚么三年不见甘霖降？也只为东海曾经孝妇冤。如今轮到你山阳县。这都是官吏每无心正法，使百姓有口难言。……浮云为我阴，悲风为我旋，三桩儿誓愿明提遍。婆婆也，只等待雪飞六月，亢旱三年呵，那其间才把你屈死的冤魂这窦娥显。”祥林嫂、孔乙己、闰土、阿Q等要么有所控诉，要么无奈地被摆布，因而归属于悲剧中的小人物之列。譬如祥林嫂谈不上多大的抗争，主要是控诉。她以捐门槛的形式来控诉社会或希图改变命运，但她终究迈不过旧观念砌成的那道冷漠的“社会门墙”。她的死，是旧女性的悲剧。旧观念酝酿了冷漠，冷漠则会无视生命。人越多，冷漠则可能越可怕。祥林嫂死在全体鲁镇人的目光之中。可见冷漠就是一个杀手！人很多很多，自己一个人却在人群之外，这一定是祥林嫂曾经无数次的模糊的感知。这样的日子是令她绝望的。祥林嫂终于死了。

第三，从结局言，悲剧是抗争而未能取胜或被生生地窒息，通俗地说，悲剧是丑“暂时地”“表面地”打败美。这是因为悲剧包含着一个导致正面人物“必然失败”的结构：正反力量的严重失衡，也就是说，“好人”绝对的弱势，“坏人”绝对的强势。俄狄浦斯最终自我流放了，西西弗斯在日夜不停地推着石头，窦娥最后上了断头台，梁山伯死了祝英台投入了坟中，七仙女来自天庭最终又被迫回了天庭，白素贞被压在了雷峰塔下，闰土彻底地木讷了，孔乙己倒在了不知哪一个角落。一切该存在的全都不存在了。悲剧一定是“好人”受磨难，即正面的东西遭受压制。悲剧落幕之时便是美学上悲剧形成之际，简单说，结局是悲剧形成的关键，是悲剧的重要判断根据之一。

第四，从价值言，悲剧具有积极价值而非消极价值。如鲁迅所说，悲剧是“将人生的有价值的东西毁灭给人看”。[①] 悲剧中的正面人物虽然最后被打败了，但他们的抗争和控诉见证了精神的顽强和崇高，或凄凉的结局本身证实了反面力量的不合理，这一切都具有引人思考的精神效应和促人变革的社会效应。易卜生的“娜拉”最后不知流落到哪里去了，但我们更能明白，关在“鸟笼”里的女性依然那么多，社会的进步有时并不代表女性自身观念和对待女性之社会观念的进步。有的进步恰恰是以牺牲女性来换取的。悲剧打开一个提升自身精神品质、发现生活意义通途、摒除社会腐朽黑暗的审美空

① 鲁迅. 再论雷峰塔的倒掉[M]//鲁迅全集(第1卷). 北京：人民文学出版社，2005：203.

间。悲剧培养的是精神界的“新人”。

第五，从接受心理言，接受者心理轨迹总是从“痛感”转入审美快感。痛感来源于人物所遭到的磨难及最后结局，快感来源于自己的精神感悟。悲剧的痛感体现是“哭”，因此“哭”是悲剧的效果和标志，就像“笑”是喜剧的效果和标志一样。简言之，悲剧等于哭，喜剧等于笑，但是，反过来说则不一定成立，凡令人哭的不一定是悲剧，凡令人笑的不一定是喜剧。悲剧是典型的“痛并快乐着”，是“先苦后甜”的审美过程。“痛”可以痛到想打人，“乐”可以乐到想流泪。“有情者”在这里遇到了另一个“有情者”。如果可以，我们想拖回阿尔芒，拖回聂赫留多夫，拖回涓生，拖回梁山伯，拖回小万卡，拖回一切正在受苦和有爱的人，让他们回到正常，回到“笑”，回到有阳光的地方。这就是悲剧对于接受者的心灵洗涤。悲剧让人的心中生发强烈的期待和温暖的火花。

2. 西方主要悲剧理论：悲壮还是悲观取决于内心

第一，亚里士多德悲剧观。主要见于他的《诗学》，包括四个方面的基本内容：首先，悲剧的主人公常常是正面的英雄人物。其次，提出“过失说”，即认为悲剧的主要原因是主人公无心犯下的过失，这启发了莎士比亚的悲剧创作。再次，提出“净化说”，即认为悲剧效果是借引起怜悯和恐惧来使情绪得到发泄，情感得到陶冶。最后，从创作与舞台表演来看，“悲剧是对于一个严肃、完整、具有一定长度的行动的模仿”。这是后来西方悲剧理论中的“三一律”的源头。三一律就是指在戏剧中要做到时间的一律、地点的一律和情节的一律。因为戏剧表演的时间是有限的，所以故事的时间、地点和情节都应该集中、紧凑、凝练，其他时间点发生的情节应尽量通过表演的故事来间接交代。如果不懂三一律，可以去看曹禺的《雷雨》，这部戏剧遵循的就是西方的三一律理论。亚里士多德已经把悲剧命运的造成归结于人自己的行为，这与古希腊早期普遍的命运悲剧观不一致，体现了人的认识水平在随着历史的发展而发展。

第二，谢林悲剧观。他的悲剧理论主要体现在他的《艺术哲学》中。他认为悲剧本质在于主体自由（目的性活动）与客观必然的斗争。他说：“英雄应当为反对劫运而拼搏，否则就根本不会有斗争，不会有自由的表现；英雄应当在屈从于必然的情况下被战胜，但又不愿让必然在未被战胜之后变成胜利者，英雄就应当连这个命中注定的罪过也自愿赎回。这就是自由的最伟大的思想和最高的胜利——欣然为不可避免的罪恶而受惩罚，以便用失去来证明自由，在牺牲的同时表现出他的自由意志。"① 这就是说，悲剧的主角是英雄，英雄之悲剧性在于不屈地反抗命运给予的劫难而最终趋于失败。失败见证其悲剧性，不屈见证其崇高性。

第三，黑格尔悲剧观。其一，悲剧是两种正面力量的冲突。冲突双方所代表的力量都具有一定的合理性，但同时都具有一定的片面性。这样，两种正面力量的斗争就必然会引起悲剧的冲突，其结果必然牺牲一方。其二，因为各自既具片面性又具合理性，所以无论牺牲哪一方都是可以理解的，而胜利的总是某种合理性，所以悲剧标志着永恒真理（正义）的胜利或绝对理念的胜利。理解这一点需要结合他著名的表述"凡是现实的都是合理的"来理解。悲剧结局既然已经是一种现实，那它就一定具有合理性，这种合理性是绝对理念这一最高真理的体现。绝对理念如上帝一样"普照"人间，所以无论哪种形式最后存在，无非是绝对理念的不同形式而已。其三，悲剧中双方不是美丑、正反的对立，所以悲剧中没有正面人物和反面人物之分。黑格尔悲剧观符合我们对悲剧的基本看法：合理性的"失败"。这是理解悲剧的另一种思路，可丰富对悲剧的认识。比如站在祝英台父亲的立场看，他不准许女儿自己把自己给嫁了，也是在维护家门荣誉、宗法道德和社会惯习，不如此，他就无法在乡人中立足。他被迫成为了"凶手"。因而还原历史，这里面有可理解的一面。从家门荣誉、宗法道德和社会惯习来看，迫害者觉得自己的做法才是合理的，甚至可以振振有词。一般而言，世上谁都是爱自己的子女的，而有时竟然充当凶手，是因为在他（她）之上还有凶手，这些凶手他（她）也没办法反抗，最后他（她）就成了凶手的工具和帮手，成了凶手中的一员。他（她）成为凶手一般不是有意的，反之，多半是无意的。黑格尔为了维护他理论王国的逻辑一致性，也许还出于他的思想立场，有一点和稀泥的味道，没有从历史的深度和自由人性的高度来看问题，这是老黑格尔思想中庸俗胆

---

① ［苏］舍斯塔科夫. 美学范畴论：系统研究与历史研究尝试[M]. 理然，译. 长沙：湖南文艺出版社，1990：107.

怯的一面。

黑格尔列举的经典故事是索福克勒斯的《安提戈涅》。安提戈涅的哥哥因为叛国罪而被忒拜国王克瑞翁杀死，并不准家人收尸。安提戈涅出于亲情和家族荣誉，不顾禁令和危险，埋葬了哥哥，于是被国王囚禁处死。其悲剧性质在于：国家原则与家族荣誉之间、法律与伦理之间的悲剧性冲突。在这场悲剧中，这两种合理而又片面的力量强烈搏斗、互不妥协，因此导致悲剧的发生。在欣赏悲剧的过程中，会有恐惧和快感。恐惧源于主人公为理想而付出了生命的代价。快感源自于主人公对理想的执着追求。他们在一种坚韧的意志支持下捍卫这种理想，正是这种为理想而坚持的精神给我们带来了快感。

其四，叔本华悲剧观。他是一个彻底的悲观主义者，认为悲剧即人生，人生中弥漫着荒诞和不合理的现象，悲剧艺术即人生之痛苦与不幸的表现，悲剧艺术唯一的内容乃是写出人生中一种巨大的不幸。悲剧艺术是叔本华悲观主义哲学的最好表达，在他看来悲剧就是文艺的最高形式。

其五，尼采悲剧观。一方面认为酒神与日神是悲剧艺术的两种原动力（其他艺术亦然）。酒神（放纵）与日神（静美）两种冲动植根于人的至深的本能中，它们构成艺术（包括悲剧艺术）的根源。希腊悲剧就是酒神与日神两种精神激荡的结果。另一方面认为悲剧效果，不是净化，不是永恒正义的胜利或和解，而是为人生寻找形而上的慰藉，达到一种对人生的美化目的。

其六，马克思悲剧观。马克思没有专门关注过悲剧理论，而是在论述其他问题时涉及悲剧问题，因此他的悲剧观点不成体系，是零散的，但由于其论述的精辟和特殊的文化和与政治地位，故其悲剧观点影响巨大。马克思的第一句话是“黑格尔在某个地方说过，一切伟大的世界历史事变和人物，可以说都出现两次。他忘记补充一点：第一次是作为悲剧出现，第二次是作为笑剧（喜剧）出现。”① 第二句话是：“当旧制度本身还相信而且也应当相信自己的合理性的时候，它的历史是悲剧性的。当旧制度作为现存的世界制度同新生的世界进行斗争的时候，旧制度犯的就不是个人的谬误，而是世界性的历史谬误。因而旧制度的灭亡是悲剧性的。”② 当具有合理性的旧事物在还不该消失的时

① ［德］马克思，恩格斯．马克思恩格斯选集（第1卷）［M］．北京：人民出版社，1972：603．
② ［德］马克思，恩格斯．马克思恩格斯全集（第1卷）［M］．北京：人民出版社，1956：456．

候却被消灭，这也是悲剧的一种形式，这是马克思全面和深刻的地方。

3. 西方艺术中悲剧意识的演变：从崇高一路下滑

其一，古希腊：命运悲剧，即认为导致悲剧的根本原因是命运，这种命运多数是神所决定的，这是一种典型的宿命论观点，体现了当时希腊人认识水平的局限性。代表是索福克勒斯和埃斯库罗斯等悲剧作家。埃斯库罗斯《被缚的普罗米修斯》中普罗米修斯将火种盗往人间，神的惩罚是将他绑在高加索山上，永远地被苍鹰啄食其心脏。索福克勒斯《俄狄浦斯王》同样是神定论的命运悲剧。又如“西西福斯的神话”中这个徒劳无功的英雄，本是科林斯国王，先因泄露神界的秘密而被打入冥界，然后他用计绑架死神，再次被打入冥界后，他还阳回到人间，感觉人间之美丽而舍不得离开，直到神惩罚他推石上山，推下去又滚下来，无效而且无望。这是神所认为的最大惩罚。作为英雄，徒劳无功简直是对西西弗斯的嘲笑，后来20世纪的加缪从中解读出一种“荒诞”。但18世纪的康德并不如此解读。他认为，走近西西弗斯，不是去走近这种荒诞，而是走近一种精神，一种不断的徒劳无功却仍然执着坚韧的态度。在现实的意义上，这是可笑的，而在生命的意义上，这恰恰是英雄的本性，因为我们不是神而只是人，看不到徒劳的终局。我们有时不免去承认生命之徒劳的本质，于是畏缩放弃了，西西弗斯一定也想到了生命的徒劳，知道自己在命运面前的渺小，但是他仍然每天用十足的力气推着巨石。所以康德指出，西西弗斯的故事，不是一个哀叹命运的故事，而是一个赞美英雄的故事。西西弗斯是一个悲剧的英雄，又是一个崇高的英雄。

其二，文艺复兴：性格悲剧，即认为导致悲剧的根本原因是个人性格缺陷，这是人类认识水平的进步。代表是莎士比亚。其四大悲剧中哈姆雷特的缺点在于犹疑不决，所以叫作忧郁王子，以致复仇失败。这部剧主题宏大，以致他描写哈姆雷特与奥菲利亚的爱情也显得漫不经心，似乎暗示着爱情救不了哈姆雷特，其他方面也救不了哈姆雷特。这主要是一个时代悲剧。奥塞罗的缺点在于轻信谣言、多疑，所以自己最后扼死了妻子苔丝狄蒙娜，酿成了爱情悲剧；李尔王不辨善恶，最后导致了亲情悲剧。麦克白有贪婪的野心，在妻子麦克白夫人的煽风点火之下，麦克白正面的人性被反面的人性打败，酿成了人性本身的悲剧。

其三，19世纪：社会悲剧，将悲剧的原因追问至社会的不公，认识水平在进一步提高。代表是挪威戏剧作家易卜生。其主要作品有《玩偶之家》等。该剧写于1879年，是以主人公娜拉与海尔茂之间的家庭生活为出发点，对社会进行诊断，提出人尤其是女性的出路问题。鲁迅先生1923年曾发表过《娜拉出走之后》的著名演讲，结论是：不是堕落就是回来。易卜生提出了问题，却无法解决问题。这或许就是文学艺术的一个特点：向社会提问，向人们提问。文学艺术是一门提问的艺术，它很少有答案。

其四，20世纪：日常悲剧或泛化悲剧，认为生活本身即是悲剧性的。代表是20世纪现代派中的众多艺术家和文学家，如卡夫卡、加缪等。这种泛化悲剧观的哲学奠基人是叔本华，他信奉古希腊的一种说法：人最好是不要生下来，其次是生下来赶快死。他打了一个比喻，说人生如钟摆，在欲望和满足、痛苦与无聊之间摆动。尼采则说过，"人是有病的动物"。① 作为20世纪西方现代哲学的先驱，叔本华和后来的尼采将两种东西带给西方知识界：悲观主义和非理性主义，这深深地影响了文学艺术的创作，以致作家塞缪尔·贝克特说："没有什么比虚无更实在了。"② 西方整个20世纪于是弥漫着挥之不去的悲观绝望情绪。豪克因此说："当今世界文化的张力场发生了变化。在普遍的世界情绪中，以往焦虑和希望的两极转化为绝望和信心的两极。……无论在西半球还是在东半球，'主观'的人愈来愈无家可归。……程度不同的精神病是我们这个时代基本的世界性病症。逻各斯信誉扫地。"③

二、喜剧：笑看人生与看人生的可笑

喜剧是"夸张"地处理生活，并让人在"笑"中去理解生活。世界需要笑声，生活和艺术中也便有了喜剧。喜剧大体说来就是"笑"看人生以及看人生的"可笑"。

喜剧是以反常、轻松或机智等形式出现并能令人发笑的审美现象。譬如

① [美]艾温·辛格.我们的迷惘[M].郜元宝，译.桂林：广西师范大学出版社，2001：3.

② [美]巴雷特.非理性的人[M].段德智，译.上海：上海译文出版社，1992：301.

③ [德]豪克.绝望与信心：论20世纪末的文学和艺术[M].李永平，译.北京：中国社会科学出版社，1992："序言"1.

“我们家住在一个小山村，通讯基本靠吼，交通基本靠走，治安基本靠狗，取暖基本靠抖”。喜剧（Comic）的“家族成员”有：滑稽（Comic）、幽默（Humor）、笑剧（Farce）等。孔庆东讲，幽默是自己板着面孔不笑而让你笑；滑稽则是跟你一块嘻嘻哈哈，如果你不笑，就胳肢你一下，让你笑。这种比较有一定道理，说明幽默常有严肃的一面，但滑稽一般不是这样的。再说“反常”，它是指反常理和反常态。前者如童谣“颠倒歌”：“南北大街东西走，十字街头人咬狗。拿起狗来砍砖头，倒让砖头咬了手。有个老头才十九，喝着藕来就着酒。从小没见过这宗事，三轮拉着火车走。”后者如喜剧小丑的装扮、言行，又如阿Q这一形象。阿Q是可笑又可怜的，他穿着一件喜剧性的短装，揣着卑微渺小的想法，走过了一条悲剧的长路。

1. 喜剧的范围：一路笑着走来

喜剧有狭义和广义之分。狭义喜剧指的是喜剧艺术，是以文本形式或表演形式存在的一种艺术类型。广义喜剧不仅包括喜剧艺术，也包括具有喜剧性冲突的一切社会生活现象。狭义喜剧的类型主要有：如姜昆、奇志大兵等的相声；如赵本山、宋丹丹、黄宏、赵丽蓉等的小品；如华君武、朱德庸、几米的漫画；如《笑林广记》之类的笑话；如《七品芝麻官》《徐九经升官记》之类的喜剧性戏曲；如卓别林的喜剧性电影《摩登时代》等；如《儒林外史》《看钱奴》等喜剧性文学。

西方喜剧文学的最早代表是古希腊的阿里斯托芬（约前446—前385），主要作品有《阿卡奈人》《鸟》《云》等。戏剧大师莎士比亚的喜剧代表作有《仲夏夜之梦》（1596）、《威尼斯商人》（1597）、《温莎的风流娘儿们》（1598）、《无事生非》（1599）、《第十二夜》（1600）。被称为“笑的哲学家”的是法国喜剧作家莫里哀（1622—1673），他的喜剧代表作有《伪君子》《吝啬鬼》（又译为《悭吝人》）。在《吝啬鬼》中他所塑造的阿巴贡与《威尼斯商人》中的夏洛克、《欧也妮·葛朗台》中的葛朗台和《死魂灵》中的泼留希金一起成为外国文学中著名的四大吝啬鬼形象，这也是四个著名的喜剧性人物。

2. 西方喜剧理论：笑的历史

我们主要介绍一些有代表性的观点。

第一是德国康德的“乖讹说”或“预期失望说”。康德认为，喜剧性的笑起源于紧张的期待突然转化为虚无。① 这就是说，可笑是因为事物突然朝着与人们起初想法完全不同的方向发展，一下出乎（偏离）人们的预料，这种与期待的乖讹或对于期待的失望，常常引起人们的笑声。提炼康德的观点，可以用“偏离”“错位”这样的词来表示喜剧的发生原因。譬如印度人在英国殖民者的宴会上看见啤酒泡沫喷出，大声惊呼不已，指着酒坛说：那泡沫当初你们是怎么弄进去的？这里的疑惑与大家期待的疑惑内容是偏离的，笑声就源出于此。大家设想的疑惑内容应是：啊，啤酒怎么会冒泡？另如一个人由于不幸，一夜之间满头青丝变成了白发，人们对此并不会发笑，而如果有人说，这个人在一夜之间满头假发就变白了，人们则很可能会发笑。这是现象与实质之间的偏离或错位。康德的理论具有很强的阐释力。英国的斯宾塞（1820—1903）是康德的信徒，他的很多观点都是对康德思想的“再阐释”。他接受康德的影响，进而提出喜剧的原因是上升的乖讹与下降的乖讹，前者指超出人们的期待，后者指低于人们的期待，而归根结底都是偏离或错位。

第二是法国（1859—1941）柏格森的“生命的机械化说”。柏格森是法国著名的哲学家，他的哲学叫作“生命哲学”，也是著名的直觉主义者，其思想的核心概念是“绵延”与“生命冲动”，两者主要意思是指生命活力和意识的绵延性。他认为生命如河流不断“绵延”，这是活力的标志，反之则变得僵硬、机械，意味着生命冲动的否定状态。这种生命的机械化表现是喜剧性的，如小丑、木偶的表演就是典型例子。同时，延伸开来，机械反应、不知变通或错误挪用也是喜剧性的，如海关关税人员救人之际，开口就说：你有什么东西要报关税？钱钟书也有类似说法，他在《说笑》中指出：一切可笑都起于灵活的事物变成呆板，生动的举止化作机械式。② 譬如某顾客说：老板，冰豆浆是热的吗！这就是话语的机械化表现。

第三是奥地利弗洛伊德的“心理能量的浪费与节省说”。弗洛伊德 1905 年写的《诙谐及其与潜意识的关系》与 1927 年写的《论幽默》探讨了诙谐、滑稽、幽默等范畴。他认为心理能量的浪费很可能是喜剧性的。比如儿童学

---

① 转引自[新西兰]拉尔夫·皮丁顿. 笑的心理学[M]. 潘智彪，译. 广州：中山大学出版社，1988：107. 另见(俄)普罗普. 滑稽与笑的问题[M]. 杜书瀛，等，译. 沈阳：辽宁教育出版社，1998：133.

② 高雪编. 钱钟书人生妙语[M]. 兰州：甘肃人民出版社，1999：47.

习写字，随着笔的移动而吐出舌头，这就是滑稽。这种滑稽在于我们在其中发现了不必要的动作耗费。而愚蠢有时也是滑稽的，因为愚蠢没有付出我们认为是必不可少的耗费，同时付出的却是不必要的浪费。这种弯弯绕的分析其实有点意思。他谈得更多的还是心理能量的节省与喜剧的关系。他的理论具有一定的解释力，譬如中国人爱看行刑，观众面对死亡的沉重，心理上承担着很大的"负荷"，亦即心理能量的消耗是很大的。但是，当被杀者说"砍头不过碗大的疤"，此种"戏说"一下子化解了沉重，去掉了心理的"负荷"，即节省了心理的能量。于是，喜剧性的笑声产生了。

弗洛伊德喜剧理论的一个内容是将我们所讲的喜剧分成很多较细的类型，认为喜剧有笑话、喜剧艺术和幽默之分。笑话主要有诙谐的效果，没有压抑感也无需思量，笑的效果很容易产生，喜剧艺术中的人物则缺点很明显，一看便知，所以滑稽感很明显。可见，笑话对应诙谐，喜剧艺术对应滑稽。他进一步指出，幽默具有理性的内涵，需要理性的思考才能弄清楚。这种幽默观也符合我们对幽默的一般看法。诙谐、滑稽、幽默都是心理能量的节省所产生的不同的笑。诙谐中的心理能量的节省有两种形式，即"减轻业已存在的心理消耗"和"节省将要付出的心理消耗"。[①] 前者指听了笑话之后心情轻松，这便是减轻消耗这种间接的节省，后者指无需理性思考，这便是直接的节省。喜剧人物所具有的滑稽也是一种心理能量的节省，因为喜剧性人物很笨，浪费了不必要的心理能量，而观众则轻而易举发现这种笨拙，根本无需浪费心理能量，也便是节省了心理能量。譬如看着阿巴贡或夏洛克的拙劣表演（这人怎么会这么笨呢），无需思考便可发笑。弗洛伊德的原话是：滑稽的根源"显然依赖于两种能量贯注的耗费之间的差异——即通过'感情移入'所估计出来的一个人自己的和另一个人的耗费之间的差异"。[②] 这里的翻译很难读，基本意思上面已讲到了。这是将耗费与节省结合在一起来论述喜剧性问题。关于幽默，弗洛伊德认为它比诙谐和滑稽更高级，具有后两者所没有的"庄严和高尚的东西"，是"通过超我的力量对喜剧作出的贡献"，[③] 但它同样是人的心理能量的节省形式，即幽默的笑具有理性内涵因而需要理性的

---

① [奥]弗洛伊德. 弗洛伊德文集(第2卷)[M]. 长春:长春出版社,1998:359.
② [奥]弗洛伊德. 弗洛伊德文集(第2卷)[M]. 长春:长春出版社,1998:416.
③ [奥]弗洛伊德. 弗洛伊德论美文集[M]. 北京:知识出版社 1987:146.

耗费，却相应地节约了情感能量的消耗。弗洛伊德的结论是："笑话是对压抑的节约；喜剧是对思想的节约；而幽默则是对情感的节约。"① 他对喜剧的分析具有明显的精神分析学的特色。

3. 喜剧形成的原因：各有各的可笑

第一，优越感。即对他人缺陷的审视和对自身过去弱点的解嘲。这种居高临下的主体状态是喜剧产生的一个重要原因。西方很多人都指出过这一点。英国霍布斯认为笑源于与别人的弱点或自己的过去相比较而产生的优越感或鄙夷感。法国象征主义诗人波德莱尔也说：人的笑，产生于人的优越感。法国马赛尔·帕尼奥尔提出笑乃是一曲凯歌。俄国普罗普也认为笑是由于突然发现某种掩盖着的缺陷而引起的。② 弗洛伊德同样说过："和我们自己相比较，如果一个人太过于运用其肢体功能，而太少运用智力功能，他就在我们面前显得滑稽可笑。不可否认，我们对他的笑声，表达了我们感到自身相对于他的一种优越的愉悦情感。"③

第二，好奇。好奇是人的天性，人类许多行为都源出于这一点。满足人类追新逐异的心理需要，是喜剧之为喜剧的一个重要原因。一切喜剧性现象都有反常的一面，即偏离熟悉的正常尺度，产生陌生化效果，从而满足人的好奇心，令人有轻松的笑声。譬如留级复读的学生叫"留学生"，家里有钱的学生叫"高财生"，上课打瞌睡的学生叫"特困生"。很熟悉的词汇，改变它的定语，结合熟悉的经历，这就难免会心一笑。另一个例子是讲小的时候学英语，读 English：读为"应给利息"的同学做了行长；读为"阴沟里洗"的同学成了小菜贩子；读为"英国里去"的同学成了海外华侨；读为"硬改历史"的同学成了政治家；而不小心读成"应该累死"的同学则成了民工。这个例子也是属于"旧词新用"，改头换面，使之呈现出新的面貌和意味。这还是很有想象力的，也令很多人想起自己学习英语的经历。

第三，戏谑。即化大为小、以轻松对待严肃，这种游戏诙谐式态度是喜

① ［美］卡罗尔. 超越美学［M］. 李媛媛，译. 北京：商务印书馆，2006：510.

② ［俄］普洛普. 滑稽与笑的问题［M］. 杜书瀛，译. 沈阳：辽宁教育出版社，1998：40.

③ ［英］莫恰. 喜剧［M］. 郭珊宝，译. 北京：昆仑出版社，1993：14－15. 本小节参见何林军. 美学教程［M］. 长沙：湖南师范大学出版社，2009：178－181.

剧性的另一个原因。譬如讲：爱是火，结婚是灭火器。严肃的爱情婚姻，却被这一句话就点出了二者的差异，玩笑当中有机智，可谓四两拨千斤。有人问道：谁能说出一两件英国 17 世纪文学家约翰·弥尔顿的事情？有人回答道：弥尔顿在结婚时写了一本《失去的天堂》(《失乐园》)，而在他妻子死去的时候，又写了一本《回到了天堂》(《复乐园》)。这是对弥尔顿两大文学名著很有趣的改名，其中有对于婚姻的某种调侃。

清代文人金圣叹（1608—1661），原名张若采，后改名金喟，字圣叹，明亡后改名金人瑞。人瑞是指期颐或百岁。金圣叹整个的改名过程就是喜剧的。他是文人中的叛逆者，否则他也不敢去评价《水浒》和《西厢记》这些当时的低俗文学或禁书。小说界应该特别感谢他。他也是一个敢开玩笑的“活宝”。据说他参加乡试的题目是“西子来矣”，金圣叹的答卷是：“开东城，西子不来；开南城，西子不来；开北城，西子不来；开西城，西子来矣。”考官批语是四个字“秀才去矣”。顺治十八年，即 1661 年，为揭露贪官，金圣叹与人痛哭于苏州某文庙，此即著名的哭庙案。他死于其中，行刑前大叹：“断头，至痛也；籍家，至惨也！而圣叹以不意得之，大奇！”后人便附会出一段故事，说的是金圣叹临刑前嘱咐儿女，花生米与五香豆腐干同嚼有火腿味，千万别让刽子手知道，免得让他发横财。还传说其首身分离后，耳内滚出两纸团，一“好”，一“痛”。这基本上属于杜撰，却比较合乎金的性格。这是一种极难的喜剧性戏谑。

第四，天真。真正的天真和故作天真都以久违了的清新形式打破成人世界的习见，这也是喜剧性的一个成因。真正的天真主要是指小孩的天真，大人世界多半是故作天真。真正的天真大多是可爱而可笑的，这是一种温暖的喜剧性的笑，丝毫没有了一般喜剧所有的揶揄味道。如果父母有心，从小孩的第一天开始记录，到他小学之前这一段幸福时光，将发现里面几乎都是喜剧性的，譬如他（她）歪着小脑袋的萌样，他（她）关于蚂蚁妈妈的幼稚提问。小孩子纯粹活在自己的世界里，大人们把这叫作单纯，而对于不再单纯的大人世界来说，这里的一切都是令人微笑的。另外，大人世界的故作天真偶尔也有其可笑性。还是说小孩。譬如他对着大海说：请大海转过脸去，我要撒尿。这样浮上来的笑意是自然而有趣的。另外一个例子：自习课上歪歪问：12 月 25 日再过 7 天是几号？答：32 号！歪歪：你个小傻冒，居然把 13

月 1 号说成 12 月 32 号！小孩子这样说确实蛮有趣，不过我们觉得这不像原创性的天真表现，倒像故作天真的大人的杜撰。

第五，讽刺。不是直接的讥讽，而是间接的隐讳的富含技巧的嘲弄、批评，这也是喜剧性的成因之一。它是曲说的形式、戏谑的表现，是一种弱性的攻击。其语言形式的特点是：间接、生动、新颖。譬如“中午在食堂要了两个菜，吃第一个，我震撼了：世上还有比这更难吃的菜吗？吃第二个我哭了：还真有啊！”这个笑话可能一下子能把人带进大学的幸福回忆。时过境迁，这都不重要了，重要的是，我们竟有如此难忘又如此美好的大学生活。为了这份美好，所有其他的，快乐的不快乐的全都是陪衬。又如大家已较为熟悉的一个例子：“强烈抗议广告时间插播电视剧！”某些电视台这种现象很厉害，老百姓借此幽它一默，发个小小的牢骚而已。还有一个例子：“老麻雀问大雁：你这是飞着去哪啊？大雁：飞去南方过冬。老麻雀转头拍拍小麻雀的头：看看，这就是有钱人过的生活啊。”这是人们对局部地区房地产过热的嘲讽，夹杂着一分对富人的小小羡慕。这些都是艺术化的讽刺，属于喜剧的范畴。如果直接嘲讽，那就失去这一分敦厚和趣味了。

第六，悖理。即违背常理或不合正常逻辑，这也是喜剧性的一个成因，表现为答非所问或断章取义，即不按常理出牌。譬如顾客对服务员说：“你的手指都泡在我的菜汤里了。”服务员回答：“没关系，一点都不烫。”又如一个小胖子在一家比萨店里坐下，并要了一个很大的派。服务员问：“您想把这个派分成四块还是八块？”这个人回答：“四块，我在减肥。”这里的喜剧原理就是悖理，属于牛头不对马嘴的错位喜剧。

第七，机智或巧智。它与悖理有若干相通之处，有时可以结合在一起。它是指快速对接、巧妙应对。这种智慧和语言的机巧是喜剧性的重要成因。美国总统林肯应该是很幽默的人，关于他的这方面逸事有很多，其中一个是讲林肯当律师期间，在路上想搭顺风车，说：“先生，请把我的大衣捎到城里去吧。”司机回答：“好的，但是，我怎样才能将大衣送到你手里呢？”林肯说：“哦，很简单，把我裹在大衣里得了。”这属于很聪明地借坡下驴。一个怒气冲冲的女士很气愤地说：“您知道吗，如果我是您的妻子，我就会在您的咖啡里下毒药！”男子对她同样不感冒：“如果我是您的丈夫，我就会马上喝下这杯毒药。”这是很机智地以其人之道还治其人之身。曾在《快乐大本营》

里听到这么一个段子："有两个兄弟长得一模一样，你怎么分清谁是哥哥谁是弟弟?""哥哥旁边是弟弟，弟弟旁边是哥哥。"这有脑筋急转弯的妙趣。

4. 喜剧手法：帮助大家笑起来

这是我们从笑话、短信段子、漫画、喜剧舞台表演等中间提炼出来的一些具体的方法，希望可以帮助大家打开思路，为制造生活中的笑声提供一些帮助。

第一，倒错。或叫倒置、颠倒或错位，主要是指语言词汇、意象内涵、文化意味等方面的反转性运用，从而使之具有喜剧性。主要运用于短信段子、漫画等领域。其一，钱不是问题，问题是没钱！其二，不要和我比懒，我懒得和你比。其三，她希望他把粪土变黄金，他希望她视黄金如粪土。这些例子都是语言方面的倒错。这里面有中国古诗中顶针、回环等方法的变形性使用。用得精巧而具有朱光潜先生所讲的"纯正的趣味"，还是有一定难度的。漫画中也经常运用到倒错，多体现于对传统形象或传统方式的颠覆，借此产生滑稽诙谐效果，达到某种讽刺作用。譬如羊变成狼、狼反而变成羊的漫画，这便是一种形象内涵的倒错，具有对生态环境和社会文化的警醒作用，说明如果世上真有了凶恶的绵羊，那么大半不是绵羊错了，而是这个世界出了问题。另如一个关于撑杆跳的漫画，描绘跃跃欲试的撑杆跳运动员，举着装有弹簧的竿子，快步准备起跳。这是手段与目的之间的错位，令人想起奥运会历史上的一次真实事件，也是关于撑杆跳的。当时规则并不完善，于是便有运动员顺着竿子往上爬，一直爬到顶端再跳下来。这要搬到舞台上，不就是一个喜剧吗?

◀ **电影默片时代的喜剧大师卓别林（1889—1977）。他说：给我一个姑娘，一个警察和一个公园，我就可以完成一部喜剧**

第二，夸张变形。指形式上或内涵上的夸大与缩小等技法。这个方法几乎不用举例了，从小语文课本里就开始涉及。夸张是喜剧最为普遍的一种手法，甚至可以说它就是喜剧的代名词。几乎没有喜剧不用到夸张，要么是夸张的表情、语气，如相声小品中所常见的，要么是夸张的言行举止，如阿Q、周伯通甚至包括猪八戒。另如元代郑廷玉（生卒年不详，元代杂剧家基本上如此）的杂剧《看钱奴》：财主贾仁临死前对儿子说："我那一日想烧鸭儿吃，我走到街上，那一个店里正烧鸭子，油渌渌的。我推买那鸭子，着实地挝了一把，恰好五个指头挝得全全的。我来到家，我说盛饭来。我一碗饭，我咂一个指头，四碗饭咂了四个指头。我一会瞌睡上来，就在这板凳上，不想睡着了，被个狗舔了我这一个指头，我着了一口气，就成了这病。”郑廷玉以极度夸张的手法，描绘了一个极度小气的土财主形象。中国文学中一个著名的小气鬼是《儒林外史》中的老二严监生，著名细节是临死前的两根手指头，这也很夸张，文学史常解读为他是个悭吝成性的人。但是金克木等人认为不是悭吝，而是节约和利他，而那两根手指头，表面指灯草，深意却可能是指自己的老二身份，以及死后他那贪吝的老大对自己家产的侵吞。如果这样翻案，那么严监生的两根手指头就一点都不是夸张了。

第三，机械。它可以是生命僵硬形式的夸张行为，如卓别林夸张的外八字或西方舞台上常见的小丑表演以及一般的提线木偶表演；也可以是僵硬的夸张面具与身体行为之间的不协调，如面具表演；还可以是思维短路导致的滑稽现象，即利用思维惯性来制造喜剧效果，比如一位姓朱的科长管理着机房，某一天，他接到这样一个电话：鸡（机）科长，你在猪（朱）房吗？

第四，误会巧合。误会侧重于主观上的会错意而产生的一种喜剧现象，巧合侧重于客观上的无意所导致的喜剧现象，但误会常常导致巧合，或者两者经常混合在一起。如美国电影“小鬼当家”系列便是运用巧合的佳例。李渔创作的爱情喜剧《风筝误》则巧合中有误会，误会导致最后的巧合：不学无术的戚友先附庸风雅，请义弟韩世勋在风筝上作诗一首。风筝巧落詹家院中，才貌俱佳的二小姐淑娟在风筝上题诗寄情。于是韩世勋倾慕淑娟才华，也去放风筝，风筝却落到了詹家刁钻任性、奇丑无比的大小姐爱娟手中。这个故事通过一系列的误会和巧合，最终一边是才子对佳人，天作之合；一边是傻男配丑女，地设一双。

第五，巧借或化用。巧借或化用是指巧妙地借用或模仿，其对象可能是对方，也可能是文化经典或文化名人，通过化用他们的思路或形式，从而产生喜剧效果。譬如爱因斯坦钦佩卓别林，在一封信中他说：你有电影《摩登时代》(1936 年)，世上每一个人都懂，你一定会成为一个伟人。卓别林回信说：我更钦佩你，你的相对论世界上没有人懂，你已经成为一个伟人了。再比如以下例子多是一种巧借或化用，对熟语或诗词进行有趣味地改写，使之呈现出某种新意，在新与旧之间创造张力，从而制造出喜剧效果。其一，这个世界本没有路，走的人多了，有路也没用了。其二，天涯若比邻，海内无知己。其三，纯，属虚构，乱，是佳人。其四，春色满园关不住，我拉红杏出墙来。这些例子中有个别过于低俗。喜剧的营造应该既幽默又有一定的格调。

第六，雷同。这种喜剧手法是指两者一模一样的言行表演，或者尽量还原某位名人或明星的音容笑貌，多在舞台表演和电视节目中被采用，在相声、小品、哑剧、歌唱等艺术形式中较为多见，电视节目中大量的模仿秀就是这种方法的采用。

第七，对比。可以是形象、语言等方面的对立或对比。前者多运用于喜剧舞台表演，体现于高矮、胖瘦、雅俗之间。后者在语言性艺术譬如笑话、短信中运用得更为多见，譬如“没钱，恨女人俗气；有钱，恨不得女人俗气”，反映了某些男性从酸葡萄心理患者到土豪转变的心路历程。又如“没钱的时候，在家里吃野菜；有钱的时候，在酒店吃野菜”，这是有水平的历史概括。契诃夫曾描写过一个人的胖：“她脸上的皮肤不够用，睁眼的时候必须把嘴闭上；张嘴的时候必须把眼睛闭上”，① 这是运用对比、夸张手法来突出这个人给我们的印象。在听“立波秀”时，发现一个很有意思的例子：女的说“我已经有男朋友了”，男的回答“我不介意，我还是喜欢你”，旁人评论“好痴情的男人”；男的说“我已经有女朋友了”，女的回答“我不介意，我还是喜欢你”，旁人评论“切！不要脸的小三”。可见，笑话里也有对于男权的批判。

第八，谐音。是指音同而义联的喜剧形式，其目的是巧妙说明或讽刺某一社会现象。这一手法是对汉语四声和多音字的诙谐搭配。如公元 9 世纪 40 年代的某一天，唐文宗开成年间，“京师大旱，李德裕拜相，即日大雨。京师喜曰：‘相公乃李得雨也！’”② 中国人在“性”上的想象力无比惊人，要在当前找出比较得体又有格调的例子还真是不太容易。开发“性”之外的智慧领地，是“短信事业”刻不容缓的任务。我们找到一个男性大学生的“人生咏叹调”：“刚毕业后会有期；毕业后不久后会有妻；再后来后悔有妻；再再后来会有后妻；最后悔有后妻。”这还不算失体，要说格调很高倒算不上。

第九，自我解嘲。这是借笑声拿自己的行为开涮。如“虽然我长的不是

---

① ［俄］契诃夫. 契诃夫手记［M］. 贾植芳，译. 长沙：湖南文艺出版社，2005：51.
② 李维新主编. 谐谑［M］. 郑州：河南人民出版社，2002：9.

很帅，但小时候也有人夸我左边鼻孔很偶像派”，敢于拿自己开玩笑，有时也是一种智慧和勇气。又如孔乙己的“窃书能算偷么?”这是过于冷的冷笑话，是我们觉得有些喜剧效果的行为，而对于迂腐而又阴郁的孔乙己来说，他应该是苦笑的。与“自我解嘲”有某些近似又不尽相同的是“故作正经”，譬如莫里哀笔下的伪君子达尔丢夫的言行。

此外还有混搭、大材小用等技法。“混搭”也可叫“拼凑”，是因内在的不和谐而产生的喜剧性。“大材小用”即词汇意义或意象内涵在语境上的错位式运用，如“大爷，美国怎么走啊?”

5. 喜剧的审美特征：逗你一笑

第一，从情境言，喜剧是形式与内容之间的一种偏离或倒错。喜剧常常是正常事物的反常化现象。正如俄国的别林斯基讲：喜剧的实质在于“生活的现象同生活的实质和使命之间的矛盾。在这个意义上，生活在喜剧中便表现为自我否定。”[①] 如“鸳鸯相抱何时了，鸯在一边看热闹”便是在化用中让熟悉的句子偏离正常规范。一般来讲，喜剧情境集中体现于两个方面：一方面是内容渺小而形式夸张，用莎士比亚喜剧的名字来表达，这就是一种“无事生非”，这是喜剧的主要表现。用经典的喜剧比喻来说就是：大山般的阵痛却只产下一只小老鼠。因为内容很“小”，便常常需要用“大”的形式来掩饰或装潢。譬如有一幅漫画，画的是一个壮硕得变了形的大力士，钢牙咬碎，最后奋力举起的不过是两卷卫生纸。这就是“无事生非”。另一方面是内容严肃而形式轻松、机智，如京剧《徐九经升官记》、豫剧《七品芝麻官》和中国电影《求求你表扬我》(1999)。

第二，从效果言，喜剧是笑。笑是喜剧的直接效果，因此人们常把笑视为喜剧的标志。不能引人发笑的便不足以被称作喜剧。譬如被誉为“中国短信第一写手”的戴鹏飞创作过这么一条短信：“蚂蚁懒洋洋地躺在土里，伸出一只腿，朋友问你干吗呢?蚂蚁：待会大象来了，绊他一跟头。”笑了吗?笑了，那么它就是笑话，是喜剧。前面提到过，喜剧皆令人可笑，但并非笑便是喜剧，譬如看见亲人无疑会笑，这令我们喜乐，但这并非喜剧。哭着哭着

---

① 转引自汪流，等编. 艺术特征论[M]. 北京：文化艺术出版社，1984：446.

也可能笑，这也不是喜剧，反而可能是比一般的悲剧还要悲伤。刘勰《文心雕龙·养气》指出："逍遥以针劳，谈笑以药倦。"笑是神经的松弛、精神的愉悦，说明喜剧之所以存在的社会基础和社会价值。同时值得说明的是：喜剧性的笑是圈层性的，如湖南经视台的喜剧性节目《越策越开心》中，曾经有一句广为流传的诙谐方言"喝杯白酒，交个朋友"(he bia bia jiu jiao ge bia you)。这在湖南人尤其是湘潭人听来，颇有喜剧感，笔者不会说，但听了也开怀大笑，而省外朋友基本上品不出里面的诙谐味道。

第三，从人物言，喜剧人物一般是小人物。这分为两类：主要的传统的一类是被嘲笑或讽刺的否定性人物，如夏洛克、阿巴贡、达尔丢夫、葛朗台、泼留希金、孔乙己、阿Q；另一类是巧妙、乐观地对待生活的正面人物，如牛皋、程咬金、周伯通、《徐九经升官记》中的知县徐九经（京剧名丑朱世慧饰演）、《七品芝麻官》中的知县唐成（豫剧名丑牛得草饰演）、京剧《玉堂春》中的老丑崇公道、小品演员赵丽蓉饰演的各类角色，《红楼梦》中的刘姥姥也算是这一类。

第四，从结局言，如果说悲剧是丑在表面上打败美，喜剧则是美轻易地战胜丑或人类美的一面的机智表现。正如鲁迅讲："悲剧将人生的有价值的东西毁灭给人看，喜剧将那无价值的东西撕破给人看。"① 鲁迅先生真是高明，两句话就把悲剧和喜剧的"精魂"点出来，而且清楚地说到了两者的差异。马克思也说过："世界历史形式的最后一个阶段就是喜剧……历史为什么是这样的呢？这是为了人类能够愉快地和自己的过去诀别。"② 种种的不合理性最终露出它们可笑的面目，人类得以迈入新的历史。如果要对马克思的这句话有一个通俗的解释，亦可理解为"道路是曲折的，前途是光明的"。当风雨过后看到彩虹，满心的喜悦里，只对风雨挥一挥衣袖，这是最后轻松的喜剧式态度。

---

① 鲁迅. 鲁迅全集(第1卷)[M]. 北京：人民文学出版社，2005：203.

② [德]马克思，恩格斯. 马克思恩格斯选集(第1卷)[M]. 北京：人民出版社，1972：5.

第十二讲　艺术的奥秘

本讲基本内容是艺术的定义、艺术的存在和艺术的创作。

美不等于艺术，但艺术等于美。艺术美是社会美中的一员，是社会美的特殊部分，是最高级最典型的美，呈现了历史风云流转中的无限风光。从米开朗琪罗的绘画《创世纪》和雕塑《哀悼基督》中，我们看见一个文艺复兴时期的通才不可遏止的艺术激情和令人叹为观止的艺术才华。他于1508—1512年所创作的湿壁画《创世纪》（现存梵蒂冈），即“西斯廷教堂天顶画”，美国《华盛顿邮报》评选结果认为是一千年里最伟大的一幅画。这给我们的启示是：最好的艺术大多有两个特点：要么“大”，要么“长”。鲁迅先生留给后人的一个绝大遗憾是：

他为什么不写长篇小说呢？哪怕一部也好啊。大理石雕《哀悼基督》，是米开朗琪罗25岁时的作品，塑造了永远年轻美丽的玛丽亚形象，讴歌了母爱的圣洁与基督的献身精神，被誉为“美丽的安魂曲”。这件艺术极品，使我们不禁感叹：艺术咋就能这么精美呢？

米开朗琪罗的《哀悼基督》▶

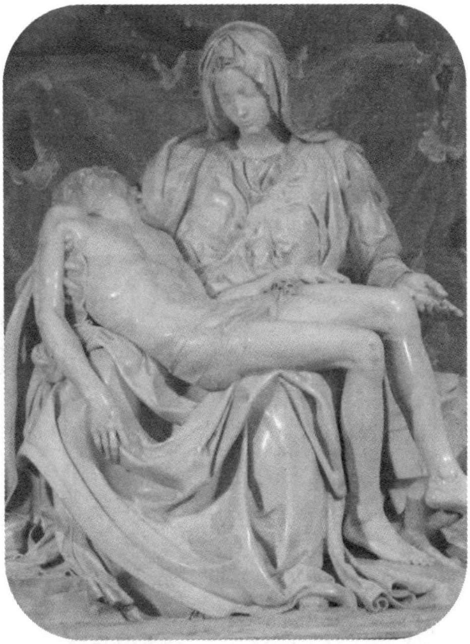

从小提琴协奏曲《梁祝》低回哀怨的倾诉中，我们仿佛一面听见了天下有情人在表露希望聚首的心愿，一面感受到他们实际上不得不分离的巨大的苦楚。所以，那两只拍翅远飞的蝴蝶，演绎成爱情的象征，并将诀别的伤口印在中国文化上空，久久难以愈合。从杨丽萍的孔雀舞里，我们似乎听懂了动物的语言。在她手指和身体的轻弹摇摆之间，使人好像看见孔雀在西双版纳的丛林中信步而行。舞蹈本不具有明显的叙事功能，而在她这里，舞蹈却不仅具有抒情的能力，也确然具有了叙事的能力。

“艺”（藝）在甲骨文中是个象形字，如人捧小苗植入土中，所以《说文》释之为“种植”，后来慢慢包含“才华”“技艺”等义，最后发展为今天纯粹的艺术。艺术对于人类社会发挥了极其重要的作用，其功能是多方面的。从艺术的反映因素来看，艺术具有认识世界的功能；从艺术的创造因素来看，艺术具有表现主体情思的功能；从艺术的道德因素来看，艺术具有教育的功能；从艺术的符号因素来看，艺术具有指称和交际的功能；从艺术的心理因素来看，艺术具有发泄和补偿的功能；从艺术的游戏因素来看，艺术具有娱乐（娱人和娱己）的功能。所以曹丕《典论·论文》里说“盖文章，经国之大业，不朽之盛事”，张彦远《历代名画记》里说“图画者，有国之鸿宝，理乱之纪纲”，将文学艺术置于很高的地位，视之为国家治理方面至关重要的武器。因此人们对于艺术留下了太多的赞美和评论。如培根讲：“艺术是人与自然相乘。”凡·高也讲过：“艺术，是人加入自然，并解放自然。”① 保罗·克利讲，艺术是“使不可见的东西变得可见”。欧·亨利在小说《爱的牺牲》中写道：“艺术是个迷人的情妇。”②

▲《雀之灵》雕塑与“艺”之甲骨文（作者为写意花鸟画家吕拴保）

一、艺术的定义：一句话很难说到点子上 »»

为艺术下定义，贯穿于艺术史的始终，基本思路主要有三种：第一是从

① 转引自余秋雨. 艺术创造论[M]. 上海：上海教育出版社，2005：2.

② 麦琪主编. 世界著名爱情故事精选集[M]. 北京：中国社会科学出版社，2004：4.

起源角度进行，第二是从本质角度进行，第三是从功能角度进行，譬如孔子的“兴观群怨”说和韩愈柳宗元的载道说以及李渔的娱乐说都是功能方面的定义。下面主要介绍前两种思路方面的艺术定义。①

1. 从艺术起源角度来定义：寻找历史真相

第一，模仿说。主要代表是德谟克利特和亚里士多德。这种理论认为艺术起源于人的模仿本能以及模仿自然与现实的活动，在人类的模仿行为中出现了再现自然和现实的艺术。这是一种经验主义的艺术理论。模仿说在后来发展为再现说和反映论，即认为艺术是以再现和反映现实为其本质和任务。模仿说的核心意义有三：其一，起源问题，即它提出了艺术如何起源的一种说法，认为艺术起源于人的模仿本能和模仿行为；其二，内容问题，即它认为艺术的内容是模仿和反映大自然和人类社会；其三，功能问题，即它认为艺术的功能也在于模仿和反映大自然和人类社会。后来的再现说与反映论侧重的主要不再是艺术起源而是艺术内容和功能问题。

德谟克利特说我们在许多重要的事情上都是动物的小学生，比如从蜘蛛那里学会织布和缝补，从燕子那里学会造房子，从啼唱婉转的黄莺那里学会唱歌。柏拉图也承认艺术是模仿，但从他的理式论出发，他又贬视这种模仿。亚里士多德是模仿论的最有名的代表。他认为模仿是人的本性，人从孩提的时候就有模仿的本能，模仿有求知的快感，这个观点反映了西方有强调知识追求的悠远传统。模仿说正确地说明了艺术与生活的关系，却对于艺术与人的关系却相对有所忽视，这是它的主要遗憾。它很好地解释了艺术来源于生活，却未能很好地解释艺术高于生活的问题。

第二，游戏说。这是一种由康德提出，由席勒、斯宾塞（1820—1903）等人加以完善的学说，又称席勒—斯宾塞理论。这种理论认为艺术是无功利的自由的游戏式活动，艺术起源于人与生俱来的游戏本能。游戏说既是一种艺术起源理论，又是一种关于艺术本体或本质的理论，抓住了艺术本质中的自由性和无功利性这两个关键的方面。

---

① 本讲参考了本人撰写的《美学教程》的少部分内容，具体可参见何林军. 美学教程[M]. 长沙：湖南师范大学出版社，2009：194－228.

游戏说的理论基础是由康德建立的，而正式提出者是席勒，斯宾塞的贡献则是进一步发展了游戏说。康德在《判断力批判》中提出“自由游戏”的概念，认为艺术是自由游戏中的一种，是无目的的合目的性活动，即无关功利的自由活动，指明了艺术和游戏之间的一致性关系。这是对古希腊柏拉图思想的某种继承。柏拉图发现艺术与游戏存在相似性，认为艺术活动与实用行为之间的区别类似于游戏与一本正经之间的区别。康德在这里确定了艺术活动的两个重要而基本的特性：第一是艺术是无功利性的，第二是艺术是自由的。后来的席勒和斯宾塞在这方面的认识，总体上没有超出康德的范围。

席勒在《美育书简》(《审美教育书简》) 中正式提出游戏说。他认为人有一种本能性的游戏冲动，它产生于人的过剩精力，这种冲动不同于强迫性的感性冲动和形式冲动，相反，它无关功利，无所为而为 (游戏的目的就在于游戏)，因而是自由的而不是强迫的。艺术就产生于这种游戏冲动或游戏本能中。游戏即是自由，自由即是审美，审美即是艺术。这是三者在席勒那里的逻辑关联。在《美育书简》的第十五封信中，他指出，“只有当人是完全意义上的人，他才游戏；只有当人游戏时，他才完全是人”。[①] 席勒最后把游戏、审美和艺术放在价值论高度即完全的人的养成层面来看待，游戏、审美和艺术，关乎人的自由和解放。斯宾塞是一个有很高自然科学素养的思想家，他的特点是更多地运用生理科学知识来丰富游戏说，从动物游戏谈到人的游戏，进一步说明了艺术的本性在于无目的而合目的的自由性。游戏说从生理学和心理学方面来解释艺术的产生，这丰富了对于艺术的认识，尤其是它抓住自由和无功利性来解释艺术的起源和特点，这是十分准确的。但是，游戏说忽略了艺术产生的社会原因，同时没有注意到艺术也不是与功利性绝对无缘，因而留下了理论上的不足之处。

第三，集体无意识说。集体无意识这个概念是瑞士心理学家荣格 (1875—1961) 提出的。他认为艺术创作的动力是人心中的集体无意识，文学艺术是集体无意识的产物，是祖先经验和民族记忆积淀的结果。所谓集体无意识，就是祖先经验和民族记忆在人心中的无意识积淀。

荣格认为，艺术最深层的目的在于表达集体无意识。艺术家在创作的时

---

① [德]席勒. 审美教育书简[M]. 冯至，范大灿，译. 上海：上海人民出版社，2003：124.

候，不是单纯的个人无意识的宣泄，而是整个民族的某种集体无意识的言说，是一个人代表千万个人在说话，艺术家不再是一个“个人”而是一个“集体人”。荣格以他天才的猜测，以他相当深刻的片面性，说明艺术是遥远历史的回声，是民族记忆的代言，艺术的本质在于“大我”。集体无意识说是具有合理性的，因为首先，艺术不只是艺术家个人的创作，不只是个人情绪、经历和观念的表达，而肯定会包含有民族的历史经验的内容；其次，它也正确地赋予艺术高远的宏阔的目标，指出艺术有超时空、超个人的性质。但是，集体无意识说本身还只是一种理论的假设，缺乏科学的实证，因而其理论根据缺乏可靠性，另外，艺术活动诚然有历史的集体的一面，但同时也是艺术家个人主观性很强的一种活动，忽视艺术的这种个性特点是不科学的。

此外还有巫术说和劳动说等艺术起源理论。巫术说的重要代表是英国两个文化人类学家泰勒（1832—1917）和弗雷泽（1854—1941），故又称泰勒—弗雷泽理论。这种理论认为艺术起源于巫术，说明了艺术起源的重要因素，但我们认为巫术只是艺术起源的一个因素而非全部因素。劳动说的代表是俄国的普列汉诺夫（1856—1918）。这种理论认为艺术起源于人类的生产劳动，同时这种劳动也是史前社会中艺术和审美的基本内容。鲁迅先生也认同此说。劳动说，据鲁迅描述，是指人们在劳动当中累了之后，就哼哼几声，然后其他人跟着哼，哼着哼着就哼出了韵律，这便是最早的文学艺术，是杭育杭育派或哎哟哎哟派。[①] 这一说法今天遭到了学者们的反思，认为劳动是艺术起源最主要的原因，但不是唯一的原因，艺术应该是起源于以生产劳动为中心的一切人类活动，除了劳动之外，其他活动像巫术、战争、爱情、生殖等，都在艺术的起源过程中发挥过不同的作用。值得指出的是，各种艺术起源理论虽然侧重于回答艺术起源的问题，但同时也涉及对艺术本质、艺术内容和艺术功能等的认识。

2. 从艺术本质角度来定义：回到艺术本身

第一，表现说。它是与模仿说相对立的一种理论，认为艺术的本质不在于对外在世界的模仿和再现，而在于对艺术家自己内心世界的表现。表现说

① 可参读孔庆东. 国文国史三十年(第1卷)[M]. 北京：中华书局，2011：54.

在西方出现得比较晚。18 世纪的康德对艺术天才和想象的肯定，为表现说的即将出现提供了理论的先导，到了 19 世纪，浪漫主义艺术家才强调艺术是对主体心灵的表现，表现说正式被提出，标志应该是华兹华斯在《抒情歌谣集》序言里提出的“诗是强烈情感的自然流露”，这句话被视为浪漫主义的宣言。20 世纪也有很多人坚持这种观点，如克罗齐认为，艺术即直觉，直觉即表现。① 中国也有类似理论，比如说滥觞于《尚书》的“诗言志”说以及陆机提出的“诗缘情”说。表现说非常准确地指出了艺术的一大目的在于抒情，在于情感的表现。但是艺术的目的不仅仅在于情感的表现，除此之外，艺术也反映世界，并拥有属于艺术本身的独立的形式美。譬如舞蹈之美重点在两方面：一是舞以宣“情”，一是舞以炫“美”。表现说看到了艺术与主体的一面，却忽视了艺术与客体的一面。

第二，形式说。形式说认为艺术的本性完全取决于艺术的形式方面，取决于艺术文本本身的语言符号和结构形式，与外在社会现实无关，研究艺术的审美属性只应该关心艺术本身的形式属性而可以忽视社会因素和作者因素。形式说的代表是英国的克莱夫·贝尔（1881—1964）和俄国的什克洛夫斯基（1893—1984）。前者主要研究视觉艺术的形式问题，提出艺术就是“有意味的形式”；后者主要研究文学形式问题，指出文学本质只在于形式，文学的审美特性和技巧原则在于“陌生化”。

◀ 印象派最大代表莫奈的《日出·印象》。1874 年升起的这轮“日出”，确实是“有意味的形式”，开创了西方绘画的新阶段

贝尔主要依据塞尚、高更、凡·高等后印象派画家来研究绘画的本性，

① ［意］克罗齐. 美学原理［M］. 朱光潜，译. 北京：作家出版社，1958：11.

提出绘画的基本性质就在于“有意味的形式”而不在于它所描绘的内容。这里的形式是指“艺术品内各个部分和质素构成的一种纯粹关系”，人们的审美情感不是源自艺术的内容而是产生于线条、色彩以某种特殊方式形成的形式间的关系之中，“这种线、色的关系和组合，这些审美的感人的形式，我称之为有意味的形式”。① 简言之，艺术的本质不在内容而在“有意味的形式”，人们的审美情感与艺术内容毫无关系而只是来于有意味的形式。他的观点比较好地解释了现代派绘画的本性和感受问题，却很难解释现实主义艺术的问题，同时忽视艺术的内容从根本上也是片面的。强调形式忽视内容是以贝尔为代表的英国形式主义的基本特色，也是他们的主要缺点，对于以什克洛夫斯基为代表的俄国形式主义也可以这样去评价。形式说看到了艺术作品所使用的物质材料和艺术符号所具有的特殊价值，看到了艺术语言艺术符号不仅是艺术的手段，同时也是艺术的目的。这从一定意义讲，是对艺术独立性及其审美属性的发现和肯定。然而，它将艺术形式的性质和作用无限夸大，以致认为艺术的全部性质和价值仅在于形式，同人的社会生活内容毫无关系，这就使自己的艺术观丧失了全面性和辩证性，忽视了艺术与社会的联系，走到了错误的边缘。

第三，符号说。这是德国哲学家卡西尔提出的，由他的美国弟子苏珊·朗格发展充实起来的学说。符号说认为艺术是人类情感的符号，用苏珊·朗格《情感与形式》中的原话说就是艺术是“人类情感的符号形式的创造”②；艺术中的情感是具有可传达性的形式化的人类普遍情感，而非私密性的不可传达的个人情感。

卡西尔的哲学属于符号学，他认为“人是符号的动物”，符号是人的产物，动物不能创造符号，而只能理解信号。符号活动使人根本上脱离了动物界，而进入了一个精神文化的世界。人的符号活动构成神话、语言、艺术等文化形式，而所谓文化就是人类经验的符号形式。作为文化之一种的艺术，它不是现实的模仿和再现，而是人类情感的表达。简言之，卡西尔基本思想是：符号即文化，文化就是各种符号的集合，艺术是文化中的一种，也是符

① ［英］克莱夫·贝尔．艺术［M］．马钟元，周金环，译．北京：中国文联出版公司，1984：4.
② ［美］苏珊·朗格．情感与形式［M］．刘大基，等，译．北京：中国社会科学出版社，1986：51.

号中的一种，人的使命就在于创造各种符号。卡西尔思想的深刻之处还在于，艺术不就是感情，而是感情的符号。卡西尔的符号学成为苏珊·朗格符号论美学的哲学基础。朗格指出，人的情感是生命的形式，艺术的本质则是充当人类情感的符号，艺术是人类经验和人类生命的形式化体现。符号说受到形式说明显的影响，将艺术本质和意味过多地放于艺术形式之上，对于艺术的设想带有明显形式主义和唯美主义痕迹，虽然加深了对于艺术本性的理解，却也相对忽视了艺术与个人和社会的联系。

二、艺术的存在：动与静皆是风情

“艺术”的概念是抽象的，它不简单地等于具体的艺术品，也不简单地等于具体的艺术活动，但是，“艺术”之为“艺术”，又正是体现在“艺术品”和“艺术活动”上面的。换言之，“艺术”的存在，有两种形式，一是静态的形式，即艺术品，二是动态的形式，即艺术活动。静态和动态，这是我们把握艺术属性的两种途径。动态的艺术活动又分为两个部分：一方面是艺术创作，另一方面是艺术接受。

1. 艺术存在的方式：具体见抽象

艺术的属性静态地体现于菲狄亚斯的《命运三女神》（现藏于大英博物馆），体现于流畅的线条和对于青春生命的细腻表现中 ▶

首先，从实体性上，艺术属性存在于艺术品中，艺术品是艺术属性的一个最鲜明最直观最实在的显现。艺术的属性、特征直接表现于艺术品的感性

存在及其精神蕴涵之中。艺术品是艺术属性的静态呈现和在场性确证。譬如雕塑的属性首先可从具体的雕塑作品去感知。大理石雕《萨莫色雷斯的胜利女神像》，创作于约前200年，高328厘米，现藏巴黎卢浮宫，它以静态的直观的形式，可以初步告诉我们关于雕塑线条、块面、造型等基本符号方面的特点。从菲狄亚斯的《命运三女神》中我们可以体会流畅的线条对于青春生命的细腻表现，这种流畅的线条感便是雕塑艺术的审美属性之一。了解建筑艺术的属性同样如此。从哈尔滨的圣索非亚教堂可以直接了解到俄罗斯风格的建筑尤其是教堂的艺术属性。

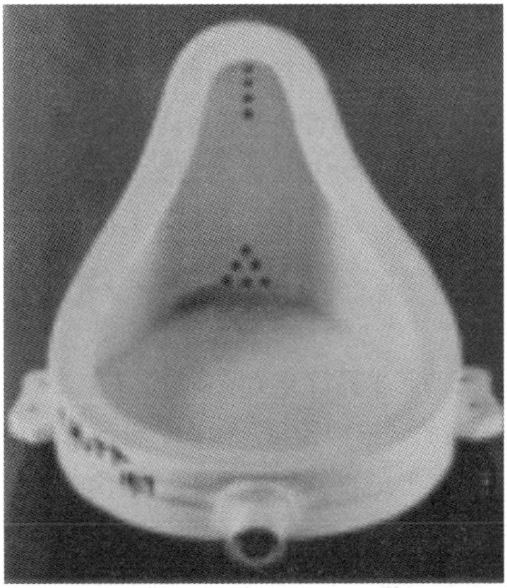

▲ 杜尚与安格尔的《泉》

其次，从现实性上，艺术属性存在于人的审美活动、审美经验中。我们从杜尚讲起。杜尚的《泉》，是20世纪著名的“艺术事件”，代表“现成品”艺术运动的崛起。杜尚自己说：“对趣味毫无所谓，既没有对照相写实式再现的兴趣，也没有对精致物料的兴趣。”① 所以他发起的所谓“现成品”艺术运动，不过是希望能打击一下“审美主义的狂欢”。学术界把他视为20世纪以来艺术不断走向“堕落”和“胡闹”的始作俑者。法国的布勒东则称之为

① ［法］马克·吉梅内斯.当代艺术之争［M］.王名南，译.北京：北京大学出版社，2015：27.

“伟大的捣蛋者”。[①] 确实，从安格尔《泉》到杜尚的《泉》，体现的是艺术观念的变化和艺术领域对传统的颠覆。杜尚以安格尔为靶子，其实际是在宣告他对于传统的造反。杜尚的做派，是艺术史上一件极富象征意义（对传统的美与艺术的颠覆）的艺术事件、艺术行为。不是“尿壶”本身，而是“杜尚选择的尿壶”和“杜尚选择尿壶”两方面显示出杜尚在艺术史上的意义，它们使人们对于艺术属性和艺术观念有了一次前所未有的认识。“尿壶”本身无论如何“倒腾”，恐怕在人们心目中还是难以进入“艺术品”行列，而它之所以后来被收罗进了博物馆，是因为这把尿壶是杜尚选择的，上面附着杜尚的影子即一个前卫艺术家的艺术立场。尿壶是一个新潮艺术家及其新潮艺术观念的见证，是一个富有象征意义的艺术事件，一个由贴有“艺术家”特殊身份标签的人在某种特殊历史情境中实施的带有悖论性和讽刺意味的艺术行为。所谓悖论，是指毫无人工技巧成分的作品（小便器）与杜尚艺术家身份之间的奇怪与反讽的关系。正像有人所指出的，杜尚以《泉》命名的小便器之类“现成品”艺术行为，存在一个深刻的悖论：“它被纳入了艺术范畴，而其初衷恰恰是从中逃离。”[②] 杜尚的实践对其本人可能平淡无奇，对艺术界却起到了类似破坏圣像的作用，在 20 世纪的艺术界打开了潘多拉之盒。整个 20 世纪以来的艺术，都存在一种较为普遍的“去神圣化”倾向，杜尚开创的“无政府主义艺术”范式风行日久。在 20 世纪 60 年代，也被大量传统或保守的人士批评为“伪前卫创作”。美国的丹托指出，杜尚之类艺术家不过是一群疯疯癫癫的人，在做些疯疯癫癫的艺术而已，无关大碍。[③] 回到我们这里的主题，简言之，杜尚的艺术行为是展示艺术属性的一次特殊过程，表明了艺术边界的滑动，扩大了人们的艺术视野，表示了一种对传统艺术的叛逆姿态。

我们再从杜尚走出来。艺术品是艺术属性的静态显现，审美活动则是艺术属性的动态显现。艺术属性体现于艺术活动，体现于具体的艺术创作和欣赏过程中。评弹的艺术属性就在于吴侬软语的三弦说唱里。从相声小品的表演里，我们知晓了说、噱、逗、唱的魅力，从中国戏曲的举手投足里，我们看到唱、念、做、打的精彩。在中国舞蹈那里，我们体会到一种“拧、倾、

---

① [法]马克·吉梅内斯.当代艺术之争[M].王名南，译.北京：北京大学出版社，2015：57.

② [法]马克·吉梅内斯.当代艺术之争[M].王名南，译.北京：北京大学出版社，2015：27.

③ [法]马克·吉梅内斯.当代艺术之争[M].王名南，译.北京：北京大学出版社，2015：32

圆、曲”或“圆、游、变、幻”的独特的美。从凯瑟琳·赫本、贝蒂·戴维斯、英格丽·褒曼、葛丽泰·嘉宝、伊丽莎白·泰勒到琼·克劳馥、克劳黛·考尔白、格蕾丝·凯利，再到费雯丽、奥黛丽·赫本、秀兰·邓波儿，在这些电影演员的表演里，我们明白，好演员之为好演员，就因为她们是“有戏”的人，电影艺术之本性很大程度就体现于表演上。从猫王埃尔维斯·亚伦·普雷斯利（1935—1977）及其女儿丽莎·玛丽·普雷斯利（1968－）那里，我们感受到两代音乐人的不同风采；从丽莎·玛丽·普雷斯利前夫迈克尔·杰克逊（1958—2009）——“流行音乐之王”那里，我们体会到音乐的非音乐性（噪音）与民众广泛接受之间的古怪联系；从仙逝的音乐精灵惠特尼（1963—2012），从具有天籁般纯净而富有穿透力声音的席琳·迪翁（1968—），从奔放的碧昂丝（1981—），从乡村音乐的代言泰勒·斯威夫特（1989—）那里，我们感受到美国音乐的全球影响，知道音乐的世界不仅仅是美丽，也不仅仅是性感，还有不同的气质和风格。而从阿黛尔（1988—）那里，我们则可以聆听到英国音乐的优美，并知道音乐的领地宽广而且深厚。表演和接受，将艺术的属性现实地展现在人们面前。

总之，没有艺术创作的艺术家不叫艺术家，而只是一个平常的“人”；没有艺术接受的艺术品也不是艺术品，而只是一个平常的“物”。艺术的确证一是静态的艺术品，二是动态的审美活动或审美经验。我们不能离开人的审美活动谈艺术，艺术就存在于审美活动之中。荣格引用过别人的一句话：不是歌德创造了《浮士德》，而是《浮士德》创造了歌德。对于这句话，我们也可以从这方面去理解。美国的艾布拉姆斯在名著《镜与灯》中提出了著名的艺术四要素理论，指出艺术系统包括四个要素：世界、艺术家、作品、接受者。这是艺术属性得以完整表现的四个方面，了解艺术的属性不能单从某一个因素去进行，而应该将它们连为一个整体来观照艺术的奥秘。这四个要素就是进入艺术属性的四条路或四扇门，其中以艺术品为桥梁，它一头连着艺术创作，一头连着艺术接受，从而构成“艺术创造—艺术品—艺术接受”这样一个完整的艺术流程，这整个的流程就是抽象艺术的具象生动的展示。

2. 艺术与接受：“阅读”即“写作”

艺术接受也是了解艺术属性的重要环节，或者说，完整的艺术概念必须包括艺术接受在内。艺术接受是指读者、观众或听众对于艺术作品的阅读、观看或聆听，是接受者充满情感、想象、理解等的心理活动的总和，这是一个复杂的过程，其中既有对艺术品内容和形式的欣赏与理解，又有对艺术意义和意蕴的把握、补充与拓展。艺术接受一直存在，有艺术创作便同时有艺术接受。在现实生活中，人们也针对接受问题总结出很多说法，比如中国人常说“少不看三国，老不读西游”“少不看三国，老不看西厢”“男不看红楼，女不看三国”等等。这实际指出艺术接受有群体、年龄、性别等方面的差异，属于经验方面的现象描述，算不上是理论的总结。但中国历史上出现过许多接受理论，比如“知人论世”“六经注我”等观点，还有学者们总结出“中国阐释学”。但艺术接受问题的自觉化和体系化以及在世界范围内发生广泛影响，还得属于20世纪西方的各种接受理论。

从西方美学史和艺术理论史上看，人们对于艺术的研究经历了一个从强调艺术与社会与作者之关系的“外在研究”到强调艺术与本身形式之关系的“内在研究”再到20世纪再次强调艺术与接受者及外在社会文化之关系的“外在研究”的变迁过程。读者理论或艺术接受理论是20世纪中后期逐渐发展流行起来的，首先萌芽于英伽登现象学美学、海德格尔存在主义和伽达默尔哲学诠释学之中，后成熟于德国姚斯和伊瑟尔的接受美学，至美国读者反应批评理论而逐渐衰落。

我们再简单说一下“接受”对艺术的意义。首先，艺术作品只有在“接受”中才能实现其价值，才能被称作“现实的作品”。“接受”使作品从“潜在”走向“现实”。其次，“接受”不仅理解意义，也创造意义。这就是法国罗兰·巴特所讲的读者即作者，阅读即写作。如比利时超现实主义画家马格利特（1898—1967）画于1929年的《这不是一只烟斗》（《形象的叛逆》）与几年后画的《双重之谜》。画家将艺术与生活的关系这样一个谜抛给我们。这些画的意义是不确定的，引导大家去进行多维的思考，可能不同的人会有不同的回答。最后，“接受”也影响艺术创作，对创作可能发挥积极的引导作用，也可能发挥消极的束缚作用。

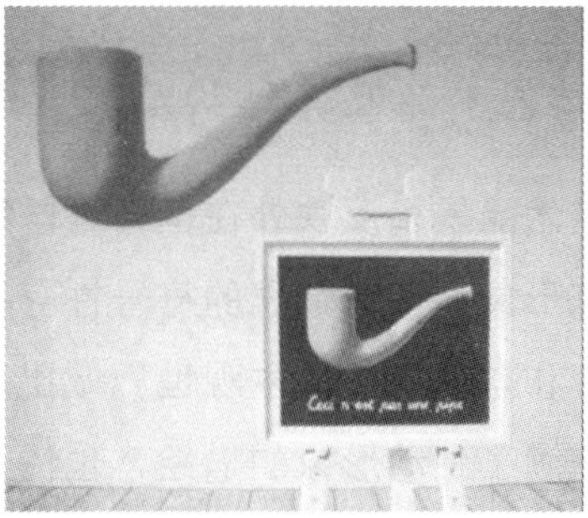

▲ 马格利特的《这不是一只烟斗》与《双重之谜》。

其一，“接受”影响艺术家的生存状态，从而影响他的艺术创作。缺乏接受的艺术家是可悲的、不幸的，像凡·高，生前就很少有对他的艺术的接受者。因为没有接受者，所以他终生贫困，从而严重影响了他的创作，也影响了他的艺术选择和艺术风格。歌曲之王舒伯特与凡·高一样，一生几乎处于被接受的空白状态。伟大的舒伯特，生前是惨淡的。他说，只要给我纸，我每天可以做出曲来。可是，他很少能买得起纸。

其二，“接受”影响艺术创作的内容。接受者的爱好趣味可以改变艺术家创作之时的内容选择，艺术家总是以对抗或者顺从的方式来对待接受者所施加的影响。文艺复兴时期提香的《花神》之所以将女神描绘成肉感强烈的世俗女性形象，是因为文艺复兴是一个人取代神的时期，是世俗欲望合理化的时代，人们对世俗生活充满着热爱，这一点直接影响了画家在创作题材和艺术风格方面的选择。

其三，“接受”也可以影响艺术创作的方向、规模和形式。编剧胡健谈国内电视剧跟风现象时说：“一个媳妇美好了，千万个媳妇跟上来；一个特工潜伏了，千万个间谍趴下去。”除了媳妇系列和间谍系列的电视剧，还有抗日系列、婆婆系列、房子系列、孩子系列、穿越系列的电视剧。模式化、规模化是当前文化产业领域的突出现象。这既有创作方面主动追求的原因，也有接受方面观众需求的原因，相互刺激相互催化，既有利于文化艺术市场的繁荣，又带来审美疲劳和文化疲软的副作用。这种两面性在电影、文学、动漫等其他领域也常常存在。这既是文化艺术领域的老问题，又带有时代的新内涵，给理论界提出了许多新问题。

3. 艺术品及其结构层次：还世界一个生动形式

艺术品是指反映外在世界（自然与社会）和内在世界（人的心理）的一种精炼形象而富有情思的符号性存在。人们用各种不同的符号来对外面的客观世界和自己内心的主观世界做出审美呈现之时，艺术品便得以形成。在这里，充满了生动形象的描绘，也传达出丰富的情韵和哲思。譬如台北故宫三大镇馆之宝之一的翡翠白菜，选材上乘，雕工精细，特别有趣是上面还雕有虫子的形象，于静物雕绘中寓有生活的气息和动态的活力。艺术家们常常不会把艺术对象当成一个纯粹的静物看待，而是视为具有生命和趣味的审美空间和意味世界。

按照传统的眼光来看，艺术品一般具有物质性、人工性、精神性和形象性四个方面的特点。这就是“艺术品”这个概念的具体涵义。其一，艺术品是可直接感知的物化产品。任何艺术品都有“物性”，有物质载体，即艺术品是物化（如宣纸、翡翠等）的或物态化（如旋律、线条）的形式。其二，艺术品是人工产品或手工产品而非自然现成之物。即艺术品是人的实践的产物，是艺术家主观加工的结果，而且艺术品一般是手工劳作的产物，而非机械化流水线的批量复制，这决定艺术品一般具有独一无二、不可复制的特点。赝品之为赝品，在于它只是对于原作的模仿。其三，艺术品是精神性的产品。一方面，艺术品主要是精神劳动的产物，另一方面，它是为了满足精神需要才存在的。艺术品的这种精神性是艺术品最为根本的特性。劳动的基本形式是物质劳动和精神劳动，而艺术主要是一种精神劳动，物质劳动只是其中的次要部分，一般不决定艺术的本性。写诗写得挥汗如雨，并不是诗歌好坏的判断标准，真正的判断标准只能是，发挥自己全部的才智，使文字成为最精炼的文字，使对象成为最动人的对象，从而有最成功的“螺蛳壳里做道场”。其四，艺术品主要是形象思维而非抽象思维的成果。艺术世界是感性而生动的，主要是形象思维的结晶。人的思维活动一般分为形象思维和抽象思维两部分：一是具体的，一是抽象的；一者遵从情感逻辑，一者遵从形式逻辑；一是从形象到形象，以塑造形象的世界为旨归，一是从形象到抽象，以获得抽象的理论为目的。当然这并不是说艺术创作不需要抽象思维，恰恰相反，艺术品的诞生也有抽象思维的功劳。

再看艺术品的结构层次。按照中国古代的认识，文学可以分为三个结构层次：言—象—意。这种结构完全可以移用于整个艺术当中，即艺术的结构就是符号（言）—意象（象）—意蕴（意）。结合中西方相关的看法，我们在这种三结构的基础上增加一个物质材料的层次，构成艺术品的四个结构层次，即物质材料层—符号形式层—意象世界层—内在意蕴层。艺术品的审美潜能就体现于这四个结构层次上。

第一是物质材料层，即艺术品在时空中存在的物质实体与媒介，如石头、绢帛、宣纸、水墨、舞台、银屏。物质材料有时可成为审美对象，如雕刻的材料像玉石、象牙之类可直接成为审美对象，物质材料也可影响艺术品的审美质量，如清代画论家戴熙讲："古人书画多用熟纸，今人以用生纸为能，失合古意矣。"古人所说的"粗绢恶扇，败人意兴"，讲的也是材料对于艺术品审美质量的影响。海德格尔在《艺术作品的本源》中提出一个审美范畴叫艺术的"物性"，即是说任何艺术品都具有一定的物质属性，需要有一个物质性的载体。

◀ 英国布莱尔·莱顿的油画《分离》

第二是符号形式层。这是艺术作品的第二个层次。符号层次比起纯然物质的实体深入了一步，人的精神性因素体现得也更为丰富。每一门艺术都有属于自己的“艺术符号”。“艺术符号”也经常被比喻性地叫作“艺术语言”。艺术符号或艺术语言是区分不同艺术类型的标志。建筑的艺术符号主要是立面、体形、体量、空间、环境；书法的艺术符号主要是线条、笔墨、造型、气势等；绘画的艺术符号主要是线条、色彩、构图、造型等；雕塑的艺术符号主要是空间、体积、环境等；音乐的艺术符号主要是节奏和旋律等；舞蹈的艺术符号主要是表情、动作、构图等；文学的艺术符号只有一种，即语言，不嫌麻烦也可以叫语言文字，如果宽泛一点，还有体裁（体式）、结构等；中国戏曲的艺术符号主要是动作、唱腔、脸谱等；影视的艺术符号主要是画面、镜头、蒙太奇、色彩、声音等。

第三是意象世界层。意象是符号构造出来的各种感性形式，主要是指人物形象，也包括景物形象等。艺术的符号形式都要指向具体的意象，把接受者带到不同的意象上去，最后帮助或引导接受者在大脑中构建出一个完整的意象世界。意象世界层是艺术创作的核心任务和中心目标。艺术符号根本上是为了意象的塑造而存在的。艺术意象一头连着符号层，一头连着意蕴层。符号操作的成功与否决定艺术意象的感人程度，艺术意象的感人程度又决定艺术意蕴的能否生发。英国布莱尔·莱顿（1852—1922）的油画《分离》(off)，是一幅符号操作十分成功、艺术形象异常感人因而内在意蕴颇为丰厚的佳作。它的描绘非常逼真，几乎就像摄影照片，刻画了野外两个年轻人正在赌气的情景。一个背着手向前走，一个坐在桥头脸向着后面，于是两人之间在构图上便形成隐隐的内在张力，神态和意味也在这种张力中得以丰富，画面效果趣味盎然，耐人品读。

第四是内在意蕴层。内在意蕴是意象世界所包含的丰富的审美内涵与人生意味，甚至包括接受者从意象世界中阐发出来的新的意义，可分为历史意蕴（指向历史时间的意蕴）、哲理意蕴（指向思想的意蕴）和审美意蕴（指向人生趣味、形式美感和情绪发泄、情感愉悦等方面的意蕴），又可分为直接含义、间接含义（含蓄的意蕴）和衍生含义（侧重接受者自己的发挥）。这两种分类方法可以成为我们分析艺术意蕴的理论武器。

我们以几个作品来具体理解艺术品的结构层次。首先是《红楼梦》的结构层次分析：物质材料——纸张、铅墨；艺术符号——语言文字；意象世界——大观园，金陵十二钗及其丫鬟们，贾王史薛四大家族，娇杏、英莲、霍启、封肃、冯渊、詹光、秦钟、单聘仁、卜世仁、卜固修等一干红楼屋外人，更有癞头和尚茫茫大士、跛足道士渺渺真人等方外高人；内在意蕴："砌房子"和"拆房子"的过程。在富贵繁华之地、温柔旖旎之乡搭建了一座超级红楼，里面有宫廷也有民间，有阴冷的高墙也有和煦的田野，有政治也有爱情，有丑恶的变态欲望也有纯洁的灵魂追求。但有一日，它坍塌了，不是剧烈的，而是缓慢地在坍塌，这尤其令人痛苦，最终房子被拆得干干净净，只剩下瓦砾枯草欲哭无泪。《红楼梦》的意蕴在于不仅"问"爱情是否存在，也"问"生命最深的本相。伟大的艺术总是通过有限的空间，逼问无限的天地。从历史意蕴方面看，它展示了中国古代尤其是清代的广泛的社会生活画面，包括政治、饮食、医药、爱情等众多方面，说明历史演变的某种必然走向。从哲理意蕴看，它以佛道思想为基础，传递了人生空无等本真性认识。从审美意蕴看，它既令我们享受到文字上无尽的精美，也在生活、情感等方面获得精神上的点发和拓展，智者便得智，愚者便可能得愚。

再看法国布歇《维纳斯的诞生》的结构层次。其物质材料：油布、颜料；艺术符号：色彩、线条、构图等；意象世界：众女神、小天使、大海、天空等；内在意蕴：布歇是18世纪法国洛可可画家和宫廷画师。洛可可画派重装饰性，宫廷画师身份则使绘画趋向贵族趣味，所以分析整幅画历史的审美的意蕴必须要抓住这两点（哲理意蕴则未必很明显）。布歇的这幅画既表达了对神的颂赞，又表现出对世俗生活的喜爱，以浪漫和写实相结合的手法，将华艳和肉感寄托在神话题材中。

最后了解越剧《碧玉簪》的结构层次。它的物质材料：舞台、演员等；艺术符号：声音、唱腔、造型等；意象世界：李秀英、王玉林等人物形象；内在意蕴：从偷碧玉簪—新婚之夜投放碧玉簪—发现碧玉簪是诬陷这一情节线索中，表现了因猜疑和不信任而导致的夫妻失和的情况，着眼于个人道德和夫妻之道的宣扬。虽属传统价值的宣讲，但戏曲讲究的主要是形式美，具体说是其中的唱腔美。这才是《碧玉簪》经常被人聆听的根本原因。其历史意蕴在于使人了解到中国古代的家庭生活尤其是婚姻生活的某种情况，尤其是可增强对女性地位的认识；其哲理意蕴则可能在于启示我们对人与人之关系的思考，小人之所以挑拨得逞，有时是由于我们的主人公关闭了心扉而缺乏交流和信任的缘故；其审美意蕴主要在于越剧声腔之绵长韵味以及从剧中获得的情感愉悦和感悟，譬如女性德行带给我们的敬意以及我们对女性可能付出的一份同情。

三、艺术的创造：灵魂与技巧的合舞 »»

本部分我们将介绍艺术的创作过程、创作思维、创作原则和创作能力等问题。

1. 艺术创作过程：从看清楚到想清楚再到写清楚

中国历史上，苏东坡和郑板桥是中国墨竹的两个代表人物，中国水墨竹子成名于苏东坡昌盛于郑板桥。他们两人都就如何画竹对艺术创作的一般过程发表过看法。苏东坡在《答谢民师书》认为，艺术创作的第一步是“求物之妙”，第二步是“了然于心”，第三步是“了然于口与手”。郑板桥在此基础上提出了“三竹说”。板桥墨竹刚劲苍健，生气勃勃，是艺术家性格的显现。他指出创作墨竹的三阶段：眼中之竹→胸中之竹→手中之竹。这是他的经验之谈，也可以作为对艺术创作过程的形象总结。

第一步“眼中之竹”，这是一个“看清楚”的过程，即传统所说的积累阶段。这是创作的准备阶段，要求去和生活打交道，到生活中去收集各种材料。在与生活打交道的过程中，艺术家的目的是去发现和积累一些足以表达他的思想他的心胸的对象，这样的对象就是“眼中之竹”，反过来说，“眼中之竹”就是原生态的生活现象。

第二步“胸中之竹”，这是一个“想清楚”的过程，即传统所说的构思阶段。至此，艺术创作进入第二个阶段，也就是在心中酝酿、构造审美意象的过程。在这个阶段，第一阶段中收集的材料将和艺术家的心灵结合在一起，经过想象、情感、理解等心理因素的加工提炼，从而转化为审美意象即“胸中之竹”，这已经不同于现实生活中的竹子了。“胸中之竹”是客观的竹子和主观的情趣这两者的统一。清代著名文人赵翼说过：“预支五百年新意，到了千年又觉陈”。这说明要保持艺术的新意是很困难的，这种艺术新意的来源主要是艺术的构思。

第三步“手中之竹”，这是一个“写清楚”的过程，即传统所谓的传达阶段。这是指通过艺术技巧把心中构思好的审美意象表现出来，这便有了作为艺术作品的竹子。这是艺术创作的符号化与物化阶段，即用恰当的艺术符号将审美意象固定在某一物质性媒介之上。这三个阶段是所有艺术创作都要经历的过程，同时在实际的创作中，这三个阶段又可能交融甚或颠倒。

2. 艺术思维方式：与“形象”一起飞翔

艺术创作和艺术欣赏的思维方式就叫艺术思维。艺术思维包括形象思维和抽象思维两种形式，但最主要的是形象思维。所以我们可以把艺术思维干脆叫做形象思维。形象思维是以感性意象为基本单位、以想象为中心环节、以情感为原动力的源于形象又终于形象的思维过程。

◀ **法国布格罗（1825—1905）笔下的《圣母》：一定是充满了深深的情感，才能有这般唯美的造型。这幅画给我们的审美感受只有两个字——圣洁。作者在描绘时，心里想到的应该是天下所有母亲和女性的美德**

它的第一个特点，顾名思义，就是形象性。艺术思维始终伴随着形象，通过“象”来构成思维流程。因为艺术的最终目的不是“抽象世界”，而是

“形象世界”。朱光潜《诗论》写道：“每首诗都自成一种境界。无论是作者或是读者，在心领神会一首好诗时，都必有一幅画境或是一幕戏景，很新鲜生动地突现于眼前，使他神魂为之钩摄，若惊若喜，霎时无暇旁顾，仿佛这小天地中有独立自足之乐。”这里虽不是直接谈艺术思维的，但里面间接说到了艺术思维的形象性问题。艺术思维的外观始终是“形象”。它从“形象”起步，以“形象”结束，第一个形象是原生态的，第二个形象则是主观化的。

第二个特点是情感性。前面讲过，情感是人在感受世界的过程中对世界所产生的一种主观倾向和态度。在情感方面有七情六欲之说，七情即喜、怒、哀、惧（乐）、爱、恶、欲；六欲有的认为是指人对异性所具有的六种欲望：色欲、形貌欲、威仪欲、言语音声欲、细滑欲、人相欲；有的认为是指眼、耳、鼻、舌、身、意等六欲。今所用“七情六欲”一语，是泛指人的各种情绪与欲望。人是触物起情的，艺术思维把人置身于一个很具体的环境里，他就必然会产生形形色色的情感反应。正是情感这种感性化的心理体验，才真正推动了艺术思维的产生、流动，最后导致美的创造。可由此鉴赏汉乐府《上邪》：“上邪！我欲与君相知，长命无绝衰！山无陵，江水为竭，冬雷震震，夏雨雪，天地合，乃敢与君绝！”

第三个特点是想象性。艺术思维之所以神秘奇特，难以驾驭，正是想象的特点决定的。想象使客体与主体这两个原本互相分离的世界达成沟通。因为有想象的参与，艺术思维所以不必遵守生活的逻辑，而只需依照情感的逻辑。情感的逻辑其实就是不要理性的和因果的逻辑，因此，在艺术的世界里，生者可能死，而死者可以生。我们以敦煌曲子词《菩萨蛮》为例来理解这一点：“枕前发尽千般愿，要休且待青山烂。水面上秤锤浮，直待黄河彻底枯。白日参辰现，北斗回南面，休即未能休，且待三更见日头。”另如《淮南子·览冥训·女娲补天》：“往古之时，四极废，九州裂，天不兼覆，地不周载。火爁炎而不灭，水浩洋而不息。猛兽食颛民，鸷鸟攫老弱。于是女娲炼五色石以补苍天，断鳌足以立四极，杀黑龙以济冀州，积芦灰以止淫水。苍天补，四极正，淫水涸，冀州平，狡虫死，颛民生。”

虽然艺术思维主要是形象思维，但艺术有时也需要抽象思维的参与。诚如李渔《窥词管见》云：“琢句炼字，虽贵新奇，亦虽新而妥，奇而确。妥与确总不越一‘理’字，欲望句之惊人，先求理之服众。”这是问题的一方面。

另一方面，抽象思维参与艺术活动，常常又是与形象思维交融混合在一起的，于是某些艺术在具有深刻的理性力量和“思”的魅力之同时，又具有不同程度的形象感和画面感。这方面的例子有《庄子·逍遥游》的“水之积也不厚，则其负大舟也无力”;《太平御览·兵部·骑》的“善游者溺，善骑者堕”以及王维《终南别业》的“行到水穷处，坐看云起时”。这些都将“思”之所得以形象的方式体现出来。抽象思维在艺术中的作用，主要有以下几个方面:其一，细化和深化对现实生活的思考和判断。其二，艺术创作过程中题材的选择、主题的提炼、技巧的运用等方面，都离不开抽象思维的参与。其三，在作品粗具规模之后的加工、润饰，更需要抽象思维的加入，这实际是对自己作品的一种反思和评价。

3. 现代主义：给世界一个独特背影

▲ 法国达维特的《加冕礼》(1804)，真实描绘了法国宫殿和拿破仑加冕的情况

创作原则是艺术家认识、处理艺术素材以及创造独特的艺术世界时的基本立场、方式、手段的总和。高尔基指出，基本创作原则是两种，即现实主义和浪漫主义。但历史上出现过的创作原则是很多的，有现实主义、浪漫主义、象征主义、自然主义、现代主义、后现代主义等等。现实主义创作原则的主要特点可以简单概括为如下三点：其一，在创作态度上，现实主义强调直面现实，取材于现实，而不是回避现实。其二，在创作目的上，现实主义强调逼真性和典型性。即追求逼真地反映现实，并使这种反映具有普遍意义。其三，在创作手法上，现实主义坚持写实手法。即现实主义的艺术描绘尽量贴近生活原貌，带给人们一种回到现场的真实感。

再简单了解浪漫主义创作原则。作为创作原则的浪漫主义，其主要特点体现如下：其一，创作态度：主观抒情。其二，创作目的：理想。浪漫主义作品具有明显的虚幻色彩和理想色彩，描写的是人类生活中早已消逝或还不存在的东西，它只存在于人们的内心和期待中。其三，创作手法：夸张、想象与虚构。在表现技巧上，浪漫主义常常偏离现实原形，采用大胆的夸张、奇特的想象等手法来表现作者主观的情感。如法国阿尔弗雷德·布歇（1850—1934）的大理石雕《沃吕比利斯》。雕塑粗糙的底部材质和抛光的女性身体之间形成十分强烈而新颖的对比，造型上极富有想象力，主人公似乎在奋力地破石而出，这给予我们一种强烈的动感和内在丰沛的生命活力。又如汉代雕塑《马踏飞燕》，骏马体态矫健，正撒开四蹄飞奔，三足腾空，只有右后足落在一只展翅疾飞的飞燕背上。这幅作品是浪漫主义精神和高超艺术技巧的完美结合，是我国古代雕塑艺术的稀世之宝。

阿尔弗雷德·布歇极富浪漫色彩的大理石雕《沃吕比利斯》▶

然后重点了解现代主义创作原则。现代主义是19世纪末期以来流行于欧美世界，与现实主义和浪漫主义有重大分野的众多艺术流派、思潮的总称。其基本特点是“荒诞”世界的“荒诞化”呈现。从艺术上看，现代主义创作原则体现在非镜、非灯、非人、非美四个方面，这也是现代主义文艺所表现出来的基本美学品格和艺术精神。

首先，“非镜”。即现代主义否定了现实主义的“镜”的传统，从现实主义的“客观真实”走向“主观真实”，从“镜”走向“非镜”。我们知道，在艾布拉姆斯的名作《镜与灯》中，“镜”与模仿论和现实主义二者是紧密挂钩的。但现代主义对于现实主义的基本立场和观念予以了彻底的“反动”。首先是艺术观念的反动，其次是艺术方法的反动，即否定现实主义的典型化，进而否定现实主义的审美观和真实观。从艺术观念来看，现代主义艺术的目的不在描绘外部世界，而在表现主观感受或进行艺术形式的历险。有人宣称：“艺术将从自然和物质中解放出来”，“艺术一旦成为非物质的，也就是抽象的，它将自由地表达深藏在表面世界之下的精神之真实”。[①] 现代主义的这种普遍抽象化甚至晦涩的倾向表明它注重的是艺术本身，是形式本身。拿绘画来说，从印象派的马奈到立体派的毕加索再到野兽派的马蒂斯，“绘画逐渐从再现现实的使命退出，或现实逐渐从再现它的绘画中退出——主张进一步注重绘画的本质性问题”。[②]

其次，“非灯”。即现代主义否定了浪漫主义的“灯”的传统，从浪漫主义的理想化抒情走向虚无、绝望的情绪呢喃，从“灯”走向“非灯”。浪漫主义艺术家的心灵等于两种事物，即心灵＝泉＝灯。艾布拉姆斯认为，心灵既是艺术的动力因素，又是艺术的效果和价值源泉，因为心灵乃是照射事物的发光体。从他的论述里可以概括的另一个公式是：灯＝表现论＝浪漫主义。这个“灯”的传统，表征浪漫主义对艺术家和文本的双重乐观主义设定。浪漫主义对作品充满乐观主义的自信，认为作品就是一盏烛照世界的灯，给我们理想，给我们想往，给我们希望。如拜伦式英雄、湖畔派诗人田园牧歌式的悠闲、绘画领域德拉克洛瓦的激情，等等，都表现了浪漫主义文本的乐观

---

① ［法］贡巴尼翁.现代性的五个悖论［M］.许钧，译.北京：商务印书馆，2005：75.

② ［英］弗兰契娜，哈里森.现代艺术与现代主义［M］.张坚，王晓文，译.上海：上海人民美术出版社，1988：5.

主义本色。正如济慈说："我生平作的诗，没有一行带有公众的阴影。"①

但是现代主义却对于浪漫主义的乐观主义自信和理想化抒情予以无情的颠覆，表现在三个方面：第一，崇高激情的缺乏。浪漫主义的情感是"激情"，是"崇高的情感"。但现代主义不仅没有这种崇高的情感，甚至连正常的情感都没有，多是非理性和无意识的絮语，不再有济慈对于古瓮的呼唤和雪莱对于春天的等待。第二，美丽自然的消逝。浪漫主义充满对自然的歌吟，譬如华兹华斯笔下有牧歌式田园，夏多布里昂诗中有神秘的原始森林，诸多俄国诗人则吟诵了宽广美丽的俄罗斯大草原。但现代主义不再有对自然的歌吟，反之，自然成了荒原，到处充满人性或兽性的残忍。第三，理想世界的空缺。古典世界中想象出来的"云中鹁鸪国""慧骃国""德廉美修道院"在现代主义这里隐遁了。

◀ 挪威蒙克所画的《呐喊》（也译为《尖叫》或《呼号》），世界的动荡与内心的焦虑似乎在相互挤压

再次，"非人"。即现代主义否定了传统的理性主义，着重刻画人的"非人"状态。众所周知现代主义艺术的理论基础是叔本华、尼采、克里凯戈尔、萨特、柏格森、弗洛伊德等人的非理性主义的哲学思想，其主要表现内容则是世界的非理性图景和人的"非人化"的生存状况。因此之故，西班牙哲学家奥尔特加认为现代主义艺术风格的首要特征是"非人化"，人们生活于其中

① ［美］艾布拉姆斯. 镜与灯［M］. 郦稚牛，等，译. 北京：北京大学出版社，2004：56.

的那个熟悉的世界不见了，反之，世界变得奇特、陌生，甚至人的想象力都难以触及。①

一方面，现代主义是对人的“小写”。正如现代主义连正常的情感也不流露一样，它连正常的人也不寄予希望，更不用说去塑造传统的大人物或英雄。英国批评家威尔逊说，人是神还是虫？现代主义采纳了后者。所以现代主义艺术图景中，充斥着精神失血的渺小个体。曾经自信的自我沦落为今天没有方向感的绝望个体。卡夫卡的孤独意识、《等待戈多》的荒诞感，《局外人》的冷漠身影，蒙克（1863—1944）《呐喊》中的莫名惶惑，都是人类自我意识空无的形象写照。

另一方面，现代主义着力展现人的非人的处境：非理性世界。卡夫卡哀叹：“我被疯狂的时代抽打。”叶芝《基督重临》也写道：“一切都四散了，再也保不住中心，世界上到处弥漫着一片混乱，血色迷糊的潮流奔腾汹涌，到处把纯真的礼仪淹没其中，优秀的人们信心尽失，坏人则充满了炽烈的狂热。”世界的荒诞、人生的无意义、人的绝望和精神危机，这些被德国的阿多诺（1903—1969）在《美学理论》中归纳为“20世纪的世界情绪”，而现代主义艺术正好充当了这些情绪的“象征”。正如有人说：“我达到了物体不存在的白色世界，它是虚无的去蔽与显示。”②

最后，“非美”。现代主义否定传统的艺术规范和审美原则，从美走向“非美”。具体一点说，现代主义以内容与形式的双重历险，不惜以艰深、晦涩为代价，推倒古典的和谐局面，从和谐走向冲突，从静美走向混乱，从艺术走向“非艺术（反艺术）”。现代主义是以艺术传统的不孝子和叛逆者的面貌出现的。俄国学者赫列博尼科夫等有一篇文章，叫做《给社会趣味一记耳光》，其中写道：“把普希金、陀思妥耶夫斯基、托尔斯泰等等，从现代生活的轮船上扔出去。”③ 现代主义之“非美”的一个方面在于非美世界的呈现：荒诞。有人指出，西方现代主义的主要审美特征之一就是荒诞。如《椅子》的物化，《毛猿》的兽化，意味着这个世界不过是令人“恶心”的“荒原”。另一方面在于艺术形式的非艺术化。瓦雷里说：“凡是现存的都推翻，不管是

---

① 周宪.审美现代性批判[M].北京：商务印书馆，2005：417－418.

② [法]贡巴尼翁.现代性的五个悖论[M].许钧，译.北京：商务印书馆，2005：82.

③ 袁可嘉编.现代主义文学研究（上）[M].北京：中国社会科学出版社，1989：382.

什么。"① 很多现代主义艺术因此被冠以"极少主义""原始结构艺术""贫乏的艺术""不可能艺术""概念艺术""反形式的艺术"等等别称。阿拉贡早在1928年的《风格论》中，就试图把超现实主义定义为反文学。杜尚则干脆自称"反艺术家"，成为"反艺术"的奠基者。他有将《蒙娜丽莎》的复制品画上两撇胡子的叛逆举动，其著名的《泉》也是反艺术或非艺术的绝佳例证。

诚然艺术创新在艺术史上是必不可少的部分，不管现实主义还是浪漫主义都会有艺术的创新，但它们同时却遵守一定的艺术法则和既定的成规，从来不像现代主义这样将一切艺术规则抛之脑后，任意沉浸于形式的嬉戏和打破常规的狂欢中。这必然让现代主义艺术在很大程度上沦为孤芳自赏的"文化独舞"事件。不过，我们认为，现代派极端的形式创新一方面把艺术搞得晦涩无比，另一方面却也开辟了艺术的新空间，改变了人们对艺术和美的传统看法。我们认为，现代主义正是在展示荒诞、否定社会的基础上标明它对意义追问的企图，德国的阿多诺也正是在"反抗"和"否定"的意义上承认现代主义艺术的合法性和正当性。他认为，正是苦难以及绝不美化苦难的姿态，使现代主义艺术甚至具有崇高的特点。

4. 后现代主义：这个乱了的世界

后现代主义既是一种社会文化运动，又是一种美学和艺术思潮，亦可视为一种艺术的创作原则。20世纪60年代以来，在现代主义的基础上，西方又出现了所谓的后现代主义思潮。"后现代主义"这个概念同现代主义一样复杂难辨，有时用来指一种文化现象和思想运动，指人们对现代主义的批判、反思和超越，有时又用来指一种出现在现代主义之后的历史阶段，甚至有时又把它与现代主义混杂在一起。对于何谓后现代主义，理论界是一派众声喧哗、杂语狂欢的热闹场面。大多数人如美国的哈桑、法国的德勒兹、英国的鲍曼等，认为后现代主义的最基本特征在于多元主义和不确定原则。莱斯利·菲德勒则指出后现代主义的根本特征是"越过边界——填平鸿沟"，即精英文化（high culture）和大众文化（mass culture 或 popular culture）之间的鸿沟在后现代社会已不存在。法国利奥塔在《后现代状况》中指出后现代主

① ［法］贡巴尼翁. 现代性的五个悖论［M］. 许钧，译. 北京：商务印书馆，2005：70.

义的基本性质是：从总体性转向个体性，从元叙事（宏大叙事）转向小叙事，从一元论转向多元论和异质论。他将资本主义发展分为三阶段：前工业社会、工业社会和后工业社会，侧重从时代分期上考察后现代的知识状况，认为“后现代”即指对于元叙事的怀疑精神，反对知识的绝对化和霸权化。他指出，在知识计算机化的高科技信息社会，一切宏大叙事诸如意义、人类解放等启蒙话语都将失去其合理性。20 世纪 80 年代詹姆逊对后现代主义的分析，也成为大家较广采用的观点。他认为资本主义迄今经历了三个阶段：市场资本主义、垄断资本主义和跨国资本主义（晚期资本主义），相应地就有文化的三种模式：现实主义、现代主义和后现代主义。

理解后现代主义的一个基本知识背景是大众文化在当今社会的崛起。大众文化是现代工业社会和科技社会催生的产物，是生产型社会向消费型社会转型的成果，也表示传统艺术以新的形式新的面貌进入文化的游戏家族。大众文化在今天有其他很多叫法，如通俗文化、流行文化、商业文化等。关于大众文化的定义，主要是指流行于大众之中且为大众所喜欢的文化。总结起来，商业性（商品性）、消费性、流行性、低俗性（世俗性）、民主性等是人们用来界定大众文化的一些关键概念。一个大众文化流行的时代与学者们界定的后现代社会有重合的一面。结合詹姆逊、德勒兹、利奥塔等人的意见，我们认为后现代主义的特征是丰富而复杂的。

后现代主义特征之一：“平面化”。这体现为两点：取消意义深度和取消历史深度。后现代主义艺术削平了深度模式，停留于表面的游戏，同时对历史持取消主义态度。从主要的方面看，在内容与形式中，它只要形式少谈内容；在理性和感性中，它只要感性征服，忽视理性反思；在肉体和精神中，它只求肉体欲望的即时满足，漠视精神长期的安定；在符号和意义中，它只要符号的游戏，放弃意义的“玄虚”；在现象和本质中，它也只要现象的眩晕，不问现象从哪里来以及它为什么会来。比如一些历史剧的戏拟，纯是形式和欲望的逗引，放逐了历史的严肃和深度，加进一些煽情的情节尤其是皇帝的风流、三角恋、痴情等等，搞得观众感动莫名。实际上这时的皇帝根本被人忘记了是那个曾经拿起刀子乱杀人的皇帝了。究其实，这时的皇帝仅仅是一个符号，一个大众文化的预谋，一个失去历史真实的空洞符号。仔细想想历史的黑暗和沉重之处，大多数皇帝根本就不可爱。历史剧，逗你一笑罢了，也仅仅逗你一笑罢了。

后现代主义的这种平面性，说明当今文化有一种只注重表象的趋势，感官的美、外化的美成为了大众审美的标准之一。这样的文化就是巴雷特所谓的“外在的文化”。他认为我们的社会被收音机、电影、电视、汽车和电脑等所笼罩，而“所有这一切都使我们时代的生活非常外在化。”① 2008年北京三联书店出版了一个外国人的笔记作品，书名叫“充满幻觉的轻浮时代”，写的是20世纪20年代的巴黎生活，我们认为这个标题用来描绘当前的文化也是异常贴切的，甚至我们现在这个充斥图像的后现代世界，很多方面更显出了轻浮的幻觉性质。

后现代主义特征之二：“主体之死”。这就是有人所讲的“人死了”。它是意义平面化的主观原因。主体之死的内涵是对精神的拒绝和由此而来的思考的缺席。黑格尔在《哲学史讲演录》第一卷中说：

> 时代的艰苦使人对于日常生活中平凡的琐屑兴趣予以太大的重视，现实上很高的利益和为了这些利益而作的斗争，曾经大大占据了精神上一切的能力和力量以及外在的手段，因而使得人们没有自由的心情去理会那较高的内心生活和较纯洁的精神活动，以致许多较优秀的人才都为这种艰苦环境所束缚，并且部分地被牺牲在里面。因为世界精神太忙碌于现实，所以它不能转向内心，回复到自身。②

黑格尔两个世纪以前说的这一段话，仍然可以拿来说明今天主体之死和意义平面化之所以发生的原因。从他这一段话，可以知道：深度模式的取消在于一种普遍的世俗化潮流，正是它构成一种巨大的个人难以抵抗的力量，促使人只去关注现实和表面的东西，一方面放弃了主体精神，另一方面放弃了历史的深度。很多人只看眼前，不管过去未来，只重即时享受，不重历史追问，将历史从自己手中连根切断。基于此，有些人认为后现代的文化是一种弱智型文化，文化的庸人气息、懒散气息弥漫于各个角落。譬如《知识分子都到哪里去了》一书说，今天的时代是一个庸人的时代、一个弱智的时代、

---

① [美]巴雷特.非理性的人[M].段德智，译.上海：上海译文出版社，1992：32.

② [德]黑格尔.哲学史讲演录(第1卷)[M].贺麟，译.北京：商务印书馆，1959：1.

一个懒惰的时代。这是知识分子与群众的一种“合谋”，于是作者激愤地质问：“知识分子都到哪里去了?”里面提到了一句广告词，叫做“一流的咖啡馆，附带相当不错的博物馆”。

后现代主义特征之三：“娱乐至死”。主体之死意味着人一方面被外界所控制，这就是学界所说的“异化”，另一方面精神上日渐枯萎，人之精神维度被放逐。主体的人于是变成客体的人，变成与物一样的东西。曾经人们确信人是以理性为标志的动物，而在后现代主义这里，这种理性中心主义遭到否定，人被分散的无中心的感性欲望和无意识的情绪所控制。这是娱乐至死的主观原因。西美尔曾论述过现代人的欲望化趋势与眼光短视之间的关系：“感官对远距离事物的感受力越来越弱，对自身周围的感受力却越来越强；文明变得不仅短视，然而对我们身边的事物却非常敏感”。① 在当今社会，一切皆可被娱乐，甚至包括灾难、宗教、信仰。精神建构与精神反思被肉体享受与欲望满足所代替，文化的“色情化”流行起来。于是可以发现很有意思的问题：眼睛的功能被发挥到无以复加的地步。眼睛而不是心灵被提到审美的至为关键的地位，证明感性形式的快乐被我们放在了审美的首要位置。这表明人们越来越懒，懒得思考，懒得去“深奥”。法国的利波维茨基因此在《空虚时代》中说“后现代主义仅仅是当代道德败坏以及美学堕落的一种另类表达方式”。②

后现代主义特征之四：“就低”原则与恶搞之风。后现代主义向人的感性欲望看齐，意味着它在文化创造和和艺术创作的原则上秉持的是就低不就高，老百姓怎么快乐怎么来，怎么喜欢怎么来。有人把这种“就低”视为是世界民主化运动的产物，“后现代运动致力于开创个人民主主义艺术的未来”。③这一认识有一定的合理之处，这也说明后现代主义的“亲民”之处。换言之，后现代主义的积极之处在于：推进“民主”，扩大民众的文化享受权。但是其消极之处同样明显：以“民主”的幌子，降低文化品格。它提供了许多可以思考的问题，譬如娱乐向民众看齐，这已成为底是社会文化发展的必要，还

---

① [德]西美尔．时尚的哲学[M]．费勇，等，译．北京：文化艺术出版社，2001：13．

② [法]利波维茨基．空虚时代：论当代个人主义[M]．方仁杰，倪复生，译．北京：中国人民大学出版社，2007：139．

③ [法]利波维茨基．空虚时代：论当代个人主义[M]．方仁杰，倪复生，译．北京：中国人民大学出版社，2007：145．

是有可以诊断可以思辨之处的迫切理论问题。

同时，后现代主义在文化创造和艺术创作方面的另一个原则就是恶搞之风盛行，剽窃、戏仿、拼贴、[1] 模式随处可见。剽窃是文化缺乏创造力的一个标志，它有时会以戏仿、拼贴、模式化的形式出现。在后现代语境中，戏仿即游戏式、玩笑式的模仿。模式化反映在文化上艺术上即是“跟风”。拼贴作为文化特征，是指各种文化元素的并置杂糅，其中一个突出的现象是图像元素的拼贴，不适合可视化的文本人们也拼命用图像来装潢，比如专业化的哲学著作。恶搞是这一切手法的过度形式，它在叛逆和亵渎中发泄冲动得到狂喜，成为今天文化快餐时代的突出景观，它与早期周星驰式的“无厘头”还不是完全一样，虽然恶搞是从那里开始发展而来的。很多恶搞不再有周星驰在无厘头结尾处对真善美的认可。

5. 艺术创造能力：前往艺术的通行证

成为一个艺术家必须具备高于常人的艺术创造能力。所谓艺术家，通常是指在文字、声音、线条等符号的运用方面具有独特而高超能力的一批人。艺术家不是一般的人，而是能熟练运用符号来描写世界、解释世界的专门人才，也是在这方面有所成就的符号操作者。唯有他们，能将别人想“说”却“说”不出来的东西，用符号生动地“说”出来。明清微雕达到不可思议的水平，它们的存在表明艺术就是让不可能变成可能，艺术家则是实现这一点的人。玛格丽特·米歇尔终生只有一部作品，那就是《飘》。但仅此一部，就足以让她在文学的历史上，不会“随风而逝”了。这是因为她在小说里不仅很形象地说出了一个时代，还描画了这个时代里人们的爱情和奋斗。它是描写美国南北战争的唯一的“这一个”。苏轼《书吴道子画后》说道：“诗至于杜子美，文至于韩退之，书至于颜鲁公，画至于吴道子，而古今之变，天下之能事毕矣。”他们实现了最好的符号操作，因此成为文学艺术不同领域的巨匠。

艺术创造能力体现了艺术家的基本素质，它主要包含艺术感知能力、艺术运思能力和艺术传达能力等基本的方面。艺术感知能力集中体现为一种对

---

① 如《三枪拍案惊奇》《越光宝盒》(对《大话西游》《赤壁》《功夫》《泰坦尼克号》的拼贴)等。

生活和艺术本身的敏感，敏感的功能主要体现在从客观（生活）到主观的转化过程中；运思的功能主要体现在主观的心理构建上；而传达能力主要解决的是从主观转化为客观（作品）的问题。三种能力共同完成从客观到主观再到客观的创作过程。

首先说艺术敏感——艺术感知能力。艺术敏感指的是艺术家对世界和艺术门类的敏锐感受能力和领悟能力。对世界的敏感包括对外在世界和内在世界两方面的敏感。对外在世界的敏感是指对作为创作对象的生活现实的感受力；对内在世界的敏感是指对自我的生命、精神的细微体察和领悟。前者表示艺术家在处理世界与艺术的关系时，善于面对世界、甄别世界、体现与提炼世界；后者表示艺术家善于体悟内心的情感波澜与思想火花。张炜在《作家的品质》（《四川日报》2017 年 5 月 12 日）中因此提出：艺术家的生命特质是“柔软无比的心肠、对苦难的敏感和强烈的现世责任感”。敏感不仅仅是对生活的敏感，还包括对某种艺术门类的敏感，比如对色彩对音符对旋律对文字的敏感。这种敏感与对世界的敏感是结合在一起的，意味着为对世界的敏感迅速找到恰当的表达符号。

其次说艺术思维——艺术运思能力。艺术思维能力主要包括艺术想象力和艺术理解力，前者重在创造事物，后者重在把握事物。艺术想象力常常被认为是艺术家最重要的能力，也是艺术创造过程中发挥最大、最核心作用的一种心理现象。艺术创作中的灵感、癫狂、天才等现象，在很大程度上都可以理解为想象力的活跃与超常。请看达利《内战的预兆》①，画面狰狞、恐怖，画家运用细腻的笔法画出了被肢解的人体，同时用蓝天白云作背景，这一切表明法西斯罪行是在光天化日之下进行的。画家以此表达战争的恐怖和血腥，就像一场血肉横飞、令人毛骨悚然的噩梦。这是达利别致的想象的产物。

---

① 1937 年，法西斯空军对西班牙北部巴斯克的重镇格尔尼卡进行试验性的轮番轰炸，造成震惊世界的惨案。就在前一年，达利便已敏锐地预感到西班牙内战的来临，于是创作了这幅《内战的预兆》。

◀ 西班牙画家达利的《内战的预兆》

传说纪晓岚写过如下的祝寿诗："这个婆娘不是人，九天仙女下凡尘。生下儿子皆做贼，偷得蟠桃孝母亲。"此诗有点意思，全诗是两个大的起伏，两个大的抑扬，都采取先抑后扬的方式，既表达了诗人的讽刺之意，又表面上有所奉承。袁枚《马嵬》写道："莫唱当年长恨歌，人间亦自有银河。石壕村里夫妻别，泪比长生殿上多。"此诗同样运思别致，想象精妙，运用了白居易、杜甫等人的诗意，属于做得很好的"反面"文章。还有个故事是有关文人解缙的。据说一天早上，朱元璋（或朱棣）对解缙说，昨晚宫中有喜，你不写诗祝贺吗？解缙听了，马上口占一句：君王昨夜降金龙。朱元璋说，可惜是个女的。解缙立即纠正：化作嫦娥下九重。朱元璋又说，可惜夭折了。解缙又改口道：料是世间留不住，翻身跳入水晶宫。这是一首马屁诗，但足以见出才子解缙在诗歌上面的功夫。也有人将杜牧的七言绝句《清明》"清明时节雨纷纷，路上行人欲断魂。借问酒家何处有？牧童遥指杏花村”改写成一部各要素齐全的微型话剧，不增减一个字，而只改变排列形式，增加标点符号，这是需要有很强想象力的。

最后说艺术技巧——艺术传达能力。艺术家应该是能够实现“人人心中所想，而人人笔下所无”的一批人，即艺术家是“写”别人想“写”而不能“写”的特殊人才，在他那里，“片言可以明百意，坐驰可以役万里”（刘禹锡《董氏武陵集记》）。姜夔《白石诗说》因此写道：“人所易言，我寡言之；人所难言，我易言之，自不俗。”清代文论家叶燮《原诗·内篇下》也指出：“可言之理，人人能言之，又安诗人之言之？可征之事，人人能述之，又安诗人之述之？必有不可言之理，不可述之事，遇之于默会意象之表，而理与事无不灿然于前者也。”总之，艺术家拥有超常的艺术表达能力或技巧。那么，何谓艺术技巧？简单地说，艺术技巧就是指将心中构思好的意象固定下来，并赋予它具体形式的各种能力的总称。《石涛画语录·变化章第三》云：“至人无法，非无法也，无法而法，乃为至法。凡事有经必有权，有法必有化。一知其经，即变其权；一知其法，即功于化。”① 这里的“法”讲的就是艺术技巧，但中国古人往往强调艺术技巧的运用要达到“无法”“至法”的高度。“无法”不是真的不要技巧，而是说技巧的运用要自然天成，不露出斧凿的人工痕迹，这便是“至法”的境界或“道”的境界。技巧的至境便是“合道”，“合道”便是“至法”。这是中国古人对“技”与“道”的辩证认识。

6. 特殊创作心理：趋于极端仍是艺术

艺术创作中特殊的心理现象有灵感、癫狂、天才等，它们是艺术家创作能力的组成部分。

首先来看灵感。所谓灵感，是指创作中思维突然活跃、思路豁然开朗的一种积极的心理过程和心理能力。灵感的特点主要是：其一，灵感之来临常常具有突然性或偶然性。正如陆机《文赋》所云：“来不可遏，去不可止。”其二，灵感之停留常常是短暂的、瞬间的。灵感常常一晃而过，使人难于再重新进入这种状态，恰如苏东坡说：“作诗火急追亡逋，清景一失后难摹。”

---

① 周积寅编著. 中国画论辑要[M]. 南京：江苏美术出版社，1985：111.

据说李贺因此时常要背一个锦囊在身上，一旦有妙句涌上来，便赶紧记下放入囊中。其三，灵感之状态常常是一种非理性的情感高峰体验。灵感到来时，艺术家常伴有自我迷失般的狂欢感受。其四，灵感之效果是积极的，有苦思不得而豁然开朗的收获。这与直觉很不相同，直觉可能是对的但也可能是错的。

其次来看艺术癫狂。它是指艺术家在创作中由于情感爆发而表现出来的一种暂时性的歇斯底里状态。它也常被视为是艺术灵感的一种极端形态。我们认为，艺术癫狂的实质是艺术家对艺术活动的高度投入、极度专注和深度忘我。艺术癫狂只存在于艺术审美的领域，属于一种暂时的“变态”，而非真正的和持久的“变态”。真正的持久的变态是一个日常的疯子。艺术癫狂所以不等于精神病。精神病人的悲剧在于永远也摆脱不了幻象的纠缠，而艺术家只是在创作的突然兴奋中，如醉如痴，在创作癫狂过去之后又会返回到正常状态，而对于这一点，精神病人是办不到的。

最后说一下艺术天才。艺术天才有一种超出常人和常态的卓绝的艺术能力，可以确立艺术的典范和规则，能够开风气之先，引时代之潮。民国时代某报纸编辑、被誉为“副刊圣手”的安徽文人张慧剑如是说：“中国有三大天才皆死于水，此三人者，各可代表一千年之中国文艺史——第一千年为屈原，第二千年为李白，第三千年为王国维。”这三个人确实担得上天才的称誉，因为他们都是中国文化和学术在某方面的奠基人。对于天才的分析，是康德美学的重要内容。在康德看来，艺术天才最重要的特征在于独一无二性和不可模仿性。法国的狄德罗也说：“天才只可体会，但绝不能模仿。”① 艺术天才的作品常常成为后人的典范，他们是为艺术立法的人。由他对艺术天才的定义起步，康德甚至认为艺术天才高于科学天才，因为牛顿之类科学天才在他的著作中写出来的一切，人们都可以通过学习而获得，而艺术天才的一切是不可学习不可模仿的，即艺术天才是独一无二的。

有人说，杜甫是个人才，而李白是个天才；还有人说，苏东坡是个天才，而黄庭坚是个人才。这种观点当然不可能获得全面的认同，我们也认为杜甫

---

① ［法］狄德罗．论戏剧艺术［M］//文艺理论译丛（1958年第1册）．北京：人民文学出版社，1958：177.

和黄庭坚的身上也是有天才禀赋的，只是表现方式和表现范围与李白苏东坡之类有所不同而已。不管怎么说，李白、苏东坡等人确实都体现了天才的某些素质：他们用想象力奇绝的无数诗文，引领了一代风气，开创了文坛新的气象，我们对此只可仰视，而无从模仿。在他们笔下，有许多文章真正称得上是“此曲只应天上有，人间哪得几回闻”。同时，李白与杜甫，唐诗璀璨星空中最耀眼的双子星座，一个心游天际，追慕道家，一个注目人间，踵步儒学，就此说“李白是天才，杜甫是人才”也是有一定道理的。天才诚然是天生异禀之人，但在现实生活中，仅靠天生异禀而能成功的人极为少见，相反，更多的成功者是不断的努力而达到了天才般的地步。所以人们常说成功是百分之九十九的汗水加上百分之一的天才。达·芬奇画蛋的故事已属于老生常谈，但实际情形是，很少有人真正像他那样去实践。所以有人说，达·芬奇的天才就在于，在船上其他人醒来之前，他就已经启程去侦察远方的陆地了。① 可知天才也是“艰难困苦，玉汝于成”。

① ［美］加纳罗，阿特休勒. 艺术：让人成为人［M］. 北京：北京大学出版社，2007：27.

第十三讲　实用艺术

本讲基本内容是建筑艺术、园林艺术、书法艺术和实用工艺。

艺术美是审美活动的结晶，是美的特性最充盈的呈现。常见的艺术分类方法是从综合的思路，按照艺术的功能、存在方式、表现形式及其内容特性，将艺术分为 5 类：第一是实用艺术：实用与审美相结合的空间艺术，有建筑、园林、书法、实用工艺（工艺美术的一种）等；第二是造型艺术，有绘画、雕塑、摄影等；第三是表情艺术或表演艺术，指通过一定物质媒介（音响、人体）和表演、演奏、演唱等直接表现情感而间接反映社会生活的艺术，有音乐、舞蹈；第四是语言艺术，指文学；第五是综合艺术，有戏剧、中国戏曲、影视、互联网艺术

等。其中文学包括诗歌、散文、小说和剧本（包括戏剧剧本和影视剧本）四种体裁。西方文学经过了古希腊罗马、中世纪、文艺复兴、17世纪古典主义、18世纪启蒙主义、19世纪浪漫主义和批判现实主义以及20世纪至今的现代主义和后现代主义等发展阶段。中国文学历史开始于《诗经》和《楚辞》，先后经过了先秦散文到汉赋、汉乐府到魏晋骈文到唐诗、宋词、元曲到明清章回小说最后到“五四”白话文的历史发展过程。文学在历史上是所有艺术当中最为重要的类型，这应该是无疑义的。因为大学里中文系要学四年的文学，其他各专业又有《大学语文》的课程，所以语言艺术我们就不展开介绍了。

实用艺术是既重实用性又有审美性的艺术形式的总称，即它首先是存在于人们的日常生活中，为日常生活服务的产品，其次又具有审美的特性，即它们是实用＋艺术，包括建筑艺术、园林艺术、书法艺术、实用工艺等。

一、建筑艺术：不仅仅是房子

建筑包括建筑物（可居住之封闭空间）和构筑物（开放式空间如埃菲尔铁塔）。建筑艺术指建筑中具有审美价值的作品，其审美价值主要体现于它的个性、技巧性或历史性。即建筑艺术主要是指建筑中的精品，包括富有特色或具有历史价值的建筑。譬如德国“森林螺旋城”，奥地利设计师百水设计，构思灵感来自沉积岩形象。西班牙巴伦西亚科学城影像馆体现了由眼睛而来的建筑灵感，外形相当别致且富有象征意义。人类从事建筑的最原始最直接的原因是为了居住。历史地看，人类经历了由穴居野处到构木为巢到建造房屋的过程。建筑艺术的大发展出现在原始社会之后的漫长时期，人们利用自己的智慧，为了各自的目的，造出了许多独具特色的建筑，像中国福建的圆楼、日本的天守阁、法国的巴黎圣母院、印度德里的红堡、法国现代的朗香教堂等。受当代解构主义哲学和生态伦理思潮的影响，西方还出现了“反建筑”和“生态建筑”之类的新潮建筑。还有所谓的古代建筑方面的“七大奇迹”：埃及的金字塔、古巴比伦（今伊拉克）的“空中花园”、土耳其以弗所的阿耳忒弥斯神庙、希腊奥林匹亚宙斯神庙内的宙斯巨像、土耳其哈利卡纳苏的摩索拉斯陵墓、爱琴海罗得岛上的阿波罗巨像、埃及亚历山大城灯塔。

这七大奇迹大多已损毁，保存至今的只有金字塔。

1. 建筑类型：因为“风水”不同

建筑的类型从民族风格上来分类，有中国式、日本式、伊斯兰式、意大利式、英吉利式、俄罗斯式等。其中，中国建筑、欧洲建筑、伊斯兰建筑被认为是世界三大建筑体系。中国建筑是唯一以木结构为主的建筑，当然也有砖石结构的建筑。中国建筑以汉族传统建筑为主流，以宫殿和都城建筑的成就最高，突出了中国人皇权至上的政治伦理观。中国的建筑充满了宁静、平和而内向的氛围，体现了中国人独特的审美观和传统文化性格。伊斯兰建筑以砖或石结构为主，主要建筑类型是礼拜寺、圣者陵墓、王宫和花园。伊斯兰式建筑最大的造型特点是广泛使用尖拱和尖顶穹窿，建筑群常伴随着伊斯兰式花园。建筑上常有高度发达的几何纹样图案，并采用彩色琉璃石砖，装饰性极强。

欧洲建筑是一种以石结构为主的建筑体系，以教堂成就为最高。其历时性风格是：古希腊式→古罗马式→中世纪的拜占庭式与哥特式→17 世纪的巴洛克式→18 世纪的洛可可式。希腊式建筑的独特贡献在于三类柱子。其中陶立克柱是男式柱，无柱础，顶端无装饰，代表是帕特农神庙；爱奥尼亚柱是女式柱，有柱础，顶端有涡卷，代表是雅典卫城的胜利女神庙；科林斯柱是更女性化的柱式，有柱础，顶端有象征生命的莨苕叶装饰，间杂卷须花蕾，繁杂富丽，代表是宙斯神庙。罗马建筑的独特贡献是穹隆式屋顶，万神殿罗马式穹隆是 19 世纪以前最大的穹顶建筑。中世纪的拜占庭式和哥特式是当时最主要的两种建筑模式，在后来欧洲建筑中随处可见。拜占庭式建筑的最明显特点是圆形屋顶，最具代表性的作品是修建于 537 年的圣索非亚大教堂。哥特式建筑的特点是：第一，以尖为特色，就像拜占庭式建筑以圆为特色一样。它有尖而高的屋顶和尖形拱门。第二，窗高而小，有时还狭长，给人神秘的空间感和宗教氛围。第三，彩色玻璃尤其是大花窗被大量使用。巴洛克建筑是 17 世纪的男性化建筑，起源于意大利，流行于十七世纪，基督教会是其重要后盾和服务对象。它的基本特点是：富有装饰性，富有动感，体积庞大。巴洛克建筑之集大成是梵蒂冈的圣彼得大广场。洛可可建筑主要流行于 18 世纪，发源地为法国。这是一种女性化建筑风格，具有柔媚、纤巧、艳丽的特点，主要体现于王宫与府邸的室内装饰，喜欢运用镶板、镜子、柔软涡卷以及草叶、蔷薇、蚌壳状图案和玻璃吊灯，造型线脚凹圆，缺乏简洁明快之感。

2. 建筑艺术的审美特征：凝固的音乐

首先，建筑是实用、坚固与美观的统一。这是古罗马的维特卢威提出的经典的建筑三原则。而且一般是实用坚固在先，审美在后。这是因为建筑的目的首先是为了“用”，而不是为了“看”。所以哪怕是我们前面提到的解构主义式的“反建筑”，虽然它奇特的造型给我们极大的审美新鲜感，这可能一定程度上影响了实用，但至少它是把坚固放在最重要的位置，在力学上它是很结实的。在解决了实用和坚固这些基础问题之后，建筑才追求审美。在审美方面，譬如中国古代建筑常常用华表、石狮、灯炉、照壁、屏风、壁画、匾联、碑刻、雕塑等来进行装饰，使中国建筑具备丰富的文化内涵和民族个性。

其次，建筑是大型的立体空间艺术。建筑往往占据较大的空间，在造型上和气势上给人感官上的冲击力。比如，杭州红顶商人胡雪岩故居号称江南第一豪宅，建筑面积近6000平方米，耗费白银300余万两，屋宇众多，气派惊人。建于1721年的彼得堡冬宫，与伦敦的大英博物馆、巴黎的卢浮宫和纽约的大都会博物馆，号称世界上的四大博物馆。呈半圆形展开的冬宫和它前面的广场，构成规模和气魄十分惊人的一个整体。埃及金字塔中的胡夫金字塔也给人极其震撼的印象。

再次，建筑是凝固的音乐。这就是说，建筑具有音乐一般的节奏感与旋律感。德国的歌德、谢林、贝多芬和法国的雨果都论述过这一点。譬如雨果讲，巴黎圣母院就是一首巨大的石头交响乐。出于同样的原因，我们也可以讲故宫是巨大的木头交响乐，它从端门、午门延伸到最核心的三殿——太和殿、中和殿和保和殿，然后到三宫六院、御花园，最后到景山。这就像一首气势宏伟、结构完整的交响乐作品，有前奏，有渐强，有高潮，有结尾。如果大家去看水城威尼斯的圣马可教堂，会发现其立面简直就是精美的五线谱。我们以音乐的眼光去看待建筑艺术，会发现它不再只是一个冰冷的物体，不再只有坚硬的线条和干冷的色彩，而是在起伏的节奏里具有生机和韵味的美的存在。

又次，建筑是历史的见证。建筑以它的沧桑，具体讲，以它一砖一瓦、一檐一柱的细节，告诉我们曾经时代的文化面貌。比如秘鲁的马丘比丘、埃塞俄比亚的岩石教堂，都在静默地诉说着自己国家曾经的那段历史，前者诉说的是古代印第安女性所创造的文化奇迹，后者诉说的是非洲土地被殖民的特殊历史。又如罗马的圆形大剧场，这是古代罗马奴隶主嗜血爱好的见证，它如今虽然破败了，但仍然依稀可见历史曾经血腥的一面。

最后，建筑具有象征性。建筑本身是抽象的，是由色彩和几何形的线、面、体所构成的一种物质实体，但正是由于色、线、面、体的不同组合，使建筑的形状或形式具有复杂的象征意义。比如中世纪哥特式尖顶建筑，通过塔尖的暗示和指引，使自己具有指向宗教信仰的象征功能。又如中国天坛设计为圆形，地坛设计为方形，这象征着中国天圆地方的传统观念。布达拉宫整体造型分为上（金顶）中（红宫）下（白宫）三个垂直层次，这象征了佛教中的三界，即无色界、色界与欲界，而且越往上，到达的人也就越少。富有象征性的现代建筑同样很多，譬如澳大利亚的悉尼歌剧院、法国的朗香教堂和美国匹茨堡的“流水别墅”。朗香教堂是瑞士裔的法国建筑大师柯布西耶（1887—1965）的作品，它造型奇特，有的说象征祈祷的双手或远航的船只，有的又说象征水中的鹅或教士头上的帽子，有的还说象征聆听的耳朵或修道院的老嬷嬷与小修女。

▲ 朗香教堂及其象征涵义

3. 中西建筑比较：观念决定存在

由于中西民族在地理环境、文化传统、审美观念等方面的差异，中西的建筑也具有明显的区别。首先，从建筑材质上说，有木与石的区别。即中国建筑多用木材，而西方多用石材。譬如中国山区地方的吊脚楼、各地民居的院墙和房梁，大多是木质结构，而西方的巴黎圣母院、比萨斜塔都是石头建筑。这方面的差异主要是由地理环境的差异决定的。

其次，从建筑布局看，有群体式与单体式之别。即中国建筑多为群体式，如中国的四合院、安徽的宏村古镇，而欧洲建筑如教堂多为单体式布局，强调建筑的个体风格。这方面的差异主要源于深层文化观念和思维模式的不同，从中可见中国人遵循的是集体主义，而西方人遵循的是个体主义。

再次，从信仰方面看，有祖先崇拜与神灵（宗教）崇拜的区别。即中国建筑体现的是祖先崇拜，祭祀祖先的地方是建筑中最重要的部分，所以民居的中心是厅堂，村落的中心是祠堂。西方建筑体现的是神灵或宗教崇拜，所以教堂是西方建筑的精华部分，西方教堂在渲染宗教主题和引发人的宗教情绪方面有许多精心的设计。这反映了中国人重视的是现实情感，而西方人重视的是宗教情感。

▲ 河南洛阳龙门石窟，体现了中国建筑天人合一的特点

最后，从建筑与周围环境的关系看，有和谐与对立的不同。即中国建筑体现的是人与自然的和谐。它多隐藏于青山绿水之间，不显山不露水，建筑本身与周围环境不存在对立的关系。西方建筑体现的则是人与自然的对立。

它常常以尖顶的形式和单体的形式立于空旷之上甚至是绝顶之上，同时，它的颜色显得特别耀眼，因此西方建筑与周围环境存在明显的对立，构成比较尖锐的张力关系。像德国的白雪公主城堡（新天鹅堡），坐落于高高的山顶上，本身造型既瘦且高，于是建筑与环境之间具有一种对抗的关系。如果比较嵌于岩石之中的甘肃裕固马蹄寺与突兀于大地之上的比萨斜塔，可清楚感知中国建筑向“地”而西洋建筑向“天”的区别。

二、园林艺术：美丽的“后花园”

园林艺术是指在一定的地域运用工程技术和艺术手段，通过改造地形或进一步筑山叠石理水、种植花草、营造建筑和布置园路等途径创作而成的可赏可游可憩可居的美的环境（据《中国大百科全书·建筑卷》等）。广义地讲，园林艺术也是建筑艺术的一种，但园林重观赏性，通过撷取自然美之精华，将自然美与建筑美相融合，因而又是与一般建筑有区别的。世界园林存在三种体系，即东方式园林（以中国式园林为代表）、欧洲式园林（以法国式园林为代表）、阿拉伯式园林。意大利兰特别墅与法国凡尔赛庭园特别强调几何式对称，它们是欧洲园林重要的代表。阿拉伯式园林多以水池为中心，呈十字形构架展开，体现了沙漠气候对于园林建造的影响。

1. 中国园林的审美特征：给自然一种文化

中国园林有自己鲜明的特色，宅园合一，契于自然，被誉为“世界园林之母”。其审美特征的第一个字是“巧”。中国园林有一种巧妙的人工美，富有诗情画意，所以计成在《园冶》中说，中国园林是九分设计，一分施工。它往往采用借景、框景、分景、隔景等方法，利用照壁、曲廊、流水等，来营造含蓄、曲折、幽深的意境，恰似山重水复疑无路，柳暗花明又一村。构思巧妙的借景是中国园林的一大特色。譬如颐和园“借景”，通过亭台等设计，将玉泉山上的高塔纳入其中，拓展了景观，使其似乎成为颐和园的一部分。唐代许浑《晨起白云楼寄龙兴江淮上人兼呈窦秀才》（节选）写道：“兹楼今是望乡台，乡信全稀晓雁哀。山翠万重当槛出，水华千里抱城来。”这里的后两句恰好用来说明中国园林的借景。中国园林的框景是指园林建筑的门、窗、洞，或乔木树枝抱合而成的景框，往往把别处的山水美景或人文景观包含于其中，这样似乎构成了一幅美丽的山水画。如杜甫《绝句》诗云“窗含西岭千秋雪，门泊东吴万里船”，这用来形容框景也是很合适的。分景就是利用山水（假山、河池）、植物、建筑（廊、墙）等来隔断视线或通道，造成园中有园、景中有景、岛中有岛的观景方式。隔景是指将一个大风景区分隔为大小不同的空间景区，使各空间有互不干扰、相对独立的景观，如颐和园中的谐趣园。

第二个字是“宜”。中国园林讲究因地制宜地利用自然美或营造自然美，使人工景观达到巧夺天工的地步。中国园林是自然式园林，故有中国园林生态化的说法，与西方园林建筑化相映成趣。它的建造原理是因势利导、顺乎自然，在将自然美提炼升华的同时，又使园林保持整体和谐的效果。它常用水池、假山、花草、树木营造类似于自然的环境，讲究亭、台、楼、阁、廊、榭、塔的合适设置。所谓亭，即有顶无墙的建筑。阁，矮楼是也，一般两层，周围开窗，多建于高处，但很多阁楼譬如南昌滕王阁和长沙杜甫江阁都突破了这一限制。榭是指建于台上之屋（亭），一般是临水的小巧建筑。

第三个字是“精”。中国园林布景精致，小巧玲珑，小径、小溪、小花窗等在中国园林中比较常见。其中不可不谈的还有盆景，这是中国园林中一种小而精的摆设和重要的点缀，分为树桩盆景和山水盆景两大类。盆景是“缩龙成寸”的艺术，是“无声的诗，立体的画”。人们常常用来形容盆景的话是“丛山数百里，尽在小盆中”或是“一峰则太华千寻，一勺则江湖万里”。中国园林之精美，不可少了盆景。

第四个字是“雅”。“雅”强调的是中国园林的人文美或文化气息。随门、廊、柱、石等位置而装饰设计的楹联、匾额、碑刻、书画题记等，是中国园林之“雅”的具体体现，自然风景美与艺术美、人文美在其中融为一体。这些楹联、匾额、碑刻和书画多为名人的遗墨，中国园林因此既具有了自然美景，又包含了文化含量和历史内容。

2. 中国园林类型：大江南北齐动土

中国有“古代四大名园”之说，它们是指：拙政园、颐和园、避暑山庄、苏州留园（有的说是扬州个园）。另外也有苏州“四大名园”之说，它们是指建于宋代的沧浪亭、建于元代的狮子林、建于明代的拙政园以及建于清代的留园。这些园林分属于不同的类型。具体来说，中国园林有四种基本类型：一是北方大型皇家园林，如北京的圆明园、颐和园和河北承德的避暑山庄。这是专属皇家游玩休憩的大型园林，带有行宫的性质。二是江南小型私家园林，如苏州拙政园、网师园、留园，扬州的何园，上海的豫园。它们一般是富有的商人和官员修建的家庭式园林。三是公共园林或自然园林，如杭州西湖、扬州瘦西湖。四是寺庙园林。寺庙与其周边环境构成的游憩居住场所就叫寺庙园林。中国大型寺庙一般都有自己附带的园林。

3. 中国园林的历史：造园从皇家开始

从中国历史看，园林的建造开始于皇家园林。据文献记载，中国园林滥觞于传说中的五帝时期，《山海经》《淮南子》《穆天子传》等古籍记载有“玄圃”“元圃”等，属于神话传说中神仙和帝王的居所与游乐之地，落实于现实生活，便可说是最早形式的皇家园林。周代有名的园林是灵台，这可确定是一个皇家园林。春秋战国时期流行建造台榭，这其实是当时造园活动的一种形式。但大量建造园林要到秦汉时期才开始，其中帝王专用者常称为“苑”，贵族富人建造的常称为“园”。这时候著名的皇家园林有阿房宫，据说南北长400里，东西宽800里，楚汉相争时毁于战火。后来汉武帝在秦代旧苑的基础上重修上林苑，“广长三百里”，这也是皇家园林。秦汉皇家园林以宫室建筑为中心来进行建造。这时候还开始出现了较多的私家园林，它的特点是模仿自然山水，开了后来“模山范水”的造园先河。魏晋南北朝时期，园林建造总体上进入模山范水的阶段。西晋时期石崇的金谷园是著名的私家园林。东晋与南朝时期，南京的造园活动很活跃，其中的皇家园林有著名的华林园。东晋还开始出现了寺庙园林，如当时名僧慧远所在的庐山东林寺就建有自己的寺庙园林。唐代园林建造依然盛行，长安、洛阳两地尤其如此，不仅有皇家园林，也有私家园林，其中著名的皇家园林有华清宫。随着宋室的南迁，中国经济和文化的中心也逐渐由北方转往南方，园林建造重心也从东京开封转往现在的杭州，杭州西湖在当时也就成为一个重要的公共园林，里面也有属于皇家的御苑。历史进入明清，这是中国园林建造达到最高潮的阶段，北方大型皇家园林皆于此时建成，南方则进入私家园林最活跃的建设时期，主要集中于扬州和苏州两地，南京、上海和杭州也建造了不少的园林，这一时期的另一个重要收获是计成《园冶》的印行，这是中国古代最重要的造园理论著作，它在园林方面的地位等同于陆羽《茶经》在茶文化中的地位。

三、书法艺术：让文字成为绘画

中国书法是墨的艺术，也是线条的艺术。在所有的艺术类型中，它应该是最为纯粹的线条艺术。将一根线条附于文字，并飞舞得出神入化的人，在中国真是太多了。最早的大名人无疑是书圣王羲之。他的儿子王献之的书法也很不错。张芝、欧阳询、颜真卿、柳公权、张旭、怀素、苏东坡、黄庭坚、米芾、蔡襄、赵孟頫、文征明、唐伯虎、郑板桥、于右任、毛泽东、启功等等，这是中国书法史上一长串最亮的名字，他们使中国文字本身变为了图画。他们的作品是“墨宝”中的“墨宝”。

1. 书法的艺术语言：字里乾坤

一是结体（字）。即字的间架结构、主次轻重、空白处理，包括字的大小、疏密、斜正等。要求既对称均衡，合乎法度，又不僵硬板滞，枯涩无味。“结体”是对单个的字的书写要求，这仅是书法的基础，是万里长征的第一步。

二是章法（篇）。指整幅作品的总体布局。要求上下左右互相照应，总体分布有秩序有变化，一幅作品中绝无相同的字体。章法美是书者追求的最高境界。章法美最具代表性的要数王羲之的《兰亭集序》，因此被称为天下第一行书。天下第二行书是颜真卿的《祭侄季明文稿》，天下第三行书是苏东坡的《黄州寒食诗帖》。这三幅作品最为人称道之处便在于其章法具有内在浑然一体的气韵，生机内转，字字相连，便成一个似乎具有了生命的整体。

三是用笔（笔）。包括执笔的高低轻重，运笔的急缓方圆，笔锋的藏露顺逆，点画的长短粗细，笔法的力感与质感等。北宋米芾说自己是刷字，蔡襄是勒字，黄庭坚是描字，苏东坡是画字。这是对于用笔的描述。有人说赵孟頫的楷书，一点一画，皆有三转，一波一拂，皆有三折，表现出一种柔性曲线美；而柳公权的楷书，化直为曲，似弯弓射月，透出一种刚性曲线美；张旭的狂草，则曲线连着曲线，给人以急雨旋风式的美。这种比较也是侧重于用笔方面。

四是用墨（墨）。指墨的着色程度和技巧，包括浓淡、枯润等。不同的书家在这方面会有不同的特点，譬如明代董其昌喜用淡墨，唐代颜真卿喜用浓墨。书法对于用墨虽不如绘画那般严苛，却也是其艺术价值能否实现能否丰富多样的重要手段，譬如枯笔中的飞白，主要是用墨的技巧，黑白互补，虚实相生，使书法具有空灵飞动的情趣，与浓墨、涨墨之类的丰盈刚好对应，形成书法多姿多彩的美态。

五是韵律（字与字）。是字与字之间的气韵、趣味，是笔画、线条在动静、起伏等方面表现出来的节奏感和生命感。如王羲之行书线条的中和，董其昌行草书线条的清淡，就是韵律的表现。但是需说明的是，韵律虽在字与字之间形成，却也关乎整幅作品的生命力。韵律说到底是指艺术全体所具有的意味和生机。

六是风格（整体）。是由结体、章法、用笔、用墨、韵律等共同体现出来的总的艺术特点。比如，李白的书法，与他的人一样，狂放不羁，豪爽飘逸。所谓颜筋柳骨，这是范仲淹对颜真卿柳公权两人书法风格的评语。筋者，是说书法内在气势的浑然一体，无断裂之痕迹；骨者，说的是力量。古人说话往往是互文性的，所以颜筋柳骨重点可能不是在二人间分出彼此，而是说明两人书法皆有筋骨，皆至高境。

2. 书法艺术的审美特征：用一根线条去远行

书法艺术是中国艺术园地里的重要支流。但是我们不可否定其他民族也存在书法。凭推测即可知，每一个民族都有语言文字，于是理论上便有书法，因为要求书写美观不仅仅是中国文字的专利。但是把书法正经地当成一门艺术，并让它源远流长，可能只有中国了。所以我们这里谈论其审美特征，主要针对的也是中国书法，何况其他国家的书法我们也不知道具体情形。

其一，抒情的艺术。书为“心画”，这是中国书法界的名言，即学书先学做人。所以柳公权说：“用笔在心，心正则笔正。”书法是有“品”的，这个品首先是指内在的人品，然后才是外在的书品。中国奸臣的书法大都是较有功力的，譬如蔡京、秦桧、和珅，甚至包括汪精卫，但是公开宣称临摹他们书法的极其少见。这是人坏了书法的例子。宋徽宗赵佶的瘦金体也是天下一绝，喜爱者甚众，但如果他是个明君，相信他的字体会更风行于天下。

其二，造型的艺术。书画同源，这是中国汉字的特殊形式决定的。书法艺术与绘画一样是二度空间的造型性艺术。原因在于汉字或多或少具有象形的痕迹，是以表义为主的方块字，以点线组合造字的基本方式始终没有改变。点与线是中国绘画的基础，也是中国书法的基础。中国每一个汉字几乎都可以成为图画，比如“寿”“春”“舞”，空灵飘逸又形象生动。它之所以能够变成图画，是因为汉字提供了最基本的绘画语言：点与线。

其三，形式的艺术。书法，通俗地说就是美丽的文字书写，以及这种书写的技巧。它的美只关乎形式，以及形式里带出来的气势、韵味。书法无关内容，内容由文字负责，不由书法负责。当然，书法又是文字的书写，因此文字的内容有时又可以为书法“附丽”。

四、实用工艺：日常生活审美化

实用工艺是指在造型和外观方面具有审美价值，又与人类日常生活紧密相关的一类工艺美术品的总称。在古代，实用工艺的范围很广，既包括审美性的日常生活用品，也包括民间工艺品，还包括特种工艺品。而在现代眼光看来，实用工艺是工艺美术的一种，是一种集装饰、绘画、雕塑为一体的实用性空间造型艺术。它大多是劳动者直接创造的，是因人们的实际生活要求而产生的，与人们的日常生活有极密切的关系。现在所谓的工艺美术是艺术与科学相结合的产儿，它以实用功能为前提，运用科技手段和其他生产手段(包括手工和机械)，对材料进行加工改造而创造出来的审美产品。[①] 它是技术＋美术，是实用＋艺术，这就是它与一般美术的区别。现代的工艺美术一般包括两种类型：实用工艺与特种工艺，前者以日常生活的实用为主，后者以装饰赏玩为主，工艺美术界一般把前者叫作“实用美术”，把后者叫作“装饰美术”。不管是叫特种工艺也好还是叫装饰美术也好，它都是从实用工艺或实用美术中逐渐分化出来的。

---

① 杨辛，谢孟主编. 艺术欣赏教程[M]. 北京：北京大学出版社，2008：127.

◀ 金地粉彩万花“蒋”字单耳杯，庐山博物馆藏，蒋介石生活用品

根据现在人们对于工艺美术的认识和分类，严格意义上的实用工艺是指经过艺术处理的日常生活用品，如碗、被子、枕套等。特种工艺品则一般材料珍贵，用料讲究，工艺精细，制作精良，如青铜器、玉石饰品、象牙雕刻、景泰蓝等，多用于严肃的礼仪场所或闲暇之时的赏玩。其中景泰蓝是指用铜或金、银制成坯胎，施以彩釉烧制而成的艺术搪瓷，它首创于明宣德(1426—1435）年间，景泰（1450—1458）年间广泛流行，当时以蓝釉最出色，故称景泰蓝，产品有瓶、罐、碗、盘等。还有一种工艺品处在实用工艺与特种工艺之间，这便是民间工艺品，包括竹编、草编、风筝、泥人、面人、糖人、剪纸等。这些东西源出于民间艺人的制作，与人们的日常生活联系也较紧密，其中有些比较实用，有些则适合把玩，材料来源比较便利而且简单，创作技巧不是很高，创作速度一般而言较为快速。

对严格意义上的实用工艺——审美性的日常生活用品，有时也包括民间工艺品——的基本要求是适用、经济、美观。所谓“适用”就是指要坚固耐用，使用方便。归纳起来主要是两点：用得顺手，用得长久。譬如碗或杯子，如果制作轻薄，虽然美观却可能容易损坏，那么就不可能在日常生活中被人们所喜爱。所谓“经济”，从制作者而言是考虑成本，从购买者而言是考虑价格。所谓“美观”是指实用工艺不是一般产品，要求它具有审美性，在满足人们物质需要的同时满足人的精神需求。

唐代越窑的青瓷莲花碗 ▶

1. 中国实用工艺的辉煌成果：人民的力量是无穷的

在工艺美术这一名词没有出现之前，人们是把审美性的日常生活用品、民间工艺品和特种工艺品实际上都是放在实用工艺这一概念之下的，所以我们在这里所介绍的不仅仅是严格意义上的实用工艺，也包括了民间工艺品和特种工艺品。可以说，中国古人在实用工艺方面取得过令人骄傲的成果。譬如陶器方面有著名的唐三彩。唐三彩是唐代一种带有多种釉色的彩色陶器的通称，它的釉色有绿、蓝、黄、白、赭、褐等多种，而一般以黄、绿、赭为主，所以称为唐三彩。中国的瓷器也很出名，令欧洲人为之痴狂，法国布歇的很多绘画当中都出现过中国瓷器的身影，可见它在18世纪欧洲受欢迎的广泛程度。所以中国也被称为瓷器之国。唐代北方邢窑的白瓷和南方越窑的青瓷体现了中国瓷器的高超水平，被称之为“南青北白”。宋代汝窑、哥窑、钧窑、定窑等名窑烧制的瓷器不仅在当时享誉天下，流传下来的更是成为稀世珍宝，产品仍以青瓷和白瓷为主。至元代，中国出现了青花瓷，明清时期，青花瓷成为瓷器中的主流。但在明代，德化白瓷一枝独秀，技巧高超，釉色纯白，深受世人喜爱，更被外国人赞为“中国白”。

中国的织绣也是工艺品中的瑰宝，有湘绣、蜀绣、苏绣、粤绣四大名绣。中国在漆器、玉器、家具、青铜器方面也有令人惊叹的成就。拿青铜器来说，它在古代一般用作祭祀的礼器，象征着身份和权力，真正用作生活用品的很少，所以它相当于特种工艺品。宁乡出土的四羊方尊和青铜器领域的“明星”司母戊大方鼎，都是当时的礼器。作为礼器，青铜器主要是贵族用于祭祀、宴飨、朝聘、征伐及丧葬等礼仪活动的用品，是立国传家的重器。商周青铜器可分为四大类：食器、酒器、水器、乐器。其中食器类有鼎、鬲（音立）、甗（音眼）、簋（音轨）、簠（音符）、盨（音须）、豆等；酒器类有尊、彝、卣（音友）、盉（音禾）、爵、斝（音甲）、罍（音雷）等。由这些介绍可知商周时期礼仪的繁琐和上层生活的奢靡。

2. 实用工艺的美：高手在民间

工艺品的美体现在多个方面，我们主要介绍以下三个方面的情况。

其一，技巧与技术的美。实用工艺是绘画、雕塑、手工编织、手工制作、烧制等诸多技巧和技术的产品，里面体现出种种的技巧和技术方面的美。如唐三彩、景泰蓝等，既有绘画方面的技巧美，也有烧制方面的技术美。瓷器也是如此，它是实用和审美、技术与艺术相统一的工艺品。它用瓷土作胎，经1200℃以上高温烧制而成，敲击时能发出金属的声音，古人形容它的美是“薄如纸，明如境，声如磬”。① 实用工艺是民间艺人展现手艺的舞台，一双手、一把剪刀就可以让一页纸或一根篾条变成各种各样的动物形象。刺绣中有一种“奇葩”名叫“双面绣”，是充分发挥刺绣各种针法、技法的“绝活”，具有极高的审美价值，我们想想都觉得不可能。实用工艺的存在说明高手藏在民间。

其二，材料的美。如黄杨木、紫檀木、红木、大理石、花岗石、青铜等，本身是具有审美价值的东西。我们这里再简单介绍一下各类名贵石头。在自然界已知的三千多种矿物和岩石中，仅有百余种能用来制作雕琢工艺品的原料，它们可分为四大类：宝石、玉石、彩石和砚石。这在我国统称贵美石。第一种是宝石，分钻石、金绿宝石、绿宝石、红蓝宝石等。宝石以钻石为最，金绿宝石包括变石和猫眼石。第二种是玉石，是制作手镯的理想材料。玉石有硬玉和软玉之分。硬玉即翡翠，是由含铁和铝的硅酸盐矿物质构成。软玉质地细腻，有油脂光泽，新疆和田玉即著名的软玉。但是国际检测标准没有硬玉和软玉的区分。和田玉中的羊脂白玉，是玉中珍品。第三种是彩石，有大理石、菊花石、田黄石、鸡血石等。印章石之王是田黄石，印章石中的另一佳品是鸡血石。在诸多彩石中，湖南浏阳的菊花石独具异彩。这种石料带有形似菊花的自然纹理。第四种是砚石，即适合做砚台的石料。我国有四大名砚——端砚、歙砚、洮砚、澄泥砚，其中端砚是“群砚之首”，澄泥砚并非石头做成，而是河中泥沙烧制而成。

其三，造型的美。中国民间积累了很多工艺造型美的口诀，这是人们用汗水和智慧凝成的。古代手艺人流传一个口诀叫“男做胸、女做腰”，这是说实用工艺很多也是明显的线条艺术，重要手法是勾勒，有时还要求迅速，现做现卖，譬如糖人，就是糖浆的线条勾勒艺术。还有一个口诀是“若要笑，

① 杨辛，谢孟主编. 艺术欣赏教程[M]. 北京：北京大学出版社，2008：132.

眼角吊；若要恶，眉眼鼻口齐一撮”。艺术创作有时是属于抓住要点的艺术，眼角线条上扬就是微笑，线条下垂便是沮丧。这句话的前半句类似照相时说的“茄子”二字。生气是花费精力的事情，愤怒更是如此，它不像微笑是心理的松弛，反之它是心理的紧绷，似乎怒气将喷薄而出，反映在肌肉上便是紧缩，也便是丑陋。所以笑比不笑永远要好，它健康而且显得漂亮。恶是生气或愤怒的变态，它与一切都对立，惹没惹它，它都心怀恶意，脸现恨意或狠意，所以讲“眉眼鼻口齐一撮”。这是工艺人细心揣摩人心和人世得出的经验之谈。

第十四讲　造型艺术

本讲基本内容是雕塑和绘画。

造型艺术主要包括绘画、雕塑、摄影等，我们这里只讲绘画和雕塑。造型艺术要么是二度（长、宽）空间的视觉艺术，要么是三度（长、宽、高）空间的视觉艺术。前者是指绘画和摄影，后者是指雕塑，宽泛地看，也可以把建筑、盆景和实用工艺中的很大一部分纳入到三维的造型艺术中。对于绘画和雕塑，它们两者之间具有某些一致的地方：第一，它们都是通过造型而创造出感性直观的形象，即都具有造型性与直观性；第二，两者都强调捕捉瞬间姿态而将它凝固为静止的形象，即都具有瞬间性与静止性；第三，两者都是视觉艺术，以现

实为反映对象，同时，它们也能体现作者的情感、品格，既有再现性又有表现性。如高更的《我们从哪里来？我们是谁？我们到哪里去?》这幅画，画面色彩充满原始神秘情调，是画家本人苦闷内心的表现，也成为 20 世纪人类精神的某种象征。凡·高《向日葵》用淡蓝色背景与黄花相衬，圆心大片富有变化的黄色，突出的是一种欢快的调子，这是饱经风霜的画家在传达对生命的某种希望。关于造型艺术的再现性和表现性这一点，在不同时期不同人那里又有偏重，拿西方来说，传统绘画重视再现，而现代派开始以主观表现为主，如莫奈、凡·高、毕加索等人的画，就偏于主观的表现。

一、雕塑：三维里的视觉美

雕塑是用一定的物质材料来塑造具有实体形象的视觉艺术，它也是所有艺术中唯一的触觉艺术（包括实用工艺中的雕塑部分)。从制作方法来分，雕塑可分为“雕”和“塑”两种，前者是一种减法艺术，后者是一种加法艺术，合起来便是雕塑。相对而言，中国雕塑是雕和塑兼有，西方雕塑则以雕为主，塑比较少见。从材料来分，雕刻分为木雕、石雕、玉雕、象牙雕等，塑可分为泥塑、面塑、石膏塑等，泥塑经过不同温度的烧制又有了陶塑和瓷塑。中国古代四大石窟中，由于气候和环境的关系，麦积山石窟和敦煌石窟的佛像较多的是泥塑，云冈石窟和龙门石窟的佛像多为石雕。从雕刻之后的形态来分，雕又可分为圆雕、浮雕和透雕。圆雕又叫浑雕，是全立体的雕刻；浮雕又叫凸雕，是半立体的雕刻；透雕介于圆雕与浮雕之间，是中间部分镂空的雕刻。雕塑还可以从其他角度去分类。

1. 雕塑的审美特征：凝固的舞蹈

其一，雕塑是小型立体造型艺术。所谓小型是相对的，它可以高到几十米甚至上百米，也可以小到几厘米甚至几毫米，但相对建筑之类的空间造型艺术，它毕竟是小型的，而且相对小型的雕塑更为多见。雕塑是占有三维空间的实体艺术，具有实际的高度、宽度和深度，因而可以从不同侧面、不同角度、不同距离去观看。雕塑与绘画一样，都是通过塑造静态的视觉艺术形象来反映现实生活，都是靠造型的方式来展示美，这是其相同之处。但两者的区别也是明显的：第一，造型方式不同，绘画是二维空间造型，雕塑是三维空间造型。第二，艺术形象的存在方式不同，绘画的艺术形象是二维空间上扁平的"幻象"，是画家通过笔、墨、纸、颜料以及各种技巧在平面的画幅上创造出来的，缺乏雕塑那种实实在在的具体感和直观感。雕塑的艺术形象是三维空间中立体的"实像"，是雕塑家运用泥、石膏、石头、木头、象牙、青铜以及刻刀、锤子等，运用各种技巧在实际空间内创造出来的，它是可视、可触、可感的具体形象。第三，艺术表现力不同。一方面，雕塑比绘画在形象展示方面更为具体；另一方面，雕塑不能像绘画那样细腻地表现人物活动的环境，也不能像绘画那样广阔而自由地再现人物与环境之间的关系与发展过程。

其二，雕塑是材质美与技巧美的结合。雕塑是唯一可触的艺术，触觉是雕塑审美的一个途径，所以雕塑经常会被人们摸得很光滑。雕塑的可触性意味着不同的材质会给人们带来不同的触觉方面的审美感受，如大理石的细腻润滑，花岗岩的粗糙坚硬，木质材料的质朴和纹理等，会给人不一样的触觉上的审美感受。不仅如此，不同的材质也给人不同的视觉感受。所以雕塑的材质构成雕塑审美的重要部分，雕塑美包括它的材质美。譬如一个玉石雕塑比一个石膏雕塑，因为两者不一样的材质，天然地就让人觉得前者的审美潜能更丰富。同时，不同的材质也具有不同的审美表现力。比如大理石颜色洁白，适合表现青春、爱情、活力、纯洁等主题，所以罗丹以少女为对象的《思》和以青春爱情为主题的《吻》全部选用的是大理石；青铜颜色暗黑，富有重量感，适合表现沉重、悠远、悲凉等情绪，所以罗丹的《欧米哀尔》和《青铜时代》全部选用的是青铜。埃及的闪绿色粘板岩与青铜一样，古朴凝重，所以古埃及名雕《门考拉夫妇立像》选它为材料，适合塑造严肃大方的形象。

▲ **罗丹的《吻》。材质不同，表现力不同，审美感受与效果便也不同。前者歌颂的是纯洁的爱情，后者更容易使人涌起地老天荒的感觉**

此外，艺术家在雕塑的光影设计、线条刻画等方面表现出来的精湛技巧，更是雕塑美的重要组成部分。雕塑的材质只是基础，决定雕塑的审美价值的根本还是雕塑家的技巧以及它所赋予雕塑各形式因素的表现力和艺术魅力。如台北故宫有一个宝贝“翠玉白菜”，与“肉形石”、《清明上河图》一起被视为三大镇馆之宝。这是以一块半白半绿的翠玉为原料，运用玉材自然分布的色泽，雕琢出来的一颗几可乱真的白菜，体现了作者高超的技术和巧妙的构思。菜叶上还雕有蝗虫和螽斯虫（俗称“纺织娘”），既避免了作品的单调，增加了生活趣味，也寓意着多子多孙兴旺发达。翠玉白菜是清代光绪皇帝瑾妃的陪嫁之物。之所以选用翠玉白菜为陪嫁，是因为白菜颜色清白，象征着新娘的一清二白。这个作品是材质与雕工完美的结合。

其三，雕塑是凝固的舞蹈。即雕塑强调选择有表现力的瞬间动作，从而实现化静为动的审美效果，强化雕塑的意义和意蕴。舞蹈是连续的人体动作，雕塑则是从中截取内涵最丰富的一个动作来雕刻塑造，即雕塑要选择如莱辛所言的“高潮前的顷刻”来创作。雕塑可形象地说成是舞蹈的“横截面”，它是对最有力的舞蹈动作的截取。如《拉奥孔》选择被蛇缠绕的三父子这个富有包孕性的静止形态，令人想象到他们的哀嚎、恐惧和内心挣扎，展示出一种强烈的悲剧美。《掷铁饼者》刻画的是力量凝聚、蓄势待发的瞬间，这是最富审美想象空间的投掷前的顷刻，通过富有张力的造型，表现了掷铁饼者胸有成竹、胜利在望的信心。这座雕像因而被誉为是“力的赞歌，生命的赞歌，人体美的赞歌”，经常被视为是崇高的体育精神的化身。

其四，装饰性与环境依托性的统一。雕塑大多是展示性的，这便意味着它需要对周围环境有所要求，这样才能够既最好地呈现雕塑本身的审美魅力，又达到对环境有所装饰和美化的效果。雕塑的装饰性效果如何，与环境条件有时具有直接的因果联系。为了追求理想的装饰效果，应该考虑摆放地点、周围颜色以及雕塑自身比例等因素。正如黑格尔曾经所说的：“一座雕像或雕像群，特别是一块浮雕，在创作时不能不考虑到它所要摆置的地点。艺术家不应该先把雕刻作品完全雕好，然后再考虑把它摆在什么地方，而是在构思时就要联系到一定的外在世界和空间形式和地方部位。”譬如丹麦哥本哈根海岸边的美人鱼雕像就实现了雕塑和环境的完美合作，既符合雕塑本身的寓意，又使环境多了一种文化色彩。

雕像《胜利之吻》，这是对“二战”期间同名摄影的雕绘

2. 中西雕塑的成就：小立体大风光

我们先看中国的情况。中国雕塑的辉煌历史开端于旧石器时代。从那时开始，我们的祖先就开始了雕塑的创作，譬如现在出土的很多陶塑都是当时的产品，它们既是生活的用具，又在图案和造型方面体现出丰富的审美含量。历史地看，秦汉时期是中国雕塑的第一个重要时期。此时雕塑的类型最主要的是陵墓雕塑，其审美特点是古朴、大气，与秦汉恢弘的时代风格是一致的。这方面的代表作是秦代号称世界第八奇迹的秦始皇陵兵马俑以及汉代的《马踏匈奴》。陵墓雕塑的主要目的不是为了欣赏，而是为了丧葬，是埋在地底下供死人“享用”的，所以这种地下型雕塑在具有古朴风格的同时，又不像古希腊时期的展示性雕像那样精美，反之有粗糙、潦草的一面，像《马踏匈奴》，面相模糊，棱角粗粝。陵墓雕塑中还有很特殊的类型，这便是汉代的画像砖和画像石，线条灵动夸张，造型富有活力，是汉代雕塑的重要成就，对于后来的中国雕塑和绘画都产生了明显的影响。除了陵墓雕塑之外，当然秦汉还有很多小型的现实型雕塑，充满生活气息，不仅不粗糙反而很精美。

中国雕塑的第二个重要时期出现在魏晋南北朝。此时雕塑最主要的类型是佛教造像，审美特点依然在于大气。这一时期，佛教得到广泛传播，僧尼人数急剧上升，寺庙建造遍及中国大地，正如杜牧所写“南朝四百八十寺，多少楼台烟雨中”，于是寺庙的佛教造像运动进入历史上最隆重的阶段，中国著名的四大石窟都是在这一阶段内陆续开凿的。魏晋南北朝的雕塑成就还应该包括古代新疆拜城县的克孜尔石窟群。这个石窟群的雕塑也是完成于这一时期之内。可惜的是很多雕塑已流失海外，其中包括著名的克孜尔石窟女子头像。

中国雕塑的第三个重要时期是唐宋。唐代雕塑成果丰硕，其一是大型的佛像雕塑。中国佛教造像运动在唐代进入另一个隆重的阶段，中国四大石窟的佛教造像很多是在唐代完成的，依然大气磅礴，完全是大唐气度的镜子，譬如洛阳龙门石窟最大的佛像奉先寺的卢舍那大佛就是在唐高宗时期雕刻的，高度达到 17 米多。其二是唐三彩。这种工艺品是唐代雕塑的特殊成果。其三是还留下了许多雕塑方面的稀世珍宝，比如国宝级的兽首玛瑙杯。两宋雕塑规模气势虽不如前朝，但这时的雕塑更加生活化，在小巧精致方面并不输于任何朝代，出现了很多富有情趣的雕塑作品，即使是宗教雕塑，也充满着世俗的亲切的趣味，富有儒家的人情味。简单概括宋代雕塑的特点就是生活化、情趣化和人情味，这些特点在佛像上表现得更是明显。

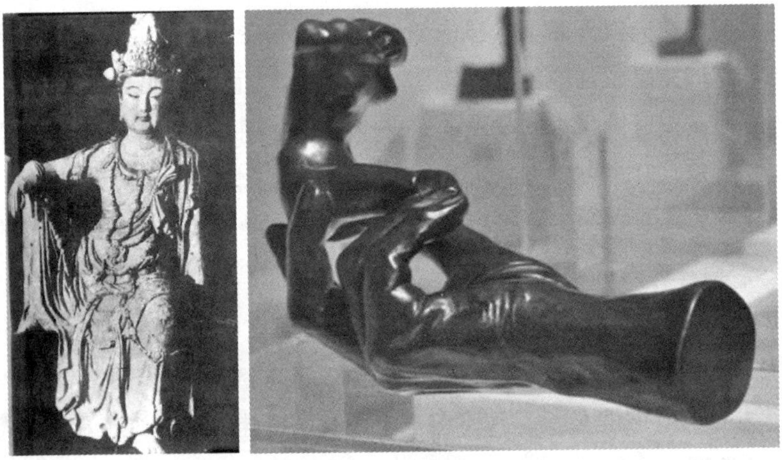

▲ 富有生活情趣的宋代木雕观音与罗丹的《持着身躯的罗丹的手》

中国古代雕塑的最后一个阶段是明清。这个时期的雕塑，一方面沿着宋代的路线，继续往多元化方向发展，雕塑创作同样是繁荣的，但宋代以前那种大气与大型之作也很少出现了；另一方面，随着雕刻技术的快速发展，明清出现了很多微雕，微雕之小，技艺之精湛，令人匪夷所思。明末魏学洢的《核舟记》就是对这种微雕的描绘。明清雕塑大量成为了案上的把玩，有人把明清雕塑的这种特点概括为“玩具化”，形象地说明了明清雕塑小型化的趋势。

西方雕塑同样成就辉煌。它的第一个高峰是古希腊雕塑。古希腊是爱美的民族，在雕塑上，那里的人们也展现了爱美的性格和高超完美的技能。德国人温克尔曼最为崇拜古希腊雕塑，将它们誉为“静穆的伟大，高贵的单纯”。

现在留下来的精品有米隆的《掷铁饼者》、菲狄亚斯的《命运三女神》、无名氏的《米洛岛的维纳斯》① 以及希腊化时期非常具有生活气息的《抱鹅小子》等。《米洛岛的维纳斯》也叫作《断臂维纳斯》，它应该是全世界范围内最知名的一座雕塑了。即使残缺，依然令人迷恋。古希腊人崇尚人体的健美，当时他们举行运动会，男女运动员是可以赤身裸体参赛的，这反映在雕塑上，便是开了西方裸体人像塑造的先河。这对于西方的人像雕塑具有决定性影响。

它的第二个高峰是文艺复兴时期的雕塑。这一时期最杰出的代表是米开朗琪罗。他最有名的代表作是大理石雕像《大卫》，这被称为“公共纪念碑”，是文艺复兴时代英雄的象征。他的《摩西》《哀悼基督》等，也是世界雕塑史上不朽的杰作。在米开朗琪罗的人像雕塑中，他着力于展现男性的力量美，不管是《大卫》还是《摩西》都是如此。他为美第奇家族创作的陵墓雕塑《昼》《夜》《晨》《暮》一方面表现了他的委曲求全，另一方面依然可见他对人体力量的讴歌。他对“力之美”的刻绘，与达·芬奇对“智之美”的体现、拉斐尔对“情之美”的痴迷，成为文艺复兴时期三朵最富审美力量的艺术奇葩。

法国 19 世纪雕塑是西方雕塑的第三个高峰，最有名的代表是法国的罗丹。他是 19 世纪现实主义雕塑艺术的杰出代表，最有名气的作品莫过于《思想者》了。据说这个作品是他对意大利著名诗人但丁的致敬。罗丹心目中的伟人还有法国著名作家巴尔扎克，他也以巴尔扎克为原型创作过多个作品。此外，他的《加莱义民》《青铜时代》等，也都是令人难忘的旷世之作。他的创作以人像雕刻为主，其成就堪与所有古典的大师比肩，他因此被称为“近代的米开朗琪罗”，也被誉为世界雕刻史上最伟大的人像雕刻家。② 当然，他也有其他类型的作品，比如创作于 1917 年左右的青铜雕《持着身躯的罗丹的手》。罗丹创作过许多关于“手”的作品，他坚信一只精雕细琢的手带给人的感动和表现力不亚于一张脸孔。这件作品被罗丹看作是给未来的雕塑家留下的一件艺术遗产，目的是使他们明白雕塑这一技艺的伟大——最美的作品永远存在于未完成中。罗丹的学生卡米耶·克洛代尔（1864—1943）是当时颇

---

① 罗马神话中的维纳斯即希腊神系中的阿芙洛狄忒。阿芙洛，是白色浪花之意，狄忒是托出之意，合起来即“浪花托出者”。

② 参见何林军．美学教程[M]．长沙：湖南师范大学出版社，2009：241.

有成就的女雕塑家，后因与罗丹决裂而疯狂，在精神病疗养院度过余生。她的代表作是 1895 年创作的青铜雕《华尔兹舞曲》，表现了一对身体慵懒地交织在一起的、正在起舞的情侣。

20 世纪以来，西方雕塑越来越追求抽象，这种转变是从罗丹弟子马约尔（1861—1944）具有浓厚象征意味的雕塑开始的，他的《地中海》《河流》等名作都是富有象征意味的。英国的亨利·摩尔（1898—1986）和意大利波丘尼（1882—1916）都是著名的抽象雕塑的代表。如波丘尼的《空间连续体》，以人的连续行走来强调运动感，体现了当代雕塑抽象化发展的趋势。20 世纪的西方，艺术领域全面走向叛逆之路，雕塑的抽象化便是对雕塑传统中的写实风格的颠覆。与其他形式的艺术一起，雕塑也在 20 世纪加入了造反的狂欢洪流当中。

波丘尼抽象化的《空间连续体》▶

二、绘画：二维里的视觉美 »»

绘画是指运用线条、色彩等艺术符号，通过设色、构图、造型等艺术手段，在二度空间中塑造静态视觉形象的艺术。

1. 中国画的发展：形式的趣味与趣味的形式

我们先看中国画的情况。中国画亦称“国画”，主要分为不可移动的壁画和可以移动的卷轴画两类。其中卷轴画按装裱方式又分为手卷、挂轴、册页三种，也可按描绘内容与审美追求分为工笔画和写意画两种。一般而言，工笔画是写实的，写意画属于水墨画。水墨画以水为调和剂，以墨为主要颜料。工笔画与写意画在纸张上也有区别。工笔画一般用熟宣，因为熟宣适于层层敷染；水墨画多用生宣，生宣具有较强的吸水性，有利于制造晕染效果。中国画还可按创作对象分为人物画、山水画、花鸟画三大画科。

与世界其他地区一样，中国绘画的历史也开始于遥远的史前时期，当时主要有彩陶画、壁画和岩画三种形式，如云南沧源岩画就属于这一阶段的作品。先秦至秦汉时期现在可见到的代表性作品有战国时期的墓葬画《人物龙凤帛画》，1949 年出土于长沙楚墓，高 31 厘米，宽 22.5 厘米，画的是一细腰贵妇，着宽袖长裙，侧身合掌而立，在腾龙舞凤的接应下向天国飞升的景象。还有西汉 T 形帛画，长沙马王堆出土，构图上分为天上、人间、地下三重境界，其主题是引魂升天。

魏晋南北朝是中国绘画走向成熟自觉的阶段，山水画开始出现，但现在都不见真迹。此时出现了所谓的“六朝三杰”，是指东晋的顾恺之、南朝梁人张僧繇和南朝宋人陆探微。明代杨慎《画品》增加了吴道子，称之为“画家四祖”。三人亦无真迹传世。顾恺之有才绝、画绝、痴绝“三绝”之称，他的两大传世名作是《洛神赋图》与《女史箴图》，现可见到的皆为摹本。

隋唐时期中国三大画科都达到成熟阶段，主要绘画成就是：第一，人物画，这方面主要作品有初唐阎立本的《步辇图》、初盛唐“画圣”吴道子的《送子天王图》、盛唐张萱的《虢国夫人游春图》与《捣练图》以及他学生周昉的《簪花仕女图》等。第二，鞍马画，这是唐代的专门画种，当然主要是指画马，但画着画着，画牛的画其他动物的，也都算进去了。这方面的主要成就有画马名家韩干的《牧马图》和《照夜白图》、画牛名家韩滉的《五牛图》与戴嵩的《斗牛图》。第三是山水画，一是青绿山水，代表人物是展子虔、李思训，二是水墨山水，代表人物是王维。隋代展子虔的《游春图》是中国目前可见的最早的山水画，堪称国宝级文物。王维的水墨山水象征着中国文人画（写意画）的开端，他因此成为文人画的“鼻祖”，代表作有《辋川图》。

▲ 王维《辋川图》与荆浩《匡庐图》

五代十国（907—979）时期的绘画成就首先有工笔花鸟画，出现了中国历史上有名的两个工笔画家黄筌与徐熙。黄筌的写生之作《珍禽图》后来竟然成了他一生中最有名的标签?! 其次在山水画方面有所谓的“五代四大家”：荆浩、关仝、董源和巨然。前两人是师徒关系，五代后梁人，北派山水的代表，描绘的是北方的陡峭山岩，其中荆浩的代表作是《匡庐图》。后两人也是师徒关系，五代南唐人，南派山水的代表，描绘的是南方的多土丘陵风光。最后是人物画方面，出现了南唐顾闳中《韩熙载夜宴图》这样的人物画巨作。此画内容分为时间上先后相续的五个部分：端听琵琶（听琴师王屋山弹琵琶）；击鼓助舞；盥手小憩；闲对箫管和依依惜别，体现了中国画的时间空间化的特点。它代表了五代人物画的最高成就。

宋代绘画成就主要有宫廷气派的花鸟画，代表是宋徽宗的《芙蓉锦鸡图》。宋徽宗也是中国历史上著名的工笔花鸟画家。其次在山水画方面，苏轼成为王维之后中国文人画的另一个重要奠基人，他喜画竹子和枯木怪石，代表作有《木石图》（《枯木怪石图》）。山水画方面还有所谓的“北宋三大家”与“南宋四大家”之说。前者包括五代至北宋的李成和范宽以及北宋的郭熙；

后者是指李唐、刘松年、马远①和夏圭。其中马远和夏圭两人对于中国绘画产生了特殊的影响，他们在布局上喜欢取山水景色一角或局部，与五代、北宋画家常用的全景山水构图形成对照，因此马远人称“马一角”，夏圭人称“夏半边”。他们极大地推动了中国绘画和中国美学对“空白”的重视与经营。宋代山水画成就还不可不提北宋王希孟的《千里江山图》，这幅画常被后人归入中国最有名的画作之列。宋代人物画方面有北宋武宗元的《朝元仙仗图》，其线条运用与吴道子的作品一样，给人十分醒目的审美感受。宋代人物画也是中国人物画的最高成就无疑是北宋张择端的《清明上河图》。全画高 0.255 米，长 5 米多，描绘的是汴河两岸的风光，历来也被视为是中国风俗画的最高代表。北宋还出现了一个画马名家，他叫李公麟，代表作是《五马图》。

▲ 南宋马远的《梅石溪凫图》与南宋夏圭的《松溪泛月图》

元代绘画的领袖是赵孟頫，又叫赵子昂，浙江吴兴人，宋太宗十一世孙，后作为南宋遗老在元朝为官，官至一品。他在诗文、书画、音乐诸方面造诣俱深，但相对而言书法和绘画成就最高，开创元代新画风，被称为“元人冠冕”。他也喜欢画马，画得还很好，后来民间就有了一句歇后语：宋徽宗的鹰，赵子昂的马，都是好画儿。赵孟頫妻子管道昇也多才多艺，在诗歌和绘画上也有一定成就。元代绘画最主要的成就是山水画，出现了所谓的“元四家”，即黄公望、王蒙、倪瓒、吴镇。在他们的作品中，最有名的是黄公望的《富春山居图》，长约二丈，被誉为“画中之兰亭”。该图以浙江富春江为背景，全图用墨淡雅，山和水的布置疏密得当，墨色浓淡干湿并用，极富于变

① 马远为南宋光宗宁宗两朝的画院待诏。从曾祖开始，他家一连五代都是画院画家。

化。前段《剩山图》现收藏于浙江省博物馆，成为该馆镇馆之宝，较长的后段《无用师卷》现藏台北故宫博物院。元代这几个一流画家的作品不约而同地表现了同一个主题：隐逸。这是元代这一特殊朝代“逼”出来的。倪瓒画里从来没有出现过人，别人问他怎么不画人，他翻翻白眼说：“当代哪里有人?”这是倪瓒对元代社会的批判和疏离。

明代绘画界有著名的“明四家”，即沈周、文征明、唐伯虎、仇英。他们都生活于苏州一带，故又称吴门四家。仇英的《汉宫春晓图》常被列入中国古代最杰出的绘画之中。唐伯虎的代表作有绢本设色十二条幅和《王蜀宫妓图》，即俗称的“四美图”，以前称“孟蜀宫妓图”，这是不准确的。明末清初绘画方面出现了“四大名僧”，即石涛（朱若极）、朱耷（八大山人）、石溪（髡残）、弘仁。前两人皆为明王室后人，其中石涛也是中国历史上著名的绘画理论家。朱耷绘画常是大写意，代表作有《荷花小鸟图》。清代另一有影响的绘画流派是活跃于乾隆时期的扬州八怪①，他们在山水画方面都有很多佳作，其中最有社会影响的是郑板桥。清代画坛值得一提的还有一个著名的外籍画家郎世宁，他也是活跃于康雍乾三朝的宫廷画家，代表作有《八骏图》《百骏图》等。进入近现代以来，绘画上同样名家辈出，齐白石、张大千、徐悲鸿、刘海粟等大师级人物纷纷涌现出来。

▲ 郎世宁的《八骏图》与“东方毕加索”张大千的《美女图》

① 包括郑燮、罗聘、黄慎、李方膺、高翔、金农、李鱓、汪士慎八位画家。

2. 西方油画的发展：用油彩做加法

西洋画有湿壁画、版画、水彩画、水粉画、油画等众多品种，但无疑最重要的是油画。油画用油质颜料在粗布、木板或厚纸板上绘画，因此富有质感。油质颜料具有覆盖力，意思就是它便于修改。西方油画正式形成并成熟于文艺复兴时期。当时的意大利是油画创作的中心，出现了被后世顶礼膜拜的“五大家”：波提切利、达·芬奇、米开朗琪罗、拉斐尔和提香。波堤切利（1445—1510）的代表作有《春》《维纳斯的诞生》等。当时的画坛三杰是达·芬奇（1452—1519）、米开朗琪罗（1475—1564）与拉斐尔（1483—1520）。达·芬奇的作品前面已经介绍。米开朗琪罗绘画方面的代表作是西斯廷教堂天顶壁画《创世纪》[①] 和宗教壁画《最后的审判》。拉斐尔的代表作是《西斯廷圣母》和《雅典学院》。提香（1490—1576）是意大利文艺复兴盛期威尼斯画派的主要代表，其代表作有《花神》和《乌尔比诺的维纳斯》，后者给后来无数画家以灵感。提香所在的威尼斯时代被某些人视为是一千年来最伟大的时代。文艺复兴时期德国最重要的画家是丢勒（1471—1528），他是著名的油画家、版画家、水彩画家和雕刻家。他在油画方面的代表作有《亚当与夏娃》以及《四使徒》。文艺复兴时期荷兰的杰出画家是绘画世家勃鲁盖尔家族的彼得·勃鲁盖尔（1525—1569），代表作有《巴别塔》《农民婚礼》等。

17—18 世纪油画方面的重要代表人物有德国画家鲁本斯（1577—1640），其杰作是《抢劫留基伯的女儿》；荷兰画家伦勃朗（1606—1669），其代表作为《夜巡》；五四时期在中国流传较广的西班牙画家委拉斯开兹（1599—1660），代表作为描绘下层女工的《纺纱女》。此外还有前面介绍过的创作出了极为富丽的洛可可绘画的一批画家们。

在 19 世纪的欧洲，当时的启蒙运动和资产阶级大革命，使法国成为欧洲政治与文化的中心，也成为欧洲美术的中心。这一时期油画的成就主要有：其一，法国新古典主义画派代表作有达维特（又译为大卫、戴维，1748—1825）的《马拉之死》，以及新古典主义最重要的代表，达维特的学生安格尔

---

① 华盛顿邮报评千年文化：艺术上最伟大的年代为提香所在的威尼斯时代；最伟大的画作为米开朗琪罗的西斯廷教堂天顶画；最伟大的科学家为爱因斯坦；最伟大的艺术天才为莎士比亚；最伟大的乐曲为莫扎特的《费加罗的婚礼》。

(1780—1867) 的《泉》《大宫女》《土耳其浴室》等。其二，法国浪漫主义画派代表作有籍里柯（也译为席里柯，1791—1824）的《梅杜萨之筏》和德拉克洛瓦（1798—1863）的《自由引导人民》。其三，法国批判现实主义画派代表作有米勒（1814—1875）描写农民生活三大杰作:《拾穗者》《晚钟》《牧羊女》。在法国之外，重要成果有英国浪漫主义风景画家康斯太勃尔（1776—1837）的《干草车》，俄国“巡回展览画派”代表克拉姆斯柯依（1837—1887）的《无名女郎》以及“巡回展览画派”主将列宾（1844—1930）的《伏尔加河上的纤夫》。

▲ 克拉姆斯柯依油画《无名女郎》与董希文油画《开国大典》

19 世纪末期以来，西方绘画进入全面造反和突破的新阶段。第一个进入这一阶段的画派是所谓的印象派，代表人物是莫奈（1840—1926），其名作有《日出·印象》。印象派之后兴起的是所谓的“后印象派”，三个代表是是法国的塞尚（1939—1906）、高更（1848—1903）与荷兰的凡·高（1853—1890）。接着是所谓的“抽象派”，代表是俄国的康定斯基（1866—1944）。西班牙画家毕加索（1881—1973）发起的“立体主义”，将西方现代派绘画的造反运动推至高潮。此后还有抽象表现主义的美国画家杰克逊·波洛克（1912—1959），他的作品完全呈抽象状态，以“滴溅泼洒”完成。波洛克说，在创作过程中，他是把画布铺在地上或是挂在墙上，把油彩滴或泼上去，再以“木条、铲子或刀子”拨开油彩。他的《1948 年作品 5 号》就是如此完成的，2008 年竟然拍卖出 1.4 亿美元的天价。民国以来，西方油画逐渐进入中国，随后中国也出现了许多著名的油画作品，譬如董希文 1953 年创作的《开国大典》。

3. 绘画的审美特征：线条与色彩的光辉

其一，绘画具有平面直观的形象美。它是在二维平面通过笔、刀、墨、颜料等塑造可视形象的艺术。不管是写意为主还是写实为主，也不管是“玩弄”线条还是“玩弄”色彩，终归要呈现为视觉形象，给人源自现实或逼真于现实的形象感。绘画的平面性使它的形象具有幻觉感，而绘画的直观性又使它的形象具有真实感。这种真实感来自两个方面：第一，它是最典型的眼睛的艺术，眼睛可见是人们确证真实感的重要途径。第二，它是对于生活的描绘，不管这种描绘是具体的还是抽象的，也不管这种描绘是真的生活还是幻想出来的。所以中西画家都强调观察生活。北宋郭熙《林泉高致·山水训》指出：“嵩山多好溪，华山多好峰，衡山多好别岫，常山多好列岫，泰山特好主峰，……皆天下名山巨镇，天地宝藏所出，仙圣窟宅所隐，奇崛神秀，莫可穷其要妙，欲夺其造化，则莫神于好，莫精于勤，莫大于饱游饫看，历历罗列于胸中，而目不见绢素，手不知笔墨，磊磊落落，杳杳漠漠，莫非吾画。”郭熙是北宋具有很高绘画实绩的画家，他的理论可说是经验之谈。他认为画家必须“饱游饫看，历历罗列于胸中”，才能真切地描摹大自然。元代赵孟頫的“久知图画非儿戏，到处云山是我师”，① 明代王履《华山图序》的“吾师心，心师目，目师华山”，清代石涛的“搜尽奇峰打草稿也，山川与予神遇而迹化也，所以终归之于大涤也”，② 这都是在说明绘画与生活观察的联系，因为这样才能保持绘画的直观真实。

第二，绘画具有构图与造型的美。全面地看，绘画的艺术符号有线条、色彩、动感、笔墨（笔触）、构图、造型等等，其中最基本的符号是线条、色彩、构图、造型。线条、色彩是绘画的基础，线条确定形象的大小和轮廓，色彩赋予形象以明暗和层次等。构图主要涉及画幅之内形象的位置和比例等的安排，造型主要涉及形象本身的塑造。绘画既有线条和色彩的美，也有构图和造型的美，同时线条美和色彩美也包括在构图美和造型美当中，前两者应该说是为后两者服务的。很多画家都在这方面形成了自己的风格。譬如前

① 周积寅编著. 中国画论辑要[M]. 南京：江苏美术出版社，1985：46.

② 周积寅编著. 中国画论辑要[M]. 南京：江苏美术出版社，1985：76.

面讲的马远和夏珪都是构图方面很有特色的画家，对于空白的经营独具思致。达·芬奇在构图上则喜欢采用金字塔形。鲁本斯在造型上喜欢将女性身体男性化，富有肉感，表现了文艺复兴时期人们向往世俗生活的愿望，这使其绘画具有独特的美。莫奈喜欢描绘睡莲和麦草堆，凡·高造型喜欢采用黄色。乔治·德·拉·图尔（1593—1652）作为法国传统画家，他最著名的风格体现在以烛光作为光源所画出来的各种图景，如《木匠圣约翰》《抹大拉玛利娅的忏悔》《圣母受教》。这些都使绘画在构图和造型上呈现出多姿多彩的审美风貌。还有人用诙谐的方式说明了西方不少画家在构图与造型上所展现的独特的美：如果画里的每个人都有一个大屁股，那就是德国鲁本斯。如果画里的人是大眼睛又卷毛的“娘炮”，那就是意大利的卡拉瓦乔。如果画里的人都有那么些残疾部位，那就是西班牙的毕加索。如果画里全是一坨一坨的小人，看起来却还挺正常，那就是荷兰的勃鲁盖尔。喜欢画充满色块的 Excel 表格，那就是荷兰的蒙德里安。喜欢画光斑＋快快乐乐的 Party，那就是法国的雷诺阿。喜欢画光斑＋愁眉苦脸的 Party，那就是法国的马奈。

◀ 达·芬奇《岩间圣母》的金字塔构图

其三，绘画属于瞬间的艺术，强调画面的精炼性和表现力。与雕塑一样，绘画也是静态艺术。静态艺术必须采用的艺术手法就是化静为动，这种化静为动又要依靠两个方面来实现，一方面是创作必须选择最有表现力的瞬间，另一方面是接受时观众的自由想象，而后者根本上又取决于前者。法国籍里柯的《梅杜萨之筏》描绘的是法国历史上的一次海难事故。为了最大限度地激起大家对遇难者的同情和对海难的反思，画家展开想象，直接刻画小筏子上人们的呼喊和恐慌这一瞬间性场面，从而有利于将人们拉进灾难现场，实现化静为动的效果。这是法国著名的浪漫主义绘画杰作，得到了后人高度的评价。

选择好的瞬间，并使之精炼地予以传达，需要高度的技术技巧，所以画法是历代画家非常重视的方面。南齐谢赫《古画品录序》指出："画有六法……六法者何？一气韵生动是也；二骨法用笔是也；三应物象形是也；四随类赋彩是也；五经营位置是也；六传移模写是也。"谢赫这一段话经常被谈起，是中国画论中的经典言论，核心意思是艺术需要"经营"，绘画的精炼和表现力全在如何"经营"。元代黄公望《写山水诀》："作画大要，去邪、甜、俗、赖四个字。"[①]《黄宾虹画语录》后来对这四个字作了解释："邪是用笔不正；甜是画无内在美；俗是意境平凡，格调不高；赖是泥古不化，专事模仿。"[②] 明代李开先《中麓画品》指出画有四病：一曰僵，即"笔无法度，不能转运，如僵仆然"；二曰枯，即"笔如瘁竹槁禾，余烬败秭"；三曰浊，即"如浊帽垢衣，昏镜浑水。又如厮役下品，屠宰小夫，气面目须发无复神彩之处"；四曰弱，即"笔无骨力，单薄脆软，如柳条竹笋，水荇秋蓬"。[③] 这不仅是对绘画技能的总结，其实对于其他艺术以及做人也都是非常具有意义的提示。

第四，绘画是有限与无限相统一的艺术，追求有限的空间里蕴藏深远意味。绘画虽然是瞬间艺术和受平面框范的有限空间艺术，但绘画又在有限空间内传达出丰富的情感、思想和意蕴。绘画是有限与无限的结合。正如唐代朱景玄《唐朝名画录》指出："挥纤毫之笔，则万类由心；展方寸之能，而千里在掌。至于移神定质，轻墨落素，有象因之以立，无形因之以生。"清代笪

---

① 周积寅编著. 中国画论辑要[M]. 南京：江苏美术出版社，1985：383.

② 周积寅编著. 中国画论辑要[M]. 南京：江苏美术出版社，1985：383.

③ 周积寅编著. 中国画论辑要[M]. 南京：江苏美术出版社，1985：383-384.

重光《画筌》也讲："空本难图，实景清而空景现；神无可绘，真境逼而神境生。位置相戾，有画处多属赘疣；虚实相生，无画处皆成妙境。"有与无的相互结合，实与虚的相互生发，这是绘画的存在方式。无论是中国的写意画还是工笔画，也不管是西方典雅的古典主义、激情的浪漫主义，还是表达主观情绪的现代派，都在有限画幅中传达出丰富意味。无论是达维特的《苏格拉底之死》(1787) 还是徐悲鸿的《奔马图》(1948)，都是有限形式与无限意味的不同程度的结合。这种意味可以是形式跃动的生机感、光影变化的神秘莫测，也可能是隐秘的潜意识或幻觉，如达利的一系列绘画所做到的那样，还可以是中国绘画中的情操体现和人格追求。换言之，绘画的无穷意味源于画家和欣赏者两方面的建构、想象与体悟。

因此，绘画在有限空间之内又具有某种打破时空束缚的自由。在此基础上，我们可能更容易理解毕加索下面这段话的意思。他说，绘画不是一种简单的审美营生，而是一种魔术、一种魔力，在我们和这个陌生而充满敌意的世界之间，绘画是一个调停者，它通过把我们的欲望和恐惧凝结为形式而获得了它的魔力。南朝宋宗炳《画山水序》指出："旨微于言象之外者，可心取于书策之内。"唐代张彦远《历代名画记卷十・唐朝下・毕宏》："外师造化，中得心源。"他们两人都说明了绘画之所以可以达到有限与无限的统一，是因为在创作之时主体心灵打开了的缘故。

4. 国画的独特魅力：水墨也多情

中国画在创作和风格上具有独特的魅力。

第一，工具与材料：用特制的毛笔、墨和颜料在宣纸或绢帛上作画。于是笔法、风骨、笔墨情趣等成为国画的审美核心。国画的主要工具是笔、墨、纸、砚、绢帛。纸主要用宣纸，包括生宣与熟宣。国画强调"笔墨"，笔墨几乎成为国画技法的总称。所谓"笔"，指钩、勒、皴、点等技法；所谓"墨"，指国画以墨代色，运用烘、染、泼、积等墨法，使墨色丰富而不乏变化。国画里有"墨分五彩"的说法，即是指用墨的五种技巧及其效果：焦、浓、重、淡、清。加上宣纸本身的白色，可称为"六彩"。

第二，视点：不是焦点透视而是散点透视。王希孟的《千里江山图》、张择端的《清明上河图》、范宽的《溪山行旅图》、戴进的《万里长江图卷》都是散点透视的典型。散点透视，就是多视点移动观察，即不把视点固定在一定的位置，而根据画面需要来变换视线，从而表现广阔深远的景象。这就打破了一个视点的限制，将景物自然地、有机地组织到一个画面里，使中国绘画呈现出时间空间化的独特之美，这是西方人想不通的。这种方法给画面构图带来更大的自由性，能达到“立万象于胸怀”“写山水之纵横”的目的。焦点透视，即类同于视觉观物和相机摄录，它从固定的视点出发观照描绘物象，立体感、真实感很强，符合生活中人眼观物时近大远小的事实，但在表现上受时空的限制很大。

第三，艺术融合：诗书画印结合。国画与诗文题款、书法篆刻常常结合在一起。诗书画印四个方面的结合，既是国画的独特之处，又反映出中国文化传统中艺术鉴赏的广泛程度。中国文人雅士在诗文书画方面的娱乐，类同于西方贵族在追随歌剧方面的热情。就画中的题款、印章来看，唐代以前画家很少落款，也较少题诗写字。到宋代初期，还很少有画家留名于画上，有的仅将姓名写于暗处。北宋末年后，画家开始在画上题诗落款，元明清时期遂成风气。赵孟頫《鹊华秋色图》是这方面十分明显的例子。

第四，画面经营：重视空白的运用。中国书画讲究“留白”或“计白当黑”，强调有无结合、虚实相生，是美学上追求含蓄空灵之意境美的艺术体现。空白的运用，最终的目的是营造艺术的想象空间与咀嚼不尽的余味。“计白当黑”原是书法术语，但书画同源，这一点也是中国绘画的重要技巧。“留白”或“计白当黑”的关键是“做减法”，即画幅不可画得太满，而应留有恰当的空白，应巧妙地对某些内容进行虚化处理，从而给人们留下想象的余地，使画面更显空灵，景物更有生气。计白当黑是从南宋开始兴旺的，此时画家们开始重含蓄、留白。像画家马远《寒江独钓图》，空旷浩渺，寒意萧条，只画了一个人在江心的船上钓鱼，实现了有为无处无还有的审美构建。

第五，审美内涵：国画强调神似、情韵和意境。在形似与神似的问题上，从顾恺之开始，中国人就把重点放在了神似上。脱落形迹，放浪形骸，因为想要的只是表面和形貌之下的神韵情趣。一般而言，国画重视的是艺术与自然（而不是艺术与社会）、艺术与内在的关系，不太在乎真不真、像不像，而主要在乎有没有“趣”、有没有“味”。国画的“味”是中国文人的情趣爱好、精神追求、审美理想的综合体现。“味”是可以咀嚼因而是绵长而含蓄的。在中国文化里，这种味就是神韵，就是言有尽而意无穷的意境。傅抱石提出文人画的三原则："文"学的修养；高尚的"人"格；"画"家的技巧。[①] 文人画的这种追求基本上也是中国画的主流。陈师曾也提出中国画之要素是："第一人品，第二学问，第三才情，第四思想。"[②] 被徐悲鸿称为"五百年来第一人"的张大千，画界则称之为"东方毕加索"，他接续中国画的传统，提出其艺术名言："作画，务求脱俗气，除匠气，去秽气。"这是中国文人的内在要求，也成为国画创作的基本素质。

5. 中西绘画比较：不必争短长

▲ 法国库尔·约瑟夫—德西耶的油画《包着羊毛头巾的姑娘》与佩鲁吉尼的《多想碰一碰那消失了的手，听一听那静寂了的噪音》

首先，国画重写意，西画重写实。这分别用一个字来表示，就是"味"与"像"的区别。中国长期以来是一个重内涵的民族，前面说了，从老子开始，"味"就是一个重要的审美标准，从"味"开始，含蓄、韵味等成为艺术的评价尺度。在西方历史上，长期以来是把逼肖自然当成绘画的一个标准。

① 安怫主编. 大师的艺术课[M]. 长春：吉林出版集团有限责任公司，2008：63.

② 安怫主编. 大师的艺术课[M]. 长春：吉林出版集团有限责任公司，2008：79.

我们可以欣赏法国库尔·约瑟夫一德西耶的油画《包着羊毛头巾的姑娘》，这里的整体真实感真是太明显了，简直如同照相机。还有德国丢勒、法国安格尔、俄国希施金等无数人的画，也都是如此。希施金（1832—1898）是俄罗斯巡回展览画派中的重要成员，被称为“森林歌手”，他擅长于刻画森林和乡村，惟妙惟肖，几可乱真。

其次，国画重线条，西画重光色。线条艺术走的是减法道路，表达出来则是轻快韵律里流动的生命感。华丽的色彩不是中国古人的关注目标，自从老子讲“五色令人目盲”开始，浓墨重彩就不是中国绘画的主流风格，所以中国线条艺术之形成其实是中国人的传统文化观念和审美观念使然。中国人崇尚质朴简单，而线条当然是最为简单质朴的了，所以它成为中国艺术中非常发达的艺术符号。前面提到过的吴道子的画和武宗元的画，都是这种线条飞舞的最明显的例子。西方民族则从古希腊开始就对形象的美和外在的美抱以很大的热爱。形象的美和外在的美的主要因素是色彩和形状，所以最后西方绘画走上强调色彩和光影的道路，是顺理成章的。这种浓重的富丽的缤纷的色彩美，在中世纪和文艺复兴达到高潮，此后也并没有放弃。我们去看看米开朗琪罗《最后的审判》，就能对西方绘画的缤纷艳丽具有直观感受了。

又次，国画从临摹开始，西画从写生开始。这意味着国画为案上绘画，宜读其韵味；西画是架上绘画，宜看其形式，感其真实。临摹强调向前人学习，揣摩其笔墨趣味、风神逸气，书案上即可完成。当然这并不意味着中国画家不强调对大自然的了解，否则不会有“目师华山”“外师造化”等说法了，但人们可以不对着大自然一笔一画地“依样画葫芦”，而是强调“吾师心”“中得心源”，将山水印象与主体心理融会贯通。在现代派崛起之前，西画则都是强调向大自然学习的，这也是西方重视自然科学的传统对于绘画的影响，与中国的情况存在较大差异。

再次，国画重散点透视；西画重焦点透视。西洋画的透视法是焦点透视，即从一个固定视点出发描绘物象，用画幅表现客观对象由近至远、近大远小的状况。这种透视法接近于摄影，给我们逼真的视觉感。中国画的透视法是散点透视，即整幅画没有一个统一固定的视点，而是保持视点的移动，但不排除局部符合焦点透视。所以中国画（尤其是几米长的长卷）构图自由，可表现广阔深远的内容。《韩熙载夜宴图》《清明上河图》《富春山居图》等长卷是典范的例子。明代王履《华山图》也是如此。这说明中国画在观看方式上强调整体观照，在处理方式上强调将仰观俯察之整体印象主观化，在创作指向上追求情怀与趣味的表现。

最后，国画是减法的；西画是加法的。中国艺术整体上崇尚减法，这是中国美学崇尚内容而不崇尚形式的传统所致。单纯的形式从来不能在中国取得独立存在的地位，这就是我们前面所讲的中国文化的“反美”倾向。孔子讲“辞达而已矣”，庄子讲“心斋”“坐忘”，这是人生和艺术走向“减法”的强大理论基础，是虚大于实、空大于有、淡大于浓等美学观念形成的思想来源，干干净净地做人，干干净净地做艺术，是深埋在中国人心目中的信念，反映在绘画上便是拿掉一切不必要的背景和累赘，环境背景可以拿掉，具体形貌色彩可以拿掉，只剩下风骨和神韵。所以齐白石的水墨画《虾》，水可以不画，因为虾不可不在水中游，既然“不可不”，还画它干什么呢？虾是六条腿还是八条腿也不是很紧要，因为有了虾趣就够了。但是西方人不这样，他们从古希腊开始就和自然较上了真，他们对着自然“穷追猛打”，然后有了自然科学和自然哲学。科学一直是西方绘画的坚实后盾，不了解这一点，可能就不足以走近西方绘画，也难以理解他们为什么连掉在地上的一个烂苹果也要画得真的那么的烂。我们可以领略一下意大利爱德华·佩鲁吉尼（1829—1918）的布面油画作品——《多想碰一碰那消失了的手，听一听那静寂了的噪音》。佩鲁吉尼很小移民英国，故其画风具有维多利亚时代的艺术特色。这幅画作是与文学相关的浪漫派作品，题目来自于丁尼生（1809—1892，维多利亚时代最受欢迎和最有特色的诗人）的诗歌。画家将这两行诗句转化为一个私密、感性、沉思的场景。画家画得很细腻，厚厚的油彩层层叠加，很有质感，每一处都不放过，既真实又厚重，活的身体可以把人拉到现场。这是自然的现实的。要中国人来画，背后厚厚的帷幕一般的背景一定是要去掉的，那是一堵墙，还是真的帷幕，并不重要，重要的是，它“飘”出来一股韵味。就此而言，中国绘画是没有身体的，只有精神，中国绘画是适合远观的，因为近观还不如远观，反正它不是写实的，真正的原因是——它适合于心中回味。这无关乎优劣，完全是不同的民族在走着不同的道路。

第十五讲　表演艺术

本讲基本内容是音乐和舞蹈。

表演艺术又叫表情艺术，包括音乐和舞蹈。之所以把二者叫做表演艺术，是因为它们都需要歌唱家、演奏家、舞蹈家的表演，才能将音乐作品或舞蹈作品“实现”出来。表演作为一种具体的演绎过程，必然带有表演者自身的发挥，所以音乐、舞蹈又都是表演型的二度创作。

一、音乐：用声音美化世界

音乐是人类在史前社会就已创造出来的一

种艺术。① 所谓音乐，就是指通过乐音在时间中的流动来创造音乐形象表达人的感情的一种表演性听觉艺术。音乐的主要艺术符号是：其一，乐音，即有规律振动的声波。其二，旋律，即通常所讲的曲调，反映于乐谱，就是按照高低、长短、强弱而组织起来的音流的线条。旋律是音乐的“血肉”。其三，节奏与节拍。节奏是指声音的长短与强弱的关系，它是音乐的“骨骼”。节拍是指强拍与弱拍有规律的均匀交替，是节奏的具体表现形式。其四，音色，指发音体的物理特征，包括人声音色与器乐音色。其五，和声，是指多声部中音响之间的重叠复合，是两个或两个以上乐音有规则的组合或交响。有和声，则意味着有主旋律，如同有配角，则一定有主角。其五，复调，它是指两个或两个以上旋律的结合，分对比复调（不同旋律的组合）和模仿复调（近似旋律或相同旋律的重复），如《黄河大合唱》中《保卫黄河》部分的“风在吼，马在叫”分为四部轮唱，这就是模仿复调。音乐的艺术符号除了上面这些，还有调式、调性等。

1. 音乐的类型：想办法发声

从发音体来说，音乐可分为声乐与器乐两种。声乐方面：其一，从年龄、性别上可分为男声、女声、童声；其二，从音高方面可分为高音、中音、低音；其三，从演唱人数可分独唱、齐唱、合唱、重唱、对唱、伴唱；其四，从发声方法可分民族唱法、美声唱法、通俗唱法。其中美声唱法源自意大利，其开端可能是阉人歌手的杰作，因为他既具有女性的音色，又有男性的力量。美声唱法可以比较随意地运用花腔或华彩装饰，这其实是一种炫技，尤其是唱到最后，华彩形式是全面开动喉咙，就像旋风中的风向标，伸出去很远很长，这和中国戏曲最后的无词演唱是一个样子。爱听歌剧或爱看戏曲的，喜欢的则恰恰是这个，因为在这里，演员的功力都出来了，平常练习打下的底子也全在这里了。

器乐方面：其一，弦乐，也叫拉弦乐或弓弦乐。中国有二胡系列，包括

① 本小节参见何林军. 美学教程[M]. 长沙：湖南师范大学出版社，2009：251－257.

二胡、板胡、高胡、京胡等①；西方有提琴系列，包括小提琴、大提琴、中提琴和低音提琴等。其二，管乐，又叫吹奏乐。中国有笛子、箫、笙、管、唢呐等；西方管乐又分为两类，一类是木管乐器，包括长笛、短笛、单簧管、双簧管、英国管、大管等，另一类是铜管乐器，包括圆号、小号、大号、长号、军号等。其中单簧管用一支簧片吹奏，而双簧管用两支簧片吹奏。据说双簧管是最难演奏的乐器之一。其三，弹拨乐。此类乐器泛而言之皆可称为“琴”。中国有琵琶、柳琴、月琴、三弦、扬琴、阮、筝，西方有竖琴、吉他、曼陀林。其中筝在中国当代又分三派：一个是山东筝派，一个是浙江筝派，还有一个是河南筝派。古人认为琴所奏出的音乐乃天上瑶池之乐，所以又把琴称作“瑶琴”。其四，打击乐。中国有锣、鼓、钹、板，西方有定音鼓、大鼓、小军鼓、三角铁。其五，键盘乐。有钢琴、手风琴、管风琴等，这是西方独有的乐器。西方乐器中，钢琴和小提琴毫无疑问是最重要的两种器乐，前者号称“乐器之王”，后者则被叫做“乐器皇后”。

2. 音乐的审美特征：流动的建筑

我们认为音乐之美主要在于三个方面：第一是感性美，这是对音乐最外层的分析，主要是指听觉感受到的表层的声音美；第二是情感美，这是对音乐中间层次的分析，是指音乐本身所具有的情感韵味以及对听众所产生的情感激荡；第三是理智美，这是对音乐最深层的分析，是指音乐在内容意蕴方面的美以及对听众所具有的理智上思想上的影响效果。这些美可在下面的各种特征里得以具体的说明。

其一，音乐是声音的艺术，准确说，音乐是悦耳的声音艺术。比如电影《金陵十三钗》中的插曲“秦淮景”。听了王菲、那英等人纯净的声音，听了闵惠芬、宋飞等人流水般的二胡，听了侯彦秋细腻又带着金属般效果的唢呐，亦可明白这一判断。不同的演唱者有不同的音色美，这是音乐迷人的一个原因，像张雨生、周杰伦、黄龄、龚琳娜、霍尊等，都是音色很出色和很特殊的歌手。乐音一般来说是一个脱胎于自然原型的特殊的音响体系。音乐里的

---

① 二胡即古之“奚琴”，后也被称作“胡琴”。二胡与板胡、京胡、高胡等在发声原理、构造等方面都是相同的，但材质、音高、演奏方法上稍有区别。板胡用薄木板或椰子壳制成，故称板胡，它与京胡在定弦上高于二胡，弦的张力大，故演奏时用力要大一些。

声音，不是自然界和生活中未经过加工的声音，而是经过有效提取、有效控制和有效编排而产生的有表现力的乐音，它将原生态声音中单调的、粗糙的、尖利的部分去掉，截取其中有审美含量的成分，并按音高顺序予以排列组合，这便是丰富的音乐家族。但是这只是传统的做法。20 世纪以来，可以颠覆的在遭到颠覆，不可颠覆的在想办法颠覆，所以评价目前的音乐，这些传统的观点似乎不太够用了。

其二，音乐重在抒情。这即是说，音乐是情感的艺术。情感是音乐的内核，音乐以表达情感为内容，以激发情感为效果，以感染听众为目的。音乐的形象是听觉形象，它不以再现生活为目的，而以抒发感情为旨归。匈牙利的李斯特说：音乐之所以被视为最崇高的艺术，是因为“它是生命的血管中流通着的血液”。俄国的康定斯基也指出：“几个世纪以来，音乐一直是这样一门艺术，它力图表现艺术家的灵魂和创造音乐的独立生命，而不是复制自然现象。”① 音乐的感染力是无法形容的，很多人耳朵上现在都喜欢夹着耳机，那多半是在听音乐。音乐激发的力量也是巨大的，所以部队文工团从来不是打酱油的。前述的小泽征尔的例子也是明证。同时不同的音乐作品，其情感含量又各有不同。如果不信，听听《江河水》和《百鸟朝凤》就明白了。

其三，音乐重在表演和二度创作。音乐只有经过表演（演奏），才能实现自己的价值，展现自己的美。或者说音乐是舞台的艺术，甚至是典型的舞台表演艺术。当然这个舞台可以是真正的室内舞台，也可以是喧闹疯狂的广场，还可以是刘三姐的船头或山寨，甚至船头和山寨之类的“舞台”对于音乐来说显得更为重要，唯其如此，音乐才能像春江水一样，常流常新。因为音乐有赖于表演者的表演，所以它是典型的再创作（二度创作）的艺术。演奏演唱的过程是对音乐的一次再创造或二度创作。二度创作可以给音乐带来很大变化。

---

① ［俄］瓦·康定斯基. 论艺术的精神[M]. 查立，译. 北京：中国社会科学出版社，1987：30.

野兽派代表马蒂斯（1869—1954）的油画《音乐》，表示音乐是表演和聆听相结合的艺术 ▶

其四，音乐是流动的建筑。这是对音乐的一种著名界定。这是因为，首先，音乐在结构上具有建筑一般的严整形式，具有建筑一般的整体感，有头有尾有身体，就像建筑有园有院有庭。其二，音乐如建筑一般，也具有形象性的一面，虽然音乐形象不是如建筑那样的可见的形象，但又是可以呈现在想象中的形象。其三，音乐是时间性艺术，是通过音符流动来塑造音乐形象表达内心情感的。音乐的形象必须经过一定的时间流动才能被塑造出来，音乐本身的美也必须在具体的具有一定时间长度的表演过程中来得以体现。没有时间的过程，就没有音乐的存在。音乐的形象是在声音的高低、强弱、长短、缓急中形成的。从音乐的物质材料来说，音乐的物质基础是悦耳的音响，是美的声波。这声波是流动的，只具有时间上的持续性和变动性，而不具有空间性的居留与停顿。声波构成旋律，因此旋律本质上也是流动的，具有时间的连贯性。综上，音乐是“流动”的“建筑”。

3. 中国音乐的主要成就：中国上空的声音

其一，商代之前。这一漫长的时期内，人们确立了许多音乐规范，提出了许多音乐名词，比如“十二律”，它在黄帝时代就已建立，即十二调，古代乐律学名词，是古代的定音方法。各律从低到高依次为：黄钟、大吕、太簇、夹钟、姑洗、仲吕、蕤宾、林钟、夷则、南吕、无射、应钟。这一时期还提出了“五音”，即宫、商、角、徵、羽五种音高。同时有了很多原始器乐，大多为新石器时期的作品，有骨笛、骨哨、埙、陶钟、磬、鼓等。

其二，商代。商代社会一个最突出的特点是尊神事鬼，另一个特点是崇尚乐舞。商代的乐器，对后世影响深远的当数钟和磬。用青铜铸造的商钟(青铜是铜和锡的合金，比例很讲究)，其横截面不是圆形或椭圆形，而是橄榄形（但两端要更尖一些)，这种形状有点像中国的瓦，所以人们称之为“合瓦形”。磬是用石块打制成的，上钻一孔，吊起来敲击。商代的鼓也很有特色，现存仅两件，都是以青铜铸的仿木鼓。商代还有簧管类乐器竽、龠等。因为竹器易朽，所以至今不能见到当时的实物。龠为多管编排乐器，吹奏原理近似于后来的笛子。

其三，周代。周代在文化上的突出的特点是“制礼作乐”，此时音乐方面的独特成就是提出了“八音”。所谓“八音”，就是以直接关系到乐器发音的材质作为乐器分类的依据，把所有的乐器分为八类。这样分类今天看来并不太科学。所谓“八音”有“金”，指青铜钟等金属类乐器；“石”，石制乐器，如石磬；“土”，用土烧制的陶乐，陶埙属于此类；“革”，即皮革，鼓类乐器属此类；“丝”，以丝作弦的各类弦乐器如瑟、琴、筝等；“木”，指木制的击奏与刮奏乐器，如古时一种叫敔或楬的乐器，它即是打击乐，又可用竹条刮奏；“匏”，以“匏”为座的各类簧管乐器如笙、竽等；“竹”，箫、管、笛等竹制管乐器属这一类。在这八音中，使用较多的是丝乐和竹乐，所以“丝竹”成为中国古代器乐的总称。

其四，春秋战国时期。此时文化特点是“礼崩乐坏”。但正因如此，音乐处于大发展时期。1978 年在湖北随县（今随州市）出土的战国初期曾侯乙墓的编钟、编磬及其他乐器，是迄今所见最庞大的关于钟鼓之乐的乐队配制。所有曾侯乙墓出土的乐器无不制作精致，性能良好，达到了惊人的高度，有些甚至连今天的工艺都无法企及。这时音乐理论和音乐美学方面的一个收获是公孙尼子写出了《乐记》，这是中国第一部音乐美学方面的专著。

其五，秦汉至魏晋。秦汉有了专门的音乐机构——乐府。秦汉以后，钟、磬在乐队中的重要地位逐渐为竽、瑟代替。瑟为 25 弦拨弦乐器。琴与铮两者的历史都很古老，故称古琴、古筝。铮的历史，最早可追溯到战国时的秦，故筝又称秦筝。琴铮在古代号称国乐双璧。东汉末年的《胡笳十八拍》是中国音乐史上的杰作，传说作者是著名才女蔡文姬。

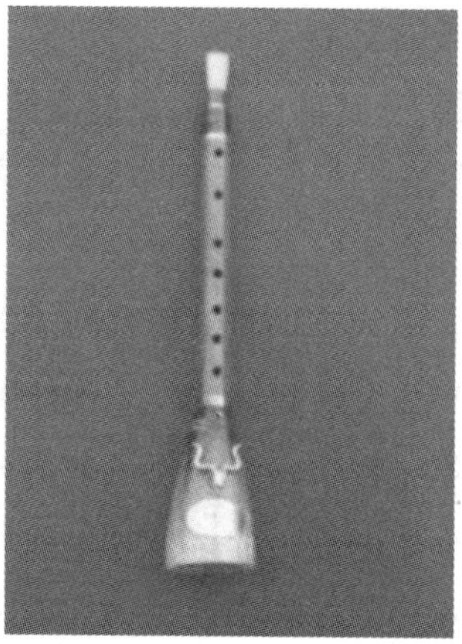

▲ 中国乐器卧式箜篌与宋代的觱篥（筚篥）

这一时期值得注意的乐器还有琵琶和箜篌。四弦乐器琵琶分曲柄琵琶和直柄琵琶。曲柄琵琶属于后起者（南北朝以后才出现），就是现在所谓的琵琶。直柄琵琶才是当时的琵琶，曾经一度失传。到唐代，从古墓中出土的直柄琵琶，一般人已不认识，最后经考订才知是竹林七贤之一的阮咸善弹的琵琶。因此就称它为阮咸或阮琴，今或简称“阮”。箜篌则分卧式箜篌和竖式箜篌两种类型，它们其实是来源不同的两类乐器。

其六，隋唐。此时琵琶（曲柄琵琶）进入唐代最重要乐器之列，出现过许多有名的演奏家，慢慢地成为国粹。唐代是琵琶艺术的第一次高潮，白居易为它写下著名的《琵琶行》，这首诗后来被誉为千古第一音乐诗。明代是琵琶艺术的第二个高潮，嘉靖万历前后，出现了琵琶名曲《十面埋伏》。唐代音乐成就还包括歌舞大曲，如《秦王破阵乐》《霓裳羽衣曲》等。

其七，宋至明清。在宋代，随着商业的发

展、都市的繁荣，以市民为消费主体的娱乐场所逐渐发展起来，这便是当时的“瓦肆”。瓦肆既是商业贸易的场所，也是进行各类演出的地方。这是宋代音乐平民化的标志。其时筚篥在宋的地位与唐的琵琶相同，是非常重要的乐器，筚篥在宋代甚至有时被尊为“头管”。明清时期，说唱和戏曲的品种越来越丰富，成为音乐最重要的两大体裁。说唱以南方的弹词和北方的鼓词（后称大鼓）为主。弹词的发展使伴奏乐器琵琶和三弦的影响得以扩大。在这一路的发展过程中，还未见后来很火的二胡的崛起。其实二胡的崛起相对较晚，一直要到中国近现代，它才会流行起来，但一旦流行，它就逐渐成为中国民乐中最重要的一种乐器。

4. 近代以来的西方音乐：古典与浪漫

西方音乐的近代步伐开始于德国的巴赫（1685—1750），他被誉为近代音乐之父，也被称为音乐家中的“学者”。被叫做“学者”是因为巴赫对所有的音乐体裁几乎都有所涉及且有所成就。其中《赋格的艺术》被称为音乐中的圣经。巴赫的一生是不幸的，他活着时处于终生贫穷的状况，死后人们连他的葬身之地都找不到，生前也很少有人明白其价值，以致他的作品被长期丢弃在一个学校，任凭那里的孩子拿去包面包。巴赫的时代，地位与他同等重要的音乐家是被贝多芬称为“天才中的天才”的英国的亨德尔（1685—1759），常常也被译为韩德尔，清唱剧《弥赛亚》中的《哈利路亚》是他流传最为广泛的作品。

巴赫之后，西方有了光耀千秋的维也纳古典乐派，三个最有名的代表是海顿、莫扎特、贝多芬。奥地利的海顿（1732—1809）是交响乐之父，是音乐史上的寿星福将，如果他像舒伯特、莫扎特、肖邦那样英年早逝，他这个交响乐之父就不复存在了，因为他的伟大作品都是在40岁之后才诞生的，而在这个年纪，舒伯特、莫扎特、肖邦都早已不在了。海顿的事迹告诉我们，足够勤奋和足够健康的话，即使缺乏莫扎特般的天赋，也确实可以“年老的媳妇熬成婆”。莫扎特（1756—1791）是音乐历史上最有名的音乐神童，是天才的范本，人们面对他的贡献和影响，只能给出这样的一个表述：“音乐中的永恒阳光——你的名字就是莫扎特！”他5岁能写古钢琴曲，6岁就随父亲和姐姐到维也纳巴黎伦敦意大利各地，演奏古钢琴管风琴和小提琴，8岁写出了第一部交响曲，12 岁创作了歌剧，17 岁已是羽翼丰满的作曲家。如果把巴赫称为大学者，把贝多芬称为思想家①，莫扎特则是大才子，短短 35 年时光就有包括歌剧、交响曲、协奏曲在内的 600 多部作品。华盛顿邮报曾经在评价千年历史的时候，认为最伟大的乐曲当属于莫扎特的歌剧作品《费加罗的婚礼》。乐圣贝多芬（1770—1827），主要作品是第三（英雄）、第五（命运）、第六（田园）、第九（合唱）交响曲以及热情奏鸣曲等。他 17 岁丧母，开始承担养家的担子，25 岁开始耳聋。其音乐的红线是“英雄的讴歌”，性格倔强而孤傲，他的名言是扼住命运的脖子（喉咙）。伟大的贝多芬是无愧于自己的人生的，所以他骄傲地给某位亲王写信说：“亲王，您之为您，是靠了偶然的出身；我之为我，是靠了我自己。亲王们现在有的是，将来也有的是。至于贝多芬，却只有一个。”这是一位真正的英雄、真正的斗士对于自己生命的总结。耳朵是音乐家至关重要的武器，可是，贝多芬在失去这个最重要武器的时候，还是写出了一生中最重要的作品——《第九交响曲》。这太令人称奇了。

稍后于维也纳古典乐派，西方迎来了又一股激情澎湃的音乐力量——19 世纪的浪漫乐派。它分为前期浪漫乐派和后期浪漫乐派。前期浪漫乐派有德国的舒伯特、舒曼，匈牙利的李斯特，波兰的肖邦；后期浪漫乐派有德国的瓦格纳和勃拉姆斯以及俄国的柴可夫斯基。歌曲之王舒伯特（1797—1828）是浪漫乐派的主要奠基人，生前遭遇与巴赫几乎一样，终生贫穷，缺人赏识，一生很少获得供他作品演出的舞台，听不到自己交响曲的效果。他说：“只要给我纸，我每天可以作出曲来”，但他只有靠朋友接济五线谱纸，也始终靠借别人的钢琴来作曲，饿了甚至拿《摇篮曲》与酒店老板换土豆。当贝多芬死的时候，他作为贝多芬的崇拜者去送葬，回来之后在酒店与朋友说，为贝多芬之后最早死的人干杯。没想到一语成谶，第二年他就跟随贝多芬去了。

德国的门德尔松（1809—1847）生活优裕，舒曼认为他是当时最有修养的艺术家。门德尔松有一首音乐作品，可能是世界上被聆听次数最多者之一，这就是他的《结婚进行曲》（《婚礼进行曲》）。人们评价他一生的音乐贡献是：

① 他把严肃的人生课题引入音乐，把莫扎特、海顿手中的纯音乐发展为“哲学的沉思”，从而开了后来浪漫主义音乐的先河。

“作为一个大天才开始，而以一个小天才结束。”这意味着，门德尔松的音乐才华是杰出的，但是，由于家境富裕，使他丧失了体验生活复杂况味的机会，这直接影响了他后期音乐创作的水平。舒曼（1810—1856）是欧洲浪漫乐派顶峰时期的代表，在小型音乐作品上成果丰硕，因而被称为“小品大王”，1840年，与当时欧洲最杰出的女钢琴家克拉拉（1819—1896）结婚，组成西方音乐史上最令人羡慕的一对夫妻。舒曼生前名声不大，在他死后40年的漫长时间里，克拉拉把宣传舒曼作为自己的唯一责任。正是她，也许还要加上勃拉姆斯等人的努力，才使舒曼广为人知。克拉拉用一生诠释了爱的一种真义。“钢琴诗人”肖邦（1810—1849）和“钢琴大王”李斯特（1811—1886）不仅是作曲家，也是当时欧洲最著名的两个钢琴演奏家。李斯特成名比肖邦早，在李斯特之前，钢琴演奏只是一个普通的节目，而自从李斯特开始，钢琴可以独自统帅舞台，从而有了钢琴独奏音乐会这一表演形式。人们在李斯特那里第一次感觉到钢琴的巨大魅力。他以一己的力量使一种乐器从此独步天下。李斯特与肖邦两人的演奏风格截然不同，如果把肖邦比作拉斐尔，李斯特则是米开朗琪罗。人们认为，肖邦的演奏是柔美的，犹如月亮的清辉，使人仿佛沉入了梦境；而李斯特的演奏是热烈的，犹如太阳的强光，以不可抗拒的力量征服听众。

浪漫乐派的后期代表是瓦格纳、勃拉姆斯和柴可夫斯基。瓦格纳（1813—1883）作为歌剧领域的杰出代表，留下的名作是《尼伯龙根的指环》。在贝多芬之后，瓦格纳成为19世纪全欧洲最受人崇拜的音乐家，崇拜他的人中间有无数的诗人、艺术家和哲学家，其中包括很傲慢的尼采。许多人把瓦格纳视为音乐的代名词。勃拉姆斯（1833—1897）与巴赫、贝多芬一起被叫做“三B”，与奥地利圆舞曲之王小约翰·施特劳斯（代表作是被称为奥地利第二国歌的《蓝色多瑙河》）是好朋友。勃拉姆斯的巨大名声一方面源自本身的音乐成就，另一方面源自他对舒曼妻子克拉拉的眷恋，并为此终身不娶。柴可夫斯基（1840—1893）是俄罗斯音乐的伟大代表，是音乐领域大器晚成的典范，他的大学专业是法学，23岁还在司法部任秘书。他的代表作有为芭蕾舞剧而创作的音乐作品《天鹅湖》《睡美人》《胡桃夹子》，还有交响曲《第六（悲怆）交响曲》以及钢琴曲《第一弦乐四重奏》。可以说，柴可夫斯基是对芭蕾舞作出最大贡献的人。他的《第一弦乐四重奏》中的“如歌的行板”，被全世界热爱音乐的人所吟唱，成为高雅音乐中最受欢迎的不朽经典之一。

与其他艺术领域一样，古典主义音乐和浪漫主义音乐在19世纪末期也遭到了清算和颠覆，造反运动同样发生在音乐领域。第一个造反的人叫德彪西，第一个造反的音乐流派叫印象主义音乐。受19世纪法国象征主义诗歌和德加等人的印象主义绘画的影响，法国的德彪西（1862—1918）开创了划时代的印象主义音乐，引领西方音乐逐渐走进现代世界。他是19世纪至20世纪之间可与莫扎特、贝多芬、舒伯特等巨匠比肩的音乐大师，代表作有前奏曲《牧神午后》等。纵观这些西方音乐家，他们提供了三个人生的样板。第一个样板是海顿——活得足够长，会气死许多人。第二个样板是门德尔松——要过一定的苦日子，否则在艺术上将没有大的成就。第三个样板是柴可夫斯基——大学毕业还不懂音乐并不可怕，可怕的是大学毕业还没有音乐的梦想。

5. 歌剧与交响乐：有一种美叫华美

在西方音乐家族中，必须要提到歌剧，这是在欧洲最受欢迎也最为重要的音乐体裁之一。歌剧最早可上溯到古希腊戏剧，但其真正发端则是在意大利。歌剧起初是在宫廷盛行，但很快就被传了开来，越来越多艺术家的参与使歌剧得到了广泛的认同。歌剧艺术在意大利产生后，很快传播到欧洲各国。意大利作为歌剧的故乡，诞生了罗西尼（1792—1868）、威尔第（1813—1901）、普契尼（1858—1924）等杰出的歌剧作家。据说世界上没有不演出威尔第歌剧的歌剧院，也没有不演奏不歌唱威尔第歌剧曲调的地方，他的代表作是《弄臣》《茶花女》等。歌剧使威尔第名满全球，意大利争取统一的年轻爱国者甚至以“威尔第万岁”作为联络暗号。

在著名歌剧家中间还有法国的比才（1838—1875），他创作了“不死的《卡门》”。因为《卡门》的存在，有人认为，歌剧就不至于过分地向德、意等国倾斜。《卡门》是全世界演出次数最多的歌剧之一。哲学家尼采也非常喜欢《卡门》，在与瓦格纳交恶之后，他不免热情地赞美道，有了《卡门》，我们可以向瓦格纳散布出来的理想的迷雾告别了。对于不少人来说，要听完《卡门》可能比较费劲，但要听完其中的咏叹调“爱情是一只自由的鸟儿”还是非常乐意的，因为这首咏叹调实在让人无法割舍，它是《卡门》中的精华。

在无数的歌剧作品中，人们评选出了所谓的十大歌剧，它们是指：《费加罗的婚礼》——根据法国喜剧作家博马舍的同名喜剧改编，奥地利莫扎特作曲，内容歌颂的是守得云开见月明的平民婚姻；《魔笛》——莫扎特创作的最后一个歌剧，是一个关于埃及王子的爱情故事；《塞尔维亚的理发师》——根据法国博马舍的同名喜剧改编，意大利罗西尼作曲，这是一个男版红娘的故事；《弄臣》——根据法国雨果的《逍遥王》改编，意大利威尔第作曲，是一个痴情女子负心汉的故事；《茶花女》——根据法国小仲马的剧本《茶花女》改编，威尔第作曲；《卡门》——法国比才作曲，是有关吉卜赛女郎的三角恋；《奥赛罗》——根据莎士比亚的同名戏剧改编，威尔第作曲；《艺术家的生涯》——亦称《波西米亚人》、《绣花女》，意大利普契尼作曲，讲述贫贱夫妻百事哀的故事；《托斯卡》——由普契尼作曲，是关于真爱的悲剧故事；《蝴蝶夫人》——普契尼作曲，是有关日本艺伎被始乱终弃的故事。

如果说歌剧是西方最为重要的声乐形式，那么交响乐就是西方最受欢迎的器乐了。交响乐是一个总称，是指由交响乐队演奏，结构复杂庞大的管弦乐演奏形式。其表现形式有交响曲、协奏曲等。如果说交响乐是一顿大餐，交响曲或协奏曲就是其中的主菜。交响曲无疑是交响乐最重要、最有代表性的体裁，是指由管弦乐队演奏的的大型器乐套曲，在不太严格的意义上，只要不是独奏，大都可泛称为交响曲。协奏曲则是可与交响曲并列的音乐表现形式，是指由独奏乐器和管弦乐队共同演奏的大型器乐套曲。

简单说一下欣赏歌剧、交响乐和芭蕾的注意事项：首先，穿着整齐，不能喧哗，以表示对艺术和演员的尊重。其次，关闭手机，不要弄出任何声响，以保证音响和表演的纯粹性。再次，不要随便走动、交头接耳，以保证剧场的安静秩序。最后，不要随意鼓掌，以保证演出的完整性。

6. 音乐的当代新变：欲望的唱与唱出欲望

中西音乐发生到今天，出现了许多新的变化，音乐的这种当代景观值得关注和思考。它主要体现在①：第一是噪音元素堂而皇之地进入音乐家族。传统上，音乐从来都是美的声音，是悦耳的声音，也是和谐的声音，噪音从来都是音乐中的非法元素。但是从 20 世纪开始，噪音开始大量地进入音乐领

---

① 王一川主编. 美学教程[M]. 上海：复旦大学出版社，2004：217－220.

域，不仅取得了合法的身份，甚至成为“新潮”和“前卫”的代名词。这与喜欢造反的整个时代思潮是一致的，同时是现代电子技术的发展结果，并且也是喧嚣、骚动的现代生活的反映和需要，音乐由古典的和谐进入现代的非和谐。噪音的典型例子有迪斯科、摇滚系列、朋克（Punk）音乐、迷幻（Rave）音乐等。这不是说这些音乐中没有任何和谐的部分，也不意味着现在的所有音乐都是不和谐的。但毋庸置疑，现代音乐的一种演唱形式就是嘶吼，是扯破喉咙的狂叫，将音乐的宣泄功能发挥到了极端。这是压抑的现代生活的一种客观需要。第二是室内个人演出变为歌手与大众之间的广场狂欢式互动。广场演出赋予音乐更强的现场感，同时也在狂欢中给人更强的宣泄和迷幻感。在某些人没有信仰或缺乏信仰的年代，追星也是很多人的一种发泄。第三是模式和模仿的流行。借助于越来越发达的媒体条件，音乐传播趋于迅速、便捷，模仿和抄袭也越来越多，有了很多娱乐性质的明星模仿秀。与此同时，还出现了许多固定的表演模式，如自我陶醉式、迷幻娇娃式、歇斯底里式等等。因为这个社会有迷幻的歇斯底里的一面，于是才有了迷幻的歇斯底里的音乐。第四是欲望式演出。当代消费社会，身体是最美的消费对象，也是最佳的消费道具。展示身体，挑逗欲望，成为音乐演出的又一景观。以此之故，麦当娜被人称为是欲望时代的物质女郎。当代音乐逐渐远离古典音乐的精神性和纯粹性，向肉体开放，向粗俗开放。所以女歌手很受欢迎，美女歌手更受欢迎，丑女成为歌星的太少。让肉体与音乐共舞，这是欲望时代的必然现象。要分析音乐的这些当代景观何以发生，必须联系当前社会生活的特点，从生活的压力、媒体的鼓噪、图像的霸权、大众文化的惯性、消费主义逻辑的盛行等方面入手，才可以把问题弄清楚。

二、舞蹈：身体旋转里的风采 »»

舞蹈是艺术家族中最古老的艺术形式之一，有人因此把舞蹈视为“一切艺术之母”。在原始社会，舞蹈就已经很常见了，与音乐、歌吟混在一起，这就是所谓的诗乐舞三位一体。在当今中国，舞蹈与音乐已成为最为大众化的两种艺术形式，证据就是到处流行的平民化音乐选秀活动和几成社会问题的广场舞。

所谓舞蹈，就是指以精炼的人体动作为媒介，利用节奏、身段、舞步、表情、造型、力度等基本元素，塑造直观性和动态性的连贯形体来表达思想感情的艺术。《美国新知识百科全书》的定义更为简单："舞蹈是身体的一种有节奏的运动"，并指出"'舞蹈'（Dance）一词，大概源自高地日耳曼语 dans 这个词，意为'伸展肢体'。"① 舞蹈从动作体系方面可分为芭蕾舞、现代舞、民间舞、爵士舞、交谊舞等。从表演范围与性质方面分为生活舞蹈和艺术舞蹈。生活舞蹈常见的有交谊舞、民间舞等。交谊舞也叫舞厅舞，包括华尔兹、布鲁斯、伦巴、探戈、莎莎（Salsa）、迪斯科等。民间舞如藏族的锅庄、维吾尔族的赛乃姆、彝族的阿细跳月、巴西的桑巴、中东的肚皮舞以及汉族的秧歌、花灯、腰鼓、二人转、跑旱船等。艺术舞蹈有芭蕾舞、现代舞、宫廷舞、民族舞等。譬如中国的《丝路花雨》《红河谷》就是艺术性的民族舞剧。舞蹈还有其他很多的分类。

1. 芭蕾舞与现代舞：建立规则与打破规则

艺术舞蹈中的芭蕾舞（Ballet）又叫芭蕾舞剧，甚至西方的舞剧就统称为芭蕾。芭蕾起源于文艺复兴时期意大利的盛大宴饮活动，成熟于 17 世纪的法国宫廷。到 1670 年代，专业的芭蕾舞演员才出现。到 19 世纪，出现了演员穿脚尖舞鞋跳舞的演技，这是芭蕾舞剧决定性的一步，从此芭蕾有了自己的标志性动作，芭蕾舞可以改叫脚尖舞了。总体而言，芭蕾舞最主要的特点在于：第一，脚尖舞。这是芭蕾在表演方法上的特点。第二，开、绷、直、立。这是芭蕾在形体造型上的特点。芭蕾最基本的审美特征就在于开绷直立这四个字上。

在芭蕾舞剧中，双人舞、独舞、群舞是它经常使用的舞蹈形式。双人舞是芭蕾舞的核心舞段。由于双人舞结构严谨、层次分明、技艺精湛，所以，它最能反映出一部舞剧或演员的水平。群舞主要用来烘托主要人物、渲染气氛。芭蕾舞最主要的作品是柴可夫斯基创作的不朽名作《天鹅湖》，这是根据德国民间故事而创作的，成曲于 1876 年。1894 年，美丽的"天鹅"第一次登上了芭蕾舞台，从此《天鹅湖》作为芭蕾的同义词，以及其中王子和奥杰

---

① 汪流，陈培仲，余秋雨，等编. 艺术特征论[M]. 北京：文化艺术出版社，1984：387.

塔之间不变的真心，存留在亿万人们的记忆中。另外一部芭蕾名剧是《吉赛尔》，这是浪漫主义芭蕾的顶峰，讲述的是一个西方聊斋版的爱情故事，它是可以与《天鹅湖》并驾齐驱的最伟大的芭蕾舞剧之一，就世界上演出场次而言，它也仅仅次于《天鹅湖》而名列第二。前苏联的乌兰诺娃（1910—1998）被称为“芭蕾女神”，她主演的《吉赛尔》被公认为是对吉赛尔最好的演绎。中国亦创作出了不少属于自己的芭蕾舞剧，其中的代表作品是《白毛女》和《红色娘子军》。

芭蕾舞的反对者是邓肯于20世纪初创立的现代舞。她因此被誉为“现代舞之母”。现代舞也叫自由舞，以自然动作反对芭蕾舞的程式化，主张没有形式没有约束的即兴式自由舞蹈。现代舞的目的是让舞蹈回归人的自然本性，展示人体本身的美，自由地表露人的内心。为此，邓肯全然不顾传统舞蹈形式的要求，有时甚至一丝不挂地裸体跳舞，借此强调人体自身的摇摆是真正纯粹的舞蹈，是人的最自然的美。邓肯的自由舞是当时思想解放的标志和思想激进的产物。邓肯后因纱巾挂住车门遭遇车祸而死去。再回到现代舞。在发展过程中，尤其是进入学院体系，现代舞逐渐也具有了新的程式，这其实是必然而且必要的。如果现代舞是一种艺术，那么它就必有一定的艺术规则，而所谓规则，常常只是程式的另一种说法而已。所有的艺术都是有规则的，因而也就有一定的程式需要去遵守。完全自由的即兴式舞蹈诚然存在，但能否进入艺术的领域，则是十分不确定的事情。

2. 舞蹈的审美特征：流动的雕塑

其一，以人体为媒介和物质基础。舞蹈的艺术符号主要是：表情、动作的组织或动作模式、舞步、身段、构图、力度、服装、道具等等。在舞蹈的所有条件中，有人认为有三个要素是最为关键的，这就是所谓的“舞蹈三要素”：表情、动作、构图。所有这些符号或条件都是围绕“人体”而出现的。明代朱载堉说：“古人舞法，举要言之，不过一体旋转而已。是知转之一字，其众妙之门欤！”① “一体旋转”意即舞蹈就是身体的旋转，很精确地抓住了舞蹈的本性。

---

① 汪流，陈培仲，余秋雨，等编. 艺术特征论[M]. 北京：文化艺术出版社，1984：314.

其二，以抒情为主要目的。这一点古人也论说过，如《阮籍集·乐论》云："歌以叙志，舞以宣情，然后闻之以采章，昭之以风雅，播之以八音，咸之以太和。"① 阮籍、嵇康这些人都是热爱并精通乐舞的人，阮籍所讲的"舞以宣情"也代表了古人对于舞蹈的基本认识。舞蹈以抒情为主，其抒情的方式是通过身体动作的剧烈化或轻缓化，根本上是一种形式化的暗示；它不太适合叙事，但也不是与叙事绝对无缘，否则哑剧的存在我们就无法想通了。舞蹈造型有时可有一定的叙事性，尤其是大家熟悉的杨丽萍的孔雀舞，其手部姿势和造型，活灵活现就是孔雀的头部及其优雅的动作。准确说舞蹈主要是抒情而不是叙事，但不可绝对否定舞蹈的叙事性。

其三，舞蹈是流动的雕塑，即舞蹈是形式美、造型美和动态美的结合。舞蹈与雕塑是有联系的，这就是所谓的"舞蹈是流动的雕塑"，这句话说的是舞蹈的本质是将如雕塑一般有表现力的动作连贯起来，舞蹈就是一个一个雕塑般姿态的串联。如果说雕塑是舞蹈的"横截面"，那么舞蹈就是雕塑的"流水线"。舞蹈是利用人体来塑造可见的形式美与造型美。舞蹈动作是对日常动作的提炼、抽象，具有明显的虚拟性、符号性和象征性。舞蹈没有台词，动作、姿态就是舞蹈的"台词"，因此必须精炼，化为美的形式。在现实生活中，劈叉、旋转、圆场几乎可被视为发疯的行为，但在舞台上不但被承认，而且被认为是美的"语言"。宋代郑樵因此说："舞与歌相应：歌主声，舞主形。"② 舞蹈之美在于"形"。中国民族舞剧《丝路花雨》中反弹琵琶的造型，就是一个著名的舞蹈造型例子。它的创作灵感来自敦煌石窟中反弹琵琶的飞天形象，因此被叫做"敦煌舞"。同时，舞蹈是一种时间性艺术、过程性艺术，因而具有摇曳起伏、跌宕多姿的动态美。譬如东汉舞乐杂技画像砖，具有古朴的动态美，这体现出中国古典舞的圆、游、变、幻之美。

其四，与音乐具有亲缘关系，具备鲜明的节奏和韵律感。从表现方式来看，音乐是舞蹈的灵魂。舞蹈是用具有节奏的人体动作和富有韵味的人体造型来表现情感的。它作为本质上的一种"动的艺术"，是演员按照一定的音乐节拍所表演的动作。韵律是从节奏里产生的生命感和趣味。舞蹈是诗意化的

---

① 汪流，陈培仲，余秋雨，等编. 艺术特征论[M]. 北京：文化艺术出版社，1984：312.
② 汪流，陈培仲，余秋雨，等编. 艺术特征论[M]. 北京：文化艺术出版社，1984：313.

有韵律感的形体动作，而非人的机械的移动。总而言之，音乐是舞蹈的重要“伴侣”。音乐是舞者的指挥棒，也是观众的方向标，引导两方或进入舞蹈的表演或进入舞蹈的欣赏。明代仇英的《汉宫春晓图》描绘的就是舞蹈音乐和谐合作的情形。在某种程度可以说，没有舞蹈，音乐仍然存在，而没有音乐，舞蹈几乎停滞了。有舞蹈表演经验的人对这一点应有真切的体会。

▲ 东汉舞乐杂技画像砖与明代仇英的《汉宫春晓图》局部

3. 中西舞蹈的差异：不一样的姿势

由于文化观念和审美精神的不一致，西方舞蹈与中国舞蹈之间具有很多的差异。

第一是整体动作编排方面的外放与内收的区别，即西方舞蹈如芭蕾的动作幅度较大，多离心、外射式展开动作；而中国舞蹈多两腿弯曲、含胸、颔首、交叉、盘坐的动作，多为向心、集中式动作。这些都体现出中西民族在观念和文化性格上的深层区别，即保守、内向与开放、外向的区别，这些区别会不自觉地体现于舞蹈动作的设计之中。譬如卧鱼是京剧演员的一种基本功，一般是女演员的表演身段。演员斜托掌式右错步站立，然后两腿缓缓卷屈，下蹲，成盘卧姿势，臀部着地，右腿贴于地面，然后拧身，以背部贴地。这种一种典型的向心式舞蹈动作。内向的性格反映于日常行为便是低眉敛首，低眉敛首投射于舞蹈与戏曲，便是卧鱼之类夸张的动作设计。

◀ 形象化的外放的西方舞蹈

第二是男女动作体系设计方面的一元动作与多元动作之别。西方男女演员动作设计是基本一致的，尤其是芭蕾，动作基本上是一元的，即男女舞蹈基本上采用同一组动作，虽表演时男女略有异同，但那不是由于动作性质的不同，而是由于男女性别属性所导致的发挥不同；而中国则有区分，不仅有文舞、武舞之分，男女舞蹈动作也分属不同体系和不同造型，如男性角色的手部动作叫山掌，女性则叫兰花手。明代朱载堉因此说："武舞则发扬蹈厉，所以示其勇也；文舞则谦恭揖让，所以着其仁也。"[①] 文舞与武舞虽不全是就性别而言的，但无疑包含了性别差异的考虑。

第三是动作幅度上的冲突与和谐的区别。西方舞蹈动作幅度大，体现出"动"的文化观；中国舞蹈重"心动"，幅度不大，外观和谐，体现出"静"的文化观。所以西方舞蹈强调用肢体动作来抒情，而中国舞蹈依靠丰富的面部表情来传情达意。由此可以发现其他很多相关的区别：其一，动与静的区别。西方舞蹈动作以放势为主，体现出外向性文化性格对于西方舞蹈的影响；中国舞蹈动作以收势为主，体现出内向性文化性格对于中国舞蹈的影响。其二，向天与入地的区别。西方的大跳、小跳、托举动作较多，有一种"向天"的动作趋势；中国的矮步、蹲姿、后仰、前倾动作较多，有一种"入地"的

① 汪流，陈培仲，余秋雨，等编. 艺术特征论[M]. 北京：文化艺术出版社，1984：314.

动作趋势。其三，重心高与低的区别。其四，阳刚美与阴柔美的区别。

第四是男女演员合作方面的托举与对舞的区分。西方多男女托举动作，男女之间体现出一种亲密关系。中国受男女授受不亲观念等的影响，男女之间呈现出一种有意疏远的关系，舞台表演则采用对舞形式。所以芭蕾舞里有许多托举动作的设计，这在中国古代文化系统中是不可想象的。中国对舞形式的一个为大家非常熟悉的例子是《刘海砍樵》。可见中国传统文化强调一切艺术的教化功能，拒绝“诲淫诲盗”，深谙文艺所具有的“腐蚀作用”。

第五是审美风貌方面的开绷直立与拧倾圆曲的区别。这是直线美与曲线美之间的区别。开即动作的打开，绷即肌肉、身体的绷直，突出力度感，直即四肢、身体造型的直线感，像脚尖舞强调足部都要伸直，以便与整个腿部处于同一直线上，立指整个身体造型的挺立感。中国古典舞蹈的某些形体动作则要求像扭麻花一样的扭曲自己的身体（拧），“卧鱼”“射燕”的动作都有这个内容，也有较多低头含胸的动作（倾），造型上有圆形构图的体现（圆），也多手部和腿部弯曲的动作（曲）。譬如中国舞蹈的“三道弯”，特指在舞蹈动作中，头和胸背，腰和臀，胯（腰与大腿间）和腿三个地方要弯成半圆，然后整体上呈现出S状的形态。

此外，从比较的角度来讲，中西舞蹈之间还存在足舞与手舞之别，即西方舞蹈多足部动作，典型的当然是脚尖舞，而中国舞蹈则多手部动作的发挥，典型的例子是孔雀舞。

◀ 唯美的中国舞蹈《青花瓷》

总而言之，舞蹈是有表现力的人体动作和人体造型的美的展示。具体说，舞蹈的美包括：①身段美。身段既指身体形态的美，又指舞蹈或戏曲中形体动作的美。身段美是人体美、姿态美、动作美等的综合体现。②形式美。它包括舞蹈的音响美（如“踢踏舞”），舞台背景的色彩美与灯光美（如《蝶恋花》），等等；但主要是指舞蹈动作的线条美与构图美等。③姿势美，或叫姿态美。这是侧重从静态方面谈舞蹈的美。从动态的舞蹈中“切割”某一瞬间，对舞蹈作静态化观照，即可见出舞蹈的姿势美或姿态美。④动态美。动态美是姿态美连贯而形成的动作的美。如街舞“小地板”中脚步动作（排腿）的美。⑤造型美。造型美着眼于舞蹈动作编排的外形效果。如2014年南京青奥会开幕式舞蹈《筑梦之塔》。⑥力度美。即力量美，包括动作本身的力量美和动作之间的张力美。⑦意蕴美。舞蹈的意蕴美在于舞蹈所表达的情感以及舞蹈所具有的内在意义等方面。传达感情是舞蹈主要的目的，但很多舞蹈同时具有一定的意义指向，具备某种象征含义，如《千手观音》对爱的呼唤。不过，舞蹈从直接观看的层面而言，主要是一种形式的美。同时，以上这种区分是相对的，它们之间有时相互包容，如动作美中有身段美，身段美亦体现出动作美。简言之，舞蹈是身体在慢走、高跳、旋转当中呈现出来的一个美丽世界。

第十六讲　综合艺术

综合艺术包括戏剧、电影、电视、互联网艺术（网络艺术）等，其中除了戏剧外，都是20世纪才发展起来的艺术，今天还在继续发展，尤其是互联网艺术，目前还犹抱琵琶半遮面，我们现在还无法对它作出较为全面、准确的归纳和判断。

一、戏剧：舞台上的说与唱 »»

戏剧是在舞台上由演员以对话、动作、歌唱为主要表现手段，为观众当场表演故事情节的一门综合艺术。悬念与惊悚大师希区柯克说：戏剧就是删除了枯燥片段的生活。这说明戏剧是紧凑的、提炼过的、富有冲突性的生活在舞台上的呈现。广义戏剧指话剧、中国戏曲、歌剧、舞剧等，它与电影、电视皆是综合艺术；狭义戏剧则只指话剧。不管何种戏剧艺术，都有三要素：观众、演员、剧本。从历史上看，世界上存在三种古老的戏剧艺术：古希腊戏剧、印度梵剧和中国戏曲。

1. 话剧：在舞台上好好说话

话剧是以人物的说话和动作为主要表现手段的舞台艺术，起源于西方，区别于歌剧、舞剧。话剧于20世纪初由日本传入中国。中国现代历史上的著名话剧有《雷雨》《茶馆》《蔡文姬》等。后现代的话剧有《暗恋桃花源》。80年代首演于台湾，2007年谢娜、何炅、黄磊、袁泉主演的新作引起媒体追逐。它由《暗恋》（现代剧）与《桃花源》（古代剧）奇特碰撞、交错、相互演绎而成。剧情是讲两个剧团抢占舞台排戏，于是两部完全对立的戏剧在一个舞台上演了。《暗恋》是个“悲剧”：1946年江滨柳与云之凡在上海相遇，后因战乱失散，两人先后来到台湾，生命最后时刻才得以重逢。都在台北，不过只隔着几个街区的距离，却几十年未曾得见。另一个《桃花源》则是“喜剧”，源于陶渊明的《桃花源记》，讲的是武陵渔夫老陶不育，其妻春花与袁老板偷情，老陶愤而去上游捕鱼，误入桃花源，却发现在桃花源中，袁老板和春花才是和美的一对，而自己却是个闯入者，但是两位纯净的桃花源人欣喜地接纳了他，令他感到自己以往的狭隘。而当他返回武陵，发现春花与袁老板已结为夫妇，老陶成了无家的人。此时剧院突然停电，一个疯女人呼唤着男友的名字跑过舞台。早先的悲剧最后有一抹喜剧的颜色，而早先的喜剧最后反倒成了悲剧。大家可以发现，这是一部具有后现代性质的荒诞剧，又是一部令人悲喜交加的心灵之剧。

西方戏剧有辉煌的成就，从古希腊以来，它不仅是文学上的瑰宝，也对思想领域发生过重要影响，黑格尔的悲剧思想、弗洛伊德的恋母情结概念都从古希腊戏剧汲取过思想的灵感。文艺复兴时期最伟大的戏剧家是莎士比亚。其代表作是历史剧《亨利四世》、悲喜剧《罗密欧与朱丽叶》、喜剧《威尼斯商人》，以及四大悲剧《哈姆雷特》《李尔王》《奥赛罗》《麦克白》，其中“吝啬鬼”夏洛克、“欧洲版梁祝”罗密欧与朱丽叶、“忧郁王子”哈姆雷特是莎剧中最有影响的形象。17世纪古典主义时期的法国，有伟大的喜剧家莫里哀。莫里哀的最高成就是《伪君子》和《吝啬鬼》（又译为《悭吝人》），答尔丢夫和阿巴贡分别成为伪善和吝啬的代名词。19世纪以来，不仅有易卜生、布莱希特等一大批优秀的戏剧作家，而且出现了斯坦尼斯拉夫斯基等一大批戏剧导演和戏剧理论家，在世界戏剧领域产生了布莱希特体系和斯坦尼斯拉夫斯基体系这两个相对立的戏剧表演理论体系，前者主张理性地表演，追求“间离效果”（陌生化效果），后者主张全身心投入，演员与剧中人物打成一片。

2. 中国戏曲历史：将生活放进一种形式里

中国戏曲的形成，经过了相当漫长的时间。其最早的源头，应是蛮荒时期的歌舞。商代出现了与后来戏曲有关的三类人员：一是倡优，即擅长歌舞表演者；二是俳优，即擅长言行滑稽以逗乐者；三是伶优，即擅长吹打乐器者。后来人们把伶优倒过来产生的优伶一词，成为古代戏子的代名词。据《百韵》《康熙字典》解释：优，调戏也；伶，乐工也。先秦戏曲也有所发展，由戏曲中涌现出一个词叫“优孟衣冠”。汉代百戏是指歌舞及杂耍，是中国戏曲历史的一个过渡阶段。唐代出现了梨园祖师唐明皇，他所设的教坊是最早的艺术教育机关，包括歌舞和戏曲的训练。宋代出现与戏曲音乐舞蹈皆有关联的瓦肆、勾栏，意味着大众娱乐时代的到来。瓦肆，亦名瓦舍，等同于现如今俗称的“娱乐一条街”。勾栏即较粗朴的戏房或戏院，也是其他娱乐的表演场所，它有时也许就是一个棚子，甚或是临时围起来的一块表演场地。

中国戏曲发展的成熟阶段是宋元杂剧和南戏，尤其是元杂剧，代表中国戏曲进入黄金时期。其时重要戏剧作家有关汉卿，生卒年不详，元曲四大家之一，代表作为《窦娥冤》《拜月亭》。王实甫，生卒年不详，代表作为《西厢记》。白朴，生于1226年，卒年不详，元曲四大家之一，代表作为《墙头马上》。马致远，生卒年不详，元曲四大家之一，代表作为《汉宫秋》（表演的是汉元帝时王昭君事迹）。纪君祥，生卒年不详，代表作为《赵氏孤儿》（表演的是春秋晋灵公时期程婴养赵朔之子事）。郑光祖，生卒年不详，元曲四大家之一，代表作为《倩女离魂》。一流文人在元代大都生卒年不详，可见元代对读书人的“薄情”。其中《西厢记》源自《莺莺传》。贞元十五年，公元799年的冬天，元稹于山西永济的普救寺，遇见了一袭白衣的名叫莺莺的女子。那一年，他二十一岁，她十六岁，都是古代社会如花美眷的最好的年华。他们属于一见钟情，开了花却没有结果，元稹为此写下《莺莺传》，且留诗无数。宋元南戏方面的代表成就是元末明初的“荆刘拜杀”与元末高明的《琵琶记》。“荆刘拜杀”是指元代柯丹丘的《荆钗记》、元代温州永嘉书会（编剧所）才人的《刘知远白兔记》、元人施惠的《拜月亭》以及无名氏的《杀狗记》。明清戏曲成就是传奇，代表作是汤显祖（1550—1616）“临川四梦”，即《牡丹亭》《紫钗记》《南柯记》《邯郸记》。然后中国戏曲来到最辉煌的阶段，即清代地方戏争相发展的时期，我们现在所能见到的各种地方戏曲，在清代皆已成形。

3. 京剧与地方戏：人生的粉墨化

目前中国主要的戏曲品种有京剧、昆曲、越剧、豫剧、黄梅戏、评剧、川剧等，除了京剧之外，大多归属于地方戏，基本上从它们的名称便可以猜知各自所归属的地域。昆曲又叫昆剧，发源于江苏昆山，分为“南昆”和“北昆”。2004年白先勇策划排演的青春版《牡丹亭》是昆曲史上的盛事。豫剧，又叫河南梆子，名角有常香玉及其孙女小香玉等，名剧有《花木兰》《七品芝麻官》等。黄梅戏是安徽的地方戏，名角有严凤英、王少舫、马兰等，名剧有《天仙配》《牛郎织女》《女驸马》等。评剧，流行于以河北为主的华北与东北地区，名角有新凤霞、小白玉霜以及赵丽蓉，名剧有《刘巧儿》。川剧是四川地方戏，绝活是“变脸”，说明戏全在“戏法”里。湖南地方戏有湘剧和花鼓戏，其中的《打铜锣·补锅》是曾经红极一时的花鼓戏电影，花鼓戏片段“刘海砍樵”与“苏三离了洪洞（音同）县”“天上掉下个林妹妹”“夫妻双双把家还”“刘大哥说话理太偏”等一起成为戏曲中最脍炙人口的“流行歌曲”。

◀ 昆曲《长生殿》之杨玉环剧照（北昆名家魏春荣扮演）

京剧是中国的国粹，也是戏曲中的“龙头老大”。1790 年乾隆 80 大寿，兴起于安庆发展于扬州（因主要老板是安徽籍扬州盐商）的三庆、四喜、和春、春台四大徽班进京，标志了京剧的开端。京剧之名始见于清光绪二年（1876）的《申报》。四大徽班以唱徽调之二黄调为主，后融入汉调中的西皮调，并接受秦腔等影响，这构成京剧最主要的两大声腔。所以京剧又称“皮黄”。二黄旋律平稳，节奏舒缓，唱腔较凝重、浑厚、稳健；西皮旋律起伏较大，节奏紧凑，唱腔较流畅、轻快、明朗、活泼。京剧中涌现出许多杰出的表演艺术家，譬如四大名旦：梅兰芳、程砚秋、荀慧生、尚小云。其中梅兰芳被称为“中国戏曲盟主”。曾有一个说法，外国人到中国想做两件事：一看长城，二听梅戏。著名剧目太多太多，只能略举一二：《贵妃醉酒》《锁麟囊》《红娘》《状元媒》《三岔口》《定军山》《红鬃烈马》《徐策跑城》《钓金龟》《打龙袍》《铡美案》等。张国荣饰演的电影《霸王别姬》说的便是京剧的事，据说张国荣因过于入戏而对自己带来很大影响。这说明用心于艺术之人，常被艺术所“伤”，令我们想起扮演《暗恋桃花源》的金士杰，因为扮演江滨柳而差点得了抑郁症。犹记《霸王别姬》那句著名的台词：“说的是一辈子。差一年，差一个月，差一个时辰，都不是一辈子！”对于人生，对于艺术，这都是完美主义者的宣言，令我们敬佩而且动容。

越剧是京剧之外影响最大的剧种之一，兴起于浙江，成熟于上海，流行于沪、浙、苏、闽四省市，一大特点是“女的演男的”。主要流派首先有袁派，这是越剧花旦流派，袁雪芬创立，名弟子有方亚芬、陈慧迪等，名剧名段有《梁祝》之“楼台会”、《西厢记》之“琴心”、《钗头凤》之“断肠人”、“香妃·哭头”、《祥林嫂》，极具含蓄、细腻、丝丝入扣之美。尹派，这是越剧小生流派，尹桂芳创立，极具婉约、柔婉之美，名弟子有茅威涛、赵志刚、王君安等，名剧名段有《浪荡子》之“叹钟点”、《沙漠王子》、《盘妻索妻》之“洞房悄悄”等。王派，越剧花旦流派，王文娟创立，名弟子有单仰萍、王志萍等，名剧有《红楼梦》《追鱼》。傅派，越剧花旦流派，傅全香创立，何英、盛舒扬是其中最优秀的传人，嗓音条件很好。金派，越剧花旦流派，金采风创立，名弟子有谢群英、樊婷婷等，名剧有《碧玉簪》《盘夫索夫》，细细聆听，有情、有韵、有味。戚派，越剧花旦流派，戚雅仙创立，名弟子有金静，名剧有《血手印》《王老虎抢亲》等，唱腔柔婉低沉，极具韵致。

4. 中国戏曲的审美特征：删去枯燥的生活

戏曲是我们的文化瑰宝，作为中国人，应该继承、热爱、发展、丰富这些瑰宝，为它们的流传与繁荣作出我们自己的贡献。发扬国粹首先要了解国粹，于是，戏曲的审美特征问题就摆在了我们面前。①

第一，戏曲具有高度的综合性。戏曲综合了歌、舞、剧等多种艺术元素，基本功夫讲究四功五法。所谓四功，就是唱、念、做、打四个基本内容。其中“唱”无疑是最主要的，因为中国戏曲究其实就是中国式歌剧；“念”是指有韵味的音乐性念白，是日常口白或口语的拉长，分为京白和韵白，京白又叫土白或散白，比较接近生活口语，韵白的音乐性更强，离口语距离较远，一般主要人物多用韵白；“做”是指形式化舞蹈化的形体动作；“打”是指武术和翻迭，包括把子功和毯子功两大类，前者指手持兵刃模仿武打战斗动作的基本功，后者指各种筋斗及扑跌翻腾等基本功，是生活中武术、格斗等动作的戏曲化提炼。五法是指手法、眼法、身法、发法（头发）、步法。同时，戏曲如电影电视一样，是一种典型的集体艺术，非单个人可以完成。它需要

---

① 参见何林军.美学教程[M].长沙:湖南师范大学出版社,2009:264.

化妆、编剧、导演、演员、音响、伴奏、领唱等各方面通力协调、全力配合才能完成。中国戏曲是一门综合性艺术。

第二，戏曲是程式化的艺术。程式化是指角色行当、表演动作、唱腔、脸谱等的固定不变的规则。

首先，角色行当是程式化的：有生（老生、小生、武生、红生、娃娃生）、旦（青衣旦、花旦、刀马旦、武旦、老旦、贴旦、彩旦）、净（铜锤花脸、架子花脸）、丑（文丑、武丑）四大类，以前还有“末”这个行当。生旦以性别归类，男为“生”女为“旦”。老生又叫须生，分唱功老生、靠把老生和衰派老生；小生分翎子生、纱帽生、扇子生和穷生；武生分穿厚底靴的长靠武生和穿薄底靴的短打武生。青衣旦又叫正旦，贴旦是次要旦角，故又名二旦，彩旦即丑婆子。净丑以形象、性格归类，多为男性。“净”即俗称的“花脸”，其中铜锤花脸又叫正净、大花脸，架子花脸又叫副净、二花脸或武二花。“丑”又称小花脸、三花脸，分为袍带丑（《贵妃醉酒》高力士）、方巾丑（《群英会》蒋干）、褶子丑（《野猪林》高衙内）、茶衣丑（《钓金龟》张义）和老丑（《苏三起解》崇公道）。“末”这一行当多为中年以上的男性。末行专司引戏职能，最先出场，反其义而称为“末”，这一角色后来基本消失了。每一个行当分类，都是代表着一批同类人物，而不是只归一个人物所有。不过凡事都有特例，在京剧中，有一两个人物就占了一个行当分类，这就是“红生”，他们是赵匡胤和大名鼎鼎的关云长。

其次，表演动作是程式化的。如“起霸”，又分“男霸”“女霸”等，其得名源于明代传奇《千金记·起霸》一折。这是戏曲演员必练的基本功。男霸由提甲出场式亮相、云手、踢腿、弓箭步、骑马蹲裆式、跨腿、整袖、正冠、紧甲等基本动作连贯组成；女霸由出场式亮相、云手、鹞子翻身、整袖、正冠、掏翎、紧甲等基本动作连贯组成，有时还有涮腰等动作。这是表现古代将士出征上阵前整盔束甲的情景。“走边”是指戏曲中表现身怀武艺的人物轻装潜行的表演程式，常用于巡查、夜行、暗袭等特定情境。它是武戏演员的基本功之一，主要由正、反云手，各种踢腿和飞脚、旋子、蹦子、扫堂腿等动作组合而成。此外“趟马”指策马疾行，“跑龙套”“走过场”有时指千军万马。戏曲中主要人物登场一般也总有整冠、抖袖、理髯的规定动作。“甩发功”“髯口功”“水袖功”“扇子功”“手绢功”等，也都具有一定的程式化的要求。中国戏曲有很多的规范和规则必须要遵守，演员少了哪一个细节，票友们就可能喝倒彩。中国戏曲是一门程式化的艺术。

第三，戏曲具有虚拟性。一首专门论戏曲的对联是："三五步走遍天下，六七人百万雄兵"，这说的就是戏剧的虚拟性。戏曲的虚拟性体现在：其一，动作是虚拟性的，如马鞭船桨即表示策马撑船，手指翻飞眼随手动即表示穿针引线，手拿毛笔悬空作势即表示案上书写。其二，道具布景是虚拟性的。戏曲舞台布景简单，除了幕布则多只有一桌二椅，这便代表厅堂庭院；幕布更换，这一桌二椅又代表另一地点的厅堂庭院。其三，舞台时空也是虚拟性的。刚才提到的幕布更换即是戏曲中常见的时空变换手段，另外，戏曲里的S形台步、"过场""圆场"也是用来交代时间和地点变化的戏曲符号，其中S形台步表示穿过了大街小巷，过场的时空变换则更大，圆场是时空变换最大的，几个圆场表示的是越过了无数的山山水水。就此而言，中国戏曲是一门暗示的艺术。

第四，戏曲具有写意性，同时又强调形式美。中国戏曲又是一门写意的艺术和形式的艺术。它追求写意传神，同时又强调形式美，因此就有了红髯、紫髯、绿髯等等，也有表示惊恐的"对白眼"、表示专注的"斗鸡眼"。戏曲的写意是指它不强求与生活一致，而注重人物内在神态和戏曲表演趣味的传达。水袖之类服装设计、花脸之类脸谱装扮等等，不求形似而求神似，具有明显写意性。同时这种写意性又转化为形式美得以体现，长长的水袖、小丑的白鼻梁等，要么是飘扬的线条美，要么是滑稽的形式趣味，这成为中国戏曲十分得意（没有任何贬义）的舞台语言。可以说中国戏曲就是纯美的艺术。它的美具体在于唱腔美、念白美、扮相美、脸谱美、服装美、道具美、动作美以及造型美等。譬如女大靠，作为女将或女统帅之战服的戏曲化变形，是戏曲形式美的重要道具。在没有歌剧的古老中国，戏曲就是中国的歌剧，同时，也是中国的舞剧，在老百姓心目中占有重要的位置。从1990年代以来，戏曲虽然遭受过冷遇和自身的徘徊，但近年来，戏曲的影响又在慢慢恢复，大学生群体中也有越来越多的戏曲迷。这里的一个重要原因在于戏曲本身是非常美的因而必然是具有吸引力的。

戏曲深深影响过中国人的生活，从很多日常词汇中都可以看到戏曲的影子。譬如走过场是指在舞台上出场后，很快从另一侧下场。→做事不落到实处。打圆场是指按规定动作以圆圈形式绕行，以表现时空的转换，行进的速度由慢到快。→调停或“和稀泥”。跑龙套是指摇旗呐喊之兵卒。→配角或意指跑腿、打杂。亮相是指演员出场。→展示自己。有板有眼是指有强拍（以板敲之）有弱拍（以鼓击之）。→做事扎实，有条有理。行当是指演员角色。→从事的行业。反串是指改变角色表演。→临时性做别的不太熟悉的工作。客串是指非职业演员临时入戏班演出。→临时性干非本职工作或为提高人气，影视演员出演某一戏份较少的角色。自报家门是指演员出场自我介绍。→自己介绍自己。此外还有“票友”“压轴”等。可见戏曲对于中国人生活的渗透。

我们认为，培养戏曲爱好可以从以下方面着手：其一，从“聆听名段”开始。整部作品可能冗长，但有些唱段是非常动听且深入人心的，如京剧的“天女散花”“苏三起解”“凤还巢”“锁麟囊”“杨门女将”“大登殿”，黄梅戏的“夫妻双双把家还”“小辞店”，豫剧的“谁说女子不如男”，昆曲的“牡丹亭”之“游园惊梦”，沪剧的“燕燕做媒”，越剧的“血手印”“白蛇传·西湖山水”。其二，在聆听的基础上要培养兴趣。兴趣是最好的老师。其三，听戏宜在安静、独处的环境里，品味其唱腔、吐字、气息等。

二、影视：光与屏幕的合作 »»

电影和电视是以画面和音响为媒介，在银幕或荧屏上创造感性直观形象再现社会生活的一门综合艺术。电影是技术和艺术合一的产物。声学的进步，使电影从无声走向有声，光学的进步，使电影从黑白走向彩色，从平面走向3D（立体）再走向IMAX（巨幕）。1911年意大利的卡努杜（1877—1923）发表《第七艺术宣言》，宣称电影是“第七艺术”。

1. 电影的诞生与发展：从此星空璀璨

电影诞生于1895年，创始人是法国的卢米埃尔兄弟，第一次公开售票放映的电影是《工厂大门》。1927年华纳兄弟公司发行音乐故事片《爵士歌手》，标志着有声电影的开始，电影这个“伟大的哑巴”终于开口说话。[①] 1920 年代最重大的电影事件是好莱坞的兴起。从此以后，电影世界的最大“东家”横行于世纵横捭阖，出现了一大批的电影明星。其中女明星及其代表作有：凯瑟琳·赫本《非洲女王号》、贝蒂·戴维丝《彗星美人》、奥黛丽·赫本《罗马假日》、英格丽·褒曼《卡萨布兰卡》、葛丽泰·嘉宝《尼诺基卡》、玛丽莲·梦露《热情似火》、伊丽莎白·泰勒《埃及艳后》、琼·克劳馥《欲海情魔》、克劳黛·考尔白《一夜风流》、格雷丝·凯利[②]《后窗》、费雯·丽《乱世佳人》、秀兰·邓波儿《小公主》、索非亚·罗兰《烽火母女泪》。男明星及其代表作有：汉弗莱·鲍嘉《卡萨布兰卡》、加里·格兰特《西北偏北》、马龙·白兰度《教父》、亨利·方达《愤怒的葡萄》、克拉克·盖博《乱世佳人》与《一夜风流》、查理·卓别林《摩登时代》《淘金记》《大独裁者》、格利高里·派克《杀死一只知更鸟》、劳伦斯·奥立弗《王子复仇记》、奥森·韦尔斯《公民凯恩》、柯克·道格拉斯《斯巴达克思》、威廉·霍顿《日落大道》。他们为世界电影塑造了最为深入人心的一批艺术形象。

中国第一部影片是 1905 年的京剧电影《定军山》。1913 年黎民伟编导了《庄子试妻》，黎民伟的妻子严姗姗扮演“扇坟”中的侍女角色，成为中国电影史上的第一位女演员。在中华人民共和国成立之前，重要的电影收获是 1937 年的《马路天使》，袁牧之编导，赵丹、周璇等主演；1947 年的《一江春水向东流》，蔡楚生、郑君里编导，陶金、上官云珠等主演。此外重要的电影人士有胡蝶，被视为民国最有名的女演员，也被称为中国的葛丽泰·嘉宝。此外还有阮玲玉，在民国影坛地位仅次于胡蝶。1980 年代，中国电影迈上复苏并快速发展道路，黄祖模导演、张瑜与郭凯敏主演的《庐山恋》（1980），红遍了大陆每一个地方，是当时中国电影的一个奇观。此后出现了以吴贻弓、谢飞、吴天明和黄蜀芹为代表的所谓“第四代导演”，但马上以陈凯歌、田壮壮、张艺谋为代表的第五代导演就横空出世。1990 年代，以张元、娄烨、贾樟柯为代表的第六代导演也出现了，但迄今风头和成就未能超越第五代导演。

---

① 凌继尧主编. 艺术鉴赏[M]. 北京：北京大学出版社，2007：287.

② 后嫁摩纳哥国王雷尼尔三世，成为法国之内 2 平方公里的袖珍国国王的王妃。

2. 电视的发展与特性：流行源于如此亲民

电视1936年诞生于伦敦的英国广播公司，也有人认为作为传播媒介，它早在1928年就已出现。1954年美国正式播放彩色电视节目。中国1958年开始播放黑白电视节目，1977年开始播放彩色电视节目。最早的中国电视台是1978年成立的北京电视台，它是中央电视台的前身。

作为不同的传播媒介，电影与电视在播放屏幕、拍摄机器、播放时间和播放地点方面都存在显著差别。譬如电影播放屏幕是银幕，电视则是荧屏，由此电视镜头多用中近景，而少用远景和全景，这可以说是电视的一个不足之处。电影拍摄机器是摄影机，电视则为摄像机，当然现在电视也开始借鉴电影的拍摄手法，所以摄影机在电视尤其是电视剧拍摄时也开始大量运用。同时，电视（这里不是指电视剧）作为传播媒介，具有自己独特的优越性，简单地说，体现于：第一，它提供了比电影更为便捷的观看条件。无疑观看电影是不能在家庭之内进行的，除非你家里足够大，可以挂上一块大银幕，否则你在家中观看电影终归是电视形式的不同变形。而电视机不仅可以摆在客厅，也可以摆在卧室，甚至放在厕所也无理论上的难处。同时电视的播放一般没有时间限制，大多数频道现在都是24小时全天候播放。第二，它提供了比电影更及时更丰富的社会信息，更利于人们直接了解世界。电影一般不能直接提供社会现实信息，除非它是纪录片。即使是纪录片，受制于它缓慢的制作流程，它所反映的社会现实信息也是滞后的。而电视则可以相当灵活相当全面地记录报道社会现实信息。它无需电影拍摄那样庞大的团队，也无需电影制作那样精心的策划，拎着一台摄像机，就像握着一支笔一样方便，可以将世界全方位地予以扫描，然后及时快速地输送给观众。第三，它还可以与观众保持互动，比电影更直接更广泛地渗入人们的日常生活。电影与观众之间的距离从现实性上讲没办法取消，它可以召唤大家去看，却不能像电视一样采取现场采访或发送短信等方式将观众直接拉进电视节目中，也不能像电视一样采取直播或现场报道等途径使观众与媒体与世界保持同步性。电视因而虽然属于后起之秀，却能迅速占领媒体高地，对整个社会的发展和人们的主观世界发生全方位的影响。这种影响像一把双刃剑，使人们欲罢不能，既痛且快。

在电视的发展过程中，逐渐出现了电视剧，它的最早播放是 1945 年，但一旦出现它就继承了电视的大部分优势，其影响迅速超过了电影，观看人数和观看时间都是电影无法比拟的，成为很多人日常生活中的必需品，用以寻找安慰或打发时间，总之是润滑生活，此之谓肥皂剧。电视剧对于很多人来说，不论优劣，都带有肥皂剧的性质。当然，电视剧具有如此大的影响，除了它像一般电视那样，有观看条件上的便利，还在于电视剧本身的一些特点。譬如它多以连续剧的形式展开，在表现生活的容量上大大扩充。电视剧可以是“微型小说”，可以是“中短篇小说”，更可以是“长篇小说”，甚至是超级的“长篇小说”，几百集甚至上千集的电视剧都已存在。另外，它可以最大限度地还原生活，甚至与生活保持 24 小时同步，如美国电视剧《24 小时》就播放了 24 小时，每一小时对应生活中的 60 分钟。①

3. 影视的审美特征：蒙太奇与光影的奇迹

其一，它们是分工合作博采众艺的综合艺术。

影视如戏剧一样，有剧本、演员、观众三个基本要素，需要编剧、导演、演员、美工、音响、剪辑等的通力合作。在电影理论中，常常存在一个问题，即电影的作者到底是谁？是编剧吗？他仅提供了文学剧本。是导演吗？但没有好剧本好演员也没戏。是演员吗？没有其他人员似乎也不可能。我们认为电影的作者其实是一个“复数”，是大家合作在一起构成了电影的作者。当然相对而言，导演、演员是其中最关键的因素。导演提供拍摄总体蓝图和思路，决定表演的进度、方向，提供表演的尺度规范，所以影视界常常存在一种情况：影片造就演员，这是很多见的，如人们常常谈论的“谋女郎”“星女郎”，这主要缘于她们遇到了一个好导演。但是即使如此，也不是所有的“谋女郎”和“星女郎”最后都脱颖而出了，其中也有暗淡的，这就取决于演员本身的能力，同时诚然也包括一些外部因素。所以影视界也存在另一种情况：演员造就影片，这也是很多见的，譬如张国荣对于《霸王别姬》、张曼玉对于《花样年华》、奥黛丽·赫本对于《罗马假日》。电视剧同样如此，既有成全演员的，也有被演员成全的。前者的例子太多了，譬如电视连续剧《渴望》

---

① 凌继尧主编. 艺术鉴赏[M]. 北京：北京大学出版社，2007：345.

(1990) 成全了李雪健，当然他本人演技也很好，亦可说他也成全了《渴望》。后者的例子有电视连续剧《人民的名义》(2017)，里面一批“老戏骨”为电视剧增色很不少。

影视也需要借鉴运用歌舞、戏剧、文学等其他艺术元素，譬如朱莉·安德鲁斯主演的经典歌舞片《音乐之声》(1965) 就是电影与音乐、舞蹈等艺术的结合。另一个例子是埃斯特·威廉斯主演的经典歌舞片《出水芙蓉》(1944)，由著名的米高梅影片公司出品，其中的花样游泳和歌舞令人印象深刻。众所周知，印度电影也常常和舞蹈结合在一起，舞蹈常常成为印度电影推动剧情的一种手段，当然其中很多舞蹈也是为了展现民族风情而硬性加入的。快节奏的舞蹈成为表现印度人乐观的一个窗户。

文学在影视中也扮演着关键角色，甚至可以说影视是一定离不开文学的，因为所有的影视艺术开始于文学剧本，也因为文学性因素渗透在影视的很多方面。譬如影视台词，这就是文学性语言的一种。好的台词就是好的文学，有表现力有内涵有感染力。法国电影《两小无猜》(2003)：“好的爱情是你通过一个人看到整个世界，坏的爱情是你为了一个人舍弃整个世界。”美国电影《如果能再爱一次》(2004)：“举得起放得下的叫举重，举得起放不下的叫负重。可惜，大多数人的爱情，都是负重的。”美国电影《我是传奇》(2007)：“你无论如何都成不了总统的。白宫之所以叫白宫可不只是因为它是给漆成白色的。”这些台词或诙谐或深刻，带给人们不同的感染，也成为影视不可缺少的魅力。

其二，影视最基本的艺术语言是镜头和蒙太奇。当然总体看，影视的艺术语言还有声音、色彩、构图和造型等。镜头是指从开机到停机连续一次拍摄的画面。一个镜头所拍摄的人物或景物，在时间和空间上没有切断的痕迹。镜头有推拉摇移跟五种基本形式。镜头放映出来，便是一个画面或多个画面。与画面和镜头相关的一个词是景别。景别是指被拍摄者在画面中呈现出来的范围（大小、远近），它一般分为五种：远景、全景、中景、近景和特写。在关于镜头的认识中，还出现了一个概念叫“长镜头”，它是指 30 秒以上的单镜头，要求在一个有一定时间长度（比如 30 秒以上）的统一的时空里不间断地展现一个完整的动作或事件。这一概念的提出者是安德烈·巴赞（1918—1958），法国“新浪潮电影”的精神之父，现代电影理论的一代宗师。

蒙太奇是影视的代名词，它源自法语译音，原为建筑学上的一个常用术语。在影视中，蒙太奇的基本意思是指画面、镜头和声音的剪辑安排的方式及技巧，后来延伸成为影视中塑造艺术形象的一切方法与方式的总称，成为影视创作最基本的审美原则。如果把影视比作文学，把镜头比作语言，那么蒙太奇就等于对语言的组织和安排。文学只要干一件事就可以了：安排和组织语言。那么，影视也其实只在干一件事：安排和组织镜头。所以蒙太奇当然就是影视的总体审美原则了。拍电影就像写文章，把镜头放在那里，就等于把文字放在那里。有时候影视里难免会有穿帮镜头，这就等于写文章没有运用好词汇。镜头如果等于细节，蒙太奇就负责把这些细节归位，归位做好了，影视的力量就出来了。譬如张艺谋《归来》的结尾，两口子站在白雪中，这就是很好的蒙太奇手法，镜头放对位置了，于是这镜头就像雕刻一般立在那里，为整个电影收了一个富有重量的结尾。

其三，影视是动态的视觉直观艺术。由此，影视有人称之为“活动的绘画”。影视是在摄影的基础上发展起来的，没有摄影，电影缺乏了最直接的灵感和最可靠的支持。摄影第一次让人类觉得自己就活在平面上，以前的绘画只是觉得自己仿佛活在平面上。换言之，绘画给人幻觉感，而摄影给人在场的真实感。摄影里的世界就是我们这个世界，这是人们坚定的自信，因为摄影的原理就是让世界如此这般地存在，一点不变样。但是，摄影也令人们逐渐不满，它是静止不动的。摄影满足了人类把住世界的愿望，但它没有完美地实现人们跟随世界的愿望。不知从哪一天开始，“让照相活动起来”，就变成了某些人的渴望。而且他们拿出了行动，这便有了电影。电影就是摄影的动态化，是一连串摄影的排列。一幅摄影就是一个画面，是一个镜头的截留。万事俱备只欠东风。软件早就有了——光学；硬件也已经有了——摄影。电影的诞生成为必然。1915 年，电影艺术奠基人美国导演格里菲斯说：“我们不‘说’发生了什么事情，或是‘描述’一件东西是什么样子，我们是把它实际地、生动地、完整地、令人信服地表现出来。人类的智慧所发现的任何东西都比不上电影更善于这样表现事物了。”① 确实，它的表现力是空前的。至少它比摄影多走了一步，这多出的一步，主要就在于“动”。让摄影带给人

① 杨辛，谢孟主编. 艺术欣赏教程[M]. 北京：北京大学出版社，2008：335.

们的震撼性的视觉直观动起来，从静止的二维走向连续的三维，这就是摄影到电影的历史性的一步。

为了强化这种动态化的视觉直观，电影界人士铆足了劲。从以前平面的三维虚像到后来的3D，虽然依旧只不过是光学幻境，但感受变了。它强化了事物的三维形象，也就强化了人们的视觉感受和触觉感受。从3D到4D，则是外在地加入了一个动（Dong）感，电影未变，影院设施变了。这都属于电影在动态化直观方面的努力，是开发人类感性的过程，也是强化电影魅力的过程。所以看电影，还得到电影院。影视强化动态化视觉直观的另一个方面，就是在电视剧的长度上做文章，譬如美国电视剧《豪门恩怨》，从1978年一直播到1991年，连播了13年，不过集数并不长，只有357集。这种方法是不是很好，效果是不是明显，手法是不是高明，则是可以讨论的了。

其四，影视是逼真性与假定性相结合的艺术。人类是“睁眼看世界”的，而“直接观看”永远比“间接观看”更受一般人的欢迎，本雅明在《机械复制时代的艺术作品》里说，在心理上，“现代大众具有着要使物更易‘接近’的强烈愿望”。[①] 影像，人们相信它是对于对象的摄录，于是破天荒地以一种冷眼旁观的方式将世界的纯真原貌还原给人们。人们认为影像就是原型本身，这是照相、摄录带给人们的经验确信，影像甚至优于生活原型，因为它不仅逼真，而且可以摆脱时间的魔咒。“能够撩拨情思的人生的各个瞬间”，[②] 挣脱原来的宿命，原封不动地来到我们面前。这就是人生长河里人们留下的各类影像资料的一种魅力所在。这也是我们翻阅影集之时嘴角不自禁的微笑的缘由。它使人们消失“不见”的时间在此永远“可见”，时间发出了迷人的岁月的芬芳。时间最可怕的地方在于：它总是在“流逝”，而且“永不回头”，“占有时间”便成为人类永恒的梦想。像穿越小说是人们幻想占有时间的形式一样，照片和影像也给予人们留住了时间的快乐。

不管是绘画还是照片，都还是平面的静态艺术，它们只能在空间而不是时间方面“做文章”。而一个常识性的认识是：影视不仅是空间艺术，也是时间艺术。在它们这里，时间可以空间化，空间也可以时间化，生活之流转化

---

① [德]本雅明.机械复制时代的艺术作品[M].王才勇，译.北京：中国城市出版社，2002：13.
② [法]巴赞.电影是什么[M].崔君衍，译.北京：中国电影出版社，1987：11.

成了影像之流。简言之，与摄影比较，影视在展现生活真实方面的优越性在于可以体现事物的运动。影视将一个个静止的瞬间串联为延续性的运动之流，更重要的是，它的画面始终处于“现在进行时”，[①] 感觉以现在时的方式触摸它，理性也以现在时的方式思考它，影视因此是真实性构建的最佳场所。对于一般观众而言，这一点几乎是不言而喻的。

在另一面，影视又是具有假定性的。影视的假定性也叫虚拟性。毫无疑问影视形象是假的，只不过是光学的幻影，本质上只是光的魔术和视觉的自我欺骗。承认影视形象的虚幻性可能并不难，稍微有点常识就可以做到，同时，认可指出这种虚幻性似乎也没有实质性意义。指出来又怎么样呢？它一不能阻止人们不去看电影，二不能阻止人们不将影像与生活世界联系起来。因为这种虚幻实在是太不虚幻了，它看起来就像真的，或者说它被认为就是真实本身。但是，我们不能对影视的真实过于自信。它还有另一个层面的“假”，这个“假”则未必人人皆可凭常识即可觉察，那就是影视形象或叫影像，是被人“动过手脚”的。这个“手脚”就是一种叫“蒙太奇”的魔术棒，再配合一些其他的科技手段。人们基于对照相的天然信任，以致天然地相信影视，却可能忽视了其中的乾坤大挪移。

蒙太奇对于影视虚拟性的构成，就在于它的定义里面，即在于它是对镜头的组接安排。影视只能是镜头的组接安排，一个个镜头诚然等于生活的真实，但镜头的组接安排则未必等于生活的真实了。蒙太奇意味着它可以放弃某些粗糙的无价值的场景和镜头，也可以选择并组装某些有意味有意义的镜头。影视的假定性或虚拟性就源于此，与此同时，影视的更高真实和内在魅力也源于此。放弃什么，选择什么，这就是艺术。所以IMAX（Image Maximum，巨幕电影）公司首席执行官理查德·葛尔方认为IMAX不只是个市场品牌，而是通过很多科学、艺术方面的细节造就而成，“我们不是科学家，更像是一个艺术家。”从审美的层面看，影视抛弃一些不太精致的镜头，选择一些有用的镜头，为的是达到更高的真实。在虚幻中体会快乐，在假定中领悟真实，这便是影视艺术之所有，亦是影视艺术之所与。

---

① [法]马尔丹. 电影语言[M]. 何振淦，译. 北京：中国电影出版社，1980：3.

后　记

我读大学的时候，教我们“美学”的是汤龙发先生。距离今天已经快有30年了，但我依然记得他上课时沙哑的嗓音。沙哑却很用力，叫人觉得他上课时的累。可能这作为一个原因，让我一直认为师范学校应该开一门练习科学发声的必修课。先生上课不太走动，常年又喜欢穿着暗颜色的衣服，所以端立台上，很有庄重的雕塑感。他不高大，但我很景仰他，虽是如此，却没有想过要做他的弟子。所以大学毕业，我便来到祖国的南海边，当了一名高中语文老师。我很享受在南方的教学和生活，如果不是朋友拉着自己做考研“陪练”的话，我想自己就在那里扎根发芽了。陪练的结果是三年之后我又回到了当初的大学校园，意料之

外地成为了汤先生的弟子，成为了一个美学研究生。当时高校带研究生的一般惯例好像是：毕业一届才能招生新的一届，所以他的身边在读的研究生只有包括我在内的两个新生。后来我们两个也成了先生的关门弟子。

先生上课的地点是在他的家里，对象只有他的这两位学生。上完课之后，师母的饭菜也已经做好了，然后我们四人便共进午餐或晚餐。印象中，这就是先生和我们上课的“整个流程”，这个流程常常包含了师母所做的可口的“免费午餐”。餐桌上的内容荤的多，素的少，品种多样。那时，先生和师母都六十多岁了，后来听说，他们平时吃的却是素的多，荤的少，而且为了节约，他们买菜大多会选黄昏时候，因为那时候的菜价相对便宜。可是，我们吃到的永远是丰盛的饭菜。我们只管美滋滋地吃，其他的在那个时候，都在我们的思维之外，里边的真相要到好多年之后才知道，知道了之后，便只剩下泫然相对。我们被精心地如此“圈养”。我的遥远的研究生生活，现在很难重现了。

先生和师母，把“严于律己，宽以待人”的品格，以一种极其特殊的形式，传达给我们。这就是美的传递。我必须做一个美学教师了。这是我大学期间从未想过的职业，但我知道这是先生对于我的期待。美学教师，本身应是一个有美德、美行的人，但好在另一方面，却不一定是一个有美貌的人。底线问题，在现实生活中，有时成为高度问题。我一直不知道自己是否做好了一个美学教师，也不知道先生对于现在的我是不是满意。美的传递，需要美地传递，把感性放在理性里，把理性融在感性中。这是我对于“美学”之类理论课授课思路和授课方法的自我设计。也是基于此种考虑，便有了摆在大家面前的《美学十六讲》，这是在我以前撰写的《美学教程》的基础上写出来的。之所以叫“十六讲”，是因为现在只给美学 16 次课，32 个教学课时。书名就是这么来的。

学术书籍的写作和出版，同行们都是知晓其中的艰难的。这照例要感谢许多前辈和朋友的关怀、帮助与促成。关怀和信任我的人，以及我所感恩和信任的人，列成名单太长了，且让自己记在心间。我觉得这比写在纸上可能更为合适，因为我还害怕一不小心漏掉哪个名字，不写也罢。这在西方学术界可能是行不通的，他们著作上的感谢名单常常可以长达几页。中国人在礼数上很讲究，有时却也很草率。我是一个草率的人，希望长辈和友人不要见怪。人生最长不过百年，这对所有人而言，都是宿命，想到这里挺让人难过的。所以很多事情不必萦怀，不必强求。让人不难过的，是因为有很多事又必长存心中，这是一些美的细节。回忆和生活，因为有了这样的细节，而可以变得温暖。我永远感谢那些一想到他们心中就觉得温暖的人们。这样自己也就可能变成温暖的源头了。常常这样做，人的襟怀就处于不断开阔的途中。

2017 年 12 月于长沙市南门口